도널드 트럼프라는 위험한 사례

밴디 리 엮음
정지인 · 이은진 옮김

RUMP

도널드 트럼프라는
위험한 사례

THE DANGEROUS CASE OF
DONALD TRUMP

미국 최고의
심리학자 · 정신과 의사
27인이 진단한 트럼프의
정신건강

심심

로버트 제이 리프턴 Robert Jay Lifton

컬럼비아대학교 정신의학과 강사, 뉴욕시립대학교 존 제이 칼리지의 특임 명예교수이다.
대표적인 역사 심리학자인 그는 나치의 전쟁범죄를 도운 의사들에 대한 연구, 히로시마
원폭 생존자에 대한 연구로 유명하다. 그는 정부가 용인한 고문을 미국심리학회가 도운 일을
거침없이 비판했고, 강경한 핵무기 반대론자다. 그의 연구 분야는 전쟁과 정치 폭력의 심리적
원인과 결과, 사고 개조 이론을 아우른다.

어두운 시대에 눈은 보기 시작한다

———————

로버트 제이 리프턴

미국의 정신 전문가들이 현재 처한 상황은 두 가지로 요약할 수 있다. 그것을 주제라고 해도 좋고 개념이라고 해도 좋다. 첫째는 내가 **악성 정상성**malignant normality이라고 부르는 것으로, 이는 사람들에게 정상적이고 모든 것을 아우르며 바꿀 수 없는 것이라고 제시되는 사회 현실과 관련이 있다. 둘째는 자신이 **증언하는 전문가**witnessing professionals라고 잠재적으로 그리고 결정적으로 생각하는 우리의 인식이다.

악성 정상성을 논할 때는, 사회마다 의식 수준은 다양하지만 어느 사회든 자신들이 바람직한 것 또는 '정상적'인 것으로 여기는 사고와 행동과 판단의 방식을 제시한다는 가정에서 출발하자. 그러나 정상성의 기준은 특정 시대의 정치적·군사적 흐름에 큰 영향을 받는다. 그런 조건들은 양성良性으로 그치기도 하지만 사악하다고 할 만큼 파괴적으로 작용하기도 한다.

내가 악성 정상성이라는 개념을 떠올린 것은 나치 의사들을 연구할 때였다. 아우슈비츠에 파견된 의사들은 선별과 전반적인 살해 업무를 떠맡았을 때 자신에게 요구된 일을 묵묵히 수행했다. 물론 그중에는 그런 임무를 맡게 된 것에 괴로워하고 심지어 공포에 질렸던 이들도 있었다. 그러나 더 숙련된 이들과 함께 취하도록 술을 마시면서 조력과 지지를 다짐받는 등 (왜곡된 심리 치료라고 하는 게 더 정확할) 일련의 '상담'을 받은 뒤에는 대다수가 충분히 불안감을 극복하고 그 잔인한 임무를 수행할 수 있었다. 이런 상황에서 **악에 적응하는** 과정이 시작될 가능성이 매우 높다. 무엇보다 이러한 적응을 촉진하고, 참여하는 의사들에게 아우슈비츠를 그들이 반드시 적응해야만 하는 현실 세계로 제시하는 데 도움이 된 **악의 정상화**normalization of evil 과정이 있었다.

시간으로나 장소로나 우리에게 더 가까운 또 다른 형태의 악성 정상성이 있다. 그것은 정신과 의사를 비롯한 의사, 심리학자, 그 밖의 의학과 심리학 종사자들이 고문에 참여한 일이다. 이런 일이 가장 극단적으로 만천하에 모습을 드러낸 것은 미국중앙정보국CIA(이하 CIA)의 고문 방법을 설계한 이들 중에 심리학자 두 명이 있었다는 사실이 폭로되었을 때였다. 그보다 더 고약한 것은 미국심리학회가 고문에 사용된 이른바 '강화된 심문' 기법을 고안하는 데 심리학자들이 참여한 것을 옹호함으로써 사실상 악성 정상성에 지지를 표했다는 사실이다.

미국인들의 이런 행동이 나치 사례와 같은 수준이라는 것이 아니라, 악성 정상성은 다양한 형태로 나타날 수 있다는 말이다. 그리고 악성 정상성을 유지하고 떠받치는 데 대규모 전문가 조직의 지지보다 더 크게 도움이 되는 것은 없다.

악성 정상성의 또 다른 유형은 바로 트럼프 대통령과 그의 행정부가 초래한 것이다. 주디스 허먼과 나는 2017년 3월 〈뉴욕타임스〉에 보낸 편지에서 트럼프가 드러내는 각각의 심리 패턴, 즉 자기만의 현실을 만들어내는 문제와, 미국 대통령이라면 필연적으로 직면하게 될 위기를 관리할 능력이 없다는 점이 얼마나 위험한지 강조한 바 있다. 또한 트럼프는 다양한 방식으로 미국의 제도적 규정을 위반하고 민주주의의 생존 가능성을 위협했다. 그런데도 트럼프가 대통령이고 대통령직이라는 광범위한 틀과 관계망 안에서 활동한다는 점 때문에, 그가 하는 행동이 단순히 민주주의 절차의 한 부분이라고, 다시 말해 정치적으로 심지어 윤리적으로도 정상이라고 생각하는 경향이 있다. 이로써 위험한 대통령이 정상적으로 받아들여지고, 악성 정상성이 미국 통치(반反통치라고 해도 되겠다)의 역학을 장악하게 되는 것이다.

그렇다고 우리가 할 수 있는 일이 없는 것은 아니다. 우리 사회는 여전히 상당히 개방적이며, 삶을 향상시키고 진실에 공헌할 수 있는 제도를 갖추고 있다. 나치 의사들과 달리 분명한 원칙을 따르는 심리 전문가들은 부패한 동료와 전문가 협회의 비행을 폭로할 수 있고 실제로 폭로했으며, 탐사 저널리스트와 인권 단체도 그 폭로에 크게 기여했다.

인간 심리 전문가인 우리도 트럼프와 그 행정부의 악성 정상성에 맞서 합당한 행동을 취할 수 있다. 그러려면 도덕적 분개에 더해 전문 지식과 경험을 절도 있게 사용해야 한다.

이리하여 증언하는 전문가, 특히 활동가로서 증언하는 전문가라는 둘째 주제로 넘어간다. 대부분의 전문가는 대부분의 시간 동안 그들의 특정한 사회에서 통용되는 규준(즉 정상성의 기준) 안에서 활동한다. 사실 전문가들은 그보다 더 멀리 나아가는 일이 종종 있고, 자신의 전문 분야에서 활동하는 과정에서 함께 일하는 사람들이 그 정상성에 전념하도록 유도하기도 한다. 이는 위안이 될 수도 있지만 위험도 내포한다.

일반적으로 잘 알려지지 않은 사실이 있다. 냉전 시대 초기에 정신의학자 한 명을 필두로 의사들과 사회과학자들이 포함된 특수 정부 위원회가 조직되었는데, 이들은 미국 국민이 미국이 핵무기를 비축하는 것을 지지하고 예상되는 핵 공격을 감당할 수 있으며 핵으로 인한 전멸에 대한 공포를 극복할 수 있도록, 국가가 원하는 바람직한 심리적 역량을 갖추도록 돕는 활동을 벌였다. 한마디로 그 위원회의 임무는 미국인들이 핵의 악성 정상성을 받아들이도록 유도하는 것이었다. 좀 더 최근에 전문가들이 핵 못지않게 위험한 기후변화를 부인하는 것도 악성 정상성을 조장하는 유사한 예다.

그러나 전문가들이 이런 여러 악성 정상성에 봉사만 하는 것은 아니다. 우리는 지식과 기술을 활용해 그러한 정상성의 진짜 모습을 폭로하고 그것이 지닌 악한 성질에 관해 증언할 능력이 있다. 다시 말해 증언하는 전문가가 될 수 있다.

1962년 히로시마 원폭 생존자들에 관해 연구할 때 나는 원자폭탄에 노출된 사람들이 심리적으로, 육체적으로 경험한 바를 내가 할 수 있는 한 가장 정확하고 과학적인 방식으로 밝혀내려 노력했다. 그러나 나는 단순히 중립적인 관찰자가 아니었다. 시간이 지날수록 나는 나 자신을 증언하는 전문가로 인식하게 되었고, 원자폭탄 하나가 한 도시를 어떻게 바꿔놓을 수 있는지를 밝히고 히로시마와 그곳 주민에게 일어난 일을 세상에 알리는 일에 전념했다. 히로시마 이야기는 '폭격기 한 대, 폭탄 하나, 도시 한 곳'으로 압축할 수 있다. 나는 헌신적으로 히로시마 이야기를 들려주는 일을 일종의 옹호 연구[1]로 여기게 되었다. 이는 곧 절도 있는 전문적 접근과 헌신적 증인이라는 윤리적 요건을 결합하는 것, 즉 학문과 행동주의를 결합하는 것이었다.

나는 그런 식의 접근이야말로 지금 트럼프 시대에 우리에게 필요한 것이라고 믿는다. 우리는 이 새로운 버전의 악성 정상성을 무비판적으로 수용하는 것을 피해야 하고, 그 대신에 우리의 지식과 경험을 활용해 그 본모습을 폭로해야 한다. 그러려면 우리 스스로 알고 있다고 믿는 것에 관해 절도 있는 태도를 가져야 하고, 동시에 우리가 모르는 것을 두고 장황하게 말하는 것은 삼가야 한다. 또한 세상에서 가장 막강한 권력을 가진 남자가 심각한 불안정성과 거짓

---

1 특정 사회문제를 깊이 염려하는 연구자들이 그 문제에 관해 실시하는 일종의 사회정책 연구로, 그 문제에 관한 정보를 수집해 대중의 인식을 높이는 것이 목적이다. —옮긴이

으로 똘똘 뭉친 자라는 상황의 위급성을 인식해야 한다. 심리 전문가로서 우리는 윤리적 열정을 바탕으로 가장 위험한 것이 무엇이며, 반대로 우리를 둘러싼 악성 정상성에 직면해 삶에 긍정적일 수 있는 것이 무엇인지를 드러내려고 노력해야 한다.

마지막으로 우리의 윤리적 행동이라는 사안이 있다. 우리는 우리의 직업윤리가 환자에 대한 책임과 더불어 우리 학문 분야의 전반적 기준에 대한 책임과 관련이 있다는 말을 많이 한다. 직업윤리에 이렇게 주의하는 것은 대단히 중요하다.

그러나 나는 그보다 더 나아간 것, 우리가 흔히 논의하지 않는 더욱 광범위한 직업윤리 개념을 제안하고자 한다. 이 개념에는 우리가 누구를 위해 일하며 누구와 함께 일하는지, 우리가 하는 일이 전체 사회가 나아가는 방향에 어떻게 긍정적으로 작용하거나 그 방향에 의문을 제기하는지가 포함된다. 그리고 현재 상황에서는 우리가 맞닥뜨린 악성 정상성에 어떻게 대처하는가도 포함된다. 이러한 더 광범위한 윤리 모형은 다른 직업군의 전문가들에게도 적용되며, 그들에게도 자신들 나름의 '경고할 의무'가 있을 수 있다.

내가 전문 지식과 전문 기술의 중요성을 과소평가하는 것은 결코 아니다. 그러나 우리 분야는 필요 이상으로 기술에 치우칠 가능성이 있고, 우리는 정상성에 관한 터무니없이 잘못된 관점을 지닌 후원자를 위해 우리의 화력을 사용하는 살인 청부업자와 아주 비슷해질 가능성도 있다.

우리는 그보다 나은 일을 할 수 있다. 활동가이자 증언하는 전문가로서 더욱 폭넓은 윤리적 관점을 취할 수 있는 것이다. 밴디 리는 전문가들의 책임에 관한 예일컨퍼런스[2]를 준비할 때 바로 그런 관점을 취했고, 컨퍼런스에 참여한 사람들은 그 관점을 지지했다. 그런 관점을 취한다고 해서 우리가 위협에 처한 사회의 구원자가 되는 것은 아니지만, 무엇이 우리 사회를 위협하는지, 어떻게 하면 우리 사회를 새롭게 변화시킬 수 있는지와 관련해 우리의 경험과 지식을 사용하도록 하는 데는 도움이 될 것이다.

미국 시인 시어도어 로스케Theodore Roethke의 시구 하나가 내가 지금까지 하려 한 말을 우아하고 웅변적으로 표현해준다.

"어두운 시대에 눈은 보기 시작한다."

---

2 부록에 있는 예일컨퍼런스 녹취록 링크를 참조하라.

주디스 루이스 허먼 Judith Lewis Herman

하버드대학교 의학대학원 정신의학과 교수다. 개인 간 폭력으로 생긴 트라우마에 관한 저명한 전문가이며, 지금은 고전이 된 《트라우마》의 저자다. 케임브리지병원연합 정신의학과의 폭력 피해자 프로그램을 만들었으며, 미국정신의학회 특별 종신 펠로로 국제 트라우마 스트레스 연구회의 평생공로상을 비롯해 여러 상을 수상했다.

밴디 X. 리 Bandy X. Lee

예일대학교 의학대학원 법·정신의학부 임상조교수이다. 예일대학교에서 학위를 받고, 벨뷰병원에서 수련의 과정을 거친 뒤 매사추세츠종합병원에서 수석 레지던트로 일했다. 하버드대학교 의학대학원에서 연구원 생활을 했으며 미국국립정신건강연구소NIMH 회원이기도 하다. 경비가 가장 삼엄한 교도소 몇 군데에서도 일했고, 예일대학교 폭력과 건강 연구그룹을 공동 창립했으며, 세계보건기구의 폭력예방연합 협력그룹을 이끌고 있다. 전문 학술 논문을 100편 이상 썼고 학술 서적 11권을 편집했으며, 《폭력Violence》의 저자다.

치명적인 혼합물

주디스 루이스 허먼, 밴디 리

직업은 혼자인 개인과 머나먼 정부 사이에서는 이루어질 수
없는 윤리적 대화의 형식을 만들어낼 수 있다. 각 직업에 속하는
사람들이 자신들을 (…) 항상 의무적으로 따라야 하는 규범과
규칙이 있는 집단으로 여긴다면, (…) 자신감을, 심지어 일종의
권력도 (…) 얻을 수 있다.

티머시 스나이더Timothy Snyder, 《폭정》

2016년 대통령 선거 직후 대통령 당선인의 명백히 보이는 정
신적 불안정성에 위급함을 느낀 우리 두 사람은 각자 직업적 동료
몇몇에게 우려를 표하는 서한을 돌렸다. 대부분은 서명하기를 거부
했다. 몇 사람은 정부가 어떤 형태로든 보복할까 봐 두렵다고 털어
놓았다. 공포 분위기가 그만큼 빠르게 퍼진 것이다. 그들은 우리가
타겟이 될지도 모르는데 조심해야 하지 않겠느냐며 변호사를 만나
보라고 충고했다. 이 일로 우리는 공포 분위기가 사람들을 자기검열

로 내몰 수 있음을 배웠다.

서명을 거절한 또 다른 사람들은 원칙 문제를 거론했다. 그들은 우리에게 정신의학은 정치에 관여하지 말아야 하며 그렇지 않으면 결국 정신의학계의 윤리적 가치가 손상될 거라고 경고했다. 가장 많이 인용한 예는 비밀경찰과 협력해 반정부 인사들을 정신 질환자로 진단한 뒤 병원으로 위장된 감옥에 감금시킨 소련의 정신과 의사들이었다.[1]

이는 진지하게 고려해야 할 문제였다. 사실 정치에 연루된 전문가들이 윤리적 범죄를 저지른 예는 굳이 국경 너머에서 찾지 않아도 된다. 얼마 전 우리는 미국심리학회라는 전문가 조직 전체의 명예가 실추되는 것을 목격했다. 미군과 CIA, 부시 행정부의 관리들에게 협조한 일부 협회 지도자들이 협회의 윤리 지침까지 개정해가며 정부의 비밀 강압 심문 프로그램을 법적으로 옹호하고, 고문 방법을 고안하고 시행한 군사 심리학자들의 책임을 면제해준 것이다.[2]

이 악명 높은 사례에서 얻을 수 있는 여러 교훈 중 특히 한 가지가 우리 마음에 깊이 남았다. 수감자를 학대한 데 대해 책임이 있는 정부 관료들은 공적으로 자신들의 관행에 면죄부를 줄 의료계와 정신 의료계 전문가를 찾으려고 큰 노력을 기울인 것이 분명했다.

---

1 Medvedev and Medvedev, 1971.

2 Hoffman et al., 2015; Risen, 2014. 미국심리학회 회원 대다수는 협회의 윤리 강령 개정에 찬성하지 않고 철회하려고 했다는 점은 짚고 넘어가야 한다. 그러나 그 문제가 공적인 스캔들로 번지기 전에 철회시키지 못했다.

전문가의 보증이 인권 남용을 덮어주는 중요한 보호막이 된다면, 전문가의 규탄 역시 분명히 영향력을 발휘할 거라고 우리는 추론했다.

2005년에 국방부는 저명한 윤리학자, 정신의학자, 심리학자들의 관타나모 만 수용소 방문을 추진했다. 참가자들은 수용소 시설을 둘러보고 사령관과 고위 장교들을 만났다. 그러나 억류자들을 만나거나 이야기를 나누는 것은 허락되지 않았다.

초대받은 이들 중에는 당시 미국정신의학회 회장이었던 스티븐 샤프스타인Steven Sharfstein 박사도 있었다. 그가 거기서 보고 들은 바로는 윤리 행위의 경계선을 벗어나지 않는 선에서 억류자들을 처우하고 있다고 확신할 수 없었던 모양이다. 방문을 마치고 돌아온 그는 이렇게 말했다. "우리의 입장은 단순명료하다. 정신의학자들은 그 [심문] 팀에 참여하지 말아야 한다. 그것은 부적절한 일이니까." [3] 샤프스타인 박사가 이끌던 미국정신의학회는 고문과 "미국 내에서든 다른 어느 곳에서든, 군이나 민간 수사 또는 법 집행 당국에 의해 구금된 사람의 심문"에 어떤 형식으로도 참여하지 않는다는 굳건한 입장을 견지했다. [4]

원칙에 충실한 이 태도와 미국심리학회의 유감스러운 이야기를 비교해보라. 미국심리학회가 고문 스캔들에 연루된 사건은 전문 직종의 지도자들이 윤리적 위반에 강경한 입장을 취하고, '테러와의

---

3 Lewis, 2005.

4 American Psychiatric Association, 2006.

전쟁' 같은 예외적인 정치 상황에서는 기본적 윤리 강령에 예외를 두라는 요구에 굴복하지 않고 버티는 것이 얼마나 중요한 일인지 잘 보여준다. 권력이 압력을 가할 때야말로 윤리 규범과 규칙을 더욱 엄격히 준수해야 하는 때이다.[5]

권력자가 명백하게 정신장애의 징후를 보일 때

규범과 규칙은 직업적 행위에 지침을 제시하고 표준을 설정하며 실행의 핵심 원칙을 알려준다. 이런 이유로 의사들에게는 제네바 선언[6]과 미국의학협회의 의료윤리원칙Principles of Medical Ethics[7]이 있는데, 미국정신의학회의 정신의학 윤리 강령 역시 앞의 원칙을 따른다. 제네바 선언은 의사가 의학의 인도주의적 목적에 헌신해야 함을 재확인하고, 의료윤리원칙은 의사의 명예로운 행동이란 어떤 것인지 규정한다. 둘 다 가장 중요하게 여기는 것은 환자의 건강과 안전, 생존이다.

정신의학자들의 윤리 강령도 이 두 원칙을 바탕으로 한다. 보

---

5 우리는 미국정신의학회가 전반적으로 도덕적으로 우월하다고 주장하지는 않는다. 미국정신의학회는 그들이 정한 진단 규정으로 오랜 세월 제도적 동성애 혐오와 여성 혐오를 강화해온 수치스러운 역사가 있다. 그러나 우리가 이야기한 특정 사례에서는 다행히 훌륭한 지도자를 두어 도덕적으로 명확한 입장을 지켜냈다.

6 World Medical Association, 2006.

7 American Psychiatric Association, 2013.

통 의료 관행에서 비밀 유지에 대한 환자의 권리는 히포크라테스 선서의 윤리 기준까지 거슬러 올라가는 정신 의료의 기반이다. 그러나 그 불가침의 규칙도 절대적인 것은 아니다. 물론 의사는 무엇보다 먼저 환자에 대해 책임을 지지만, 그 책임은 "사회에까지" 확장된다.[8] 환자가 자신 또는 타인을 해칠 가능성이 있는지 평가하는 것은 전문가로서 정신과 의사가 해야 하는 일 중 하나다. 환자가 위험을 초래할 가능성이 있다면 그 사실을 알리고 그런 행동을 할 수 없게 하고 보호 조치를 취하는 것은 의사에게 단순히 허용되는 일이 아니라 반드시 해야 하는 의무다. 전문가들이 정치화하는 데 따르는 위험을 유념한다면 분명 우리는 이른바 '골드워터 규칙' 또는 미국 정신의학회의 윤리 강령 제7조 3항의 "정신과 의사가 [특정 공인에 대하여] 자신이 검사를 실시하지 않았고 그러한 발언을 할 합당한 허가를 받지 않았다면 그에 관해 전문적 의견을 제시하는 것은 비윤리적 행위다"[9]라는 말에 주의를 기울여야 할 것이다. 이는 일반적인 업무 규범에도 어긋나지 않는다. 환자를 임상적으로 평가하려면 전체적인 검사가 필요하다. 직접 심층적으로 검사하는 것이 아니라 공인을 관찰한 수준일 경우, 신뢰할 만한 진단을 내리는 일은 언제나 매우 제한적일 수밖에 없다. 심지어 우리가 그것이 불가능한 일이라고 주장하는 경우도 있다.

---

8 American Psychiatric Association 2013, p. 2.

9 American Psychiatric Association 2013, p. 6.

골드워터 규칙은 직무 관행의 범위를 뚜렷이 하고, 직업적 견실성을 유지하도록 도우며, 공인을 명예훼손으로부터 보호한다. 또한 정신의학은 신뢰할 수 있고 믿음직한 분야라는 대중의 인식도 지켜준다. 그 규칙은 따르는 것이 타당하다. 그러나 이렇게 훌륭한 규칙도 전문직 업무에 관한 다른 규칙과 원칙에 견주어 경중을 따져보아야 한다. 신중하게 윤리적 평가를 내리려 한다면 이런 질문을 던질 수도 있다. 우리가 평상시 지키는 업무 규범은 대통령 집무실 앞에서는 멈춰서는 것인가? 그렇다면 그 이유는 무엇인가? 우리의 직업윤리가 환자의 건강과 공공의 안전을 가장 중요한 것으로 규정한다면, 정치 영역으로 들어서는 문 앞에서도 우리의 규범을 저버려서는 안 된다. 그렇지 않으면 원래 우리 분야를 스캔들로부터 보호하려고 만들었던 규칙이 스캔들의 원인이 될 수도 있다. 새 정부가 출범한 지 두 달도 채 안 되어 미국정신의학회가 2017년 골드워터 규칙을 '재확인'하는 별도의 성명을 낸 것을 우리가 미심쩍게 여기는 이유다. 미국정신의학회도 우리가 미국심리학회의 경우에서 목격했던 것과 같은 정치적 압력에 따른 묵인에서 자유롭다고 단언할 수 없다.

진단과 치료의 기본 절차를 무시하고 분별없이 행동하는 의사는 질책을 받아 마땅하다. 그러나 모든 사람의 생사를 좌지우지하는 권력을 지닌 사람이 명백하게 위험한 정신장애 징후를 보일 때 경종을 울려 대중에게 알리는 의무를 수행하지 않는 것 역시 의사들을 향한 공공의 신뢰를 저버리는 일이다. 경보를 울려야 할 상황이 수시로 벌어지는 것을 충분히 목격했는데도 전문가들에게 입을 다물고 있으라고 요구한다면 우리는 멈춰서 생각해보아야 한다. 위험성에 관한 한 민주국가의 대통령은 '제1시민'으로서 나머지 모든 시민과 동일한 기준을 따라야 하는 것이 아닐까?

위험성을 평가하는 것은 진단을 내리는 것과는 다르다. 위험성은 사람이 아니라 상황에 따라 결정된다. 정신장애가 위험을 초래할 수준이라는 신호들은 진단을 위해 전면적인 상담을 하지 않더라도 명백히 드러날 수 있고 멀리서 봐도 감지할 수 있다. 행동하지 않음으로써 초래될 위험이 너무 클 때는 몸을 사리느라 아무 행동도 하지 않는 것이야말로 가장 큰 실수다. 지침은 주마다 다르다. 예컨대 뉴욕은 본인이나 타인을 해칠 위험이 있는 사람을 구금하려면 자격 있는 전문가 두 사람의 같은 의견이 필요하다. 플로리다와 워싱턴에서는 전문가 한 명의 의견이면 된다. 또한 그 사람에 의해 해를 입을 위험이 있는 사람이 한 사람만 있어도 충분하며, 만약 그 사람이 무기(핵무기는 말할 것도 없고)에 접근할 가능성이 있다면 기준은 더욱 낮아진다.

우리는 생사가 걸린 상황을 책임지는 의사라면 행동하는 것이 적절한 때가 언제인지 알 뿐 아니라 행동하는 것이 타당할 때는 책임감 있게 행동하리라 기대한다. 아주 드문 경우를 제외하고 의사가 공인에 대한 논평을 자제하는 것이 옳다고 하는 이유는 바로 그러한 책임감의 무거움 때문이다. 의사가 비밀 유지의 신뢰를 깨고 동의 없이 개입해도 되는 것은 매우 위급한 상황일 때 뿐이다. 즉, 위급한 상황에서는 골드워터 규칙을 어겨야 한다. 우리는 지금이 그런 위급한 상황이라고 확신한다.

올바른 책임감을 알아보는 시험대

─────────

우려의 편지를 돌릴 때, 우리는 동료 정신 건강 전문가들에게 시민으로서 정치에 참여하는 것(우리 대부분이 여전히 누리는 권리)뿐 아니라 전문가로서 그리고 자신에게 맡겨진 특별한 지식의 수호자로서 정치에 참여할 것을 요청했다. 우리는 왜 그것이 허용되는 일이라고 생각했을까? 앞서 우리가 그랬듯이, 위급한 상황에서는 사적인 영역에서 평소에 따르는 관행에서 벗어나야 한다고 말로 주장하는 것은 아주 쉽다. 정치에 개입하는 것이 실제로 정당한 일인지 아닌지는 어떻게 판단할 수 있을까?

우리는 정신 건강 전문가들이 정치에 개입하는 것이 정치적으로 국가의 권력 남용에 **결탁**한 것인지 아니면 그에 **저항**하는 것인지가 핵심 질문이라고 주장하는 바이다. 우리가 인권을 침해하는 국가 프로그램에 협조하라는 요구를 받는다면 어떤 정당화의 근거를 끌어대든 거기에 참여하는 것은 부패일 뿐이며, 이때 유일하게 적절한 윤리적 태도는 어떤 식으로든 참여를 거부하는 것이다. 반대로 국가 권력이 정신적으로 불안정해 보이는 인물에 의해 남용되고 있음을 감지한다면 분명 우리는 시민으로서뿐 아니라 특수한 정보를 알고 있고 대중을 교육할 책임이 있는 전문가로서 그 사실을 알려야 한다.

우리의 지혜와 전문 지식이 어떤 가치를 지녔든 그것을 사람들과 공유하는 것은 분명 우리의 의무다.

꼭 정신의학자여야만 지금 대통령이 정신적으로 문제가 있음을 알아차릴 수 있는 것은 아니다. 언론도 그들만의 진단 용어를 내놓으면서 대통령을 "미친 왕mad king"[10], "또라이nut job"[11], "정서적 혼란에 빠진emotionally unhinged"[12] 라고 불렀다. 보수 칼럼니스트인 조지 윌George Will은 대통령을 "어수선한 정신disorderly mind"의 소유자라고 썼다.[13] 정신 건강 전문가로서 우리 의견을 명백히 밝히는 것은 대통령의 사납고 공격적인 장광설, 음모론적 망상, 사실 회피, 폭력에 대한 호감을 목격하고 당연하게 걱정과 불안에 휩싸인 동료 시민에게 지지와 존중을 표하는 일이 된다. 우리는 실제로는 경악스러운 행동인데도 너무 쉽게 합리화되고 정상인 것처럼 자리 잡을 수 있는 행동들에 대해 설명해 대중이 이해하도록 도울 수 있다.

대중이 계속 질문해왔던 중요하고 유의미한 질문은 이렇다. 그는 그냥 미친 것인가 아니면 여우처럼 미친 척하는 것인가? 정신적으로 문제가 있는 것인가 아니면 단순히 비열한 것인가? 거짓말을 할 때 자기가 거짓말하고 있다는 걸 아는가 아니면 자기 거짓말을 스스로도 믿는 것인가? 그가 얼토당토않은 비난을 퍼부을 때 정말

---

10 Dowd, 2017.
11 Collins, 2017.
12 Rubin, 2017.
13 George Will, 2017.

로 편집증 증세를 보이는 것인가 아니면 자신의 비행에서 다른 곳으로 관심을 돌리기 위해 의도적으로 교활한 수법을 쓰는 것인가?

이 질문들에 대해서는 두 가정이 상호 배타적이지 않다는 점을 강조하고 싶다. 한 사람이 사악한 동시에 정신적으로 문제가 있을 수 있고, 이는 둘 중 하나만 참인 것보다 훨씬 무시무시하다. 권력은 부패하기만 하는 것이 아니라 이미 존재하던 정신 질환을 확대하기도 하고 심지어 새로운 정신 질환을 야기하기도 한다. 정치 지도자의 과대성grandiosity[14]은 아랫사람들의 아첨과 대중의 환호를 받으며 더욱 부풀려져 기괴한 과대망상으로 확대될 수도 있다. 원래 소시오패시 특성이 있었다면 자신이 시민사회의 규범을 위반하거나 범죄를 저질러도 처벌받지 않을 수 있음을 알게 되면서 그런 특징들이 더욱 심해질 수 있다. 또한 공포, 거짓말, 배신을 수단으로 통치하는 지도자는 최측근들의 충성심조차 항상 의심할 수밖에 없으므로 갈수록 점점 더 고립되고 편집증적 성향이 짙어진다.

어떤 사람들은 대통령의 정신 상태에 주의를 집중시키는 우리의 행동이 본질적으로 그를 평가해야 하는 기준, 즉 그가 하는 행위들로 가야 할 주의를 다른 곳으로 돌리게 하므로 결국 대통령과 결탁한 것과 마찬가지라고 주장한다.[15] 물론 정신장애가 폭압적 행동을 변명해주지는 않는다. 그렇다고 해도 정신장애를 무시할 수는 없

---

14 자신이 중요하고 특별한 사람이라는 과도한 확신과 비현실적인 우월감을 갖는 자기애성 인격장애의 한 증상. —옮긴이

15 Frances, 2017.

다. 법정에서 증상이 가장 분명하게 드러난 정신이상을 내세워 진행되더라도 그 사람이 항상 정신이상 상태에 있다는 것을 증명할 수는 없다. 우리는 대통령의 행위**에 더하여** 정신 상태에도 주의를 기울이면 더 많은 정보를 바탕으로 그의 위험성을 평가할 수 있다고 제안하는 것이다. 망상 수준에 이른 과대성과 충동성, 강박 장애에 권위주의적 개인숭배와 법률을 무시하는 태도가 더해지면 치명적인 혼합물이 만들어진다.

아직도 저 대통령이 이성적으로 판단하고 변덕스러운 행동을 억제하도록 설득할 수 있을 거라는 희망을 품고 있는 사람들이 있다. 우리가 전문가로서 해온 경험에 비추어보면 그렇지 않을 것이라고 판단하게 된다. 우리가 2017년 4월에 〈우리의 직업적 책임에는 경고할 의무도 포함되는가Does Professional Responsibility Include a Duty to Warn?〉라는 주제의 예일컨퍼런스를 준비하고 있을 때 많은 사람이 우리에게 보낸 글들을 이 책으로 묶었으니 읽어보기 바란다.[16] 공저자들과 우리는 트럼프처럼 정신적으로 불안정한 사람에게 수많은 사람의 생사가 걸린 대통령직이라는 권력을 맡겨서는 안 된다고 경고하는 바이다.

감사의 말

이 글을 준비하는 동안 유익한 논평을 들려주고 여러 도움을 준 나네트 가트렐Nanette Gartrell, 디 모스바처Dee Mosbacher, 글로리아 스타이넘Gloria Steinem, 로빈 모건Robin Morgan, 제인 다윈Jaine Darwin, 프랭크 퍼트넘Frank Putnam, 그레이스 리Grace Lee에게 감사의 마음을 전합니다.

———

16 부록에 있는 예일컨퍼런스 녹취록 링크를 참조하라.

차례

일러두기

1. 정신의학 및 심리학 용어 표기는 서울대학교병원 의학정보를 기준으로 삼았다.

2. 본문에서 단행본은 《 》, 신문, 잡지, 논문, 보고서, 노래, 영화, 텔레비전 프로그램 등은 〈 〉로 표기했다.

3. 인명과 지명을 비롯한 외국어표기는 '국립국어원 외래어표기법'을 따랐다.

4. 본문에서 독자의 이해를 돕기 위해 옮긴이가 넣은 말은 〔 〕로 표기했다.

5. 저자 주와 옮긴이 주 모두 각주로 표기했으며, 옮긴이 주석은 설명 끝에 '옮긴이'라고 표시했다.

우리에게는 경고의 의무가 있다

———————

밴디 리

정신의학자로서 내가 한 가장 이상한 경험은 특정 사안에 대해 가장 잘 아는 사람들이 그 사안에 대해 말해서는 안 되는 유일한 사람들이라는 사실을 알게 된 것이다. 진실은 그렇게 억압된다. 그런데 그 진실이 미래 인류의 생존을 좌지우지할 수도 있는 엄청난 위험을 품고 있다면 어떨까?

의학과 정신 건강 분야 전문가로서 다른 모든 위급 상황에서는 나서서 도우라는 요청을 받았던 내가, 이 시대의 가장 위급한 사태 하나를 눈앞에 두고 어떻게 방관자로 남을 수 있겠는가. 바로 이 분야에서 훈련받은 전문가인 우리가, 단지 상부에서 공표한 결정 하나 때문에 그동안 준거로 삼아온 다른 모든 원칙을 어기면서 어떻게 마음 편히 침묵을 지킬 수 있겠는가.

이 책의 여러 글에서 논의되고 나 역시 일반적인 업무 규범으로서 동의하는, 오래된 '골드워터 규칙'을 말하는 게 아니다. 내가 말하려는 것은 그 규칙을 논쟁거리로 만든 바로 그 대통령의 임기가 시작된 지 채 2달도 되지 않아서, 그 규칙을 과도하게 확대해 다른 모든 규칙에 부여하는 것 이상의 지위를 부여한 행위다. 그 일은 2017년 3월 16일, 우리가 속한 전문가 조직인 미국정신의학회가 모든 정신의학자에게, 나아가 정신 건강 분야에 종사하는 모든 전문가에게 함구령을 내린 것이다.[1] 나는 또 그 규칙이 지닌 결함도 말하고자 한다. 그 결함은 다른 직업윤리의 경우와 달리 그것을 상쇄하는 규칙, 다시 말해서 공인에 대하여 침묵을 지킴으로써 생길 수 있는 해가 그에 관해 말해서 생길 수 있는 악영향보다 훨씬 클 때 어떻게 해야 하는지 방향을 제시하는 규칙이 없다는 점이다. 이 책의 저자들은 골드워터 규칙을 존중하고 무리하게 위반하지 말라는 요구를 받아왔지만, 양심에 따라 사회 전체를 보호하는 데 힘을 보태기 위해 직업적으로, 또 사회적으로 급진적 조치를 취하기로 했고 나는 그들의 선택을 존중한다. 따라서 정확히 말하자면, 우리는 그 규칙을 존중하지만 그 규칙은 우리 직업적 행위의 지침이 되는 가장 중요한 단 하나의 원칙, 즉 '우리의 가장 중요한 책임은 인간의 생명과 안녕에 대한 책임'이라는 원칙보다는 부차적이라고 생각한다.

내가 이 책을 엮어내기로 한 이유는 〈우리의 직업적 책임에는 경고할 의무도 포함되는가?〉라는 주제의 예일컨퍼런스를 조직한 이유와 같다. 즉 그 사안은 침묵할 것이 아니라 논의할 가치가 있고, 대중은 계속 모르고 있는 것보다 교육을 받을 자격이 있기 때문이다.

---

1 American Psychiatric Association, 2017.

컨퍼런스를 준비하는 동안, 나는 그 주제에 관해 의견을 피력하겠다고 나서는 정신의학 분야의 저명한 전문가들이 그렇게 많다는 사실에 깜짝 놀랐다. 2016년 대통령 선거 얼마 후, 나의 오랜 동료이자 친구이며 프롤로그를 함께 쓴 주디스 허먼 박사는 오바마 대통령에게, 트럼프가 대통령에 취임하기 전에 신경정신과 검사를 받도록 요구하라고 강력히 권고하는 편지를 보냈다. 그 편지의 공동 서명자인 가트렐 박사와 모스바처 박사(3부 9장 공동 집필)는 그 편지를 〈허핑턴포스트〉에 게재하도록 도왔다.[2] 또한 나는 수년 전 하버드대학교에서 열린 '집단 폭력Mass Violence' 학회에서 허먼 박사의 소개로 처음 알게 된 리프턴 박사(추천 서문 집필)에게도 연락을 취했고, 허먼 박사와 리프턴 박사는 함께 〈뉴욕타임스〉에 편지를 보냈다.[3] 그가 컨퍼런스에서 발표하겠다고 기꺼이 동의해주면서 뒤이어 진행된 모든 일이 촉발되었다.

그동안 나는 또 여러 사람을 만났다. 랜스 도즈 박사(1부 5장 집필)는 35명의 서명을 담은 편지를 〈뉴욕타임스〉에 보내 게재했고, 다이앤 주엑(2부 4장 집필)은 70명의 서명을 담은 편지를 함께 쓰고 뉴욕 시의 보건 및 정신위생국 국장에게 보냈다. 에드윈 피셔 박사(3부 8장 집필)도 〈뉴욕타임스〉에 우려를 표한 편지를 보냈으며,[4] 존

---

2 Greene, 2016.

3 Herman and Lifton, 2017.

4 Fisher, 2017.

가트너 박사(1부 6장 집필)는 지금까지 5만 5,000명이 서명한 온라인 청원을 개시했고, (이 글을 쓰는 현재) 1,700명의 정신보건 전문가들의 전국 연합 '경고의 의무'를 공동 창립했다.

예일컨퍼런스

2017년 4월 20일, 타운홀에서 열리는 주민 회의와 비슷한 형식으로 진행된 그 컨퍼런스는 예일대학교에서 나와 같은 법·정신의학부 소속인 찰스 다이크Charles Dike 박사가 골드워터 규칙의 의미와 존재 이유를 다시금 확인하는 것으로 시작되었다. 다이크 박사는 법·정신의학부 조교수이자, 전미정신의학·법아카데미의 윤리위원장을 지냈고, 코네티컷정신의학협회 윤리위원장, 미국정신의학회 윤리위원회 회원이자 특임 펠로로서 그런 말을 할 자격이 차고 넘치는 분이다. 우리가 확고한 윤리 기반에서 출발하는 것은 아주 중요한 일이었다. 우리가 어떤 결론에 도달하든 윤리적 기초를 엄밀하게 지키지 않는다면 그 결론은 힘을 받지 못할 테니 말이다. 나는 이 궁지를 해결하는 일에 내가 할 수 있는 한 정신의학계의 가장 훌륭한 분들의 힘을 모으기 위해 또 다른 토론자로 리프턴 박사와 허먼 박사, 그리고 제임스 길리건 박사(2부 3장 집필)를 초대했다. 나는 이분들 모두를 15년 이상 알고 지냈고, 학문적 탁월성뿐 아니라 윤리성 때문에도 대단히 존경한다. 그들은 다른 어두운 시절에도 등불 같은 존재였다. 그리고 그들은, 진단은 시도하지 않고 위험성을 다루는 수준에서 논의를 이끌었으니 골드워터 규칙도 어기지 않았다.[5] 컨퍼런스의 녹취록은 책 끝부분 부록에 있는 링크를 통해 온라인으로 확인할 수 있다.

원래는 예일대학교 의학대학원과 공중보건대학원, 간호대학원의 공동 작업으로 컨퍼런스를 개최하려고 했으나, 날짜가 나가오면서 나머지 두 대학원이 불참 의사를 밝혔을 때 나는 의학대학원도 놓아주었다. 학교가 '불가피하게 정치화'되는 상황을 인지했기 때문인데, 내 판단이 옳았다고 생각한다. 뭔가 잘못될 경우 나의 모교이자 고향과 같은 기관을 위험에 빠트리고 싶지는 않았다.

지금 이 나라는 대단히 위험할 정도로 당파적 노선에 따라 분열된 패러다임 속에서 살고 있기 때문에, 컨퍼런스의 발표자들과 이 책의 기고자들은 공화당 대통령을 부정적으로 보고 있으니 '민주당원들이 분명하다'고 성급하게 결론을 내릴지도 모르겠다.

그러나 분명히 다른 패러다임도 있다. 정신 건강 전문가들이 행동의 기준으로 삼는 패러다임 가운데 하나는 건강 대 질병 패러다임이다. 우리가 의지하는 것은 과학과 연구, 관찰된 현상, 생명을 증

---

5 위험성을 평가해 치료법을 도출해내려면 진단할 때와는 다른 기준이 필요하다. 위험성은 상황에 관한 것이지 해당 개인에 관한 것이 아니며, 질병의 구체적인 원인보다는 손상의 정도와 영향에 관한 것이다. 전체적인 검사가 필요하지는 않지만 구할 수 있는 정보는 무엇이든 검토 대상으로 삼는다. 또한 자격이 있는 전문가더라도 지나치다 싶을 정도로 안전을 추구해야 하는데, 그렇지 않으면 긴급한 행동을 추진하기 위해 평소에 지켜야 하는 다른 규칙을 어기게 되는 결과가 나올 수도 있다.

진하고 사망을 막기 위해 수년에 걸친 수련으로 갈고닦은 임상 기술이다. 생명증진과 사망 방지라는 목적은 특정 정당의 목적이나 특정 후보의 선거운동 목적이라는 틀 안에 가둘 수 없다. 오히려 우리는 의학적 중립성을 취하도록 끊임없이 교육받아왔고, 만약 그러지 못할 경우에는 스스로 치료 상황에서 물러나도록 배워왔다. 우리가 바로 이런 관점을 갖고 있음을 독자들에게 전하고 싶다.

우리 컨퍼런스는 전국적으로, 또 세계적으로 주목을 받았다.[6] 공포 분위기 속에서 열린 컨퍼런스에 실제로 참석한 사람은 20여 명에 불과했지만, 온라인으로 100명 가량 현장 상황을 지켜보았고, 수백 명이 녹취록을 구하기 위해 또는 지지를 표하기 위해 나에게 연락을 취해왔다. 이미 잔뜩 끓어올라 있던 정신 건강 전문가들과 대중의 여론에 우리 컨퍼런스가 물꼬를 터준 느낌이었다.[7] 원래는 발표문만 묶어서 펴낼 계획이었으나 많은 기고문이 추가되어 이렇게 두꺼운 책이 되었다. 기고된 원고가 워낙 많아서 3분의 1로 줄여야 했고, 미국 최고의 출판사 5군데가 나서서 서로 경쟁했다.

글쓴이들은 컨퍼런스 뒤 3주 안에 원고를 제출해야 했다. 당시는 트럼프가 대통령직에 안착한 것처럼 보여 어느 정도 국민들이 안도하고 있다가, 취임 뒤 첫 100일이 지나면서 2017년 5월 9일에 미 연방수사국FBI(이하 FBI) 국장 제임스 코미James Comey를 해고하는 것을

---

6 Milligan, 2017; Bulman, 2017.

7 DeVega, 2017.

필두로 새로운 여러 스캔들이 터져 나오면서 다시 참혹한 분위기로 바뀌던 몹시 불안한 시기였다. 이 책의 글쓴이들은 대부분 소개할 필요도 없이 유명한 분들이고, 그렇게 명석하고 심지 굳은 전문가들을 이렇게 한 자리에 모을 기회를 얻은 것은 나에게 말로 표현하지 못할 만큼 큰 영광이다.

전문 지식의 집대성

———

이 책은 3부로 구성되어 있고, 1부는 결정적인 진단을 내려서는 안 된다는 점을 이해한 상태에서 트럼프의 상태를 설명하는 부분이다. '억제되지 않는 극단적 현재 쾌락주의'에서 필립 짐바르도와 로즈메리 소드는 트럼프가 극단적으로 현재 순간에 묶여 있고 자신의 행동이 가져올 결과나 미래는 그다지 생각하지 않아 자유세계의 지도자로서 의무를 다하는 데 부적합한 인물임을 스스로 증명한 과정에 대해 이야기한다. 크레이그 맬킨은 '병적인 나르시시즘과 정치'에서 나르시시즘은 스펙트럼상에서 다양한 정도로 분포한다는 것, 그리고 지도자가 병적 수준의 나르시시즘 성향을 갖고 있을 때 급속도로 정신증에 빠져들 수 있고 편집증이나 판단력 저하, 변덕스러운 의사 결정, 가스라이팅gaslighting이라 불리는 행동으로 국가의 안전을 위험에 빠트릴 수 있음을 설명한다. 토니 슈워츠는 '나는 도널드 트럼프와 함께《거래의 기술》을 썼다'에서 자신이 책을 쓰면서 트럼프와 함께 지낸 1년 동안 관찰한 바를 바탕으로, 트럼프의 대통령 임기가 블랙홀 수준의 낮은 자존감, 사실을 완전히 무시하는 자기 정당화, 세계를 상대로 전쟁을 벌이려는 충동으로 점철되리라는 것을 예상할 수 있었다고 말한다.

게일 시히는 '트럼프의 핵심 문제는 신뢰 부족이다'에서 모든 나르시시스트의 거창하게 부풀린 행동 저변에는 아주 연약한 자존감의 깊은 구덩이가 자리 잡고 있으며, 트럼프는 무엇보다 자신에 대한 신뢰가 부족하고 이 때문에 자기자신과 세상에게 자신을 증명하기 위해 과격한 행동을 저지를 수 있음을 지적한다. 랜스 도즈는 '소시오패시'에서 자신이 원하는 것을 얻기 위해 남을 속이고 거짓말하고 사기 치고 이용하는 사람, 그러면서 자기 때문에 누가 상처를 입어도 개의치 않는 사람은 부도덕한 행위를 반복적으로 할뿐 아니라 소시오패스처럼 인간의 핵심적 특징인 공감 능력이 없기 때문에 정신적으로 심각하게 손상되었다고 말한다. 존 가트너는 '악하거나, 미쳤거나, 둘 다거나'에서 트럼프는 '악함'과 '광기'의 징후를 동시에 보일 뿐 아니라 경조증hypomaniC, 輕燥症 기질로 여러 행동을 광풍처럼 정신없이 몰아대고 자극을 끊임없이 필요로 하기 때문에 그의 현재 상태가 얼마나 복잡한지 강조한다.

마이클 탠지는 '여우처럼 미친 척하는 것과 진짜 완전히 미친 것의 차이가 정말로 중요한 이유'에서 트럼프가 터무니없이 거짓말하는 것은 망상 장애로 설명할 수 있을지 모른다며 독자들에게 직접 판단해볼 것을 제안한다. 그보다 더 무시무시한 것은 트럼프가 잔인한 압제자들과의 핵전쟁 가능성에 매력을 느낀다는 사실이다. 데이비드 레이스는 '인지 장애, 치매, 그리고 미국 대통령'에서 현재 미국 정치제도는 대통령이라는 직책이 본질적으로 명료한 인지능력을 요구함에도 대통령에 대한 지적 기준 또는 인지적 기준을 정해놓지 않은 취약점이 있다고 지적한다. 또한 인지 장애가 있을 때 다른 정신 질환까지 더해지면 상황이 더욱 심각해진다고 말한다. '추징상의 무능력자 도널드 트럼프'를 쓴 제임스 허브는 (정신 건강 전문가가 아니라) 후견 전문 변호사인데, 후견인 지정 신청서를 제출하기 **전에** 후견 변호사들이 정신적 무능력에 관한 예비 결론을 내려야 한다고 설명한다. 그는 여기 실린 글을 통해 바로 그 일을 하는 한편 미국 수정 헌법 제25조에 관해 살펴본다.

2부에서는 정신 건강 전문가들이 자신들이 하는 일을 생각하고 자신들이 말해야 한다고 느낄 때 직면하는 딜레마를 이야기한다. 레너드 글래스는 '정신의학자들은 트럼프의 심리에 대한 논평을 삼가야 하는가?'에서 골드워터 규칙에 대해 단순히 "예" 또는 "아니오"로 답하게 만드는 기계적 규정에 반대한다. 그보다는 위험한 패턴들에 대해 양심적으로 견해를 밝히는 것을 옹호하며, 정신 질환 여부보다 신뢰할 만한 직무 수행 능력을 갖고 있는지 여부가 훨씬 더 중요하다고 지적한다. 헨리 프리드먼은 '보이는 것을 보고 아는 것을 말하는 일에 관하여'에서 특히 의료 시설이 부족한 지역에서 원격진료를 가능하게 해준 기술 발전 덕분에 임상의가 원격으로 진단하는 일에 자신감을 높일 수 있었고, 이는 전체주의적 사고방식이

37   서문

나 세상에 대한 다면적인 위협을 감지할 때도 마찬가지라고 지적한다. 제임슨 길리건은 '문제는 정신 질환이 아니라 위험성이다'에서 공인은 진단**하지 말아야 한다**는 윤리와, 위험에 희생될 가능성이 있는 사람들에게 위험을 경고할 의무를 비교하며 논의한다. 경고할 의무에 있어 중요한 것은 그 사람이 정신 질환이 있는지가 아니라 그가 위험한 사람인지이며, 이는 멀리서 보고도 평가가 가능한 일임을 강조한다.

다이앤 주엑은 '도널드 트럼프의 위험성을 보여주는 임상 사례'에서 미국은 정신 질환 때문에 위험을 초래할 가능성이 있을 때 당사자의 의사에 반하여 그를 감금할 상당한 권한을 정신 건강 전문가와 의사에게 법적으로 부여한다는 점, 그리고 트럼프는 필요조건을 충족시키고도 남는다는 점을 지적한다. 하워드 코비츠는 '건강, 위험, 그리고 공동체를 보호할 의무'에서 정신 건강 전문가들이 위험한 대통령에게 보이는 반응이 얼마나 비정상적인지 보여주기 위해 고대의 인용구와 두 가지 우화를 제시한다. 우리가 나서서 의견을 말하지 않는 것은 사회 구성원으로서 우리가 맡은 역할을 생각하면 너무나 터무니없는 일이기 때문이다. 윌리엄 도허티는 '트럼프 시대의 새로운 치료 기회'에서 트럼프 시대가 개인적 영역과 공적 영역의 경계선을 무너뜨렸고 내담자들과 치료사들이 똑같이 고통스러워하기 때문에, 치료사이자 동시에 시민이라는 역할을 맡은 우리가 내담자들을 더 잘 도울 수 있을 것이라고 말한다.

3부에서는 트럼프가 지금까지 미쳐온 사회적 영향, 트럼프가 현재 미치는 영향, 그리고 그가 미래에 초래할 수 있는 사회적 영향에 대해 이야기한다. 트라우마 치료사인 베티 텡은 '트라우마, 시간, 진실, 그리고 트럼프'에서 선거는 평화로웠으나 그 결과 온갖 정신적 외상과 2차 피해의 징후를 목격하게 된 역설적 상황에 관해 이야기한다. 또한 대통령이 갑작스럽게 군사 행동을 취하고, 위기감을 조성하고, 진실과 사실에 대해 왜곡된 관념을 갖고 있고, 정신적 외상 환자들에게 자신을 공격적으로 학대한 사람의 이미지를 상기시키는 역할을 하는 원인을 추적한다. 제니퍼 콘타리노 패닝은 '트럼프 불안 장애'에서 트럼프가 대통령이 되면서 나타난 독특한 불안 증후군과, 내담자들이 대통령의 행동으로는 비정상적이라고 느껴지는 행동을 '정상으로 받아들이려고' 노력하는 데서 받는 스트레스 해결을 도우려는 수많은 치료사가 직면하는 과제에 대해 이야기한다. 하퍼 웨스트는 '학대하는 대통령과 우리의 관계'에서 자존감이 낮아서 수치심을 잘 참지 못하고 그 결과 보복성 분노를 터뜨리고, 책임감과 정직성과 공감 능력이 없고, 주목을 받으려 기를 쓰는 사람들의 '타인 비난하기'가 작동하는 역학을 설명한다. 물론 트럼프는 그런 사람들의 극단적인 사례다.

스티브 러블은 '트럼프의 아버지 문제'에서 강한 성격에 성공한 삶을 산 아버지와의 관계에 관한 자신의 경험을 끌어와, 치료사가 일상적으로 어떤 일을 하는지 보여준다. 즉, 자기 인식을 타인을 평가하고 인식하는 도구로 사용하는 것인데, 이 경우 타인은 대통령과 그 추종자들이다. 루바 케슬러는 '버서리즘[8]과 트럼피안의 사고방식'에서 버서리즘이 시작된 폭넓은 배경과, 어떻게 트럼프가 이 비주류 의견을 옹호하면서 정치 싸움판에 끼어들어 편협과 분열의 전국적 증상을 증폭시키고 악화시켜 미국이라는 나라의 핵심 원칙을 위험하게 만들었는지 짚어본다. 토머스 싱어는 '트럼프와 미국의 집단정신'에서 정치적 분석이 아니라 집단 심리학으로 트럼프 개인의 나르시시즘과 미국인의 집단 심리를 연결한다. 집단 자기정체성과 폭력적이고 증오에 찬 방어를 결합하는 것은 트럼프에 관한 일인 것 못지않게 우리에 관한 일이기도 하다.

엘리자베스 미카는 '누가 트럼프가 되는가'에서 정치학자들이 '유독성 삼각형toxic triangle'이라고 부르는 폭정이 어떻게 폭군과 그 지지자들과 사회 전반이 나르시시즘 주위로 결합할 수밖에 없게 만드는지 설명한다. 그 세 요소가 결합되면 한동안은 활기 있게 유지되지만, 폭정 특유의 억압과 비인간화, 폭력 때문에 필연적으로 몰락할 수밖에 없다고 한다. 에드윈 피셔는 '운명을 좌우하는 결정의 외로움'에서 쿠바 미사일 위기 당시 케네디 대통령 주위에는 '가장 훌륭하고 똑똑한 사람들'이 있었지만 그들의 의견은 크게 갈렸고 결국 대통령 혼자 결정을 내려야만 했다는 이야기를 들려준다. 이는 대통령의 온전한 정신이 미국과 세계의 미래를 얼마나 좌우하는지를

---

8 오바마 대통령의 출생지에 대한 논란으로 그가 미국에서 태어난 시민권자가 아니라고 주장하는 음모론. —옮긴이

잘 보여주는 예다. 가트렐과 모스바처는 '그는 세계를 손에 쥐고 있고 방아쇠에 손가락을 얹고 있다'에서 군 인력은 임무에 필요한 정신적·의학적 적합성을 평가하기 위해 엄격하게 검사를 받아야 하는 반면, 군 통수권자에게는 그런 요건이 없다는 점을 지적하고, 당파를 초월한 중립적인 신경 정신의학 검증단을 구성하여 대통령을 살피는 연례 검진을 실시하자고 제안한다.

이 책은 트럼프에 관한 책이 아니다

─────────

이 책의 제목을 보면 그렇게 생각할 수도 있겠지만, 나는 이 책의 요점이 트럼프에 관한 것이 아님을 강조하고 싶다. 요점은 그가 대통령이 되게 한 더 큰 맥락에 관한 것이자, 그가 대통령이라는 직위의 힘으로 영향을 미치는 더 광범위한 사람들에 관한 것이다. 그토록 많은 결함을 지닌 한 개인이 그렇게 높은 위치까지 올라갔다는 것은 한 국가로서 우리가 처한 건강과 안녕의 전반적인 상태를 말해주며 그에 대해 우리가 어떻게 반응할지도 말해준다. 즉 우리는 상황을 개선할 수도 있고 더 악화시킬 수도 있다. 정신장애는 정당을 구분하지 않으며, 공공의 정신 건강을 포함하여 정신 건강을 증진하는 일에 헌신하는 전문가로서 우리의 의무가 무엇인지는 명백하다. 그것은 환자들과 대중을 건강으로 나아가는 길로 안내하여, 감정적 충동이나 방어에 방해받지 않고 정치적 선택에 관해서 진정한 대화를 나누는 일이 가능하게 만드는 것이다. '경고의 의무'를 우리가 교육받은 직업윤리로 받아들일 때 우리는 위험한 시대에 행동에 나서게 되는데, 거기에는 단순히 경보를 울리는 것만이 아니라 이 세상에서 함께 살아가는 사람들과 정보를 공유하고 대화를 나누는 것도 포함된다. 이 책으로 우리는 바로 그런 일을 하고자 한다.

어떤 개인적 보상도 기대하지 않고 너그럽게 통찰을 보태준 모든 글쓴이에게 감사한다. 특히 원고를 편집할 때 큰 도움이 되는 충고를 해주고 예일컨퍼런스를 준비하는 것을 도와준 허먼 박사와 그레이스 리Grace Lee 박사에게 감사한다. 가트렐 박사와 모스바처 박사도 도움을 주었고, 도즈 박사와 가트너 박사는 애초에 이 책을 출간하겠다는 생각을 갖도록 도와주었다. 또 교육부 처장으로서 컨퍼런스를 가능하게 해준 로버트 로어보Robert Rohrbaugh 박사에게도 고마움을 표한다. 법·정신의학부의 학부장이자 나의 롤모델인 하워드 조나나Howard Zonana 박사는 매들런 배러노스키Madelon Baranoski 박사와 함께 법적인 조언으로 내게 힘을 주었다. 존 크리스탈John Krystal 박사는 정신의학과 학과장으로서 컨퍼런스가 불러일으킨 논란들을 정면으로 받아냈다. 책을 내는 사람이 기대할 수 있는 가장 지적이고 예리한 에이전트인 스콧 멘델Scott Mendel 씨에게도 감사하고, 가장 열정적인 편집자인 스티븐 파워Stephen Power 씨에게도 감사한다. 우리의 대의를 '가치 있게' 여겨 자신들의 시간을 기꺼이 내준 정신 보건법 전문가 글렌 파인버그Glen Feinberg 변호사와 인권 변호사인 맥스 스턴Max Stern에게도 감사하고, 수정 헌법 제1조[9] 변호사인 로널드 런던Ronald London 변호사, 출판법 변호사인 헨리 코프먼Henry Kaufman에게도 감사한다. 마지막으로 내가 세상에 나와 한 모든 일에 영감을 주신 나의 할아버지 이근영 박사께도 감사를 전한다.

---

9 종교, 언론, 출판, 집회의 자유를 보장하는 헌법 수정안. —옮긴이

1부

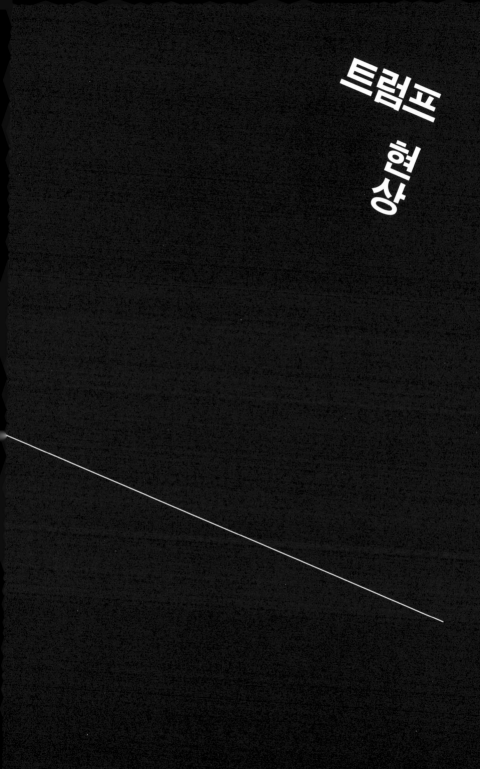

트럼프
현상

1장

억제되지 않는
극단적 현재 쾌락주의

자유세계의 지도자,
자신의 직무 부적합성을
끊임없이 증명하다

필립 짐바르도
로즈메리 소드

필립 짐바르도Philip Zimbardo

스탠포드대학교 명예교수로 학자, 교육자, 연구자이다. 그의 가장 유명한 연구는 획기적인 '스탠포드 감옥 연구'다. 베스트셀러《루시퍼 이펙트》와 유명한 심리학 교과서《심리학의 핵심 개념Psychology: Core Concepts》8차 개정판, 이제 20차 개정판이 나온《심리학과 삶》을 비롯해 500권이 넘는 출판물을 펴냈다. 모든 연령대의 사람들에게 어려운 상황에 처했을 때 현명하고 효과적인 행동을 취하도록 가르치는 국제비영리기구 '영웅적 상상력 프로젝트 Heroic Imagination Project(heroicimagination.org)'를 설립하고 이끌고 있다. 시간관이 미치는 영향과 시간관 치료법을 계속 연구 중이다.

로즈메리 소드Rosemary Sword

시간관 치료법Time Perspective Therapy의 공동개발자이자《시간 치료: 시간관 치료법으로 외상 후 스트레스 장애 극복하기The Time Cure: Overcoming PTSD with the New Psychology of Time Perspective Therapy》(영어 외 독일어, 폴란드어, 중국어, 러시아어로 번역됨),《시간 치료 테라피스트 가이드북The Time Cure Therapist Guidebook》,《시간관 치료법: 짐바르도의 시간이론을 임상실무로Time Perspective Therapy: Transforming Zimbardo's Temporal Theory into Clinical Practice》,《시간관 이론Time Perspective Theory》,《시간관 치료법으로 더 좋은 삶과 사랑 누리기Living and Loving Better with Time Perspective Therapy》,《시간관 치료법: 외상 후 스트레스 장애의 진화학적 치료법Time Perspective Therapy: An Evolutionary Therapy for PTSD》의 공저자이다. 소드와 짐바르도는〈사이콜로지투데이Psychology Today〉온라인판에 인기 칼럼을 연재하는 한편 유럽의 온라인 저널인〈어필 파워AppealPower〉와 폴란드의 신생 심리학 저널인〈실용 심리학 Psychology in Practice〉에도 기고하고 있다. 소드는 에이타스Aetas라는 마음 균형 찾기 앱의 개발자이기도 하다.

2015년 여름, 우리는 도널드 트럼프에 관한 논의를 시작했고 이는 지금까지도 계속되고 있다. 그가 막 공화당 대통령 후보에 도전하겠다는 출사표를 던진 시점이었고, 우리의 첫 대화는 간단히 끝났다. 그가 나선 건 세간의 주목을 끌기 위해서라는 것이었다. 많은 미국인에게 그렇듯이 우리에게도 트럼프는 처음에는 자신을 잘 홍보한 뉴욕 시의 사업가로, 나중에는 그저 그런 수준의 텔레비전 출연자로 수년 동안 우리 의식 주변부를 맴돌고 있었다. 그리고 대다수 사람처럼 우리는 그를 진지하게 생각하지 않았다. 진지하게 생각할 이유가 없었기 때문이다. 정치 경험도 전혀 없었고 박애에 진정한 관심을 보여준 적도 없으며, 미국 국민을 돕는 일이나 자기 소유가 아닌 기업을 돕는 일에는 더더욱 관심이 없었다. 트럼프는 제품을 미국 밖에서 생산했을 뿐 아니라, 다수의 법정 소송을 보면 자기에게 제품과 서비스를 제공하는 중소기업들에게 합당한 돈을 지불하지 않았다는 것도 알 수 있었다. 그는 또 경영학 능력을 공인받고 싶어 하는 사람들에게 한 해에 4만 3,000달러의 수수료를 받고 교육하는 트럼프 유니버시티[1]를 설립했다. 이는 사기였다. 온라인에서 누구나 무료로 볼 수 있는 것과 똑같은 내용의 강의였고, 학생들을 개인적으로 지도해주던 멘토라는 이들은 만날 기회조차 거의 없었다. 트럼프 유니버시티를 고소한 학생들이 소송에서 이겼고 트럼프 유니버시티는 문을 닫았다. 간단히 말해 트럼프는 개인적 이득에만 관심이 있고 이득을 채우기 위해서 때때로 부도덕한 방법도 서슴지 않는 사업가였다.

우리는 또한 트럼프가 수십 년에 걸쳐 손바닥 뒤집듯 정당을 바꿔왔다는 것도 알고 있었다. 처음에는 민주당에 입당했다가 개혁당으로 옮겼고 그러다 공화당으로 갈아탔다가 민주당원이 되었다가 결국 다시 공화당원이 됐다. 그러니 '도널드'가 출마한 것은 단순히 미디어의 주목을 끌고 더 큰 사업 거래를 따내고 자신의 제품 라인(바로 도널드 J. 트럼프라는)의 급을 더 높이는 데 유리한 기회를 잡기 위한 것이 분명해보였다.

그 후 몇 달이 흐르는 동안 트럼프가 자신을 '직선적' 인물 또는 '아웃사이더'로 내세우며 카리스마를 발휘하는 모습을 보면서, 극단에 이른 나르시시즘의 위험성이나 그에 따르는 공격적인 행동의 위험성을 모르는 사람들에게 그가 호소력을 발휘할 수 있겠다는 우려가 점점 깊어졌다. 이 글에서 우리는 진단을 시도하지는 않지만

---

1 인가받은 대학이 아니라 교육 기업. —옮긴이

도널드 트럼프라는 위험한 사례

(어차피 불가능에 가까운 일이기도 하다), 생색내기와 뻔뻔스러운 과장 (거짓말), 괴롭힘, 질투, 취약한 자존감, 동정심 결여, '아군 아니면 적군'이라는 렌즈로 만사를 보는 것을 포함해 트럼프가 보이는 나르 시시즘과 연관된 행동에 독자들의 주의를 환기하고자 한다. 공화당 경선 토론에서 학교 불량배 같은 전술을 쓰고, 인터뷰에서 얼토당토 않은 자화자찬을 늘어놓는 것을 보면서 우리는 앞에 열거한 행동에 서 무엇이 문제인지 알리는 것이 중요하다고 느꼈다. 그래서 2016년 1월에 〈사이콜로지투데이〉 온라인 칼럼에 약자를 괴롭히는 불량배 들과 그들이 학교와 기업계에서 조장하는 적대적인 사회 환경에 관 한 글을 기고했다.[2]

트럼프의 선거운동과 나르시시즘이 점점 동력을 얻는 동안, 우 리는 그가 우리 민주주의에 미칠 잠재적 위험을 사람들에게 널리 알 리기 위해 노력했다. 2016년 3월에는 같은 사이트에 자기애성 성격 에 관한 칼럼을 발표했다.[3] 칼럼에서 우리는 실제 임상을 통해 밝혀 진 자기애성 행동들은 어떤 것이 있는지 알렸고, 그럼으로써 트럼 프가 그 모든 사례에 딱 맞아떨어진다는 것을 독자들이 스스로 쉽게 판단하기를 바랐다. 그 글에서 우리는 그의 수많은 난봉 행각이나 점점 건수가 늘어가던 성희롱 소송, 그리고 계속 더 젊고 예쁜 여자 로 상대를 바꿔가며 했던 세 번의 결혼은 언급하지 않았다. 이 일들

---

2 Sword and Zimbardo, 2016a.

3 Sword and Zimbardo, 2016b.

이 각자 그 자체로는 그리 이례적인 일이 아닐지 모른다. 그러나, 그러한 행동과 끊임없이 소속 정당을 바꿔왔던 전적(이런 변화는 자신의 이미지와 자아를 띄우려 했던 행동으로 볼 수 있다)을 함께 고려하면 이 인물이 가장 초점을 맞추는 것은 자기이익이라는 것, 그리고 미국 국민이 자신들의 대통령에게서(적어도 2016년 11월까지는) 높이 평가하던 한 가지 중요한 성격적 특징인 안정성과는 거리가 멀다는 것을 정신 건강 전문가가 아니라도 충분히 판단할 수 있다.

그뿐 아니라 우리가 관찰한 결과, 트럼프는 짐바르도의 시간관 이론[4] time perspective theory(후에 이를 리처드 소드와 로즈메리 소드가 시간관 치료법으로 발전시켰다)[5]에 따른 특정한 성격유형 중 한 가지에 해당한다는 사실이 너무나도 명백했다. 바로 **억제되지 않는 혹은 극단적인 현재 쾌락주의자** 유형이다.

단어에서 드러나듯이 현재 쾌락주의자는 현재의 순간에만 살며 자신의 행동이 가져올 결과나 미래에 대해서는 생각하지 않는다. 극단적 현재 쾌락주의자는 자신의 자아를 부풀리고 선천적으로 낮은 자존감을 달래기 위해서라면 무슨 말이든 가리지 않고 하며, 과거의 현실을 고려하지 않는다. 그뿐 아니라 즉흥적인 말 또는 큰 결정이 불러올 미래의 파괴적 결과를 전혀 염두에 두지 않는다. 트럼프의 행동을 보면 완전히 **균형이 무너진** 시간관을 가졌음을 알 수 있

---

4 Zimbardo and Boyd, 2009.

5 Zimbardo, Sword, and Sword, 2012.

다. 트럼프가 굳이 짐바르도 시간관 검사를 받아보지 않아도 우리는 충분히 이런 결론을 내릴 수 있다. 트럼프가 극단적 현재 쾌락주의자 중 하나라는 우리의 주장은 그가 한 모든 인터뷰, 수백 시간 분량에 달하는 동영상, 매일 자신의 감정을 쏟아내는 트윗을 비롯한 수많은 기록되고 녹화된 자료로부터 나온 것이다.

다음은 트럼프가 가장 위험한 시간관, 다시 말해 극단직 현재 쾌락주의자의 시간관을 가졌으며, 따라서 '대통령의 직무에 부적합' 하다는 결론에 우리가 어떻게 도달했는지 독자들에게 설명하기 위한 내용이다.

시간관 이론과 시간관 치료법

————

우리는 과거, 현재, 미래라는 세 가지 주요 시간대를 익히 알고 있다. 시간관 이론에서 이 세 시간대는 **과거 긍정**과 **과거 부정**, **현재 쾌락주의**와 **현재 숙명론**, **미래 긍정**과 **미래 부정**이라는 하위 단위로 나뉜다. 이 시간관 중 어느 하나에 지나치게 무게가 쏠리면 지금 실제로 벌어지고 있는 일을 알아차리지 못하거나 미래에 일어날 일을 예측하지 못하거나 또는 둘 다일 수 있다. 그러면 불안정하고 불균형해지거나 시간적 편향이 생긴다.

이렇게 균형을 잃으면 사고도 흐려지고 일상적인 결정에도 부정적 영향이 미친다. 예를 들어 과거의 부정적 경험에 갇혀 빠져나오지 못하면 지금부터 자신에게는 부정적 일만 일어날 거라고 생각할 수 있다. 그렇다면 귀찮게 왜 미래를 위한 계획 같은 걸 세우겠는가. 똑같이 나쁜 일만 계속 일어날 텐데. 또는 만약 극단적 현재 쾌락주의자인 아드레날린 중독자라면 아드레날린 분비샘을 자극하는 일에만 열중하다가 위험천만한 일을 벌일 가능성이 높고, 이로 인해 뜻하지 않게 자신이나 다른 사람을 위험에 빠트릴 수 있다. 그 순간만을 살며 오늘의 행동이 미래에 가져올 결과는 생각하지 않기 때문이다. 미래 시간관이 균형을 벗어났다면, 끝없는 '할 일 목록'에 적힌 모든 일을 끊임없이 생각하고 걱정하다가 지금 여기 자신과 사랑하는 사람들의 일상적 삶에서 일어나는 멋진 일들을 잊거나 놓쳐버릴지도 모른다.

시간관 이론의 6가지 주요 시간관

1. **과거 긍정적인 사람**은 과거에 일어난 좋은 일, 긍정적인 사건에 초점을 맞춘다.

2. **과거 부정적인 사람**은 과거에 잘못된 모든 일, 부정적인 사건에 초점을 맞춘다.

3. **현재 쾌락주의자**는 눈앞의 순간만을 살면서 쾌락과 신기함, 감각을 추구하고 고통을 회피한다.

4. **현재 숙명론자**는 정해진 운명이 인생을 이끌어가므로 미래를 계획하는 것은 불필요한 일이라고 느낀다.

5. **미래 긍정적인 사람**은 미래를 계획하고 일이 잘 풀려나갈 거라고 믿는다.

6. **미래 부정적인 사람**은 미래는 이미 정해져 있고 비관적이라고 느끼거나 미래를 대하는 지향성도 없다.

시간관의 3가지 주요 편향

1. **과거 편향**: 누구에게나 좋은 일과 나쁜 일이 일어난다. 어떤 사람은 장밋빛 안경을 끼고(과거 긍정적) 세상을 보고, 어떤 사람은 어두운 렌즈를 통해(과거 부정적) 세상을 본다. 우리는 과거에 주로 초점을 맞추는 사람이 새로운 것보다는 옛것에, 신기한 것보다는 익숙한 것에, 대담하고 더 자유분방하거나 위험한 접근법보다는 신중하고 보수적인 접근법에 더 가치를 둔다는 것을 알아냈다.

2. **현재 편향**: 현재에 사는 사람들은 과거의 경험이나 미래를 고려하는 것에 영향을 훨씬 적게 받거나 전혀 받지 않는다. 그들은 당면한 현재에만, **지금** 일어나고 있는 것에만 초점을 맞춘다(현재 쾌락주의). 의사 결정도 즉각적인 자극, 이를테면 체내 호르몬 신호, 감정, 냄새, 소리, 욕망의 대상이 지닌 매력적인 특징, 그리고 다른 사람들이 강력히 권하는 것을 기반으로 내린다. 과거에 한 부정적인 경험의 영향으로 현재에 편향된 사람은 **과거**의 수렁에 빠져 **지금** 꼼짝 못하고 있다고 느낄 가능성이 크다(현재 숙명론).

3. **미래 편향**: 미래 계획을 어떻게 세울지 생각하면서 태어나는 사람은 없다. 온대지역에 사는 것(계절의 변화를 예상해야 한

다), 안정적인 가족 또는 경제적·정치적으로 안정된 사회에 사는 것(자기에게 약속된 것을 믿게 된다), 교육을 받는 것 등 여러 조건에 따라 미래지향적인 사람이 될 수 있다(미래 긍정적). 일반적으로 미래지향적인 사람은 아주 잘 살아간다. 그들은 덜 공격적이고 덜 우울하며 에너지가 충만하고 자기 건강을 잘 챙기고 충동을 잘 조절하며 자존감도 높다. 과거에 붙잡혀 있고 부정적인 기억에 갇혀 있는 사람은 현재에 관해 숙명론적 감정을 갖고 있고 희망적인 미래를 상상하는 능력조차 상실했을 수 있다(미래 부정적).

건강한 시간관 vs. 건강하지 않은 시간관

수년 간의 연구를 통해 우리는 건강하고 생산적이고 낙천적으로 살아가는 사람에게는 다음과 같은 공통된 특징이 있음을 발견했다. 우리는 이 특징들을 '이상적 시간관'이라고 부른다.

• 높은 과거 긍정 / 낮은 과거 부정
• 낮은 현재 숙명론 / 온건하고 선택적인 현재 쾌락주의
• 적당히 높은 미래 긍정 지향

이와 반대로 주로 정신적 외상이나 우울, 불안, 스트레스, 외상 후 스트레스 때문에 비관적 시간관을 갖게 된 사람들은 공통적으로 다음과 같은 시간관 유형을 갖고 있다.

• 높은 과거 부정 / 낮은 과거 긍정

도널드 트럼프라는 위험한 사례

- 높은 현재 숙명론과 (/ 또는) 높은 현재 쾌락주의
- 낮은 미래 지향 / 미래 지향 없음

전반적으로 시간관 유형에 잘 취사선택한 현재 쾌락주의를 조금 더하는 것은 중요하다. 즐거운 시간을 보내고 재미있게 지내는 것은 삶의 건강한 한 부분이기 때문이다. 그러나 좋은 일들이 지나치면 여러 문제가 생길 수 있다.

정서 발달이 정지된 사람들

_____

방금 말했듯이 현재 쾌락주의자는 현재 순간에 살고 행동하며, 미래나 자기 행동의 결과는 아예 생각하지 않는 경우가 많다. 대부분의 어린이와 십대는 현재 쾌락주의자다. 그들은 매일 과거 경험을 쌓아가지만 미래라는 개념은 여전히 발달하는 중이다. 정서 발달이 정지되는 것은 대개 아동기에 입은 트라우마가 원인인데, 이런 사람들 역시 현재 쾌락주의자다. 치료를 받지 않으면 트라우마가 생긴 당시의 연령을 넘어서는 정서적 성숙이 어려워지거나 불가능해진다. 이들이 성인기에 이르면 어떤 시기에는 자신의 미성숙한 감정을 감출 수 있을지 몰라도, 스트레스가 심한 상황이 닥치면 처음 트라우마가 생긴 시기의 감정적 연령으로 퇴행하여 행동한다. 정서 발달이 정지된 사람들은 어린 시절의 트라우마에서 받은 영향의 강도에 따

라, 시간이 지나는 동안 현재 쾌락주의적 시간관이 극단적 현재 쾌락주의로 심화될 수도 있다.

우리가 정식으로 트럼프 개인을 직접 검사한 것은 아니므로, 그의 극단적 현재 쾌락주의의 한 요인일 수도 있고 아닐 수도 있는 정서 발달 정지 여부를 두고는 가장 개연성 있게 추측만 해볼 수 있다. 그러나 어마어마한 분량의 문서와 동영상 자료를 찾아 보면 학교 불량배처럼 힘으로 밀어붙여 남을 깔아뭉개는 행동, 섹스에 관한 미성숙한 언사, 어린애처럼 항상 주목받으려는 욕구가 고스란히 드러나기 때문에 그에게 트라우마를 남긴 사건은 열세 살 때 군사학교로 보내진 일일 거라고 추측할 수 있다. 그의 전기를 쓴 작가 중 한 명인 마이클 단토니오Michael D'Antonio에 따르면 트럼프는 "한마디로 가족의 집에서 추방되었다. 그때까지 그는 호화로운 환경에서 가족과 함께 지내는 것밖에 모르고 살다가 갑자기 멀리 보내진 것이다."[6] 다른 사람과 충돌할 때마다 기본적으로 사춘기 아이 같은 태도를 보이는 이유가 이로써 어느 정도 설명된다.

극단적 현재 쾌락주의

___

극단적 현재 쾌락주의자는 자기 확대self-aggrandizement를 위해서나

___

6 Schwartzman and Miller, 2016.

이전에 자신이 한 (대개는 타인에게 부정적으로 인식된) 행동에 대해 자기방어를 하기 위해서 때와 장소를 가리지 않고 어떤 말과 행동도 서슴지 않는다. 어느 정도의 편집증은 드물지 않지만, 이것이 극단적 현재 쾌락주의와 결합하면 가장 예측 안 되고 위험한 시간관이 생겨난다. 이는 극단적 현재 쾌락주의가 지닌 '행동' 요소 때문이다. 이를테면 다음과 같은 상황이 펼쳐진다.

극단적 현재 쾌락주의자는 충동적 생각이 일어나면 그것을 즉흥적으로 행동에 옮기는데, 그 행동으로 인한 결과를 추궁당하면 자기입장을 고집하며 완강하게 버틴다. 그 사람이 권력을 쥔 자리에 있다면 다른 사람들이 몰려가 그가 했던 최초의 행동을 부인하거나 뒷받침할 방법을 찾아낸다. 보통의 삶에서라면 이런 충동성은 오해와 거짓말, 해로운 관계를 초래한다. 트럼프의 경우 충동적 생각은 트윗을 봇물처럼 쏟아내거나 직접 발언(행동)하도록 만들고, 그런 행동은 다른 사람을 자극해 그가 생각 없이 한 행동을 나서서 완수해주거나 부인하려 하게 만든다.

이를 명백히 보여주는 사례가 있다. 트럼프가 "오바마 대통령은 가장 신성한 선거기간에 내 전화 깊숙이 도청기를 심어놨다. 이것은 닉슨/워터게이트다. 나쁜 (또는 아픈!) 작자!"[7]라는 트윗을 올리자 참모들이 그 거짓 중상모략의 주장을 '진짜'로 만들 증거를 찾으러 몰려갔다. 이 극단적 현재 쾌락주의자의 트윗 하나는 역설적으로

---

7 Associated Press, 2017.

납세자들이 고생해 번 돈을 써가며 트럼프 선거 캠프가 러시아와 뒷거래를 했을 가능성을 찾는 수사의 도화선이 되었다.

극단적 현재 쾌락주의자의 또 한 가지 특징은 보통 부지불식간에 다른 사람을 비인간적으로 취급함으로써 우월함을 느끼고자 한다는 것이다. 앞일을 내다보지 않고 연민이 결여된 것은 나르시시즘의 특징이자 힘으로 남을 깔아뭉개는 불량배의 특징이기도 한데, 이에 대해서는 뒤에서 다시 이야기해보자.

트럼프는 왜 극단적 현재 쾌락주의자인가

누구의 말이라도 세밀히 검토하거나 맥락을 무시하고 인용하면 거의 다 부정적인 시각으로 그려질 것이라고 주장할 사람도 있을 것이다. 그러나 한 국가의 최고 관직에 출마했다면, 또한 당선했다면 세밀히 검토되리라는 것은 예상해야 한다. 트럼프의 경우, 그의 혼란한 정신이 내면에서 어떻게 움직이는지를 풍부한 자료들이 선명히 보여준다. 이미 잘 알려진 다음의 인용문들은 마이클 크루즈 Michael Kruse와 노아 와일런드Noah Weiland가 〈폴리티코Politico〉에 정리한 것[8]을 우리가 다시 범주별로 분류한 것으로(일부는 여러 범주에 걸쳐 있다) 트럼프가 준비된 원고를 무시하고 순간순간 머리에 떠오르는 대

---

8 "Donald Trump's Greatest Self Contradictions," May 5, 2016.

로 아무 말이나 내뱉고 트윗을 올린 것, 없는 사실을 꾸며낸 것, 가짜 뉴스를 반복해서 퍼뜨린 것, 거짓말한 것 등 모두 다 극단적 현재 쾌락주의 성향을 잘 보여준다.

비인간적 취급

• "때로는 경쟁자의 명예를 훼손하는 것도 거래의 일부다." (《거래의 기술》, 1987)

• "멕시코가 자기네 국민을 보낼 때는 가장 좋은 사람들을 보내는 게 아닙니다. (…) 그들은 문제가 많은 사람들을 보내고, 그 사람들은 그 문제를 우리한테 가지고 옵니다. 마약을 가져오고 범죄를 가져오죠. 그들은 강간범이에요. 뭐, 일부는 좋은 사람도 있겠지만."(2015년 6월 16일, 공화당 대통령 후보 출마 선언 연설)

• "괜찮은 기자가 쓴 거예요. 그런데 그 불쌍한 친구, 여러분은 그 친구를 한번 봐야 해요."(트럼프는 이렇게 말하며 얼굴근육을 일그러뜨리고 손과 팔을 이상하게 움직였다. 2015년 11월 4일, 사우스캐롤라이나 선거 유세장에서 선천 다발성 관절 만곡증 때문에 관절과 사지의 움직임이 불편한 기자 서지 코발레스키Serge Kovaleski에 관해 한 말이다)

거짓말

• "메이드 인 아메리카라고? @BarackObama는 자기 '출생지'

인 하와이를 '이곳 아시아'라고 불렀다."(트위터, 2011년 11월 18일)

• "나는 세계무역센터가 무너지는 장면을 봤습니다. (…) 뉴저지 주 저지시티에서 봤는데, 거기서는 그 건물이 무너질 때 수천 명의 사람이 환호하고 있었어요. 수천 명이 환호하고 있었다고."(2015년 11월 21일, 앨라배마 주 버밍햄 집회) 다음 날 ABC 시사 대담프로그램 〈디스 위크This Week〉의 진행자 조지 스테퍼노풀로스George Stephanopouls는 "경찰이 그런 일은 없었다고 말한다"고 지적했다. 그러나 트럼프는 "텔레비전에 방송된 장면이다. 내가 그 장면을 봤다"고 우겼다.

• "나는 선거인단 선거에서 압승했을 뿐 아니라, 불법적으로 투표한 수백만 명의 표를 빼면 유권자 선거에서도 내가 이겼다."(트위터, 2016년 11월 27일)

여성 혐오

• "그 여자 눈에서 피가 나오고 있는 게 보였어요. 그 여자한테서, 어디서든, 피가 나오고 있었다고."(2015년 8월 7일, 전날 밤 폭스 뉴스 후보 토론회에서 진행자 중 한 명인 메긴 켈리Megyn Kelly가 그의 여성 혐오적 태도에 관해 질문했던 일을 두고 CNN과 인터뷰하면서)

• "그 얼굴을 봐요! 그 얼굴 보고 표를 줄 사람이 있겠어요? 당신은 그 얼굴을 우리 차기 대통령 얼굴로 상상할 수 있습니

까? (⋯) 내 말은, 그녀는 여자라고, 나쁜 말은 하면 안 되겠지만, 정말이지 사람들, 정신 좀 차려요. 우리 지금 진지하게 생각하고 있는 거 맞습니까?"(2015년 9월 9일, 〈롤링스톤Rolling Stone〉과의 인터뷰에서 공화당 대통령 경선 후보 칼리 피오리나Carly Fiorina에 대해)

• "당신이 스타가 되면 여자들은 당신이 뭘 해도 다 받아줘. 뭐든 할 수 있어. (⋯) 거시기pussy를 움켜쥐어도 되고. (⋯) 뭐든 할 수 있다니까."(2005년 〈액세스 할리우드Access Hollywood〉에서 화면에 잡히지 않았을 때 마이크가 켜져 있는지 모르고 자랑스럽게 떠벌인 말로 2016년 〈워싱턴포스트〉에 실림)

편집증

• "세상은 악랄하고 잔인한 곳이다. 우리는 우리가 문명화되었다고 생각한다. 진실은, 세상은 잔혹하고 사람들은 무자비하다는 것이다. 사람들은 당신 면전에서는 친절하게 굴지만 내심으로는 기를 쓰고 당신을 죽이려 한다. (⋯) 친구들조차 기를 쓰고 당신을 잡으려 한다. 그들은 당신의 직업을 원하고 당신의 집을 원하고 당신의 돈을 원하고 당신의 아내를 원하고 심지어 당신의 개도 원한다. 그런 게 당신 친구들이다. 그러니 당신의 적들은 얼마나 더 지독하겠는가!"(《빅씽킹》, 2007)

• "내 좌우명은 '최고의 능력자들을 고용하고 그들을 신뢰하지 마라'이다."(《빅씽킹》, 2007)

• "똑똑한 자들을 고용해서 당신을 위해 일하게 해두었을 때, 당신이 없으면 자기가 더 잘 할 수 있다는 생각이 들면 그들은 당신을 벗겨먹으려 할 것이다."(〈데일리 메일Daily Mail〉, 2010년 10월 30일)

인종주의

• "당신은 안 불렀어. 유니비전Univision[9]으로 돌아가."(2015년 8월 아이오와 유세장에서 라틴계 기자이자 앵커인 호르헤 라모스Jorge Ramos를 몰아내면서)

• "도널드 J. 트럼프는 무슬림의 미국 입국을 완전하고 철저하게 차단할 것을 요구한다."(2015년 12월, 사우스캐롤라이나 주 찰스턴 유세)

• "저기 나의 아프리카계 미국인을 보시오. 저 사람을 봐요." (2016년 6월, 캘리포니아 유세)

자기 확대

• "나는, 그러니까, 진짜 똑똑한 사람입니다."(2015년 7월 11일, 애리조나 주 피닉스에서 한 인터뷰)

• "그 여자들이 나의 외모를 놓고 공격하기는 무척 어렵죠. 나

---

9 미국의 스페인어 텔레비전 방송국이며 라모스는 스페인어로 방송하는 미국 방송인 중 가장 유명한 인물이다. —옮긴이

도널드 트럼프라는 위험한 사례

는 정말 잘 생겼으니까."(2015년 8월 7일, NBC의 시사 대담 프로그램 〈미트 더 프레스Meet the Press〉에서)

- "나는 누구보다 먼저 나 자신과 이야기를 나눠요. 나는 머리가 좋고 아주 많은 말을 했으니까. (⋯) 나의 제1상담역은 나 자신입니다."(2016년 3월 16일, MSNBC 인터뷰)

그 밖에도 트럼프는 극단적 현재 쾌락주의와 결합될 때 우리의 우려를 증폭시키는, 일반적으로 알려진 두 가지 성격 특성을 갖고 있는데, 바로 **나르시시즘**과 **남을 괴롭히는 행동**이다. 나르시시스트와 남을 괴롭히는 자들이 지닌 복잡성과, 두 특징이 극단적 현재 쾌락주의와 어떻게 맞물리는지 이해하도록 돕고, 트럼프가 이런 성향을 어떻게 드러내고 있는지 실례를 들어 설명하기 위해 그 두 가지 성격 특성을 수년 간 연구한 내용을 다음과 같이 요약했다.

자기애성 인격

———

그건 나만이 해결할 수 있다.

트럼프, 2016년 7월 공화당 전당대회

1900년대 초에 지그문트 프로이트는 나르시시즘을 정신분석 이론의 한 부분으로 도입했다. 나르시시즘에 대한 이론은 이후 몇

십 년 동안 정교하게 다듬어졌고, 때로는 과대망상증이나 심각한 자기중심성이라고도 불렸다. 1968년에는 **자기애성 인격장애**narcissistic personality disorder라는 진단명을 지닌 하나의 질환으로 정착했다. 나르시시즘에 빠진 사람은 자신을 매우 높이 평가하는 동시에, 스스로 자기보다 열등하다고 간주하는 사람들(대개 대부분의 사람이 이에 해당한다)은 상당히 하찮게 여기기 때문에 균형감이 전혀 없다. 나르시시스트는 감정적이고 표현이 과장되게 연극적이며, 다른 사람의 감정을 느끼는 연민과 공감이 결여될 수 있다.

다음은 자기애성 인격장애의 몇 가지 증상이다. (이는 나르시시스트에 관한 것이므로, **당신**이라는 단어를 사용했다.)

- **당신이 다른 사람들보다 더 낫다고 믿는다.** 이는 당신 세계 전반에 해당하는 사항이며, 당신은 다른 사람들을 얕잡아본다.
- **권력, 성공, 매력에 관해 환상을 품고 있다.** 당신은 당신이 속한 분야에서 가장 성공한 사람 중에서도 슈퍼 영웅이며, 〈GQ〉나 〈글래머Glamour〉 같은 잡지의 표지를 장식할 수도 있는데, 이것이 당신 머릿속에서만 벌어지는 일이라는 것을 당신은 깨닫지 못한다.
- **자신의 업적이나 재능을 과장한다.** 골프 토너먼트에서 9위의 성적을 거뒀을 경우 당신은 현장에 없었던 사람들에게, 또는 당신이 충분히 뻔뻔하다면 현장에 있었던 사람들에게도 1위를 했다고 말한다. 당신은 고등학생 때 어설프게 기타를 뚱땅

거리다 금세 흥미를 잃었지만 다른 사람들에게는 카를로스 산타나Carlos Santana에게 기타를 배웠다고 떠벌인다.

- **끊임없는 칭찬과 존경을 기대한다.** 당신이 무슨 일을 하든 모든 일에 대해 다른 사람들이 인정해주기를 원한다. 고작 쓰레기를 밖에 내다놓는 일이라 해도.

- **당신은 특별하다고 믿고 그 믿음에 따라 행동한다.** 당신은 신이 여자들에게/남자들에게/당신의 분야에/세상에 선물한 존재이며, 모든 사람이 당신을 그런 존재로 대접해야 마땅하다고 믿는다. 사람들이 그 사실을 모를 뿐이다.

- **다른 사람들의 감정과 기분을 알아차리지 못한다.** 당신이 생각하는 바를 곧이곧대로 말하거나 당신이 생각하는 그들의 잘못을 말해줄 때 사람들이 왜 기분 나빠 하는지 당신은 이해하지 못한다.

- **다른 사람들이 당신의 생각과 계획을 따라주기를 기대한다.** 매사에는 단 한 가지 방식만 있는데 그것은 바로 당신의 방식이다. 그래서 다른 사람들이 자신의 생각이나 계획을 당신에게 말하면 당신은 기분이 상한다. 그들의 생각은 절대로 당신의 생각만큼 좋을 리 없기 때문이다.

- **다른 사람들을 이용한다.** 당신은 부모님의/친구의, 자동차/도구/신용카드/옷을 물어보지도 않고 가져가거나, 줄 서 있는 노인 앞으로 새치기를 하거나, 작은 호의를 베풀고 그 대가로 훨씬 더 큰 것을 기대한다. "그게 뭐 어쨌다고?"

- **당신보다 열등하다고 느끼는 사람들에게 멸시를 보낸다.** "저 노숙자는 이렇게 추운 날씨에 코트도 안 입고 신발도 안 신었네. 저런 바보가 있나!"

- **다른 사람들을 질투한다.** 그 상/트로피/칭찬은 아무개가 아니라 당신이 받아야 마땅했다. 또 누군가가 당신보다 더 매력적이라고/지적이라고/똑똑하다고 느끼거나 더 좋은 승용차/배우자/집을 갖고 있다고 생각하면 그를 미워하고 저주한다.

- **다른 사람들이 자신을 질투한다고 믿는다.** 당신은 모든 사람이 당신이 되기를 원한다고 믿는다.

- **건강한 관계를 잘 유지하지 못한다.** 가족과 친구들은 당신을 이해하지 못하기 때문에 당신은 그들과 연락을 끊었다. 연애를 하다가도 더 나은 상대방이 나타날 때마다 연인에 대한 흥미를 잃고, 만족스럽지 않은 연애를 반복한다.

- **비현실적 목표를 세운다.** 당신은 언젠가 최고경영자/대통령/훌륭한 뮤지션/예술가/베스트셀러 작가가 되거나 영화배우와 결혼하거나 빌 게이츠 같은 백만장자가 될 거라고 믿는다.

- **쉽게 상처받고 거부당한다.** 당신은 왜 사람들이 고의로 당신의 마음을 상하게 하는지 이해하지 못하고, 그 상처를 극복하는 데 오랜 시간이 걸리거나 끝까지 극복하지 못한다.

- **상처 입기 쉬운 자존감을 갖고 있다.** 그 모든 것 아래에는 그저 섬세한 사람인 당신이 있고, 바로 이 점이 당신을 특별하게 하는데 왜 사람들은 당신의 이런 점을 알아보지 못하는지 이

해가 안 된다.

- **강인한 정신력을 지닌 것처럼 또는 감정을 드러내지 않는 것처럼 보인다.** 즉, 당신은 미스터 스팍[10]처럼 행동한다.

이 증상 중 일부는 단순히 개인적 자신감이나 자존감이 높은 것처럼 느껴질 수도 있지만, 건강한 수준의 자신감과 자존감을 지닌 사람은 다른 사람보다 자신이 더 가치 있다고 여기지 않는 반면, 나르시시스트는 스스로 높은 곳에 올라가 다른 사람을 깔본다는 점에서 다르다. 대개 그들은 대화를 장악하는 자만심 강하고 거만한 허풍쟁이에 특권 의식을 지닌 것처럼 보인다. 무엇이든 가능한 한 최고의 것을 원하고 자기 뜻대로 되지 않으면 짜증이나 화를 낸다. 미스터 심통 또는 미즈 심통이 튀어나오는 것이다.

흥미롭게도 이런 성격 유형의 밑바닥에는 낮은 자존감이 깔려 있는 경우가 많다. 나르시시스트는 어떤 비판도 참지 못하며, 자신이 비판받고 있다고 느끼면 남을 깎아내리거나 분노를 터뜨리거나 거만한 태도를 취해 자신을 위로하려 한다. 나르시시스트는 자신의 행동을 인식하지 못하는 경우가 드물지 않은데, 자기 행동이 자신을 완벽하고 지배적인 사람으로 보는 자신의 관점에 맞지 않기 때문이다. 그러나 나르시시스트는 자신과 같은 부류를 아주 멀리서도 알아

---

10 영화 〈스타트렉〉의 벌컨족 항해사. 벌컨족은 이성과 논리를 중시하며 감정을 잘 이해하지 못하고 열등하게 여긴다. —옮긴이

볼 수 있고, 자기에게 경쟁 상대가 되는 그 생각 없는 인간들을 폄하하거나 대체로 피하려고 한다.

불행히도 나르시시스트는 인간관계가 무너지는 경험을 자주 할 수 있다. 어느 정도 시간이 지나면 사람들은 그들 곁에 있기 싫어하고, 사적인 관계든 직장이나 학교에서든 모든 관계가 문제를 일으키기 때문이다. 꾸미기 위한 비싼 옷과 장식 없이 그들의 이미지를 유지하기는 어렵기 때문에 때때로 재정적 문제도 생긴다.

남을 괴롭히는 성격

————

나는 부패한 힐러리 클린턴이 얼빠진 엘리자베스 워런을 부통령 후보로 선택했으면 좋겠다. 둘 다 내가 꺾어버리게.

트럼프, 트위터, 2016년 5월 6일

괴롭힘은 학우든 직장 동료든 가족이든 한 명 이상의 사람에게 육체적 상처 또는 심리적 스트레스 또는 둘 다를 체계적이고 장기적으로 가하는 것으로 정의된다. 연구 결과에 따르면 남을 괴롭히는 습관이 있는 사람 중 일부는 자기애성 인격장애자일 수 있고, 또 다른 일부는 사회 상황이나 다른 사람들의 행동을 제대로 해석하거나 판단하지 못해서 아무 의미도 없는 다른 사람의 행동에서 적의를 읽어내는 경우일 수 있다. 예를 들어 어떤 사람이 무심코 지나가다가 자기한테 부딪히면, 괴롭히는 자는 이 우연을 공격 행위로 보고 과잉반응하여 복수를 하려 하는, 전형적인 괴롭히는 자의 반응으로 이어진다.

괴롭히는 행동은 흔히 가정에서 가족에게, 즉 그런 식의 공격적 행동을 하는 부모나 손위 동기에게 배운다. 일반적으로 괴롭히는 행동의 원인은 괴롭히는 자 본인이 살면서 겪는 스트레스다. 괴롭히는 자들은 학대를 당했거나 자신의 불안감에 내몰리는 경우가 많다. 전형적으로 이들은 자신이 우월하다고 느끼기 위해 남을 통제하거나 조종하고 싶어 한다. 자신이 받은 상처의 결과인 분노를 다른 사람들에게 돌리는 것이다. 그들의 표적은 자기보다 약하거나 다르게 느껴지는 이들이다.

괴롭히는 자의 행동은 의도적이다. 한 명 또는 그 이상의 사람에게, 대개는 반복적으로 감정적 또는 육체적 상처를 초래하기 위한 것이다. 많은 독자가 영화 〈백 투 더 퓨처Back to the Future〉의 비프나 텔레비전 쇼 〈비버에게 맡겨 둬Leave It to Beaver〉의 에디 해스켈로 표현된 괴롭히는 자의 유형을 기억할 것이다. 세월이 흐르고 기술이 발전함에 따라 괴롭히는 자들의 수와 종류도 늘어났다.

- **물리적 괴롭힘**은 상대에게 미치는 힘과 통제력을 얻기 위해 물리적 행동을 취할 때 벌어진다. 식별하기 가장 쉽고, 사람들이 괴롭힘을 생각할 때 가장 많이 떠올리는 괴롭힘이다.
- **언어적 괴롭힘**은 상대에게 미치는 힘과 통제력을 얻기 위해

특정한 단어나 진술, 욕설을 사용하는 것이다. 언어로 괴롭히는 자는 전형적으로 다른 사람을 폄하하고 비하하고 상처 입히기 위해 가차 없이 모욕적인 말을 던진다.

• **편견적 괴롭힘**은 다른 인종, 종교, 성적 지향을 지닌 사람들에게 갖는 편견으로 인한 괴롭힘이다. 이런 유형의 괴롭힘은 다른 모든 괴롭힘의 유형을 포함할 수 있다. 편견적 괴롭힘이 일어날 때는 어떤 식으로든 '다르다'고 여겨지는 사람들이 표적이 되고 증오 범죄로 이어질 가능성이 있다.

• **감정적 괴롭힘**이라고도 자주 일컬어지는 **관계적 공격성**은 사회적 조종으로 표출되며 은밀하고 음흉하게 스며드는 유형의 괴롭힘이다. 관계적 괴롭힘의 목표는 다른 사람을 따돌림으로써 자신의 사회적 지위를 획득하고 남들을 통제하는 것이다.

• **사이버 괴롭힘**(사이버 폭력)은 인터넷, 휴대전화 또는 그 밖의 테크놀로지를 사용해 다른 사람을 희롱하고 위협하고 난처하게 만들고 표적으로 삼는 것을 말한다. 사이버 폭력에는 대개 십대들이 연루된다. 이런 식의 희롱에 성인이 관련될 경우에는 이를 **사이버 희롱** 또는 **사이버 스토킹**이라고 한다. 이 유형의 괴롭힘은 적발될 위험이 훨씬 작기 때문에 점점 더 확산되었다.

• **성적 괴롭힘**은 한 사람을 성적 표적으로 삼아 상처와 모욕을 가하는 행동(성적 욕설, 저속한 언급, 음란한 제스처, 원치 않는 신체 접촉이나 성적 제안)을 반복적으로 하는 것이다. 이는 집단 안에서 일어날 수도 있고 가해자들끼리 허세를 부리는 것으로 여

거질 수도 있다. 일대일로 행할 경우 성폭행으로도 이어질 수 있다.

지난 여러 해에 걸쳐 트럼프를 상대로 제기된 성희롱/성폭력 소송들을 감안하면, 그가 위에서 열거한 각 괴롭힘 유형 모두에 해당함을 알 수 있을 것이다. 괴롭힘은 '정상적'이지 않고 따라서 용납할 수 없는 행동이다. 적어도 2016년 대선 이전까지는 용납할 수 없는 행동이었다. 과거의 문화에서는 괴롭힘이 정상적인 통과의례로 간주되었지만(이러한 사고방식도 현실적인 것은 아니었을 테지만) 오늘날에는 결코 그렇지 않다. 극심한 괴롭힘이 점점 만연해가고 그로 인한 비극적 결과들이 늘어가는 지금, 우리는 더 이상 괴롭힘을 단순히 성장 과정의 일부로 볼 수 없고 하물며 성인이 하는 일로는 더더욱 볼 수 없다.

트럼프 효과

————

내가 폭격으로 그것들 묵사발로 만들어버릴 겁니다!
트럼프, 2015년 11월 13일, 아이오와 주 포트 다지 선거 유세에서

한 사람이 국가 전체에 영향을 미칠 **수 있음**을 '트럼프 효과'보다 더 명백히 보여주는 것은 없다. 처음에 '트럼프 효과'라는 말은

선거운동 기간에 트럼프가 사용한 수사들에 영향을 받아 학교 괴롭힘이 증가한 현상으로 정의되었다. 주식시장에 미친 영향이나 공공연히 진실을 회피하는 트럼프의 행동, 유럽의 포퓰리즘 부상 등과 관련해서도 '트럼프 효과'라는 말이 쓰였지만, 그런 정의들과는 구별되는 이 좁은 의미의 정의는 선거운동 시즌이 진행되고 트럼프가 선거에서 승리를 거두는 동안 미디어를 통해 다져지고 확산되었다.

얼마 지나지 않아 괴롭힘은 학교를 넘어 성인의 종교적·인종적 괴롭힘으로까지 번져나갔다. 최소한 모스크 4곳이 불에 타 잿더미가 되었고, 전국 각지의 유대 묘지들도 훼손되었다. 무고한 인도인 엔지니어 두 명이 식사를 하는 도중 총을 맞아 그중 한 명이 사망했고, 그 과정에서 말리려 했던 백인 미국인 한 명도 총을 맞았다. 사망한 엔지니어가 숨을 거두기 전, 그를 살해한 자는 "내 나라에서 꺼져!"로 마무리된 인종주의적 악담까지 퍼부었다. 최근 들어서 트럼프 효과에 관한 기사들은 대부분 트럼프의 트윗과 기행, 그의 선거 캠프와 러시아의 불법적 연계 가능성에 관한 기사들로 대체되었다. 아무리 기이해 보여도 트럼프 효과는 분명히 존재하며 확산되고 있는 현상이다.

남부빈곤법률센터의 관용 교육 프로젝트를 이끄는 모린 코스텔로Maureen Costello는 〈트럼프 효과: 2016년 대통령 선거가 미국의 학교에 미친 영향〉이라는 보고서에서 트럼프의 행동이 불러온 끔찍한 결과들을 조목조목 열거했다. 보고서에 따르면 이민자 학생과 이민자의 자녀(미국 학생 중 3분의 1에 가까운 수가 외국 태생 부모의 자녀들이

다) 아프리카계 미국인, 그 밖의 유색인 학생들이 두려움을 느꼈고, 친구들은 그들을 걱정하며 보호하고 싶어 했다고 한다.

하지만 전혀 두려워하지 않는 아이들도 많았다. 그들은 오히려 무리를 지어 다른 아이들을 공격하면서 '트럼프'라는 이름을 조롱의 구호로 사용했다. 무슬림 어린이들은 테러리스트라 불렸고, 멕시코계 아이들은 자신들이나 부모가 강제 추방돼야 한다는 말을 들었으며, 유색인종 아이들은 자기들을 모두 모아 수용소로 보낼까 두려워했다. 이 아이들 중 일부는 괴롭힘 때문에 공황 발작을 일으켰고 자살까지 생각했다.

모든 학년에 걸쳐 일관되게 등장하는 한 가지 주제가 있었다. 바로 학생들이 이러한 행동들이 괜찮지 않음을 알고 있었다는 것이다. 또한 연구는 그런 괴롭힘을 목격한 이들 중 대단히 많은 수가 아무 행동도 하지 않았으며, 이렇게 수동적으로 방관한 학생중 다수가 친구와 급우가 겪은 부당함에 맞서는 어떤 행동도 하지 않은 것에 오랫동안 부끄러움을 느꼈음을 알아냈다. 이런 수치심은 표적이 된 피해자들 너머에까지 미치는 괴롭힘의 또 한 가지 부정적 폐해다.

이렇게 해로운 경험이 장기적으로 어린이의 안녕에 미치는 영향을 측정하기란 불가능할지도 모르지만, 그로 인한 스트레스와 불안은 어느 정도 학생들의 건강과 정서 상태, 학업을 위협했다. 스트레스를 받는 학생이 학습에 어려움을 겪는다는 것은 상식이며, 그 보고서를 보면 실제로 불안이 성적에 영향을 미치고 학생들의 집중력에도 영향을 미친 경우가 많았다. 그러나 괴롭힘의 표적이 된 학생이든 아니든, 트럼프 효과는 모든 학생에게 스트레스를 주었다.

좀 더 깊이 들어가서, 아이들의 성격과 행동 방식을 보면 그 아이가 거친 성장 과정이 반영되어 있음을 알 수 있다. 학교에서 분노에 사로잡혀 다른 학생들에게 행동화acting-out 반응을 보이는 학생들은 자기 집에서 목격한 행동을 그대로 따라하고 있는 것일 가능성이 매우 높다. 그렇다면 미국 국민의 적지만 적극적인 일부는 트럼프가 대통령이 된 일에 어떤 반응을 보여왔을까? 통계에 따르면 그들은 최근 몇 달 동안 더욱 대담해져서 유대인과 무슬림, 멕시코인을 상대로 한 증오 범죄에 가담했다. 사람들은 트럼프가 백인 우월주의와 반反유대주의 단체들을 인정한 것이 그들을 더 대담하게 만들었다고 추측한다.

남부빈곤법률센터에 따르면, 선거일부터 2017년 2월 9일까지 2주 동안 반유대주의 사건 70건과 반무슬림 사건 31건이 일어났고 대부분이 폭파 위협이었다. 이 수치는 미국 내 유대인과 무슬림 각각의 인구 비율에 비례하며, 이는 유대인과 무슬림이 피해자가 될 확률이 거의 같음을 의미한다.

최근 유대 묘지와 예배당을 훼손하고 모스크를 불태우는 사건이 빈번히 일어나는 것은, 미국이 상당 부분 이민자들로 이루어진 국가임을 감안할 때 우리 미국인 모두에게 심각한 영향을 미치는 일이 아닐 수 없다. 유대인과 무슬림의 정체성을 적대시하는 그러한 모욕은 함께 세상을 살아가는 사람들을 비인간적으로 대하도록 유도한다. 트럼프는 억지로 떠밀려 결국 반유대주의 행위는 비난했지

만, 이 글을 쓰려고 조사하는 동안 우리는 그가 미국의 무슬림을 상
대로 한 공격을 비판한 증거는 거의 찾을 수 없었다. 국민 가운데 특
정 계층에 대해서 봉사하고 보호하는 의무를 꺼리는 이러한 태도는
국가를 책임지는 자가 가해자들의 행동을 용인한다는 또 하나의 신
호다.

섬뜩한 벤다이어그램

우리는 트럼프에게서 세 개의 원으로 이루어진 무시무시한 벤
다이어그램을 발견했다. 첫째 원은 극단적 현재 쾌락주의이고 둘째
는 나르시시즘, 셋째는 남을 괴롭히는 행동이다. 이 셋의 교집합으
로 만들어지는 충동적이고 미성숙하며 무능한 인물은 최고 권력의
지위를 차지했을 때 쉽게 폭군의 역할로 빠져들고, 이른바 자기 '통
치 테이블'의 자리들을 가족들로 채운다. 그는 초보 독재자답게, 이
미 부정적인 태도를 취하고 있는 일부 국민들에게 부정적 태도를 더
욱 강화할 심리적 씨앗을 심는다. 우리 주장을 명확히 이해시키기
위해, 우리가 생각하기에 트럼프의 가장 위험한 언사 두 가지를 인
용한다.

- "그녀[클린턴]가 [당선해서] 법관들을 임명하고 나면 여러분
  이 할 수 있는 일은 없습니다. 그래도 수정 헌법 제2조 지지

자들은 할 수 있는 게 있을 텐데, 난 잘 모르겠지만."[11] (2016년 8월 9일, 노스캐롤라이나 주 윌밍턴 선거 유세)

• "내가 5번가 한가운데 서서 총으로 누군가를 쏘아도 나를 지지하는 표는 하나도 줄어들지 않을걸."(2016년 1월 23일, 아이오와 주 수시티 선거 유세)

트럼프 이전에는 미국 시민들이 정서적으로 불안정한 사람에게 의식적으로 표를 던지고 나아가 대통령으로 만들기까지 한다는 것은 생각도 할 수 없는 일이었다. 따지고 보면 가이 윈치Guy Winch가 2016년 2월 2일자 〈사이콜로지투데이〉에 실은 〈연구: 모든 대통령의 절반이 정신 질환을 앓았다〉라는 글에서 지적했듯이 가능한 일이기도 하다. 윈치에 따르면 이전 대통령 중 다수가 정신 건강 문제를 겪었을 가능성이 있다. 이를테면 우울증(에이브러햄 링컨), 조울증(린든 존슨Lyndon Johnson), 알코올의존증(율리시스 S. 그랜트Ulysses S. Grant), 알츠하이머병(로널드 레이건), 그리고 일시적으로 극단적 현재 쾌락주의에 사로잡힌 경우(존 F. 케네디와 빌 클린턴)도 있었다. 또 우리는 자신의 범법 행위를 은폐하려고 뻔뻔스럽게 거짓말을 하다가 거짓말이 발각된 대통령(리처드 닉슨)도 견뎌냈다. 과거에 미국인들은 서로 협력하고 노력해 차이를 극복해왔다. 우리는 하나의 위대한 국가로

---

11 이는 수정 헌법 제2조, 즉 총기 소지권 지지자들에게 총기 소지를 허용하는 법안을 폐지하려는 힐러리 클린턴에게 폭력을 쓸 것을 교사했다고 해석할 수 있는 발언이다. —옮긴이

서 다 함께 전진해왔다. 불행히도 최근 들어 우리는, 자신을 지지하는 추종자들을 선두에서 이끄는 트럼프가 한쪽에 있고 그에게 저항하려는 사람들이 다른 한쪽에 있는, 양극단으로 나뉜 나라가 된 것 같다.

아직 늦지 않았다

————

트럼프가 미국 대통령직을 수행하는 데 정신적으로 부적합하다는 주장을 제시하면서 또 한 가지 요소를 빠트린다면 태만을 저지르는 일이 될 것이다. 그 요소는 바로 트럼프의 부친이 앓았던 치매 또는 알츠하이머병과 같은 신경 질환의 가능성이다. 다시 말하지만 우리는 직접 검사하지도 않았으면서 진단명을 추측하려는 것이 아니다. 그러나 1980년대와 1990년대, 2000년대 초, 그리고 최근에 트럼프가 한 인터뷰 동영상들을 비교해보다가 두드러지게 뚜렷한 차이점을 발견했다. 이를테면 중요한 단어들을 사용하는 빈도가 현저히 감소했고, **매우**huge, **엄청난**very, **굉장한**tremendous 같은 형용사 사용은 증가했으며, 불완전하고 의미도 통하지 않으며 비문법적으로 연결된 문장을 쓰는 빈도가 증가했는데, 이는 생각의 흐름을 놓치거나 기억을 놓친 것을 드러내는 신호일 수 있다. 트럼프가 이런 우려스러운 행동을 눈치채고 누설할 수도 있는 노련한 정치 고문들보다는 자신을 사랑하고 이해하는 가족들에게 둘러싸여 있기를 고집하는 것은 이런 이유 때문일지도 모른다.

트럼프가 신경 질환(또는 자기애성 인격장애든 그 외의 다른 어떤 건강 문제든)을 앓고 있는지 여부는 그가 검사를 받지 않는 한 순전히 추측으로 남을 수밖에 없고, 또한 그의 성격을 감안하면 검사를 받지 않을 가능성이 대단히 높다. 그러나 그런 검사를 받지 않는다고 해서 지난 수십 년 동안 기록된 그의 행동과, 그 행동들이 미국 대통령에게서 구현될 때 초래되는 위험성이 지워지는 것은 아니다.

'타라소프 원칙the principales of Tarasoff'이라고 알려진 '타라소프 대 캘리포니아대학교 운영위원회 재판(사건 번호 17 Cal. 3d 425, 1976년)'[12] 원칙에 따라, 그렇게 극단적 현재 쾌락주의에 사로잡힌 사람이 권력을 마음대로 휘두를 수 있는 자리에 있을 때 얼마나 파괴적인 영향을 미칠 위험이 있는지 미국 시민과 전 세계에 경고하는 것은 정신건강 전문가들의 책임이다. 전반적으로 볼 때 정신 건강 전문가들은 대중뿐 아니라 정부 관료들에게도 트럼프 대통령의 위험을 경고할 의무를 때 맞춰 수행하지 못했다. 대통령 선거 이전에 대중에게 경고할 의도로 발표된 기사와 인터뷰에 사람들은 귀를 기울이지 않았

---

12 1969년 캘리포니아대학교에서 심리 상담을 하던 프로센지트 포다르Prosenjit Poddar가 상담가에게 좋아하는 여학생 타티아나 타라소프Tatiana Tarasoff가 마음을 받아주지 않아 살인할 것이라고 말했다. 상담가는 경찰과 학교 측에 위험을 알렸으나 경찰은 잠시 감금했다가 정상이라고 판단하여 풀어주었고, 포다르는 두 달 뒤 살인을 실행했다. 타라소프의 부모는 위험을 알고도 경고하지 않은 학교 측을 고소했다. 재판관들은 비밀 엄수 의무와 피해자 보호를 위한 경고의 의무가 상충할 때, 폭로가 타인의 위험을 막는 데 필수적이라면 비밀 엄수 의무가 중단된다고 판결했다. ─옮긴이

다. 부분적으로는 우려를 표하는 정신 건강 전문가들의 이야기를 언론이 충분히 다루어주지 않았기 때문일 것이고, 일부 시민들이 정신 건강의 가치를 과소평가하고 정신 건강을 다루는 직업에 두꺼운 오명의 담요를 덮어버렸기 때문일 수도 있으며, 어쩌면 우리 정신 건강 전문가들이 단합하지 못했기 때문일 수도 있다. 이유가 무엇이든 아직 그 의무를 완수하지 못할 만큼 늦지는 않았다.

한 개인이 심리적 균형을 잃었을 때 그 상태를 변화시키지 않는다면 **모든 것**이 불안정하게 흔들리고 무너질 수 있다. 정신적으로 불안정한 대통령의 행동이 우리 사회에 얼마나 지대한 영향을 미칠지, 앞으로 계속 각 개인에게, 공동체에게, 국가에게 그리고 지구에 어떤 영향을 미칠지 모른다. 우리는 트럼프가 세계에서 가장 위험한 남자라고 믿는다. 사람들이 가스 살해를 당하는 슬픈 장면을 봤을 때 그가 (또는 그의 가족 중 누군가가) 느낀 개인적인 고통 때문에 다른 나라를 향해 미사일 발사를 명령할 수도 있는, 강력한 나라의 강력한 지도자이기 때문이다. 더 넓게는 트럼프가 개인적 적들이나 정치적 적들과 대치하는 상황에서 그가 어떤 행동을 취할지 상상하면 몸서리가 쳐진다.

우리는 갑자기 180도 돌변하는 트럼프의 변덕스러움과 이를 통해 드러나는 불안정함을 감안할 때 트럼프가 대재앙을 초래할 수준의 위험한 행동도 아무 거리낌 없이 할 가능성이 있다는 점을, 그리고 그 재앙은 미국 시민에게만 해당하는 것이 아니라는 점을 깊이 우려하고 있다.

유난히 심란한 두 가지 사례가 있다. (1) 힐러리 클린턴의 이메일 스캔들을 수사한 방식을 놓고 FBI 국장 코미를 수차례 과하게 칭찬하던 그가, 2017년 5월 초에 자신이 그렇게 칭찬한 바로 그 수사 능력 때문에 갑작스럽고 모욕적으로 코미를 해고했다. 이번에는 코미의 수사 대상이 선거운동 당시 트럼프 자신과 러시아의 관계였기 때문이다. (2) 선거운동 당시 북대서양조약기구NATO(이하 NATO)가 쓸모없어졌다고 말했다가 나중에는 뜻밖에도 NATO는 꼭 필요하며 허용할 수 있다고 말했다. 극단적 현재 쾌락주의자답게 트럼프는 러시아 스캔들 수사로부터 관심을 돌리려는 가장 이기적인 이유에서 전쟁을 부르는 '밑밥'을 던지고 있는 것이다. 또 한 명의 정신적으로 불안정한 국가 지도자가 그 미끼를 물 경우, 한때 '쓸모없어졌으나' 이제는 필수적인 NATO의 후원이 필요할 테니 말이다.

국가 지도자가 낭떠러지 너머 과거의 실수들이 우글거리는 구덩이를 향해 잘못된 방향으로 나아가고 있다고 해서 우리 각 개인이 그 뒤를 따를 필요는 없다. 현재 처한 이러한 역사의 순간에 서서 앞을 바라보며 **우리가** 밝은 미래를 만들어갈 수 있다. 서로에게서 선함을 찾아내고 우리가 공유하는 공통의 기반을 찾는 것부터 시작하면 된다. 앞서 언급한 예배당과 묘지에서 일어난 테러 공격의 와중에도 그 잿더미에서 놀라운 일이 일어났다. 그것은 인류가 지닌 선량한 정신의 압도적인 힘이었다. 공격 이후 유대인과 무슬림이 단결하여 모금 행사를 열어 서로의 보수와 재건을 도왔고, 화재로 예배 장소를 잃은 이들이 모임을 열고 예배를 드릴 수 있도록 자신들의 예배당을 개방했으며, 증오에 맞닥뜨린 사람들에게 애정 어린 응원을 보냈다. 평범한 사람들이 일상에서 보여주는 영웅적 행동과 연민에서 우리는 인류의 가장 좋은 측면을 목격할 수 있었다. **그게** 바로 우리다! **그게** 바로 미국이다!

　마지막으로 정부 지도자들에게 한 가지 제안한다. 기업과 회사는 입사 지원자를 조사한다. 이 조사에는 미래에 직원이 될지도 모르는 인물이 정직한지, 또 회사에 잘 맞을 사람인지를 알아내 고용주가 채용 결정을 내리는 데 도움이 될 시험이나 퀴즈 형식의 심리검사를 포함시키는 경우가 많다. 이런 검사는 백화점 판매원부터 고위 경영직까지 다양한 직위를 대상으로 실시된다. 이제는 세상에서 가장 중요한 직책에 지원하는 후보자에게도 똑같은 검사를 실시해야 할 때가 되지 않았을까?

2장

병적인 나르시시즘과 정치

치명적 혼합

크레이그 맬킨

크레이그 맬킨 Craig Malkin

세계적으로 호평을 받은 《나르시시즘 다시 생각하기》의 저자이자 임상심리학자, 하버드대학교 의학대학원 강사로 25년 동안 개인, 부부, 가족의 문제를 해결해왔다. <타임>, <뉴욕타임스>, <선데이타임스>, <사이콜로지투데이>, <위민즈헬스Woemn's Health>, <허핑턴포스트>, <해픈매거진Happen Magazine> 등 여러 신문과 잡지에 인간관계와 나르시시즘에 관해 기고했고 NPR, CBS 라디오, 오프라 윈프리 네트워크 채널을 비롯한 여러 방송에도 출연했다. 매사추세츠 주 케임브리지에 위치한 YM 심리 치료·상담 센터를 운영하며 심리 치료와 부부 워크숍을 제공하고 있다.

내 트위터는 내 적들이 진실을 말하게 만들 만큼
실로 막강해졌다.

1952년, 젊은 시절의 닉슨은 공화당의 스타로 떠올라 아이젠하워의 러닝메이트로 선택되었고, 이는 어느 모로 보나 공화당원에게는 잘한 선택이었다. 닉슨의 큰 강점은 자신의 메시지를 유권자들의 귀에 북소리처럼 강력하게 불어넣는 일이었다. 워싱턴은 대대적인 청소가 필요하며 백악관은 도덕적이고 강직한 사람들로 가득해야 한다는 메시지였다. 해리 트루먼Harry Truman 행정부와 아이젠하워의 맞수인 애들레이 스티븐슨Adlai Stevenson(탁월한 연설가이자 유능한 변호사) 같은 엘리트가 부패와 공산주의, 정실 인사로 중앙 정치를 망쳐놓았다는 것이었다.

미국은 한동안 그 메시지를 받아들였고, 아이젠하워와 닉슨 팀은 여론조사에서 현저히 앞서나갔다. 그러나 두 사람이 표를 굳히기 위해 한층 분발하여 철도를 따라 (닉슨은 자신의 유세기차인 '닉슨 익스프레스'를 타고, 아이젠하워는 '이웃이여, 앞을 보라'호를 타고) 전국 방방곡곡을 돌면서 유세를 펼치던 바로 그때, 닉슨은 정치 경력을 끝장낼 수도 있을 정도의 심각한 논쟁에 휩싸였다. 후원자들에게 받은 비자금을 화려한 생활을 영위하는 데 썼다는 말들이 터져나왔다. 아내 팻의 밍크 코트를 사고, 친구들과 호화로운 만찬을 즐겼으며, 최악은 자신에게 돈을 댄 사람들에게 특혜를 주었다는 것이었다. 이 이야기는 〈뉴욕포스트New York Post〉의 리오 캐처Leo Katcher의 보도로 들불처럼 번졌다. '부자들의 비밀 신용자금, 봉급 수준을 훨씬 넘는 닉슨의 화려한 생활을 유지해주다'라는 자극적인 제목도 그 불에 기름을 끼얹었다.

대중의 비난은 격렬했고 그 뜻은 명료했다. 닉슨은 아이젠하워의 러닝메이트를 그만둬야 한다는 것이었다. 선거운동 말기에 이런 일이 일어났기에 거대한 파괴력을 지닌 재앙과 같았다. 막후에서는 위기에 빠진 선거운동을 살려내기 위해 전체 팀이 달려들었다. 그래도 아무 해결책이 보이지 않자 닉슨은 과감한 결단을 내렸다. 직접 미국 국민들을 향해 자기 삶의 재정을 낱낱이 밝히며 호소하기로 한 것이다. 그의 아내는 자신들의 경제사를 전 국민과 공유하겠다는 남편의 생각에 굴욕감을 느꼈다고 말했지만, 닉슨은 꿈쩍도 하지 않았다.

1952년 9월 23일 저녁 닉슨은 6,000만 명의 텔레비전 시청자 앞에서 화면에는 자주 잡히지 않은 불안해하는 아내를 곁에 두고,

도널드 트럼프라는 위험한 사례

자신이 소유한 것과 빚진 것의 모든 내역을 하나하나 밝혔다. 그는 개별 세무조사에서 어떤 범죄행위도 발견되지 않았으며 자신이 받은 돈 중 사적 이익을 위해 쓴 돈은 한 푼도 없다고 시청자에게 확언했다. 그러나 개인적 혜택을 입은 건 분명하지만 도저히 돌려줄 수 없었던 선물이 한 가지 있다고 털어놓았다.

> 그것은 나무 상자에 담긴 작은 코커스패니얼 강아지였습니다. (…) 멀리 텍사스에서 보내온 것이었지요. 흰 바탕에 검은 점이 있어요. 여섯 살 난 어린 딸 트리시아가 체커스라는 이름을 붙여주었습니다. 아시다시피 아이들은 다 개를 사랑하잖아요. 지금 이 자리에서 바로 말하겠습니다. 사람들이 그 선물을 두고 뭐라고 하든 그 녀석은 우리가 계속 데리고 있을 겁니다.

닉슨은 그 방법이 얼마나 효과가 있을지 확신하지 못했고 정치적 의견이 노선에 따라 갈렸지만, 그 연설은 미국 대중에게는 잘 먹혀들었다. 덕분에 닉슨은 국민의 마음을 얻고 공화당 부통령 후보의 지위를 확고히 유지했다. 아이젠하워와 닉슨은 완승을 거뒀고 아이젠하워는 34대 대통령으로 취임했다.

어떤 사람들에게는 닉슨의 재기가 놀라운 일이 아니었다. 겉으로는 겸손하고 겸연쩍은 표정을 짓고 있었지만, 닉슨은 전례가 드물 정도로 인정사정없는 야망과 끈질긴 결단력을 갖고 정계에 들어섰다. 이후 1960년 대통령 선거에서 케네디에게 패하고, 1962년에는 캘리포니아 주지사 선거에서 팻 데이비스Pat Davis에게 패했지만 바로 그 투지로 살아남았다. 주지사 선거에서 패배하자 정계 은퇴의 뜻을 밝히던 유명한 '마지막' 기자회견에서 그는 뚱하게 말했다. "여러분이 앞으로 못 보게 될 게 무엇일지 생각해보십시오. 여러분은 더 이상 활개를 치고 다니는 닉슨을 못 볼 겁니다." 스스로 정계에서 몰려날까 걱정했는지는 모르겠지만, 정계를 떠나는 모습을 보여주지 않은 것은 확실하다. 그는 정계에 남아 계속 승승장구하다가 1968년에 결국 미국 대통령이 되었다.

1950년대에 붙은 '교활한 딕'이라는 별명은 여전히 떨쳐내지 못했지만, 그래도 마침내 모든 것이 닉슨의 뜻대로 되어가는 듯 보였다. 심지어 베트남에서 미군을 철수시켜 찬사를 받았고, 공산국가인 중국과 외교를 개시했으며, 달에 착륙한 닐 암스트롱Neil Amstrong, 버즈 올드린Buzz Aldrin과 통화를 했다. 베트남에서의 대학살이 배경에 어른거리고 있었음에도 대체로 성공적인 첫 임기를 보냈고 1972년 재선에 승리하면서 두 번째 임기를 맞았다.

비자금 스캔들이 닉슨을 매복 공격했다면, 다음 번 위협은 한밤의 도둑처럼 살금살금 다가가 덮쳤다. 교활한 딕의 야비한 행위에 관한 시끄러운 말들이 몇 달 동안 사방에 울려댄 후에야 마침내 그는 한방에 그를 몰락시킨 스캔들 앞에 나와 섰다. 워터게이트였다. 불법 도청과 협박, 침입의 상세한 내용이 밝혀지면서 닉슨의 어두운 면이 고스란히 백일하에 드러났다. 사람들은 그가 대통령 집무실에서 오간 모든 대화를 몰래 녹음하고, 민주당전국위원회 본부 침입을 계획하고, 스트레스를 받을 때는 백악관 복도를 오가며 역대 대통령 초상화들에게 주절주절 이야기하는, 의심 많고 자기 잇속만 챙기는 남자라는 것을 알게 되었다. 유대인이 미국을 장악한다며 격노해 욕설을 퍼붓고, 전 FBI 요원이었다가 자신의 용병이 된 G. 고든 리디G. Gordon Liddy 같은 불미스러운 인물에게 일을 맡기고, 캄보디아를 융단 폭격하는 동안 전투적으로 술을 마시며 대부분의 시간을 보낸 인물이 거기 있었다.

기이하게도 이 편집적인 욕쟁이 폭군은 사람들이 안다고 생각했던 바로 그 남자이기도 했고, 그런 남자가 아니기도 했다. 그러니까 패배해도 곧 회복하고 승리해도 겸손한 재기의 왕이면서, 막후에서는 항상 자초한 재앙의 낭떠러지 끝에 서 있는 남자. 이것이 바로 닉슨의 모순이었다.

흥미로우면서도 무시무시한 닉슨의 이야기는 성격과 정치의 관계에 관해 많은 것을 말해준다. 가장 놀라운 점은 확실히 모순적으로 보이는 이런 특징이 대통령들과 정치인들 사이에서는 그리 두드러지지 **않는** 특징처럼 보인다는 사실이다. 그러니까 닉슨이 보인 강렬한 야망, 권위 의식, 허세, 오만함, 특권 의식, 속임수, 자만심은 역대 대통령들의 공통점이다. 닉슨은 나르시시스트였던 것이다.

나르시시즘: 이로운 것, 해로운 것, 추한 것

여러분이 어떤 글을 읽었는지 모르지만, **나르시시스트**라는 것은 진단이 아니며 진단이었던 적은 한 번도 없다. **나르시시즘** 역시 진단이 아니다. 나르시시즘은 정도의 차이가 있을 뿐 모든 사람에게 나타나는 특성으로 이해하는 것이 가장 정확하다. 다시 말해 **자신이 특별하다고 생각하고 싶고, 지구에 존재하는 7억 명 중에 돋보이고 싶고, 예외적이고 독특하다고 생각하고 싶은 충동**이다.

한 사람에게 나르시시즘이 전부를 차지하거나 전혀 없다고 여기기보다는, 자신이 특별하다고 생각하고 싶은 충동이 전혀 없는 상태인 0부터 중간의 5를 지나 극단으로 치닫는 10까지 이어지는 일종의 스펙트럼으로 보는 게 좋다.

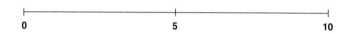

온건한 나르시시즘(4~6)은 그 특징이 가장 건전한 스펙트럼에 해당한다. 나르시시즘이 그보다 낮거나 높은 스펙트럼에 있으면 문제가 있다. 온건한(건강한) 나르시시즘은 격려가 필요할 때 우리를 격려해주고, 세상과 상식이 우리가 원하는 것을 쉽게 얻을 수 없다고 말할 때도 계속 밀고나가는 힘으로 작용한다.

30년 동안의 연구에 따르면 전 세계의 건강하고 행복한 사람들

도널드 트럼프라는 위험한 사례

대다수는 겉으로 드러내지는 않더라도 어느 정도 자신이 특별하다고 생각한다. 건강한 나르시시즘은 단순히 자신감이나 자기보살핌 또는 자존감이 아니다. 그것은 **약간** 비현실적으로 긍정적인 자기상이다. 자신을 바라보는 장밋빛 색안경이라고 생각하자. 그 색안경은 세상을 장밋빛으로 물들일 정도로는 진하지만 현실을 못 보게 할 만큼 불투명하지는 않다.

건강한 나르시시즘에는 여러 이로움이 있다. 온건한 자기애성 성향을 지닌 십대는 나르시시즘이 너무 낮거나 높은 또래보다 불안이나 우울을 덜 느끼고 인간관계는 훨씬 더 좋다. 마찬가지로 온건한 자기애성 성향을 가진 경영자들은 나르시시즘이 너무 약하거나 너무 강한 이들보다 직원들에게 훨씬 유능하다는 평가를 받는다. 우리 팀도 연구를 통해 건강한 나르시시즘을 지닌 사람들이 나르시시즘 스펙트럼의 양 끝에 있는 사람들보다 더 행복하고 더 낙천적이며 자신감을 더 일관되게 유지한다는 것을 알아냈다.

자기애성 특성이 평균 이상(6이상)인 경우에는 **나르시시스트**로 분류된다. 나르시시스트에는 여러 유형이 있지만 그중 가장 잘 알려진 것은 **외현적** 유형(연구에서는 명백한, 공공연한, 과대화된 유형이라고도 한다)으로, 야심이 있고 사교적이며 카리스마 넘치는 사람들로 흔히 관심이 집중되는 일에 끌린다. 대부분의 정치인, 배우, 유명인 들이 이 요란하고 허풍스러운 나르시시즘의 유형을 보여준다. 특히 대통령들은 외현적 나르시시즘에서도 상당히 높은 순위를 차지할 가능성이 크다.

실제로 브라이언트 칼리지의 심리학자 로널드 J. 델루가Ronald J. Deluga는 생물학적 정보를 바탕으로 조지 워싱턴부터 레이건까지 역대 대통령들의 자기애성 인격 검사 점수Narcissistic Personality Inventory score(외현적 나르시시즘을 측정하는 도구)를 계산했다. 그 결과 닉슨과 레이건 같은 자아가 강한 대통령들이 지미 카터나 제럴드 포드처럼 더 온화한 지도자들에 비해 더 점수가 높기는 했지만, 거의 모든 대통령들이 '나르시시스트'라고 간주하기 충분할 만큼 높은 점수를 기록했다.

에모리대학교 심리학과의 애슐리 L. 와츠Ashley L. Watts와 스콧 O. 릴리엔펠드Scott O. Lilienfeld가 이끈 좀 더 최근의 연구에서도 비슷한 결과가 나왔는데, 여기서는 더불어 닉슨의 이중성을 설명해주는 점도 드러났다. 대통령의 나르시시즘 점수가 높을수록 탄핵을 당하거나 "권력과 지위를 남용하고, 하급자들의 비윤리적 행동을 용인하며, 도둑질하고, 규칙을 왜곡하거나 위반하고, 탈세하고, 혼외정사를 벌일" 확률도 높았던 것이다. 연구자들이 내린 결론은 나르시시즘은 양날의 검이라는 것인데, 우리는 이를 닉슨과 빌 클린턴의 경우에서 목격했고 트럼프의 사례에서도 보게 될지 모른다.

트럼프의 나르시시즘 유형은 말할 것도 없이 명백하고 요란한 유형인데, 이 유형에는 분명히 단점도 있다. 그는 극도로 외현적(어쨌든 그는 자신의 리얼리티 텔레비전 쇼의 주인공이었다)이지만, 동시에 나르시시스트에게서 보이는 가장 나쁜 특징도 다수 보여준다. "나는 이제껏 신이 창조한 대통령 중 최고의 대통령이 될 것"이라고 허풍

도널드 트럼프라는 위험한 사례

을 떨고, 사우스캐롤라이나 주 유세에서는 "내가 타고난 피가 원래 그래. 나는 똑똑한 사람이야. 정말로 똑똑해"라며 으스댔다. 또 아무렇지 않게 사람들을 모욕하고 외모("로지 오도넬Rosie O'Donnell은 살찐 돼지야")와 재능(메릴 스트립은 "할리우드에서 가장 과대평가된 여배우 중 하나")과 시청률(텔레비전 스타인 자신에게는 가장 중요한 것인 듯하다)을 조롱한다. 그는 아널드 슈워제네거가 자신이 애지중지해온 프로그램인 〈셀러브리티 어프렌티스The Celebrity Apprentice〉를 망쳤다고 비난하며 트위터에서 싸움을 걸었다.

> 와우, 시청률 나온 거 보니 아널드 슈워제네거는 시청률 기계 DJT한테 '파묻혀'버렸군(아니 박살난 건가). 스타 배우도 물 건너갔네. 시즌 14까지 한 나에 비해 겨우 시즌 1인 주제에. 내가 한 시즌 1과 비교해보라고.
> 트럼프, 트위터, 2017년 1월 6일

그러나 수에 집착하는 트럼프의 모습이 가장 경악스럽게 드러난 것은 백악관 대변인 숀 스파이서Sean Spicer에게 자신의 취임식에 모인 군중 **규모**를 브리핑하게 했을 때였다. 새 정부가 처음 연 언론 브리핑에서 왜 그런 것을 주제로 삼아야 하느냐고 기자들이 앞 다투어 묻는 장면을 많은 사람이 어이가 없는 심정으로 지켜보았다.

크기에 터무니없이 집착하는 것이 분명 프로이트적이기는 하지만, 그것만으로 트럼프의 리더십 역량을 의심할 충분한 이유가 될까? 나르시시즘이라는 양날의 검(트럼프의 것이든 다른 어느 대통령의 것이든)이 위험해지는 것은 언제일까? 그 답은 생각보다 복잡하지만, 부분적으로는 그들의 나르시시즘이 질병으로 간주될 만큼 심각한지에 달려있다.

병적인 나르시시즘은 자신을 특별하다고 생각하는 일에 중독되어서 마약에 중독되었을 때처럼 그 생각이 주는 '황홀감'을 얻기 위해서라면 거짓말, 도둑질, 사기, 배신, 심지어 자신과 가장 가까운 사람들을 **해칠** 때 시작된다. 나르시시즘 분포 9 부근에서 시작해서 점점 악화되면서 10으로 다가가고 있다고 상상해보라. 그 지점에 있다면 자기애성 인격장애의 영역에 들어선 것이다.

자기애성 인격장애의 자세한 내용을 알고 싶으면《정신장애 진단 및 통계 편람 Diagnostic and Statistical Manual》제5판(이하 DSM-5)을 보면 되는데, 여기서는 간단히만 설명해보자. 자기애성 인격장애가 있는 사람은 삶의 모든 영역에서 자신이 특별한 존재로 대우받아야 한다는 욕구가 매우 강하다. 자기애성 인격장애자들에게 다른 사람들은 자신이 필사적으로 보기를 갈망하는 자신의 특별한 모습을 되비춰주는 한에서만 쓸모가 있는 거울일 뿐이다. 그러기 위해 다른 사람들을 상대적으로 나빠 보이게 만들어야 한대도, 이를테면 직장에서 그들의 평판을 망치는 방법을 써야 한대도 개의치 않는다. 삶은 끊임없는 경쟁일 뿐 아니라, 대개 그들은 자기가 보기에 다른 사람들이 갖고 있다고 여기는 것을 질투하는 마음이 항상 가득차 있기 때문이다. 그리고 그들은 그 사실을 어떻게든 남에게 알리고야 만다.

병적인 나르시시즘, 즉 자기애성 인격장애의 핵심에는 내가 **트리플 E**라고 부르는 것이 자리 잡고 있다.

- **특권 의식**Entitlement: 세상과 다른 사람들이 자신에게 의무가 있고 자신의 의지에 따라야 한다는 듯 행동함.
- **착취**Exploitation: 주변 사람들이 어떤 감정적·물리적 희생을 치르든 (끊임없이 그들의 자존감을 짓밟거나, 야근으로 녹초가 되도록 부리는 등) 개의치 않고 자신이 특별하다는 생각이 들도록 사람들을 이용함.
- **공감 장애**Empathy-impairment: 자신이 특별하다고 생각하는 욕구만이 중요하기 때문에, 가장 가까운 사람들까지 포함하여 다른 사람의 욕구와 감정은 소홀히 하고 무시함.

착취와 특권 의식(연구에서는 EE라고 표기한다)은 병적 나르시시스트들이 보이는 거의 모든 문제 행동과 연관된다. 자아가 위협당할 때 보이는 공격성, 부정不貞, 보복, 극도의 시기, 과시, 유명인 이름 들먹이기, 자신의 문제나 잘못 부인하기, 직장 동료의 일을 방해하는 것까지. 자신이 특별하다는 생각에 중독되는 정도가 심해질수록 위험성도 점점 커진다. 이 지점에서 병적인 나르시시즘은 가책을 모르는 거짓말과 조종의 패턴 중 하나인 **사이코패시**psychopathy와 뒤섞인다. 사이코패스들은 불륜을 저지르고 자금을 횡령하고 당신의 평판을 망가뜨리면서 아무 죄책감도, 부끄러움도, 슬픔도 느끼지 않고 미소 띤 얼굴로 당신에게 인사를 건넬 수 있는 자들이다.

자기애성 인격장애와 달리 사이코패시의 특성은 공감 능력이 손상되거나 차단된 것이 아니라 전적으로 결여된 것이다(단, 전혀 공감하지 못하면서도 남들에게 공감하는 것처럼 들릴 말을 앵무새처럼 흉내 낼 수는 있다. 이를 '인지적 공감cognitive empathy'이라고 한다). 실제로 몇 가지 신경 영상 증거들이 사이코패스는 사이코패스가 아닌 사람과 같은 방식으로 감정을 경험하지 않음을 보여준다. 바람을 피우거나 친구를 때렸다는 등 부끄러운 행동을 털어놓을 때나, 아프거나 고통스러워하거나 고뇌에 빠진 사람들의 사진을 볼 때 그들 뇌의 감정 중추는 전혀 반응하지 않는다.

자기애성 인격장애와 사이코패시가 결합하면 **악성 나르시시즘**이라 불리는 행동 패턴이 만들어진다. 이는 진단명은 아니고 정신분석학자 에리히 프롬Erich From이 처음 만들고 인격장애 전문가 오토 컨버그Otto Kernberg가 다듬은 개념으로, 자신이 특별하다는 생각의 충동에 휩쓸려 다른 모든 사람을 은유적 의미로든 글자 그대로의 의미로든 죽고 죽이는 게임의 졸개로만 보는 사람들을 표현한 말이다. 수백만 명을 죽인 히틀러, 고모부와 이복형을 죽이도록 명령한 것으로 의심되는 김정은, '저널리스트 청산'을 농담이라고 던지는 블라디미르 푸틴Vladimir Putin. 이들은 남을 해하는 일에서 기쁨을 느끼는 사디즘과 같은 다른 치명적 특징들도 갖고 있지만, 모두 의심할 여지 없이 악성 나르시시스트 범주에 들어간다.

문제는 모든 악성 나르시시스트가 히틀러나 푸틴, 김정은처럼 위험성이 명백하게 드러나지는 않는다는 점이다. 특히 아무리 자기 마음에 안 드는 기사를 써도 의견이 다르다고 사람을 죽이는 것이 아직은 불법인 미국 같은 민주국가에서는 더욱 그렇다. 이는 곧 병적으로 나르시시스트적인 대통령이 국가 또는 세계에 위협이 되는지 여부를 판단하고자 할 때는 살인 취향보다 명백하지 않은 더 미묘한 실마리들도 살펴보아야 한다는 뜻이다. 우리는 그들이 국가와 세계의 안전을 지키는 것을 비롯한 자신의 직무를 수행할 수 있는지 검토할 필요가 있다.

정신적으로 병든 지도자들: 직무 수행 능력은 온전한가? 아니면 손상되었는가?

————

자기애성 인격장애든 그 밖의 다른 장애든 정신 질환을 진단하는 것 자체는 그 사람이 유능한 지도자인지 아닌지에 관한 판단이 아니다. 직원들에게 고함을 지르고 그들의 능력에 의문을 제기하고 그들을 '똥덩어리'라고 불렀던 스티브 잡스는 어느 모로 보나 자기애성 인격장애자였지만, 애플의 엔지니어들에게 아이맥과 아이팟, 아이폰을 개발하도록 고무할 능력도 있었다. 잡스를 애플에서 다시 해고(그는 이미 고약한 태도 때문에 한 번 내쫓긴 적이 있었다)하려 했다면 분명 적잖은 주주들이 반대했을 것이다. 잡스는 정신 건강 임상의들이 '고기능' 자기애성 인격장애라고 부르는 것을 갖고 있었던 듯하다. 그는 트리플 E를 모두 보일 만큼 나르시시즘이 강했지만, 여전히 믿기 어려울 정도로 뛰어난 생산성을 자랑했고, 가족 및 친구들과도 (그럭저럭) 괜찮은 관계를 유지했으며, 분노가 회사를 완전히 날려버릴 정도로 폭발하는 것은 대체로 참아냈다.

정신 건강 전문가들이 정신 질환의 **위험성**을 평가할 때 가장 관심을 기울이는 것은 '기능적 손상'이다. 즉, 한 사람의 정신 질환 증상들이 그 사람이 직업 활동을 이어가고, 의미 있는 관계를 유지하고, 분노나 슬픔이나 두려움 같은 강렬한 감정이 자신이나 타인에게 위험이 되지 않게 처리하는 (가장 중요한) 능력을 얼마나 저해하는가이다. 이는 미국 대통령처럼 막강한 지위에 관해서라면 특히 더 중요하다. 잡스가 다른 최고경영자들을 '똥덩어리'라고 부르는 것보다는, 자유세계의 지도자가 어디로 튈지 모르는 어느 불안정한 독재자에게 '정말 멍청한 것'이라고 부르는 것이 훨씬 더 심각한 결과를 초래한다.

다시 말해 한 지도자의 나르시시즘이 위험한지 그렇지 않은지를 밝혀내야 할 때는, 정신 질환이 있다고 말하는 것으로는 충분하지 않다. 나는 오랜 세월 정신 질환 증상을 겪으면서도, 예컨대 치아에 심은 장치 때문에 불안해하며 걱정하면서도 따뜻하고 멋진 인간관계를 맺고 안정된 직장 생활을 유지하는 많은 고객을 도와왔다. 정신 질환을 무능력과 등치시키는 것은 정신 질환자에게 오명을 씌우는 일일 뿐이다.

정신 질환이 있는 사람이 직무를 수행할 수 있는지의 문제에 관한 한 **핵심은 자기 자신 또는 다른 사람에게 위험한가**이다. 병적인 나르시시즘과 정치가 정말로 해로운, 심지어 치명적인 한 쌍이 될 수 있는 것도 바로 이 지점이다. 단지 직장 동료나 친구, 배우자의 감정만이 아니라 국내외의 평화가 걸려 있는 상황에서, 견제되지 않는 병적인 나르시시즘은 제3차 세계대전을 불러올 수도 있다.

닉슨의 경우에서 보았듯이 가장 큰 위험은 병적 나르시시스트들이 현실 감각을 상실할 수 있다는 점이다. 이것은 처음에는 감지하지 못할 만큼 미미해도 시간이 흐르면서 큰 위험을 초래할 수 있다. 존경받거나 인정받고 싶은 욕구를 포기하지 못하면 그들은 현실을 **왜곡**하거나 **발명**해서라도, 모든 메시지가 아무리 그렇지 않다고 말해도, 자신이 특별한 존재로 남는 현실을 만들어내고야 만다. 사실을 대할 때 그들은 **위험할 정도로** 정신병적 상태에 처한다. 그것이 너무 늦기 전에 명백히 드러나면 좋겠지만, 항상 그런 것은 아니다.

나르시시즘도 그렇고 대부분의 특성 또는 상태가 그렇듯이 정신증Psychosis[13] 역시 정도에 따라 스펙트럼 안에 분포한다. 스펙트럼 가장 아래쪽 끝은 '생각이 혼란에 빠진' 상태로 왜곡된 논리를 사용하고 부끄러운 사실들은 부정하며, 끔찍하게 잘못된 판단을 내린다. 가장 심각한 스펙트럼의 위쪽 끝에서는 환청과 환각을 경험하고 편

---

13 정신병은 정신증psychosis과 신경증neurosis으로 나뉘는데, 정신증이란 현실 판단 및 검증 능력을 손상하는 증상 또는 질환이다. 대표적 증상은 환청, 망상, 생각 흐름의 이상 등이다. 신경증은 신경적 장애에 의한 주관적 불편감, 감정 조절의 어려움 등을 말하며 현실 판단력에 문제가 없고 정상적인 사회생활을 유지할 수 있다.

집적 망상에 시달릴 수 있다.

자기애성 인격장애가 있는 사람들은 자신의 특별한 지위가 위협받으면 자기가 어떤 사람이라는 자신의 생각에 맞도록 진실을 왜곡한다. 자신이 특별한 존재가 아니라 결함 있고 취약한 존재이며 더 나쁘게는 평범한 존재임이 드러날 때, 그들은 현실을 그냥 무시하거나 왜곡해버린다.

예컨대 닉슨의 정신증이 악화되어서 베트남에서 더 많은 살육이 벌어진 것은 아닐까? 한 전기 작가는 닉슨이 자기 친구들에게 강한 인상을 주기 위해 베트남을 폭격한 적이 최소한 한 번은 있으며, 국무 장관이었던 헨리 키신저가 닉슨이 경솔하기 짝이 없는 결정들을 내리는 것을 저지해 군사 전문가들이 전쟁 확대를 논하지 못하게 했다고 주장한다.

닉슨이 국내의 불안도 필요 이상으로 부추겼던 것은 아닐까? 비자금 스캔들에 대한 분노에서 시작되어 그가 입버릇처럼 되뇌던 "언론이 적이다"라는 말은 분명 닉슨 행정부와 국민들을 적대적 관계로 만들었다. 미국 대통령이 편집증을 앓고 있다면 그 병은 쉽게 전염된다. 자유세계의 지도자가 위험이 우리를 에워싸고 있다고 말하면, 모든 사람이 어디에 위험이 있는지 경계하며 조심하기 시작한다. 1970년대에는 혼란과 격분과 불신이 소용돌이쳤다. 우리는 다시 그런 시대를 살고 있는 것일까?

상상이었든 사실이었든, 닉슨은 자신이 박해당하고 있다는 고통을 무마하기 위해 과음을 하고 만취한 상태에서 국가의 중대 결

도널드 트럼프라는 위험한 사례

정을 내린 적은 없을까? 닉슨이 얼마나 술을 많이 마셨는지를 인정한 수많은 보고를 감안하면 그럴 리가 없다고 상상하기가 더 어렵다. 다수의 전기 작가에 따르면 위협을 느낀 닉슨이 급증한 그의 '적 명단'에 오른 사람들에게 국세청 세무조사를 비롯한 보복 행위를 하려는 것을 참모들이 다급히 저지해야 했다고 한다.[14]

역대 대통령들의 초상화에 말을 걸고는 조언을 얻은 적이 있기나 할까? 있다면 그 조언을 따랐을까?

한 지도자에게서 이 모든 것이 합쳐지면 그것은 지도자로 부적합할 정도의 위험한 기능 손상을 의미한다. 자기가 날 수 있다고 믿고 높은 건물에서 뛰어내리는 행동에 맞먹는 외교정책과 국내 정책을 펼 수 있는 것이다. 그리고 이 모든 건 자신이 스스로 생각하는 것처럼 특별한 존재가 아니라는 받아들이기 어려운 진실에 직면할 때 병적 나르시시스트들이 정신증으로 악화되는 과정의 일부다.

---

14 닉슨 행정부는 명단에 오른 사람을 대상으로 세무조사를 실시하려 했지만, 당시 국세청장 도널드 C. 알렉산더Donald C. Alexander가 이를 막았다. 알렉산더는 취임 며칠 뒤 국세청 내 비밀 조사팀이 '악명 높은' 단체 3,000곳과 개인 8,000명의 세금 보고서를 샅샅이 조사하고 있는 것을 발견했고 석 달 뒤 "사상이 극단적이든 아니든 납세와는 무관하다"며 이 팀을 해체했다. 그날 저녁 알렉산더를 파면하려는 닉슨의 첫 시도가 있었다. ─옮긴이

정신증으로의 악화

국가와 세계의 안전을 지키기 바란다면, 병적 나르시시스트인 지도자들이 정신증으로 악화되는 징후가 나타나지 않는지 예의주시해야 한다.

심화되는 편집증

병적 나르시시스트들은 자신의 취약함(무서움이나 불안을 느끼거나 자기확신이 없는 것)을 인정하는 것을 질색하는데, 이는 자기가 곤경에 빠졌을 때 사람들이 도와줄 것이라고 믿지 못하기 때문이다. 연구자들은 이런 문제를 **불안정 애착**이라고 부른다. 심지어 (공격당했다고 느끼는 것은 제외하고) 자신이 곤경에 빠져 있다는 것을 남이 아는 것도 싫어한다. 그래서 세상을 단순한 흑백논리로 선과 악, 친구와 적으로 나눈다. 이럴 때 장점은 다시 안전하다고 생각하고 싶을 때나 자신의 특별한 지위가 확고하다고 생각하고 싶을 때는 적을 피해 달아나(거나 제거하고) 친구들에게 친하게 굴기만 하면 된다는 것이다.

다시 말해 정신증으로 악화된 병적인 나르시시스트들은 자기 내면에서 느껴지는 위험(불안, 공황, 혼란, 회의)이 **외부**에서 온다고 상상하여 **투사**한다. 그래야 그 위험을 피하거나 없앨 수 있기 때문이다. 그러나 불행히도 위험에 대한 의식은 내적인 것(그들 자신의 불안정)이기 때문에, 그들이 안전하다고 생각하려면 적들을 공격하는 노력을 더욱 강화해야만 한다.

적들이 공산주의자거나 무슬림이거나 이민자인, 전 지구적 규모에서 그런 상황이 벌어진다고 상상해보라. 닉슨은 자신의 실수를 알아차리고 바로잡는 것보다는 공산주의자에 관해 불평을 늘어놓는 것을 훨씬 좋아했다. 그런 태도가 베트남에서 더 많은 폭력을 초래하는 결과로 이어진 일은 얼마나 많았을까? '분열splitting'이라고 불리는 이런 현상이 또 다시 불필요한 폭력으로 이어지진 않을까?

판단력 저하

병적 나르시시스트들의 사고가 점점 혼란에 빠짐에 따라 그들의 시각 역시 흐려진다. 세계를 있는 그대로 보지 않고 자기가 **바라는** 대로 또는 자신이 특별하다는 믿음을 유지하는 데 **필요한** 대로 본다면, 중요한 정보와 있는 그대로의 사실, 냉엄한 현실과 괴리되기 때문이다. 전 지구적 규모에서 볼 때 그것은 닉슨의 경우처럼 자아를 부추기기만 한다면 군사 행동을 강화하는 것을 의미한다. 이 시점에는 세계가 위태로워지든 말든, 군사 공격으로 큰 위험이 초래되든 말든, 그 자신에게는 전혀 중요한 일이 아니다. 자신의 내면이 무너지고 있다고 생각할 때 힘과 우위를 과시하는 것이 병적 나르시시트들에게 위로가 되기 때문이다.

그로 인한 혼란에 대처하는 것은 어려우며 결국 소용없는 일이다. 술 취한 닉슨의 부름에 분주히 쫓아다니고 유대인들이 자신을 괴롭힌다는 터무니없는 장광설을 받아준 닉슨의 참모들의 경우에서 보듯이 말이다. 보도된 바대로 트럼프가 러시아 대사에게 자신의 대단한 첩보 능력을 자랑하면서 이스라엘과 공유한 비밀을 (그들의 허락 없이) 누설한 것도 닉슨과 경악스러울 정도로 유사한 판단 착오다.

변덕스러운 의사 결정

정신증으로 악화되는 것을 드러내는 징후 중 이는 특히 심란하다. 판단력 저하는 자연스럽게 즉흥적 반응과 잘못된 계획으로 이어진다. 병적 나르시시스트인 지도자에게는 무엇이든 (적어도 그들이 생각하기에는) 자신의 특별한 지위를 지켜주는 행동만이 유일하게 중요하기에, 현실과 상황과 사실은 더 이상 의미가 없어진다. 이는 그 지도자가 하는 말이 국가를 위한 최선이 아니라 자신이 가장 좋다고 생각하는 것에 따라 날마다 또는 시간마다 바뀔 수 있다는 말이다.

참모들이 트럼프가 자신의 선거 캠프 및 행정부와 러시아의 연루를 수사하던 FBI 국장 코미를 해고한 것은 코미의 무능 때문이며 로드 로젠스타인Rod Rosenstein 법무 차관의 권고에 따른 것이었다는 메시지를 퍼뜨린 직후, 트럼프는 아무렇지 않게 그 진술을 뒤집었다.

"그를 해고한 것은 내가 진작 결정한 일이다"라고 의기양양하게 주장한 것이다. 적어도 겉으로라도 중립성이나 삼권분립을 지키는 것처럼 보이는 것보다 자기가 스스로 결정을 내릴 수 있음을 증명하는 것이 더 중요하다는 듯 말이다. 이어서 그는 코미를 "미친 또라이"라고 부르고 그를 해고한 것이 러시아 스캔들 수사의 '압력'을 덜어줬다고 말했다.

이것이 사고장애를 보여주는 신호든 아니든, 적어도 놀라울 정도로 자기 보호 능력이 결여되었음을 보여주는 것은 분명하다. 트럼프는 닉슨 역시 자신을 수사하던 사람들을 해고했다는 사실, 그리고 그 때문에 치명적인 결과를 초래했다는 사실을 완전히 무시했다.

가스라이팅

자기애성 인격장애가 있는 사람은 종종 **가스라이팅**이라는 음험한 전략에 의지한다. 이는 가스등의 불빛을 어둡게 해두고 자기는 절대 등에 손을 대지 않았다고 주장하는 등의 방법으로 아내가 스스로 미쳤다고 확신하게 만든 남자에 관한 1938년 연극 작품에서 따온 용어다. 자기애성 인격장애인 사람들은 정신증으로 악화될수록, 현실을 있는 그대로 보지 못하는 '미친' 사람은 자신이 아니라 다른 사람임을 설득하는 데 온 힘을 쏟는다. 병적인 나르시시스트들은 자신이 제 정신을 잃어간다는 사실을 인정하는 것을 견딜 수 없기 때문에 가스라이팅에 의지해 자신의 현실 감각은 견고하게 유지되고 있다고 스스로 안심시킨다. 우리가 지금 이런 상황을 목격하고 있는 것이 아닌지 자문하게 된다. 트럼프와 그의 보좌관들이 텔레비전에 나와 트럼프가 어떤 진술들을 하지 않았다고 주장하면, 기자들은 이내 과거 동영상을 틀거나 트윗이나 사진을 제시하는 것만으로 실제로 그가 그런 말을 했음을 증명해낸다.

최근에는 이런 일들이 아주 흔해졌다. 언론계의 많은 사람과 대중은 지금 그런 일을 가리켜 **대안적 사실**alternative facts이라고 칭한다. 이는 스파이서가 트럼프의 취임식에 모인 관중 규모에 관해 오보를 했다면서 언론을 질책한 이유를 '설명'할 때 백악관 고문 켈리앤 콘웨이Kellyanne Conway가 사용한 그 악명 높은 말을 비꼬는 것이다. 스파이서는 기가 막혀 하는 기자단을 향해 짜증을 내면서 "그 관중은 직접 목격한 것으로도, 전 세계적으로도 대통령 취임식에 모인 최대 관중이었습니다. 더 말할 것도 없어요"라고 말했다. 이는 명백한 거짓으로 드러났는데도 콘웨이는 스파이서가 단지 '대안적 사실'을 제시했을 뿐이라며 그 진술을 옹호했다.

트럼프가 생각하는 현실, 즉 주류 언론은 거짓말을 하고 계속 '적'으로 남아 있는 그 현실을 받아들이는 사람들은 MAGA(미국을 다시 위대하게 만들자Make America Great Again)라고 새겨진 빨간 모자를 쓰는 것으로 그에 대한 지지를 표시한다. 트럼프에 관한 뉴스 보도를 믿는 사람들은 저항의 상징이 된 핑크색 고양이 모자pink pussy hat를 쓴다. 이는 마이크가 켜진 줄 모르고 트럼프가 여자들에 관해 했던, "난 그냥 그들의 거시기를 움켜잡아"라고 한 악명 높은 말을 암시한다. 현재 미국이 분열되어 있다는 것, 그와 함께 우리가 공유하는 현실도 분열되어 있다는 것은 의문의 여지가 없어 보인다.

치명적으로 위험한 지도자 찾아내기

지금, 트럼프든 다른 어떤 정치인이든 여기서 인용한 증거들이 그들이 기능장애임을 증명하는지 여부를 판단하는 것은 여러분의 몫이다. 그것은 미국에서는 정신 건강 전문가들에게 허용된 일이 아니기 때문이다. 아직은 말이다.

그렇지만 우리 중에는 이미 **오직** 관찰에만 의지해 기능과 위험을 평가하도록 훈련된 사람들이 있다. 법 정신의학자들과 법 심리학자들, 그리고 CIA와 FBI를 비롯한 여러 법 집행기관이 양성한 '프로파일러'가 바로 그들이다. 그들은 사람들이 어떻게 행동할지 예측하는 방법을 배우며 평생을 보낸 사람들이다.

우리가 원한다면 정부 내에서 이런 평가를 제공하는 정치적으로 독립된 전문가 위원단을 구성할 수도 있다. 그렇게 되면 골드워터 규칙을 유보하거나, 최소한 (국가와 세계에 대한) 위험을 평가하는 일을 현재 신성시되는 윤리 기준보다 우위에 둘 수 있게 될 것이다.

병적 나르시시스트들이 자신의 중독을 만족시키기 위해 현실을 왜곡하며 재앙의 낭떠러지로 자신을 몰아가고 있다면, 그들이 그 구렁텅이 속으로 우리까지 함께 끌고 들어가려고 하는 것을 허용할 이유가 없다. 오늘날 전 세계 민주국가들은 **이토록** 긴급한 실존적 질문에 직면해 있다.

3장

나는
도널드 트럼프와 함께
《거래의 기술》을 썼다

그의 자기 방해는
과거에 뿌리내리고 있다

토니 슈워츠

토니 슈워츠 Tony Schwartz

트럼프와 함께 쓴 《거래의 기술》을 포함해 여러 권의 책을 쓴 작가다. 짐 로허Jim Loeher와 함께 《몸과 영혼의 에너지 발전소》를 썼고, 《무엇이 우리의 성과를 방해하는가》는 <뉴욕타임스>와 <월스트리트저널> 베스트셀러에 올랐다. 개인과 조직이 까다로운 문제를 해결하고 그들의 세계관을 확장함으로써 세상에 더 많은 가치를 만들어내는 일을 돕는 컨설팅 회사 '에너지 프로젝트'를 창업해 운영하고 있다.

트럼프 대통령은 왜 위험하고 자기 파괴처럼 보이는 방식으로 행동할까?

30년 전 나는 거의 1년을 트럼프 주변에서 보내면서 그의 첫 책《거래의 기술》을 썼고, 그 과정에서 그를 아주 잘 알게 되었다. 수백 시간 동안 그의 말을 듣고 그가 행동하는 것을 지켜보고 그의 인생에 관해 인터뷰했다. 그가 대통령으로서 지난 4달 동안 해온 말과 행동이 나에게는 전혀 놀랍지 않았다. 지난 2주 동안 그가 한 (FBI 국장 코미를 해고하고, 그 결정에 관해 설명하려 애쓰는 참모들의 말을 뒤집고, 러시아 관리들에게 예민한 정보를 누설하고, 그 모든 일에 관해 트위터에서 악담을 쏟아내는) 행동 역시 모두 예측을 벗어나지 않았다.

나는 트럼프의 자기 인식이 영원히 위험에 처해 있음을 일찌감치 알아차렸다. 그는 감정이 상하면 충동적이고 방어적으로 반응하면서 사실에 근거하지 않은 자기정당화 이야기를 지어내고 언제나 다른 사람들에게 비난을 돌린다.

　1985년에 내가 처음 만나본 트럼프는 그때까지 거의 평생을 살아남기 모드로 살아온 사람이었다. 그 자신이 묘사한 바에 따르면 그의 아버지 프레드 트럼프는 무자비하게 요구가 많고 까다로우며 투지가 넘치는 사람이었다. 그것을 나는 《거래의 기술》에서 이렇게 표현했다. "나의 아버지는 멋진 사람이었지만, 지나치게 사업적이고 지독하게 강하고 거친 사람이기도 했다." 트럼프는 알코올 의존증에 시달리다 42세에 세상을 떠난 그의 형 프레드 주니어가 아버지에게 압도당한 것이라고 보았다. 내가 그 책에서 완곡하게 표현한 바로는 이렇다. "아니나 다를까 두 사람은 여러 가지로 부딪혔다. 대부분 결과는 프레디의 패배였다."

　트럼프의 세계관은 철저히 아버지에 대한 자기방어의 관점에서 형성되었다. 나는 그것을 이렇게 풀어썼다. "나는 아주 일찍 사업에 끌렸고, 대부분의 사람과 달리 아버지에게 위협을 느낀 적은 한 번도 없었다. 나는 당당히 아버지에게 맞섰고 아버지는 그 점을 존중했다. 우리 부자의 관계는 거의 업무 관계 같았다."

　트럼프와 대화를 나누면서 나는 그가, 살아남으려면 세상과 전쟁을 치를 수밖에 없다고 생각한다는 결론을 내렸다. 그에게 그것은 양자택일의 제로섬 게임이었다. 즉, 지배하든지 굴복하든지 둘 중 하나였다. 공포를 조장하고 이용하든지, 아니면 자기 형이 그랬듯 공포에 무너지든지. 이렇게 협소하고 방어적인 태도는 아주 어린 나이에 자리 잡았고, 이후 거기서 한 걸음도 나아가지 못했다. 최근 그는 어느 전기 작가에게 이렇게 말했다. "초등학교 1학년 때의 나와 지금의 나를 보면, 그때나 지금이나 기본적으로 똑같다."

대신 트럼프는 필사적으로 싸우며 적을 무조건 짓밟는 매우 공격적인 냉혈한으로 성장했다. 나와 수많은 대화를 나누는 동안 그는 모든 만남을 자기가 이겨야만 하는 시합으로 여긴다는 것을 명백히 밝혔다. 그의 관점에서 다른 선택지는 지는 것뿐이었고, 그것은 소멸과 맞먹는 일이었기 때문이다. 《거래의 기술》에서 다룬 사업 중 다수가 대대적인 실패(그가 소유했던 카지노들과 전미미식축구연맹과 경쟁하려고 창설한 리그 등)였지만, 트럼프는 내게 그 모든 사업이 어마어마한 성공을 거둔 것처럼 쓰게 했다.

트럼프는 내게 명백히 자랑스러워하는 태도로 자신이 어릴 때부터 "주장이 강하고 공격적인" 아이였으며, 한번은 초등학교 때 음악 선생님의 눈을 주먹으로 때렸고 그 때문에 하마터면 퇴학당할 뻔했다고 말했다.

트럼프에 관한 많은 것이 그렇듯 그 이야기도 사실인지 아닌지 누가 알겠는가? 분명한 것은 그가 평생 남을 지배하려고 노력하며 살아왔다는 것, 그러기 위해 필요한 것은 무엇이든 물불을 가리지 않았고 그 과정에서 어떤 부수적 피해가 생겨도 개의치 않았다는 것이다. 《거래의 기술》에서 그는 뉴욕 부동산 업계에서 경쟁하는 일에 관해 길거리 싸움을 하느라 신이 난 싸움꾼처럼 말했다. 그들은 "세상에서 가장 예리하고 억세고 사악한 자들이다. 마침 나는 이런 친구들과 대결하는 걸 아주 좋아하고 그들을 뭉개버리는 것이 정말 좋다." 나는 트럼프에게서 자신이 한 그 어떤 일에 관한 죄책감이나 뉘우침을 느낀 적이 없었고, 그가 혹시 마음이 흔들린 적이 있는지는 모르겠지만 그런 의혹을 겉으로 표현하는 것도 본적이 없었다. 트럼프의 관점에서 보면 그는 항상 자기를 잡으려고 혈안이 된 맹수들이 가득한 정글에서 회사를 운영했으므로 살아남기 위해 해야만 하는 일을 했을 뿐이다.

트럼프는 또한 내게, 사람들이 더 안정적이 될수록 나타나는 특성, 이를테면 공감이나 관대함, 반성, 만족을 유보할 수 있는 능력, 무엇보다도 옳고 그름에 대한 내적인 의식인 양심 같은 특성을 가치 있게 여기지 않는다고, 심지어 인정할 필요성도 못 느낀다고 분명히 말했다. 한마디로 트럼프는 다른 사람의 감정이나 이해관계를 고려하며 사업하는 사람이 아니었다. 그는 항상 전적으로 거래에 근거한 삶을 살았다. 자신의 정서적·지적·도덕적 우주를 한 번도 확장해본 적 없는 그는 자신의 이야기를 정해두고 그것을 고수했다.

그 이야기의 핵심은 어느 날이든 트럼프가 사실이라고 간주하는 것이면 무엇이든 사실이 된다는 것이다. 진위에 의혹이 제기되면 그는 본능적으로 더욱더 강하게 밀어붙인다. 자신이 방금 말한 것이 명백히 거짓이라는 것이 드러날 때도 말이다. 나는 그런 상황을 수없이 목격했다. 트럼프 타워의 층수를 과장하는 것처럼 사소한 것이든, 파산으로 치닫는 자신의 카지노들이 아주 좋은 실적을 올린다고 꾸며대는 것처럼 아주 큰 사안이든 말이다. 마찬가지로 트럼프는 코미를 해고한 이유에 관해 말을 바꿈으로써 참모들이 한 발언이나 자신이 한 또 다른 거짓말이 무너지더라도 전혀 모순을 느끼지 않을 것이다. 그의 목표는 결코 정확성이 아니다. 그의 목표는 군림하는 것이다.

내가 보기에 트럼프는 깊이 있는 사상적 신념은 전혀 없었고, 자신의 즉각적인 이익을 제외하면 그 무엇에도 열정적인 감정을 갖고 있지 않았다. 그는 자기가 중요한 존재라는 느낌을 정복과 성취로부터 얻는다. "믿을 수 있겠나, 토니?" 밤늦게 나와 대화를 시작할 때면 그는 종종 그렇게 말문을 열고는 이어서 자신의 총명함을 보여주는 어떤 새로운 사례를 이야기하곤 했다. 그러나 대단히 큰 성취를 이뤄 안심하는 마음을 가졌어도 그 마음은 언제나 덧없이 흩어지고 불확실한 것이었다. 대통령으로 선출되어 활동하는 일도 마찬가지인 것 같다. 모든 중독에는 예측되는 패턴이 있다. 중독자는 환희의 상태를 다시 맛보려는 갈망으로 점점 더 큰 것을 걸면서 도취를 좇는 헛된 노력을 한다. 표면적으로 현재 트럼프는 지구상의 그 누구보다 자신을 중요하게 생각하고 성취감을 느낄 많은 기회를 갖고 있다. 그러나 이 말은 헤로인 중독자가 늘 자유롭게 헤로인을 손에 넣기만 하면 중독을 극복할 수 있다고 말하는 것과 같다. 지금 트럼프에게는 실패하고 자신을 무가치하다고 생각할 훨씬 더 크고 더 공적인 무대가 생긴 것이기도 하다.

1985년 트럼프 타워의 그의 사무실에서 처음으로 인터뷰한 그날부터 내가 트럼프에 대해 갖고 있는 이미지는 '블랙홀'이다. 무엇이 들어가든 순식간에 흔적도 없이 사라진다. 그 무엇도 버티지 못한다. 언제 누군가 또는 무언가가 트럼프를 그 위태로운 횃대에서 떨어뜨릴지, 언제 그의 균형 감각이 위태로워지고 다시 그 감각을 회복해야 한다는 압도적인 충동을 느끼게 될지는 결코 알 수 없다. 그의 부풀려진 겉모습 아래에서 언제나 나는 그저 사랑받기만을 원하는 상처 입고 너무나도 연약한 어린 소년을 감지했다.

트럼프가 가장 절실히 갈망하는 것은 바로 그가 그토록 덧없게 여기는 찬사이다. 이는 그의 통제 욕구를, 그리고 알려진 바에 따르면 트럼프의 충성 요구에 응하지 않고 그의 대통령직을 무너뜨릴 위험이 있는데도 지난해 선거운동 당시 러시아의 개입에 관한 수사를 계속하는 코미를 그가 도저히 참을 수 없었던 이유를 설명하는 데 큰 도움이 된다. 무조건적인 칭찬과 아부에 대한 트럼프의 욕구는 다른 의견을 터놓고 말할 수 있는 것을 바탕으로 번성하는 민주주의와 언론의 자유에 대해 그가 갖는 적대감도 이해하게 해준다.

우리가 선거기간 내내, 그리고 선거 이후로 수없이 보아왔듯이, 트럼프는 어느 때고 살아남기 모드로 퇴행할 수 있다. 지난 한 해 그가 자신의 적으로 인식한 이들을 공격하며 올린 트윗만 보아도 충분히 알 수 있다. 신경화학적으로 말하자면 그는 위협이나 좌절을 느낄 때 투쟁 혹은 도피 상태로 돌입한다. 편도체에 시동이 걸리고 시상하부 뇌하수체 부신 축이 활성화되며, 이성과 성찰을 가능케 하는 뇌 부위인 전전두피질은 차단된다. 그는 성찰하기보다는 즉각 반응하고, 그 반응이 어떤 결과를 불러올지 개의치 않는다. 그에게 핵 발사 코드 접근권이 있는 것이 그토록 위험하고 무시무시한 이유는 바로 이 때문이다.

지난 한 주, 거의 모든 부문에서 날아오는 비판에 직면해 트럼프의 불신이 확실히, 또 급속히 커져버렸다. 이렇게 심하게 자극받았을 때는 보좌관들이 아무리 끈질기게 간청해도 그가 자제할 가능성은 없다. 자신이 통제할 수 없는 힘에 휘둘린다는 느낌이 강해질수록(지금 그는 분명 그렇게 느끼고 있다) 그는 원한을 품고 더 필사적이고 더 충동적이 된다.

30년이 지난 지금도 나는 트럼프가 무시당했다고 느껴 분노에 사로잡힐 때의 그 험악한 느낌을 생생히 기억한다. 그 주위의 모든 사람은 그럴 때 그와 최대한 거리를 유지하는 게 상책이며, 그것이 불가능하다면 어떤 식으로든 그의 뜻을 거스르는 일은 하지 말아야 한다는 것을 잘 알고 있었다.

그의 동의 아래 내가 들었던 수백 통의 전화 통화와 그와 함께 참석했던 수십 번의 회의에서 어떤 사안에 관해서도 그의 의견에 이견을 낸 사람은 단 한 사람도 없었던 것으로 기억한다. 그때와 똑같은 공포와 편집증의 풍토가 백악관에도 뿌리내린 것 같다.

최근에 트럼프와 대화를 나눈 것은 30년 만의 일로, 나와 인터뷰한 제인 메이어Jane Mayer가 2016년 6월 14일 〈뉴요커The New Yorker〉에 내가 《거래의 기술》을 쓸 당시 이야기를 다룬 글을 실은 뒤 얼마 지나지 않아서였다. 트럼프가 공화당 대통령 후보로 확정될 것이 확실시되던 때였다. 차를 몰고 달리는 중에 휴대폰이 울렸다. 트럼프였다. 막 〈뉴요커〉의 팩트체크 담당자와 통화를 끝낸 참이었던 그는 모호하게 돌려 말하지 않았다.

"내가 당신 지독한 배신자라고 생각한다는 거 그거 꼭 말하고 싶어." 이렇게 말을 시작하더니 몇 분 동안 나를 비난하고 협박했다. 나는 부드럽지만 단호하게 맞섰다. 그러다가 트럼프는 통화를 시작했을 때만큼 갑작스럽게 "인생 잘 살아" 하고 말하고는 전화를 끊었다.

　　　　　　　　　　　도널드 트럼프라는 위험한 사례

4장

트럼프의 핵심 문제는
신뢰 부족이다

게일 시히

게일 시히 Gail Sheehy

작가이자 저널리스트, 대중 강연자로 전 세계 수백만 명의 남녀가 자기 삶을 대하는 방식을 바꾸어왔다. 50년 간 우리 시대의 가장 영향력이 큰 책 10권 중 한 권으로 뽑힌 《인생역정Passages》을 비롯해 17권의 책을 썼다. 문예 저널리스트로서 잡지 <뉴욕>의 창간 기고자 중 한 명이었고, 1984년부터 계속 <배너티 페어Vanity Fair>에도 글을 기고하고 있다. 여러 상과 세 가지 명예박사 학위를 받았으며, 2012년에는 '더 나은 삶을 위한 책Books for a Better Life'에서 평생 공로상을 받았다. 힐러리 클린턴 전기 《힐러리의 선택Hillary's Choice》을 쓴 것을 비롯해 정치인들에 대한 논평도 계속하고 있다.

나르시시즘과 편집증이 논의되고 있지만 가장 걱정스러운 것은 트럼프가 아무도 신뢰하지 않는다는 사실이다. 이는 그의 몰락의 이유가 될 것이다. 어쩌면 우리의 몰락의 이유가 될지도.

급격하게 통제를 벗어나고 있는 이 세계에서, 우리는 미국의 동맹국들을 멀어지게 하고 적들처럼 벼랑 끝 전략을 구사하는 트럼프 대통령의 그 유명한 '본능'에 의지해도 되는 것일까? 그의 임기 첫 100일을 지켜보고, 또 대통령 후보와 당선인 시절에 1년 반 동안 보도해온 경험에 비추어 나는, 트럼프가 러시아와의 공모 혐의로 최후의 심판을 받게 될 날이 가까워질수록 그로부터 관심을 돌리기 위해 전쟁을 일으키려 하는 건 아닐지 우려하지 않을 수 없다.

인간의 발달 과정에서 기본적으로 쌓아야 할 기반은 신뢰하는 능력이며, 아기는 태어난 순간부터 생후 18개월 사이에 이를 흡수해 습득한다. 트럼프는 자기에게 신뢰하는 마음이 전혀 없다는 것을 자랑스럽게 말해왔다. "사람들은 너무 쉽게 신뢰한다. 나는 좀처럼 신뢰하지 않는 사람이다."(1990년) "최고의 능력자들을 고용하고, 그들을 신뢰하지 마라."(2007년) "세상은 악랄하고 잔인한 곳이다. 친구들조차 기를 쓰고 당신을 잡으려 한다. 그들은 당신의 직업을 원하고 당신의 집을 원하고 당신의 돈을 원하고 당신의 아내를 원한다."(2007년)

그의 전기 작가들이 기록한 내용을 보면 그의 세계관에는 위험에 대한 감각과 전적으로 강인하게 보여야 한다는 필요가 배어 있다. 알다시피 그의 아버지는 그를 '킬러'로 길러냈고, 그들에게 킬러는 '루저'가 되지 않는 유일한 대안이었다. 트럼프는 자기 아버지에게 배우고, 더욱더 강인해지라고 보낸 군사학교에서 배운 기본적 가르침을 결코 잊지 않았다. 본인의 말을 빌리면 "인간은 모든 동물 중 가장 악랄한 동물이고, 삶은 승리 아니면 패배로 끝나는 전투의 연속이다."

마이클 단토니오는 트럼프 전기 《만족은 없다Never Enough》에서 트럼프의 아버지가 브루클린의 험악한 동네에서 자기가 소유한 아파트들의 임대료를 받으러 다닐 때 아들을 "끌고 다닌" 상황을 들려준다. 프레드 트럼프는 항상 아들에게 문 한쪽 옆으로 비켜서 있으라고 말했다. 도널드가 이유를 묻자 그의 아버지는 "저 작자들은 때로 문을 향해 바로 총을 쏘거든"이라고 대답했다.

오늘날 이 남자는 백악관에서, 마음을 터놓을 아내나 친구도 없이 대체로 혼자 살고 있다. 어차피 그러려면 취약함을 인정해야만 하기에 절대 마음을 털어놓을 리도 없지만 말이다.

도널드 트럼프라는 위험한 사례

전 CIA 국장이자 클린턴 대통령의 비서 실장과 오바마 정부 국방 장관을 지낸 레온 파네타Leon Panetta는 2017년 2월 폭스 비즈니스 채널에서 "어느 대통령이든 대통령의 영역에서 통용되는 화폐는 신뢰다. 그 대통령의 신뢰성에 대한 미국 국민의 신뢰"라고 말했다. 트럼프가 거의 매일 우리 눈앞에 얼굴을 들이밀었던 2년 가까운 시간 동안, 그는 공화당의 모든 경쟁자에게 불신의 씨앗을 뿌리고, 입법과 관련된 문제를 성공으로 이끌기 위해 자신에게 반드시 필요한 보수적 공화당 진영의 상당수를 자기로부터 멀어지게 만들었으며, 민주당 의원을 무시하고, 민주당 지도부를 거짓말쟁이, 광대, 멍청이, 무능력자라 부르며 심술궂게 모욕했고, 오바마에게 '아픈 작자', 힐러리 클린턴에게 '악마'라는 악담을 퍼부었다. 해외에서 미국 국민을 대표하는 그가 보인 호전적인 행동과 최우방국 지도자들을 대하는 불손한 태도는 국제 관계의 예의와 수십 년간 쌓아온 평화 유지의 맹세들을 무너뜨린다. 그러나 터키의 레제프 에르도안Recep Erdogan, 이집트의 압둘 파타흐 알 시시Abdel Fatah al-Sissi, 그리고 가장 심하게는 러시아의 푸틴 등 독재자들을 추어올리는 데는 망설이는 법이 없다.

대통령으로서 트럼프는 현재 자신이 지휘하는 국가기관들에 대한 신뢰를 체계적으로 파괴하고 있다. 전체 17개 정보기관으로 이루어진 정보 커뮤니티를 나치처럼 움직인다고 비난하더니, 이번에는 한 법관이 히스패닉이며 또 한 법관은 그의 [무슬림] 여행 금지에 반대했다는 이유로 사법부를 묵살했다. 트럼프가 낙점한 연방 대법관 닐 고서치Neil Gorsuch조차 트럼프가 사법부를 폄하하는 말은 사법부를 '낙담시키고', '사기를 꺾는' 일이라고 말했다. 매일같이 미디어를 비방하는 것으로도 모자라 트럼프는 레닌과 스탈린이 사용하던 표현을 빌려와 미국 언론을 '인민의 적'이라고 낙인찍었다.

그 스스로 말했듯 트럼프는 모든 사람이 자신을 잡으려 기를 쓰고 있다는 가정에 따라 움직인다. 편집증은, 비의학적으로 정의하면 다른 사람을 과도하게 또는 비논리적으로 의심하고 불신하는 경향이다. 모든 사람을 불신한다고 선언한 트럼프이기에 음모론자인 스티븐 배넌Stephen Bannon과 마이클 플린Michael Flynn 장군을 측근으로 끌어들인 것은 놀라운 일이 아니다.

국가 안보 보좌관 플린이 뻔뻔하게 거짓말을 한 것이 밝혀진 뒤 할 수 없이 플린을 해임한 뒤에도, 트럼프의 백악관은 플린이 돈을 받고 트럼프를 대신해 러시아와 공모한 혐의를 증명할 수 있는 문서를 의회 조사관들이 손에 넣지 못하도록 필사적으로 방해 공작을 펼쳤다. 법무부가 그 사건을 조사하지 않을 수 없는 지경으로 상황이 몰리면 트럼프의 생존 본능은 그로부터 관심을 돌리기 위해 전쟁을 일으키게 만들 것이다.

자신의 부하를 신뢰하지 않는 지도자는 신뢰를 줄 수 없다. 트럼프는 개인적으로 아랫사람들의 열렬한 충성심을 자랑하지만, 그 자신은 언제든 의리를 내던질 수 있다. 불안해하는 보좌진 가운데 사실상 트럼프의 국방 장관처럼 굴고 있는 사위 재러드 쿠슈너Jared Kushner만이 안전해 보인다. 트럼프가 신뢰감을 불어넣는 데 성공하는

도널드 트럼프라는 위험한 사례

지점은 하급자들에게 거짓말하도록 허가해줄 때다. 실제로 이러한 부도덕함의 바이러스는 백악관에서 공화당 의원들에게까지 퍼져나갔다. 데빈 뉴네스Devin Nunes 의원이 트럼프 정보원의 러시아 연루 의혹을 조사하는 하원정보위원회를 이끌기에 부적합하다는 것을 스스로 드러낸 소동을 보라. 백악관은 하루에 한 가지씩 위기가 생겨나는 열병을 앓았고, 2017년 5월로 접어들자 숨바꼭질에 재미를 붙인 최고 지휘관은 자기가 가장 신뢰하는 국가 안보 보좌관들(제임스 '매드 독' 매티스James 'Mad Dog' Mattis 장군, H. R. 맥매스터H. R. McMaster 장군, 국무 장관 렉스 틸러슨Rex Tillerson)에게 자기를 방어하도록 임무를 맡겨 내보내고, 그런 다음 제 입으로 뱉어낸 반쪽짜리 진실들로 그들이 방어할 여지를 제거해버렸다.

우리는 경영자로서 트럼프가 혼란을 좋아한다는 말을 여러 차례 들어왔다. 나는 이라크에 주둔했고 훈장을 받은 전직 장교이자 오바마 대통령의 백악관 법률고문을 지낸 사람에게 그런 운영 스타일이 신뢰에 어떤 영향을 미치는지 물었다. 그는 이렇게 말했다. "트럼프는 드러내놓고 그러든 암암리에 그러든, 보좌관들이 자신들이 어떤 상황에 처한 것인지 절대 알 수 없도록 한다. 그것은 고도의 기능을 수행하는 조직에서 필요한 것과 정반대다." 트럼프의 전전긍긍하는 보좌관들은 그의 충성심 테스트에 불합격하는 것 또는 희생양이 필요할 때 혼자 덮어쓰게 되는 일이 얼마나 쉽게 일어날 수 있는지 분명 잘 알 것이다. 그들이 공개적으로는 트럼프를 옹호할지 모르지만, 기자들은 백악관 참모들이 끊임없이 정보를 흘려대는 것을 분명히 안다. 그리고 그러한 누설은 트럼프의 불신을 악화시켜 악순환의 고리를 영원히 고착시킨다.

트럼프가 남을 신뢰하지 못하거나 신뢰를 주지 못하는 것은 세계 무대에서 더욱 위험하다. 그는 (나중에 생각을 바꿔먹기는 했지만) NATO 같은 우방도 미심쩍게 여기고, (같은 주에 서너 번 생각을 바꾸기는 했지만) 북대서양자유무역지구NAFTA 같은 무역협정도 미국을 갈취해먹는다고 생각한다. 이는 "모든 사람이 자기 이익만 생각하는 뱀의 소굴에 산다고 보는 트럼프의 세계관 때문"이라고 전 백악관 법률고문은 말했다. 트럼프는 자기와 똑같은 음모론자인 백악관 고문 배넌과 함께 사회에서 뒤처진 백인 노동자계급이 세계화에 관해 싫어하는 모든 것을 끌어 모아 인격화된 적으로 빚어냈다. 그 적은 바로 백인 노동자들이 자기 일자리를 빼앗아간다고 믿고 있는 무슬림, 멕시코인, 난민이다. "그 사람들은 우리와 다르다. 그들이 우리의 문화를 오염시키고 있다"는 것이 대안 우파의 메시지다.

취임 후 첫 100일을 보내는 동안 트럼프는 대다수의 우리가 사는 현실과 점점 더 접점을 잃어가는 모습을 보였다. 최악은 병적으로 거짓말을 해대는 성향이 아니라, 오바마 대통령이 자기 전화에 도청 장치를 했다고 비난하며 폭풍 트윗을 올렸던 3월 4일에 보였던 것처럼 자신이 한 거짓말에 편집광적으로 집착하는 것이다. 그런 걸 보고 있으면 이런 질문이 떠오른다. 이 대통령은 자기만의 대안적 현실 속에서 둥둥 떠다니고 있는 것인가?

나는 밴디 리 박사의 예일컨퍼런스에 참석한 뒤 〈데일리비스트The Daily Beast〉에 실은 글에, 그곳에서 이 책의 저자 두 분에게 들은 통찰을 인용했다. 예일대학교 정신의학과 교수를 지냈고 현재 컬럼비아대학교에 재직 중인 리프턴 교수는 컨퍼런스 뒤 이어진 인터뷰에서 이렇게 설명했다. "트럼프는 스스로 극단적으로 조작한 자기만의 현실을 만들어낸다. 그리고 대변인들에게 자신이 만들어낸 거짓 현실을 정상적인 것처럼 옹호하도록 고집을 부린다. 그런 다음 사회의 나머지 사람들이 그 현실을 받아들이기를 기대한다. 어떠한 증거도 없는데도 말이다." 이리하여 리프턴이 '악성 정상성'이라고 부르는 것으로 이어지는데, 이는 그 거짓들의 해로운 허위성에 감당 못할 정도로 휩싸인 대중이 그 거짓을 점진적으로 받아들이다가 결국에는 정상으로 보아 넘기게 되는 것을 뜻한다.

25년 이상 미국 교도소 시스템 안에서 폭력 행동의 동기를 연구한 정신의학자이자 저술가인 길리건 박사는 "위험성을 평가한 경험이 있는 우리 정신의학자들이 대통령의 망상이 계속 진행되도록 손 놓고 방치한다면 책임을 회피하는 것"이라고 말했다. 현재 뉴욕대학교 의학대학원 정신과 임상교수로 일하고 있는 길리건은 리 박사의 컨퍼런스 참석자들에게 이렇게 말했다. "나는 트럼프가 히틀러나 무솔리니라고 말하지는 않겠지만, 그렇다고 그가 히틀러에 비해 더 정상인 것은 아니다."

군이 정신의학자들에게 의지하지 않아도 트럼프 대통령이 사고에 일관성이 없고 현실에 확고히 발을 붙이고 있지 않다는 사실을 충분히 알 수 있다. 만에 하나 수년 간 상담을 통해 그의 말을 들은 정신과 의사가 있다고 해도, 그 의사가 들었을 것보다 훨씬 더 많이 우리는 트럼프의 행동와 글과 말에 노출되어왔다. 그러므로 이제 그에게 답변을 요구하는 일은 우리 시민의 몫이다. 그리고 백악관 안팎에서 노련한 사람들이 그 일을 하고 있다.

대통령 역사 연구가 더글러스 브링클리Douglas Brinkley는 트럼프가 역대 어느 대통령과 비교해도 너무나 다른 하위문화를 대표한다고 말한다. "그는 왼손이 하는 일을 오른손이 모르게 하는 세계인 뉴욕의 건축업계를 대표한다. 트럼프의 세계에서는 어떤 희생을 치르더라도 이겨야만 한다. 그것은 인격에 관한 일도, 공무에 관한 일도, 형제들을 보살피는 일에 관한 것도 아니다."

트럼프가 가장 많이 비교되는 대통령은 닉슨이다. 동료 보수 공화당원이었던 닉슨 대통령에게 불리한 증언을 했던 당시 백악관 법률고문 존 딘John Dean도 트럼프를 유난히 편집증이 심했던 닉슨 대통령에 비유했다. "닉슨은 이중적 인물이었습니다. 공적인 자리에서 최고의 보좌관들과 있을 때 그는 신뢰받는 대통령이었죠. 그러나 사적인 자리에서는 심각한 편집증과 앙심에 불타는 어두운 면이 튀어나왔습니다."

이를 보여주는 가장 좋은 예를 들어달라고 하자 딘은 이렇게 내뱉었다. "그는 공감 능력이 전혀 없었어요!" 트럼프와 똑같다. "닉슨은 [1968년 파리 평화 회담을 방해하여] 베트남에서 2만 2,000명의 미국인이 더 죽게 했어요. 거기다 얼마나 많은 캄보디아인과 라오스인, 베트남인이 죽었을지는 아무도 모르죠. 그 모든 게 오직 자기 대선 승리를 확보하기 위해서였습니다." 닉슨이 저지른 최악의 범죄인 이 반역죄가 밝혀지기까지는 40년이 걸렸다. 40년이 지나서야 당시 대통령 후보였던 닉슨이 민주당 후보의 재선을 좌초시키기 위해 베트남 평화 회담을 무산시키는 것을 (린든 존슨 대통령이 녹음을 지시한) 테이프에서 듣게 된 것이다. 닉슨은 남베트남측 협상 상대에게 평화 회담에서 철수해 자신이 대통령으로 선출될 때까지 기다리면 그때 자신이 훨씬 좋은 조건으로 거래를 해주겠다는 메시지를 보냈다.

어디서 들어본 이야기 아닌가? 그로부터 50년 뒤, 트럼프와 러시아 관리들 사이의 중재자인 플린 장군이 푸틴의 대사에게 오바마의 제재에 보복하지 않고 트럼프가 당선될 때까지 얌전히 기다리면 러시아에게 훨씬 유리한 거래를 할 수 있다고 제안했다. 트럼프 역시 트윗을 통해 그 제재들을 풀어주겠다는 뜻을 적극적으로 자주 밝혔다. 그러니까 그의 망상 속 푸틴과의 브로맨스가 연방 수사의 대상이 될 수 있다는 징조가 보이기 전까지 말이다. 트럼프의 복수 욕구도 닉슨의 기다란 '적 명단'과 잘 맞아떨어진다. 현대의 대통령 중이 둘만큼 심각한 '정치적 혈우병'에 걸린 대통령은 없었다. '정치적 혈우병'이란 닉슨의 전기 작가 존 파렐John Farrell이 사용한 표현으로 "이 남자들은 일단 상처를 입으면 결코 피가 멎지 않는다"는 의미다.

보수적인 사람들이 보기에도 경악스러울 정도로 트럼프는 진실이 무엇인지에는 전혀 관심이 없는 것 같다. 〈타임〉은 트럼프에게 그가 그간 끝도 없이 말해온 거짓을 바로잡지 않는 것에 대해 명확히 해명할 기회를 주었다. 그러나 3월 23일의 인터뷰는 해명 대신 그의 사고가 작동하는 믿기 힘든 방식을 드러냈다. 그는 자기가 진실이기 원하는 것을 말한다. 자기 진술이 거짓으로 증명되어도 동요하지 않고, 사실들이 자신의 믿음을 따라잡을 거라고 자신 있게 예언한다. "나는 대단히 본능적인 사람이고, 내 본능은 늘 옳은 것으로 드러난다." 전국에서 가장 뛰어난 형사라고 할 FBI 국장 코미가 트럼프를 두고 '이야기를 꾸며내는 사람'이라고 비난했을 때도 트럼프는 그 공개적인 비난을 무시하고, 오바마가 '아픈 자'이며 음흉하게 자기를 염탐하고 있다는 편집적 망상을 수백 만 명이 믿도록 설득하는 데 온 힘을 쏟았다.

"트럼프 같은 나르시시스트들이 무엇보다 원하는 것은 자기 자신을 사랑하는 것이지만, 그들은 또한 다른 사람들이 자기를 사랑하는 것도 맹렬히 원한다." 노스웨스턴대학교 심리학과 교수이자 학과장인 댄 P. 매캐덤스Dan P. McAdams가 〈디 애틀랜틱The Atlantic〉에 쓴 글이다. "나르시시스트의 궁극적인 삶의 목표는 자기의 위대함을 모두가 알아보도록 홍보하는 것이다."

그런데 트럼프 같은 극단적 자기애성 인격의 소유자는 찬양을 받는 데 실패했을 때 어떻게 할까? 길리건 박사는 "트럼프 본인이 쓴 글에서 그가 수치나 모욕에 엄청나게 민감하다는 것이 드러났다"고 말한다. 그렇다면 러시아 관리들에게 민감한 외교 정보를 제공함으로써 대단해보이고 싶었던 유아적 욕구의 제단에 국가 안보를 희생 제물로 바쳤다는 사실이 드러날 때 그는 그 창피함은 어떻게 회피할까?

모든 나르시시스트의 과대하게 부풀려진 행동 밑에는 상처 입기 쉬운 자존감의 구덩이가 도사리고 있다. 내면 깊은 곳에서 트럼프가 가장 신뢰하지 못하는 사람이 자기 자신이라면 어떻게 될까? 선거운동 기간 동안 약속했던 일들을 거칠게 밀어붙여 이뤄내지 못함으로써 '루저'로 널리 알려지게 된다면, 그 굴욕감이 어쨌든 자신은 '킬러'라는 사실을 증명하도록 몰아가게 되진 않을까? 대통령이 되고 겨우 첫 4개월을 보내는 동안 그는 시리아와 아프가니스탄, 그리고 북한까지 세 곳에서 전쟁을 일으킬 기회를 엿보았다. 그를 저지하는 것은 의회와, 의회를 향한 대중의 지지에 달려 있다.

5장

소시오패시

랜스 도즈

랜스 도즈 Lance Dodes

보스턴정신분석연구소에서 교육과 지도를 담당하는 분석가로, 하버드대학교 의학대학원 정신의학과에서 임상조교수를 지냈다. 많은 학술 논문과 책에 중독의 성격과 치료 방법을 새롭게 이해하도록 돕는 글을 기고했고,《중독의 핵심The Heart of Addiction》,《중독 벗어나기 Breaking Addiction》,《냉철한 진실The Sober Truth》등을 펴냈다. 하버드대학교 의학대학원의 중독 연구 분과는 중독행동 연구와 치료에 기여한 도즈의 '특별한 기여'에 존경을 표해왔고, 미국중독정신의학 아카데미는 그를 특임 펠로로 선출했다.

"여우처럼 교활하게 미친 척하는 것인가, 아니면 그냥 미친 것인가?" 대통령 선거에 나선 그날부터 줄곧 트럼프를 따라다닌 질문이다. 반복적으로 비도덕적 행위를 하는 자, 자기가 원하는 걸 얻기 위해 사기를 치고 거짓말을 하고 부정한 행위를 하고 사람을 조종하는 자, 자신만 만족하면 누가 상처 입든 관심 없는 자, 개인적 이득을 위해서 다른 사람의 감정을 무시하는 자는 그냥 교활해서 그런 것일까? 즉, 여우처럼 미친 척하는 것일까? 아니면 이러한 행동은 그보다 더 심각한 어떤 문제를 암시하는 신호일까? 그러니까 심각한 정신적 이상이 밖으로 표현되는 것일 가능성도 있을까?

이 질문에 대한 답은 단호히 "그렇다"이다. 그 이유를 이해하려면 '소시오패시sociopathy'라는 심리 장애와 그것이 그렇게 심각한 폐해인 이유를 이해할 필요가 있다.

남을 보살피고 그들에게 해를 입히지 않으려고 노력하는 것은 인간뿐 아니라 많은 포유동물의 기본 특징이다. 정상적인 사람과 정상적인 늑대, 돌고래, 코끼리는 자기와 같은 종의 구성원이 고통이나 위험에 빠져 있을 때 그것을 알아보고, 영역이나 짝짓기 상대를 놓고 싸우는 경우만 아니라면 서로를 보호하려는 행동을 한다. 어느 종에게나 그러한 보살핌과 협동은 중요한 생존 가치를 지니며, 명백한 진화상의 이점을 지녔기 때문에 동물계의 상당 부분에서 기본적 특징이 되었다. 사람의 경우 서로의 감정을 느낄 수 있고 서로를 걱정하고, 때로는 스스로 불리한 입장에 처하면서까지 서로에게 해를 입히지 않으려고 노력하는 능력을 공감이라고 한다(위협에 맞서서 모두 함께 지켜내려 하는 동물들을 생각해보라). 사람들이 개인적으로 어떤 감정적 갈등이나 문제를 갖고 있든, 그것은 모든 사람이 지닌 특징이다. 그들이 소시오패스sociopath만 아니라면 말이다.

정상적으로 공감하지 못하는 것은 소시오패스 성향의 핵심이며, 이는 죄의식 결여, 의도적인 조종, 개인의 권력이나 만족을 위해 다른 사람을 통제하거나 심지어 가학적으로 해하는 행동으로 나타난다. 소시오패시는 기본적 인간 본성에 결함이 생긴 사람들이다. 여우처럼 교활하게 구는 것과는 거리가 멀고, 인간 본성의 핵심적 부분이 결여된 것이다. 소시오패시가 대단히 심각한 정신장애로 꼽히는 것도 바로 이 때문이다.

그러나 우리에게는 부와 권력을 거머쥔 외적인 성공은 어떤 수단으로 얻은 것이든 존경하는 문화가 있다. 그래서 소시오패스의 특징을 가졌고 바로 그런 조종과 속임수 때문에 높은 지위와 권력을 얻을 수 있었던 사람들은 때로는 심리적으로 건강하게 보일 뿐 아니라 우월하게 보인다. 이런 점이 혼란을 더한다. "그렇게 성공한 사람이 어떻게 미친 사람이겠어?" 트럼프는 대통령이 되었기 때문에 심각한 정신적 문제가 있을 리 없다고까지 말하는 사람도 있었다.

심각한 소시오패스에게는 일반적으로 두 가지 삶의 여정이 있다. 다른 사람을 조종하고 상처 입히는 기술이 부족한 사람들, 알맞은 피해자를 신중하게 골라내지 못하는 사람들, 다른 사람들을 속일 만큼 충분히 매력적으로 행동하지 못하는 사람들은 대개 실패로 끝나는 삶을 산다. 그들은 범죄를 저지르다 발각되거나, 자기가 속인 사람과의 민사소송에서 패하거나, 잃어버린 지위를 되찾아올 능력이 없다. 그러나 교묘하게 조종하는 데 능하고, 매력적이고 배려하는 사람인 척을 잘하며, 자신의 비도덕적이고 불법적인 행동을 감추는 데 능하고, 남을 괴롭히고 짓밟으며 정상으로 올라갈 기술이 있는 사람들은 사회에서 내쫓기거나 감옥에 갇히지 않는다. 이런 사람들을 가리켜 '성공적인 소시오패스'라고 한다. 그들은 대부분 다른 사람들이 자신을 '여우처럼 미친 척한다'고 생각하도록 속인다. 특유의 분노 폭발도 거의 정상적인 것처럼 보이게 할 수 있다. 겉으로 성질을 부리는 모습을 보이는 대신 그들은 다만 사람들을 해고하거나 고소할 뿐이다. 권력이 커질수록 자신의 정신적 폐해를 위장하는 능력도 커져서, 더러운 일을 대신해주는 부하들의 벽 뒤에 또는 현재 자신에게 적으로 보이는 사람들을 위협해주는 변호사단 뒤에 숨는다. 이해해야 할 중요한 사항은 그들의 성공은 겉으로 보이는 면일 뿐이라는 점이다. 그들은 공감 능력이 결여되었음을 감추는 데

서투른 사람들과 전혀 다를 게 없다. 비록 그들의 진짜 모습을 간파하는 데는 전문가가 필요하지만 말이다. 어쨌든 그들은 감정적으로 심각한 병에 걸린 사람들이다.

소시오패시란 무엇이며, 누구인가

'소시오패시sociopathy'는 때로 '사이코패시psychopathy'와 혼용되기도 하는데, 두 단어를 서로 조금 다르게 정의하는 사람들도 있다. 또 소시오패시는 '악성 나르시시즘'의 주요 양상이기도 하고, 《정신장애 진단 및 통계 편람》(이하 DSM)의 공식적인 정신 질환 진단 용어인 '반사회적 인격장애antisocial personality disorder'와 대략 같은 의미이기도 하다. 모두 다 한 개인의 전체 감정 구조에 생긴(그래서 DSM에서는 '인격'장애라는 용어를 사용한다) 장애를 가리킨다.

그러나 진단명 하나로 한 사람의 모든 면을 포착할 수는 없다. 비전문가들은 자신이 생각하는 문제의 개념에 어떤 한 개인이 정확히 맞아떨어질 거라고 예상하는 데 이럴 때 진단에 혼란이 생길 수 있다. 예를 들어 냉혹한 살인자나 잔인하고 가학적인 통치자도 자기 반려동물에게는 다정하게 굴 수 있다. 따라서 어떤 사람을 평가하거나 그 사람이 권력을 행사하는 직위에 적합한지 가늠할 때 중요하게 알아보아야 할 것은 그가 소시오패시의 **특성**을 갖고 있는지이다. 실제로 바로 이것이 DSM의 방식이기도 하다. 각 진단명에는 해당 질환을 정의하는, 관찰로 알 수 있는 행동의 목록이 딸려 있고 이 목록은 종종 바뀐다. 지금은 5차 개정판이 사용되는데 지식과 이해 수준이 높아짐에 따라, 심지어 진단의 흐름이 변함에 따라 새로운 개정판들이 나올 것이다. 그러나 소시오패시의 특성 자체는 바뀌지 않는다. 그러므로 어떤 사람이 '소시오패스'인지 여부를 평가할 때 우리가 정말 알아야 하는 것은 그 사람이 소시오패스인지 확인할 수 있는 관찰 가능하고 확정적인 특성들을 갖고 있는지 여부다.

정식 진단명이 무엇인지는 신경 쓰지 말고, 일단 현재의 DSM에 정의되어 있는 반사회적 인격장애의 특성을 살펴보기만 해도 유용하다.

• 15세부터 드러나기 시작하고 다른 사람의 권리를 무시하거나 침해하는 행동 패턴을 보이며 다음 중 3가지 이상에 해당되어야 한다.

1. 법이 허용하는 행동에 관한 사회규범을 따르지 못함.

2. 반복적인 거짓말 (…) 또는 개인적 이득이나 쾌락을 위해 다른 사람에게 사기를 치는 행위로 드러나는 기만성.

3. 충동성 또는 미리 계획을 세우지 못함.

4. 반복적인 몸싸움이나 공격으로 드러나는 성마름과 공격성.

5. 무모하게 자신이나 타인의 안전을 무시함.

6. 업무를 일관되게 유지하지 못하거나 재정적 책임을 지지 않는 반복적 행동으로 드러나는 일관된 무책임성.

7. 다른 사람을 해하거나 학대하거나 도둑질한 것에 대해 신경 쓰지 않거나 이를 합리화하는 행동으로 드러나는 죄책감 결여.

8. 15세 이전에 품행 장애[충동적이거나 공격적이거나 냉담하거나 기만적인 행동이 지속적으로 이어지거나 위협이나 처벌로도 제지하기 어려운 경우]가 시작되었다는 증거.

다른 진단 체계는 다른 단어들을 사용하여 핵심적인 소시오패시의 특성들을 표현한다. 가학적, 비공감적, 잔인한, 폄하하는, 비도덕적, 원초적, 냉담한, 약탈적, 괴롭힘, 비인간적 취급 등의 단어가 그렇다.

'원초적primitive'이라는 단어는 소시오패시의 특성을 묘사하는 데 사용될 때 특히 주의를 기울일 필요가 있다. 이 단어는 역사적으로 아주 오래된 시간을 뜻하는 것이 아니라 한 개인사에서 아주 오래된 시간, 즉 생애 초기를 가리킨다. 소시오패시 특성을 지닌 사람들에게서 다양한 결함들이 나타나는 이유를 설명하는 데 도움을 주는 것이 바로 이 단어다.

발달 초기에는 모든 일이 동시에 일어난다. 주요한 정서적 능력은 주요한 인지능력과 나란히 발달한다. 아이들은 사고력을 키우고 무엇이 실제이고 무엇이 상상인지를 분류해나가면서 동시에 불안과 혼란, 실망, 상실, 공포 같은 감정적 스트레스에 대처하는 능력도 발달시켜야 한다. 누구나 이렇게 자신의 감정을 견디고 조절하며, 주변 사람들을 이해하고 그들에게 공감하며, 현실과 소망 또는 두려움의 차이를 구별하는 체계를 구축해 간다.

그러나 소시오패스 중에서 원초적인 정서 문제가 있는 사람들은 그렇지 않다. 그들은 실망을 견디지 못한다. 대신 순식간에 분노를 터뜨리고 불만스러운 현실은 실제가 아니라고 주장한다. 대안적 현실을 지어내고 그것이 진실이라고 주장한다. 이것이 바로 망상의 정의다. 그 생각을 다른 사람에게 말하면 기본적으로 그것은 거짓말이 된다. 앞서 말했듯이 성공적인 소시오패스들은 그렇게 심하게 '미친' 것처럼 보이지 않을 수 있지만, 비판이나 실망으로 스트레스를 받으면 이렇게 현실과 유리되는 측면이 겉으로 드러난다. 그러다가 나중에 스트레스가 풀리고 나면 합리화나 더 많은 거짓말로 현실감을 상실했던 그 일을 해명한다.

소시오패스의 원초적 본성은 뇌 연구 결과로도 알 수 있다. 생애 초기에 뇌는 정신적 발달과 더불어 신체적 발달도 함께 일어난다. 특기할 점은 소시오패스의 뇌에서 핵심적인 인지 기능 및 정서 기능과 밀접하게 연관된 전전두피질과 편도체 기형이 발견되었다는 것이다.

소시오패스의 심리 메커니즘

소시오패스는 특유의 비정상적인 감정 메커니즘들을 채용한다. 그중에서도 가장 기본적인 것이 '투사적 동일시projective identification'다. '투사' 그 자체만 보면 사실은 투사를 하는 사람이 자기 마음속에 있는 감정이나 생각을 다른 사람의 감정이나 생각이라고 믿는 것을 말한다. 흔히 자신의 공격적이거나 위험한 감정을 다른 사람에게 투사함으로써 이를 처리하는데, 그러고는 그 사람을 공격적이거나 위험하다고 보는 것이다. 이런 과정이 자주 주기적으로 일어나면 한마디로 편집증이다. '투사적 동일시'는 편집증의 가장 심각한 형태다. 여기서 '동일시'란 다른 사람을 단순히 위협적인 성격이 있는 존재로 보는 것이 아니라 전적으로 위험한 사람, 즉 반드시 공격하거나 말살해야 하는 사람으로 보는 것을 말한다.

이런 심리 메커니즘은 현실감 상실, 분노 폭발, 타인을 공격하는 것의 원인이 된다. 여기에 공감이 결여되고 그에 따라 남을 해하고도 죄책감을 느끼지 못하는 것까지 더해지면 그런 사람은 엄청나게 위험한 존재가 된다.

소시오패스의 어긋난 심리 메커니즘이 투사적 동일시만은 아니다. 사람들을 현실적으로 평가하지 못하고 좋아하지도 못하기 때문에, 다른 사람들은 그 순간 어떤 투사가 작동하는지에 따라 악한 사람 아니면 선한 사람 중 하나로 보인다. 소시오패스는 주변 사람을 어느 날엔 마치 대단히 좋은 친구인 것처럼 추어올리며 그들이 얼마나 멋진 사람인지 매력적으로 칭찬을 늘어놓다가도 갑자기 그들을 적으로 돌려버린다. 이득에 도움이 되기 때문에 충성에 대단히 높은 가치를 두지만, 소시오패스에게 진정한 인간관계란 없다. 매우 불안정하고 가변적인 방식으로 세상을 선과 악으로 나누는 이 행태를 '분열'이라고 한다.

소시오패스는 항상 공감이 결여되어 있지만, 심각한 소시오패스는 무시무시한 유형의 공감을 갖고 있다. 바로 약탈자의 공감이다. 사냥감을 향해 살금살금 다가가는 호랑이는 사냥감의 공포를 감지하는 능력, 아니면 적어도 그 공포를 나타내는 작은 신호들을 인지하는 능력을 분명히 갖고 있다.[15] 호랑이는 사냥감과 '공감'하지만, 그 공감은 동정하는 것도 배려하는 것도 아니다. 성공적인 소시오패스들이 딱 그렇다. 그들은 피해자의 감정 상태에 치밀하게 조율되어 있다. 소시오패스가 판매하고 있는 것을 피해자가 구매하는가? 피해자가 소시오패스를 훌륭한 사람이라고 계속 생각하게 하려면 무엇이 필요할까? 안심시켜줄 가짜 확신? 아니면 지성이나 외모에 대한 칭찬? 거짓 약속? 다정한 몸짓? 성공한 소시오패스의 약탈자적 '공감'은 뚜렷하고 날카로운 통찰력을 보여주며 그들을 조종의 천재로 만든다. 그리고 그 공감이 먹혀들면 피해자는 재앙이 될 그에 대한 신뢰를 형성한다.

소시오패스의 병적인 정서 문제들은 서로 상승작용을 일으키면서 더욱 악화된다. 세상을 일관되고 현실적으로 바라보지 못하거나 정서적으로 진실한 인간관계를 유지하지 못하면서 편집증이 더욱 심해진다. 모욕을 상상함으로써 일어난 격앙된 분노 반응의 결과로 충동 조절력이 약해지면 경솔하고 파괴적인 행동을 하게 되고, 그러면 비판을 부정하고픈 욕구가 더 커져 자기 자신과 다른 모든

---

15 Malancharuvil, 2012.

사람에게 더 많은 거짓말을 하며 현실과도 점점 더 멀어진다. 다른 사람을 희생양으로 만들어야 한다는 욕구가 커질수록 소시오패스는 그들을 진심으로 더더욱 미워하게 되고, 그래서 한층 더 공격적이고 가학적이 된다. 그들의 삶은 오로지 권력과 존경을 바라는 끝없는 욕망을 채우기 위한 끝없는 파괴에 바쳐지고, 이를 조금이라도 누그러뜨릴 기본적인 공감이나 죄책감은 없다.

도널드 트럼프의 압도적 위험성

트럼프는 다년간 대중적으로 상당히 잘 알려진 인물이었고, 우리는 오랫동안 그를 알았던 많은 사람의 이야기를 들어왔기 때문에 그의 위험성을 평가하는 데 기반이 되는 말과 행동에 대한 자료를 충분히 확보하고 있다. 반사회적 인격장애와 악성 나르시시즘 둘 다 소시오패시적 징후와 증상을 포함하는데, 먼저 공식적인 DSM 기준을 사용하여 반사회적 인격장애를 평가하고 악성 나르시시즘에 대한 우리의 지식도 적용하여 트럼프의 위험성을 가늠해보자.

타인에 대한 공감 결여, 죄책감 결여, 거짓말과 부정행위

장애가 있는 기자의 불편한 거동을 조롱하고, 집회에 모인 시위자들의 안전을 무시하고("저것들 치워버려!"), 여자들을 성폭행하고, 선거에서 물리적 위해로 상대 후보를 협박하고(총기 소지자들에게 상대 후보를 제거하라고 암시함), 나라를 위해 싸우던 아들을 잃은 가족에게 반복적으로 언어 공격을 가하고, 자기를 비판하는 사람들을 개인적으로 비하하고(공화당 예비선거와 대선 과정에서 비판자들에게 모욕적인 욕설을 퍼부음), 자기가 고용한 사람들에게 지불해야 할 돈을 주지 않는 방법으로 갈취하고, 지금은 강제 해체된 트럼프 유니버시티를 설립하고, 소수집단을 표적 삼아 겁을 준 이력 등 이 모두가 다 심각한 소시오패시적 특성을 압도적으로 보여주는 증거이며, 이런 증거들이야말로 특정한 진단명을 붙이는 것보다 훨씬 더 중요하다.

현실 감각 상실

트럼프가 진실이 아닌 것으로 밝혀진 진실(대안적 사실)을 고집하는 것은 잘 알려진 사실이다. 그는 오랜 시간에 걸쳐 반복적으로 아닌 것을 맞는다고 우기는데, 그렇게 사실을 부정하는 것이 자신에게 불리하고 실언했다고 인정하는 편이 더 이로울 때조차 고집을 꺾지 않는다. 그는 오바마 대통령이 미국인이 아니고, 그가 자기 건물에 도청 장치를 설치했으며, 유권자 투표에서 자신의 총 득표수는 불법 이민자들 때문에 줄어들었고, 자신의 취임식에 역사상 최다 군중이 모였다는 등 거짓된 주장을 해왔다. 이 모두를 모아놓으면 지속적으로 현실 감각을 상실하고 있는 모습이 보인다.

분노 반응과 충동성

갑작스러운 결정과 행동으로 이어지는 트럼프의 격분 성향은 언론에서 수차례 보도된 바 있다. FBI 국장을 해고했고, 그가 의회에서 본인이 원치 않는 방식으로 증언한 것을 들은 뒤 그를 협박했으며, 뉴스에서 충격적인 이미지를 보고는 72시간 안에 50여 발의 미사일을 발사해 자신이 확언했던 중동 정책을 뒤집었다. 또한 급작스럽게 외교 규범을 위반하고, 국제적 긴장을 초래했으며(멕시코를 침략하겠다고 위협하고, 호주 총리와 통화 중 일방적으로 전화를 끊고, 독일과 프랑스, 그리스 등에 적대감을 불러일으킴), 제대로 아는 법률가들에게 검토 받지 않은 것이 분명해보이는 불법적인 행정명령을 내렸다.

그는 부인할 수 없는 소시오패스다

트럼프의 언행을 보면 그에게 심각한 소시오패시적 특성이 있는 것이 보인다. 이 사실이 얼마나 중요한지는 아무리 강조해도 모자라다. 역대 미국 대통령 중에서 나르시시스트라고 할 만한 이들은 분명히 있었지만, 트럼프만큼 심한 소시오패시적 특성을 보였던 이는 한 명도 없었다. 아무도 트럼프만큼 결정적이고 명백하게 위험하지는 않았다.

민주주의는 다양한 관점을 존중하고 보호해야 하는데, 이는 소시오패시와는 양립되지 않는 개념이다. 자신이 우월하게 보여야 한다는 욕구와 공감 결여, 타인에게 해를 입히고 가책을 느끼지 못하는 것이 더해지면, 자기에게 반대하는 모든 사람을 통제하고 파괴하려 하며 국가 대신 자신에게 충성하기를 요구하는 폭군의 전형적인 특징이 된다.

심각한 소시오패스의 편집증은 엄청난 전쟁의 위험을 만들어 낸다. 다른 나라 수장들이 그 소시오패스 지도자에 맞서 필연적으로 다른 의견을 내거나 도전할 것이고, 그는 이 이견을 개인적 공격으로 받아들여 분노로 반응하고 그 '적'을 파괴하려는 충동적 행동을 할 테니까. 소시오패스 지도자들이 역사적으로 흔히 보여온 예는 국제 사건을 일으키고 그것을 핑계 삼아 더 많은 권력을 쥐기 위해 헌법이 보장한 권리를 유예하고, 계엄령을 선포하고, 소수집단을 차별하는 것이다. 그런 지도자는 정부 구성원과 시민에게 거짓말을 할 것이므로, 그 소시오패스의 권력을 견제하려는 사람들도 그의 주장과 행동을 사실을 들어 반박하기 어렵다. 또한 장차 폭군이 될 사람들은 전형적으로 언론의 자유를 폄하하고, 정보를 제공함으로써 전쟁을 향한 움직임과 민주주의에서 벗어난 움직임에 저항하는 기자들의 힘을 약화시킨다.

트럼프는 부인할 수 없는 소시오패시적 특징들을 보이고 있다. 미국의 민주주의와 안전에 심각한 위험을 초래하는 이 특징들은 시간이 지남에 따라 더 악화될 뿐이다. 이는 트럼프가 더 많은 권력을 얻고 현실을 파악하지 못해 과대성을 점점 키워가는 데 성공하거나, 더 많은 비판을 불러일으켜 더 심한 편집증, 더 많은 거짓말, 더 분노에 물든 파괴를 초래할 것이기 때문이다.

6장

악하거나,
미쳤거나,
둘 다거나

존 가트너

존 D. 가트너 John D. Gartner

임상심리학자로 존스홉킨스대학교 의학대학원 정신의학과에서 28년 동안 학생들을
가르쳐왔다. 《빌 클린턴을 찾아서: 심리학적 전기 In Search of Bill Clinton: A Psychological
Biography》와 《조증-성공한 사람들이 숨기고 있는 기질》을 썼다. 볼티모어와 뉴욕에서
심리치료 클리닉을 운영하고 있다.

트럼프는 이미 겉보기에 심리적으로 손상된 것이 명백히 드러나기 때문에 비전문가가 보아도 '그는 어딘가 잘못됐다'는 확신을 갖게 한다. 하지만 그 잘못된 무언가에 이름을 붙이는 일은 지금까지 두 가지 이유에서 아주 어려웠다. 첫째는 2부에서 자세히 다루는 골드워터 규칙이라는 함구령 때문이다. 이 규칙은 정신 건강 전문가들이 아무리 심각한 문제를 인식해도 자기 검열로써 입을 다물도록 강요해왔다. 둘째는 트럼프의 사례가 정말로 복잡한 사례이기 때문이다. 맹인 코끼리 만지기[16] 이야기처럼 많은 저술가가 트럼프를 분석하고 진단하려 시도하면서 코끼리의 '부분'들을 밝혀왔다. 그러나

---

16 《열반경涅槃經》에 나오는 군맹무상群盲撫象이란 어구로 맹인 여럿이 코끼리를 어루만진다는 뜻이다. 인도의 한 왕이 맹인들을 불러 모아 코끼리의 생김새를 가르쳐주려고 코끼리의 몸을 만져보게 했더니, 각자 자기가 만져본 부분에 따라 무나 키, 절굿공이, 돌 등이라고 말하며 자기가 만져본 부위를 코끼리의 전부로 착각했다는 이야기다. 부분만 보고 전체를 본 것으로 착각하는 경우를 빗대는 말이다. ─옮긴이

코끼리 전체의 모습이 빠져있다. 트럼프에게는 잘못된 점이 **아주 많고** 그것들을 모두 합하면 마녀가 섞어 만든 무시무시한 독약이 된다.

최근 논의에 자주 등장하는 정말 알쏭달쏭한 미스터리 가운데 하나는 트럼프가 어느 정도로 나쁜 사람이며, 어느 정도로 미친 것인지이다. 정신분석가 스티븐 레이스너Steven Reisner는 〈슬레이트Slate〉에서 이렇게 썼다. "이것은 광기가 아니다. 그가 [대통령직에] 도달하기 위해 이용한 충동성, 협박, 공격성, 조롱, 현실 부정, 폭도 동원은 증상이 아니다. 이제 그것의 정확한 이름을 불러줄 때가 왔다. 그것은 바로 사악함이다." [17] 이 관점에 따르면 트럼프는 '여우처럼 미친 척하는' 것이다. 즉 사람들의 눈에 비친 그의 비정상적인 모습은 연기이며, 재미와 권력, 이득을 향한 대중의 사악한 본능을 조종하는 악마적인 기획이라는 말이다.

트럼프가 자기 상상 속의 취임식 군중 규모에 관해, 오바마가 자기 전화를 도청한다는 생각에 관해 트윗을 올렸을 때, 그의 내면에서 이 '현실 부정'을 그대로 믿은 부분이 한 조각이라도 있었을까? 만약 믿었다면, 이 책에서 트럼프의 망상 장애에 관한 1부 7장에 글을 쓴 마이클 탠지가 말한 대로 트럼프는 여우처럼 미친 게 아니라 '진짜 완전히 미친 것'이 맞을 것이다.

존스홉킨스대학교 의학대학원에서 오랫동안 정신의학과를 이끌어온 나의 옛 상사 폴 맥휴Paul McHugh는 "한 마리 개에게 틱과 벼룩

---

17 Reisner, 2017.

둘 다 있을 수 있다"는 말을 종종 했다. 지금부터 나는 트럼프가 사악한 **동시에** 미쳤을 가능성이 있다고 주장할 것이다. 그리고 이 두 요소가 함께 작용하면 어떻게 되는지 알지 못하면 우리는 결코 트럼프를 진정으로 이해할 수도, 우리가 얼마나 큰 위험에 처해 있는지 인식할 수도 없을 거라고 말할 것이다.

사악함: 악성 나르시시즘

"악의 정수". 이는 에리히 프롬이 1960년대에 자신이 만든 용어인 **악성 나르시시즘**을 묘사할 때 사용한 표현이다.[18] 이 개념은 나치 독일에서 피신한 망명자인 프롬이 히틀러를 설명할 진단명으로 만들었다. 프롬은 (역설적으로 인간의 기본 본성은 선하다는 것을 전제로 삼은) 인본주의 심리학humanistic psychology 의 창시자 중 한 사람으로 가장 잘 알려져 있기는 하지만, 홀로코스트 생존자인 그가 평생 놓지 않았던 관심사는 악의 심리학이었다. 프롬에 따르면 악성 나르시시즘은 "가장 심각한 병증의 발현이고, 가장 악랄한 파괴성과 비인간성의 뿌리"다.

좀 더 근래에 악성 나르시시즘 연구와 가장 밀접한 인물인 나의 스승 오토 컨버그는 악성 자기애 증후군이 (1) 자기애성 인격장

----

18 Erich Fromm, 1964.

애, (2) 반사회적 행동, (3) 편집증적 특성 (4) 사디즘의 네 요소로 이루어진다고 정의했다.[19] 컨버그는 〈뉴욕타임스〉와의 인터뷰에서 히틀러와 스탈린 같은 악성 나르시시즘 성향의 지도자들이 "지배자가 될 수 있는 이유는 그들의 과도한 자기애가 과대성, 자기신뢰, 자신은 세계가 무엇을 필요로 하는지 알고 있다는 확신으로 표출되기 때문"이라고 말했다.[20] 동시에 "그들은 자신의 적들, 그러니까 그들에게 복종하지 않거나 그들을 사랑하지 않는 모든 사람에게 행하는 잔인하고 가학적인 행동으로 공격성을 표출한다." 그리고 G. H. 폴록 G. H. Pollock이 썼듯이, "악성 나르시시트들은 자기를 병적으로 과장하고, 양심이 없고 행동 조절이 안 되며, 잔인함을 즐기는 가학성을 특징적으로 드러낸다."[21]

그간 트럼프에게 자기애성 인격장애가 있다는 이야기는 언론에서 많이 나왔다. 그러나 비판자들도 지적했듯이 단순히 나르시시스트라는 이유만으로 자격을 박탈하기는 거의 불가능하다. 그렇지만 보통의 나르시시즘과 악성 나르시시즘은 양성 종양과 악성 종양만큼 차이가 크다. 후자는 훨씬 드물고 더 병적이고 더 위험하며, 대개는 불치다. 생사를 가르는 차이인 것이다.

---

19 Otto Kernberg, 1970.

20 Goode, 2003.

21 Pollock, 1978.

나르시시즘

자기애성 인격장애는 맬킨이 1부 2장에서 이미 설명했다. 트럼프는 경험과 공부, 지적 호기심이나 주의지속시간의 부족에도 불구하고 자신이 유독 우월하다고 생각하며("나만이 그것을 해결할 수 있다") 모든 것에 관해 그 누구보다 많이 안다고 믿는 듯 보인다. 그가 취임한 뒤 소셜미디어를 통해 재미있는 편집 영상 하나가 퍼져나갔는데, 그 영상에서 트럼프는 3분 남짓한 시간 동안 20가지 서로 다른 영역에서 자기가 세계 최고의 전문가라고 떠벌이며, "○○에 관해 나보다 더 잘 아는 사람은 아무도 없어"라는 문장을 계속 반복한다.

반사회적 인격장애

이 책에서 도즈는 반사회적 인격장애 또는 '소시오패시'에 대해 설명한다. 반사회적 인격장애자들은 거짓말하고 착취하고 타인의 권리를 침해하며, 자기가 해를 입힌 사람에 대한 어떤 공감이나 죄책감을 느끼지 않는다.

우리가 여기서 최종적인 진단은 하지 않겠지만, 팩트체크 사이트 〈폴리티팩트PolitiFact〉는 트럼프가 한 말의 76퍼센트가 거짓 또는 대체로 거짓이라고 추정했고,[22] 〈폴리티코〉는 트럼프가 3분 15초마다 한 번씩 거짓말을 하는 것으로 추산했다.[23]

---

22 Holan and Qui, 2015.

23 Cheney et al., 2016.

트럼프가 거의 모든 면에서 다른 사람의 권리를 침해하고 착취하는 패턴을 보여주는 증거들은 차고 넘친다. 뉴욕 주 검찰총장 에릭 슈나이더만Eric Schneiderman에 따르면 트럼프 유니버시티는 "말 그대로 사기, (…) 처음부터 끝까지 사기"였다.[24] 더욱이 수십 건의 법정소송은 하청업체에 지불해야 할 돈을 주지 않는 트럼프의 패턴과 관행을 입증했다. 마지막으로 트럼프에게는 연쇄적인 성폭행 패턴이 있다. 20명에 가까운 여성이 밝히고 나서기도 전에 스스로 그런 일을 자랑스럽게 떠벌인 내용이 녹음되어 있는데도, 피해자들이 사실을 밝히자 그들을 거짓말쟁이로 몰았다.

트럼프는 사과하는 것에 알레르기 반응을 일으키고 어떤 식으로도 뉘우치는 마음을 느끼지 못하는 것으로 보인다. 트럼프로 산다는 것은 절대로 미안하다고 말할 필요가 없는 것을 의미하는 것 같다. 정치 컨설턴트 프랭크 런츠Frank Luntz가 신에게 용서를 빌어본 적이 있느냐고 물었을 때 트럼프는 "그런 적이 있는지 확실히 모르겠다. (…) 없는 것 같다"고 대답했다.[25] 회개는 한 번도 하지 않았지만 그래도 "신과 아주 좋은 관계를" 유지하고 있다는 자랑은 빼먹지 않았다.

그렇다면 공감은 어떨까? 한때 트럼프의 멘토였고, 갱들과 조지프 매카시Joseph McCarthy의 변호사였던 악명 높은 로이 콘Roy Cohn조차 인류에 대한 트럼프의 감정에 관해 물었을 때, 트럼프는 인류에

---

24 Gass, 2016.

25 Scott, 2015.

게 "얼음물을 싸갈긴다"라고 표현했다.[26]

편집증

편집증은 진단이 아니라 몇몇 질환에서 발견되는 특성이다. 뉴 저지에서 "수백만 명에 달하는" 무슬림들이 9.11 테러를 공개적으로 기뻐하며 축하했다는 자신의 거짓 주장에 대해 증거를 대보라고 하자 트럼프는 라디오 토크쇼 진행자 알렉스 존스Alex Jones의 웹사이트인 인포워스Infowars의 링크를 들이댔다. '음모의 왕'이라 불리는 존스는 9.11 테러의 배후에 미국 정부가 있으며, 미연방재난관리청이 강제수용소를 만들고 있고, 샌디 훅 초등학교 총기 난사 사건은 꾸며낸 일이라고 믿는 인물이다. 그러나 트럼프에 따르면 존스는 그가 신뢰하는 몇 안 되는 언론인 중 하나다. "당신의 명성은 대단해요." 2015년 12월 2일에 존스의 토크쇼에 게스트로 출연했을 때 트럼프가 한 말이다. 거기서 그는 자기가 대통령으로 선출되면 "세계무역센터를 무너뜨린 게 진짜 누군지 알게 될 겁니다"라고 단언했다.

같은 주에 〈뉴욕타임스〉[27]와 〈워싱턴포스트〉[28]는 트럼프의 음모론자적 면모를 다룬 기사를 1면에 실었다. 대통령 선거 훨씬 전에 우파 웹사이트 〈라이트 윙 와치Right Wing Watch〉[29]는 트럼프가 주장했

---

26 Lange, 2016.

27 Haberman, 2016.

28 Washington Post Editorial Board, 2016.

29 Tashman, 2016.

거나 사실이라고 암시한 음모론 58가지 목록을 모아놓았다. 말할 것
도 없이 이후 그 목록은 계속 늘어났다. 그중 많은 것이 그야말로 터
무니없는 수준이다. 예컨대 트럼프에 따르면 오바마는 케냐에서 태
어난 무슬림일 뿐만 아니라 자기 출생증명서에 관한 진실을 은폐하
기 위해 하와이 정부 관리 한 명을 청부 살해했다는 것이다(트럼프는
이렇게 말했다. "오바마의 출생증명서 사본을 확인해준 주 보건 담당자가 오
늘 비행기 추락으로 사망했다니, 얼마나 놀라운 일인가. 나머지는 모두 살았
는데"). 또 보수파를 대변해온 앤터닌 스캘리아Antonin Scalia 연방 대법
관이 살해당했다고 했는데("그의 얼굴 위에서 베개를 발견했다고 하는데,
얼굴 위에 베개가 있는 것은 매우 흔치 않는 경우다.") 나중에 러시아인들
이 후원하는 가짜 뉴스 사이트들은 이를 힐러리가 한 '살인'으로 몰
아갔다. 그리고 모든 음모론의 시조 격인 케네디의 암살에 관해서는
현 공화당 상원 의원 테드 크루즈Ted Cruz의 아버지가 암살을 도왔다
고 말했다("사망 직전에, 발사 직전에 그는 하비 오스왈드Harvey Oswald와 무
엇을 하고 있었을까? 끔찍한 일이다.").

그런데도 세상 사람들은 오바마가 트럼프 타워에 도청 장치를
설치했다고 주장하는 트럼프의 말에 아직도 충격을 받는다. 새삼스
럽게 놀랄 것이 있는가?

나르시시즘, 반사회적 특성, 편집증이라는 세 요소가 더해지
면, 자신은 전지전능하며 전적인 권력을 누릴 자격이 있다고 생각하
고 실제로는 어떠한 위협도 가하지 못하는 힘없는 소수집단들을 비
롯한 상상의 적들에게 자신이 박해당한다며 격분하는 지도자가 탄

생한다. 그런 지도자에게는 그 내부 집단에 속하지 못한 모든 사람, 그 지도자의 반지에 입 맞추지 못한 모든 사람은 반드시 파괴해야만 하는 적들이다.

사디즘

악성 나르시시스트는 사디스트이기 때문에 자기의 '적'과 희생양을 박해하고 공포에 떨게 하고, 심지어 몰살시키는 일에서 재미로 괴롭히는 자 특유의 희열을 느낄 것이다. 선거 유세장에서 한 시위자가 끌려 나가고 있을 때 트럼프가 그러면 정말로 즐겁겠다는 말투로 "주먹으로 저 작자 얼굴을 갈겨 버리고 싶네"라고 말한 일은 유명하다. 나르시시스트들은 종종 자신의 이기적인 이해관계를 추구하기 위해 다른 사람들에게 해를 입힌다.

보통의 자기애성 인격장애와 악성 나르시시즘의 눈에 띄는 차이는, 이유 없이 타인의 고통을 즐기는 사디즘의 특징이 있는지 여부다. 나르시시스트는 자신의 이기적 욕망을 위해 고의로 다른 사람에게 해를 입히지만, 상황에 따라 후회하거나 뉘우치는 모습을 보이기도 한다. 악성 나르시시스트는 다른 사람을 해하면서 그 행동 자체를 즐기고, 자기 때문에 생긴 피해에 대해 애석해하거나 공감하는 모습을 전혀 보이지 않는다.

우리는 트럼프가 자기보다 약한 사람들을 비하하고 모욕하며

'깔아뭉개는' 모습을 자주 본다. 사실상 그가 트위터에 가입한 뒤 올려온 3만 4,000개의 트윗 상당 부분이 사이버 폭력으로 분류될 수 있다. 심지어 상대를 최대한 모욕하기 위해 하루 사이에 똑같은 악의적인 트윗을 여섯 번이나 올리기도 했다.

프롬은 악을 가까이서 보았고 평생 악에 관해 사유했으며 천재적 재능으로 악의 심리학적 정수를 추려냈다. 악성 나르시시스트는 인간의 얼굴을 한 괴물이다. 그는 히틀러만큼 악하지는 않을지 모르지만, 프롬에 따르면 그놈이 그놈이다. "이집트의 파라오들, 로마의 황제들, 보르자 Borgias 일족,[30] 히틀러, 스탈린, 트루히요.[31] 이들은 모두 비슷한 특징을 갖고 있다." 악성 나르시시즘은 그 자신을 사악하게 만드는 정신장애다. 무서운 것은 이것도 최악은 아니라는 것이다.

광기

————

2016년 선거를 치르기 전에 나는 〈허핑턴포스트〉에 트럼프에

————

30 스페인 출신의 이탈리아 귀족 가문으로 르네상스 시대 종교와 정치계에서 큰 영향을 발휘했으나, 타락하고 사악한 짓을 일삼은 범죄 집안이다. 특히 가장인 로드리고 보르자가 교황 알렉산데르 6세로 있던 동안 살인, 뇌물, 성직 매매, 간통, 근친상간 등 다양한 범죄를 저질렀다. —옮긴이

31 라파엘 트루히요Rafael Trujillo. 1930년부터 1961년까지 도미니카공화국을 지배한 독재자. —옮긴이

관해 경고하는 글을 하나 실었다.[32] 2016년 6월이던 그 당시에는 아직 트럼프가 '방향을 바꿔' 좀 더 대통령다워지리라는 강한 희망을 품는 사람들이 있었다. 그가 사악한 기회주의자에 사기꾼일 수는 있지만 그래도 합리적으로 행동하는 사람이기 때문에 바꾸는 게 자기에게 가장 유리하다고 판단하면 방침을 바꿀 것이라는 가정에 바탕을 둔 희망이었다. 나는 이렇게 썼다. "트럼프가 권력을 잡으면 안정감을 찾고 대통령다워질 거라는 건 헛된 희망이다. 악성 나르시시트들은 성공하면 더욱 대담해져서 이전보다 더욱더 거만하고 무분별하고 공격적이 된다. 실제로 대통령 후보로 확정된 뒤 이성적인 행동과 생각으로 '방향을 바꾸는' 일은 전혀 없었고, 오히려 정반대였다. 그는 더 전투적이고 더 신랄해졌고 인종주의를 더욱 공공연하게 이야기해댄다." 성난 지지자들의 등에 올라타 백악관으로 들어간 뒤에라도 분별 있게 행동했다면 트럼프 자신에게 가장 이로웠을 것이다. 이를 로브 라이너Rob Reiner 감독은 〈빌 마어의 리얼 타임Real Time with Bill Maher〉에 출연했을 때 이렇게 표현했다. "사람들은 트럼프가 왜 정신병자 짓을 그냥 그만두지 않는지 이해하지 못해요. 왜 그는 정신병자처럼 구는 걸 그만두지 못하는 걸까요?" 왜냐고? 왜냐하면 그의 병은 속임수가 아니기 때문이다. 간편하게 그냥 끌 수 있는 성질의 것이 아니다.

　　프롬에 따르면 "악성 나르시시즘은 그 병으로 고통받는 사람

32　Gartner, 2016.

이 살아가는 동안 계속 악화되는 경향이 있는 성질의 광기다." 그는 《인간의 마음》에서 악성 나르시시즘은 "제정신과 정신증 사이 경계 선상에 놓여 있다"고 말했다. 좀 더 양성인 자기애의 경우에는 "현실과 관계를 맺음으로써 나르시시즘을 통제할 수 있고 일정한 한계를 벗어나지 않게 유지하"지만, 악성 나르시시스트는 어느 정도가 한계인지조차 알지 못한다. 과장된 환상이 현실을 짓눌러버리는 것이다.

악성 나르시시스트인 지도자가 일반적인 정신 질환자와 구별되는 점은 다른 사람들도 자신의 과대망상과 피해망상을 똑같이 품도록 강요하거나 유혹할 권력이 있다는 것이다. 프롬은 이렇게 썼다. "카이사르의 광기도 한 가지 요소만 없었다면 그냥 일반적인 광기에 그쳤을 것이다. 그 한 가지는 카이사르가 권력을 이용하여 자신의 자기애적 환상에 맞게 현실을 왜곡했다는 사실이다. 그는 모든 사람에게 자기가 신이라고, 가장 강력하고 현명한 사람이라고 동의하지 않을 수 없게 만들었고, 그 결과 그의 과대망상은 합리적인 감정으로 여겨질 정도가 되었다."

악성 나르시시즘에 대한 프롬의 설명에 따르면 트럼프는 정신이상 경계선상에서 살고 있다. 그가 그 경계를 넘어가기도 할까? 그 모든 게 지지자들을 자극하고, 비난을 부풀리고, 자신의 결점으로부터 관심을 돌리는 효과를 노리고 하는 짓일까? 아니면 자기가 하는 미친 소리들을 실제로 믿는 것일까? 트럼프가 한 말을 곧이곧대로 받아들인다면 그가 정신병자라는 결론을 내릴 수밖에 없다.

엄밀히 말해서 망상이란 "거짓으로 분명히 입증되는 것을, 그와 모순되는 어떤 사실에도 흔들리지 않고 군건하게 유지하는 믿음"
으로 정의된다. 탠지는 그가 "여우처럼 미친 척하는" 것인지 그냥
"완전히 미친 것"인지 물었다.[33] 트럼프의 경우에는 대체로 그 답을
알기가 정말 어렵지만, 탠지가 섬뜩하도록 명료하게 알려주고 있듯
이 그것은 결코 사소한 학문적 구분이 아니다. 말 그대로 전 세계의
운명이 그 답에 달려 있을지도 모른다.

> 기후변화가 몰고 올 대대적인 파국, 의료, 교육, 외교, 사회복
> 지, 언론의 자유, 자유, 만인을 위한 정의를 모두 뛰어넘어, 지
> 금 가장 파악하기 어려운 것은 이제는 실제로 일어날 가능성
> 도 있어 보이는 전면적인 핵전쟁의 전망이다. (…) 바로 이 절
> 실한 실존적 위협 때문에, 단순히 "여우처럼 미친 척하는"(영
> 악하고 계산적이며, 진실이 자신의 목적에 부합할 때만 진실을 말하
> 는) 대통령과, 내가 쓰는 표현으로 "진짜 완전히 미친"(현실과
> 유리된 과대망상과 편집적 망상을 잘 감추고 있는) 대통령의 차이
> 를 이해하는 것은 더할 나위 없이 긴급한 일이다.[34]

그 질문에 대한 통찰력 있는 답은 MSNBC의 인기 뉴스쇼 〈모
닝 조Morning Joe〉의 진행자 조 스카버러Joe Scarborough가 내놓았다. 오바

---

33 Michael Tansey, 2017b.
34 Tansey, 2017b.

마가 트럼프 타워를 도청했다는 트럼프의 주장이 나온 뒤 스카버러는 이런 트윗을 올렸다. "이번 주말 대통령이 올린 트윗들은 그가 여우처럼 미친 척하는 게 아님을 보여준다. 그는 그냥 미쳤다."

트럼프가 하는 거짓 주장 중 일부는 그에게 비뚤어진 것이나마 전략적 이점을 주는 것처럼 보인다. 예를 들어 오바마가 미국에서 태어나지 않았다는 주장은 흑인이 대통령인 것은 어색하고 부당하다고 보던 인종차별주의자들에게 잘 먹혔다. 그러나 어떤 거짓 주장은 순전히 미친 소리처럼 들리는데, 그 자신에게 어떤 전략적 이점도 제공하지 못하는 주장이기에 그렇다. 자기 취임식에 역사상 최대 군중이 몰렸다는 거짓 주장이 한 예다. 대통령이 된 첫 날, 그는 거짓임이 쉽게 증명되는 주장(마치 "너 누구를 믿을래? 나? 아니면 거짓말하는 너의 눈?"이라 묻던 그루초 막스Groucho Marx처럼)으로 전 세계를 상대로 자신의 신뢰를 뭉개버렸다. 그의 지지 세력은 이미 취임을 열광적으로 축하하고 있었으니 더 이상 그들을 자극할 필요도 없었던 때였다. 지지기반을 더 넓히고 대통령으로서 권위를 확보해야 했던 때에 오히려 정반대로 행동한 것이다.

4월 3일 〈모닝 조〉에서 스카버러와 도니 도이치Donny Deutsch(두 사람 다 10년 넘게 개인적으로 트럼프와 알고 지낸 사이다)는 두 가지 결론에 도달했다. 하나, 대통령직에 오른 뒤 줄곧 비이성적이고 자기 파괴적인 행동만 하는 것으로 보아 트럼프는 정신 질환을 앓고 있는 게 틀림없다. 둘, 취임한 이후 훨씬 더 나빠졌다.

스카버러: 여러분, 나한테 "어떻게 그런 걸 몰랐을 수 있냐?"는 트윗 이제 그만 보내세요. 우리는 이 남자를 10년, 11년, 12년 정도 알고 지냈어요. 우리도 뭔가 이건 아닌데 하는 찜찜한 마음은 있었지만, 당신[도니 도이치]이나 나나 이렇게까지 심할 줄은 생각도 못했죠. 우리도 걱정은 했어요. 정말로, 정말로 걱정됐지만, 저렇게까지 심통 사나운 작자인지는 전혀 생각 못했습니다. 매일 아침 일어나 망치로 자기 손을 내리칠 줄이야.

도이치: 이제는 때가 된 것 같습니다. 정신의학계에서 원격진단을 금지하는 골드워터 규칙이 있다는 건 나도 알아요. 어쨌든 나는 그가 멀쩡한 사람은 아니라고 생각해요. 더 보탤 것도 뺄 것도 없어요.

스카버러: 선거운동 기간 동안 그는 우리가 불쾌해할 일들을 했고 [그게 자기 지지자들을 신나게 했죠], 그건 망치로 자기 손을 내리치는 일은 아니었습니다. 지금 그가 하는 일은 자신의 이익에도 도움이 되지 **않아요**. 제정신이 박힌 이성적인 사람이라면 누구나 정치적으로 본인에게 해가 될 걸 아는 일을 하고 있을 때, 사람들은 묻기 시작하는 거죠. [자기 머리를 가리키며] 도대체 제정신이기는 한 거야?

바로 이와 똑같은 이유에서 탠지는 트럼프가《정신장애 진단 및 통계 편람》제5판(이하 DSM-5)의 망상 장애 기준을 충족할 거라고 말한다. 그러려면 망상적 사고의 한 증상인 조현병이나 제1형 양극성 장애 같은 더 심각한 정신 질환은 없는 상태에서, 한 달 이상 망상이 지속되었다는 증거가 있어야 한다.

트럼프에게 조현병이 있다는 징후는 보이지 않지만, 그가 양극성 스펙트럼에서 어느 정도에 해당하는지는 알아봐야 한다. 그는 내가《조증》과《빌 클린턴을 찾아서: 심리학적 전기》에서 다룬 바 있는 경조증 기질은 확실히 갖고 있다. 경조증 기질은 조증과 같은 특성이 더 경미하고 더 기능적으로 나타나는 것이며, 유전적 소인도 있어서 집안에 양극성 장애인 사람이 있을 경우 유전될 수도 있다. 역사적으로 경조증 기질은 양극성 장애에 비해 관심을 많이 받지 못했지만, 20세기 초에 오이겐 블로일러Eugen Bleuler와 에밀 크레펠린Emil Kraepelin, 에른스트 크레치머Ernst Kretschmer 같은 현대 정신의학의 선구자들이 이런 성격 특성들에 관해 설명했다.[35] 나는〈뉴리퍼블릭New Republic〉에 실은 글에서 경조증 기질을 다음과 같이 정리한 바 있다.[36]

경조증 환자들은 정신없이 늘 뭔가 활동을 하며 에너지가 넘치고 잠도 6시간 이하로 적게 잔다. 잠시도 가만히 있지 못하

---

35 Bleuler, 1924; Kraepelin, 1908, 1921; Kretschmer, 1925.

36 Gartner, 2005.

고 참을성이 없고 쉽게 따분함을 느끼며, 끊임없이 자극을 필요로 하고 대화를 주도하는 경향이 있다. 그들은 강박적이고 야심차게, 못 말릴 기세로 목표를 추구한다. 그 목표가 다른 사람들에게는 너무 거창하게 보일 수도 있는데, 본인은 성공을 백 퍼센트 확신하며, 누구도 그들에게 성공하지 못할 거라고 말할 수 없다. 그들은 생동감이 넘치고 매력적이고 위트 있고 사람들과 어울리기 좋아하지만 동시에 오만할 수도 있다. 충동적으로 행동해 서투른 판단력을 드러내고, 머리에 떠오르는 것을 그대로 다 말로 내뱉으며, 아이디어나 욕망이 떠오르면 즉각 행동에 옮기고, 그 결과 어떤 피해가 생길 수 있는지는 전혀 모르는 것처럼 보인다. 자기 행동이 정말로 얼마나 위험한지 감도 잡지 못한 채 위험에 곧바로 뛰어든다. 엄청난 성욕을 갖고 있고 그것을 종종 성적 행동으로 옮긴다. 사실 그들에게는 모든 욕망이 고조되어 있다.

이 설명은 "나는 보통 하루에 4시간밖에 안 잔다"고 말한 트럼프에게 정말 잘 맞아 떨어진다. 그렇게 잠을 적게 잔다는 것은 그것만으로도 경조증임을 짐작하게 하는 상당히 믿을 만한 실마리다. 실제로 그는 잠과 관련하여 이렇게 으스댔다. "어떻게 당신이 4시간밖에 안 자는 나 같은 사람하고 경쟁할 수 있겠어?" 그는 보통 하루에 18시간씩 7일 내내 일하면서 "통화를 100통 넘게 하고", "최소한 10여 차례 회의를" 한다고 주장했다. 또 그는 트위터에서 "에너지가 없으면 아무것도 없는 거다!"라고도 말했는데, 젭 부시Jeb Bush를 자기와 대조적으로 "에너지가 낮은 사람"이라고 비웃은 것은 실제로 상당히 효과적인 비난이었다. 경조증인 사람들 대부분이 그렇듯 트럼프도 주의가 쉽게 산만해진다. 우리는 트럼프의 변수에 주의력 결핍 장애ADD도 추가할 수 있는데, 사실 경조증에는 거의 항상 주의력 결핍 장애가 동반한다. 트럼프는 2004년에 메레디스 맥아이버Meredith McIver와 함께 쓴 《억만장자처럼 생각하라Think Like a Billionaire》에서 이렇게 말했다. "가장 성공한 사람들은 주의지속시간이 매우 짧은데, 이는 상상력과 관계가 깊다." 맞는 말이다. 재빠른 사고는 창의성을 낳기도 하지만, 동시에 한 가지 사고의 흐름에 머무는 걸 아주 어렵게 만들어 금세 다른 생각으로 건너뛰게 한다. 많은 경조증 환자처럼 트럼프 역시 자신의 아이디어와 판단을 다른 어떤 사람의 것보다 신뢰하며, "다른 사람들이 아무리 미쳤다고 또는 바보 같다고 생각해도" 자신의 "비전"을 따른다.

경조증 환자를 진료할 때 내가 금언으로 삼는 것은 "성공만큼 큰 악화 요인은 없다"이다. 그들이 품고 있던 지나치게 야심찬 목표를 달성하는 데 성공하면 경조증 증상이 눈에 띄게 심해지는 경우가 많고, 때로는 본격적인 경조증 삽화hypomanic episode로 치닫기도 한다. 경조증 삽화란 경조증적 기질과 달리 질환으로 진단할 수 있는 상태다. 그들은 더욱 공격적이고 짜증이 더 심해지고 더욱 충동적이고 무모해진다. 이제는 겉보기에도 자신의 과대성에 확신을 갖고 있음이 드러나며, 자신이 한층 더 똑똑하고 천하무적이라고 느끼는 자기기만에 흠뻑 빠진다. 반대 의견에는 아예 귀를 닫고 더욱 대담하고 위험하며 야심찬 목표를 추구하면서, 해야 할 일은 모두 해내고, 모순되는 일들을 고려하기도 한다. 그리고 자신의 육감을 백 퍼센트 신뢰한다. 언젠가 트럼프는 누구에게 충고를 구하느냐는 질문을 받자, 무표정한 얼굴로 "나 자신"이라고 대답했다. 트럼프는 트럼프가 가장 신뢰하는 조언자다. 이렇듯 과대성이 증가할수록, 경조증 환자의 통찰을 부정하고 그의 발전에 훼방을 놓고 질투나 무지 때문에 그를 파멸시킬 수 있는 바보들과 경쟁자들에 대한 편집증도 따라서 증가한다.

실제로 이것이 트럼프가 보여온 패턴이다. 1988년에 베스트셀러 《거래의 기술》을 출간한 뒤 트럼프는 유명인으로 부상했다. 〈폴리티코〉의 필진 마이클 크루스가 2016년에 쓴 기사 〈1988년: 트럼프가 정신을 잃어버린 해〉에 따르면 그 여파로 트럼프의 경조증도 악화되었다.

자신의 명성이 치솟자 그에 따라 그는 일련의 조증적이고 경솔한 투기적 사업을 벌였다. 세 자녀의 어머니인 아내를 두고 바람을 피웠고, 사업에서는 무모할 정도로 소유하려는 욕망을 불태웠다. 인수하기로 작정한 회사의 주식들을 무더기로 사고팔았다. 화려한 요트를 더욱 현란하게 장식했지만, 3년 뒤에 그 요트는 은행에 넘어갔다. 수억 달러를 빚내 높은 가격을 지불하고 호텔과 항공사를 사들였지만, 이 역시 돈을 빌려준 사람들의 수중으로 들어갔다. 게임쇼의 거물 머브 그리핀Merv Griffin과 몇 달 동안 힘겨루기를 한 끝에 애틀랜틱시티에 있는, 그의 세 번째 카지노이자 그때까지 소유한 것 중 가장 비싸고 거대한 카지노인 '트럼프 타지마할'의 소유권을 손에 넣었지만, 이 카지노는 금세 그의 4번의 파산 중 첫 파산을 기록했다.

뛰어난 거래자라고 이름을 날리던 트럼프는 그 시기에 계속해서 흥청망청 뭐든 사들이고, 충동적으로 경솔하게 투자하고, 심지어 협상도 하지 않고 부르는 가격을 그대로 지불하는 경우도 많았다. 크루스가 쓴 그 기사를 보면 그렇다.

그러나 그는 그해 봄, 드러내놓고 욕심내던 맨해튼의 랜드마크인 플라자호텔을 그 누구도 그 어디서도 호텔에 쏟아부은 적 없는 4억 750만 달러라는 엄청난 액수에 사들였다. 그러려고 진 빚을 갚을 만큼 충분한 수익을 내지도 못하는 호텔을 말이다.

그리고 가을에는 이스턴 에어라인 셔틀을 트럼프 셔틀로 바꿀 마음으로 분석가들과 동업자들까지 과도하다고 여긴 액수에, 심지어 그 항공사 자체가 매긴 가치보다도 훨씬 많은 돈을 주고 매입했다.

"그것은 오래한 재정 분석이 아니었다." [트럼프 셔틀의 사장이었던] 노블스는 그 거래를 "봉투 뒷면에 대충 계산해서 순식간에 내린 결정"이라고 표현했다. (…) "도널드가 '나 그거 정말 사고 싶어'라고 말했죠."

트럼프는 "성공만큼 악화 요인은 없다"라는, 경조증인 사람에게 딱 맞는 금언을 홍보하는 포스터의 주인공으로 삼아도 좋을 정도다. 크루스의 글을 계속 읽어보자.

트럼프가 지금 하고 있는 선거운동이, 자기 이름을 브랜드로 만들고 그 브랜드를 돈으로 만들고 그 모든 것으로 권력을 만들려는 평생에 걸친 노력의 정점이라고 한다면, 1988년은 지금 공화당 대통령 후보 경선에 나서서 인기를 모아 충격을 주고 있는 그 남자가 후보로 확정된다면 어떤 짓을 할지를 길게 한결같이 보여준 해였다. 자신의 초기 성공을 큰 볼거리로 만들었던 그 해는 트럼프의 만족할 줄 모르는 욕망과 무한대의 자아가 그를 거의 자해로 몰고 간 첫 해였다.

그로부터 28년 후, 트럼프가 다시 한 번 모든 사람의 상상을 뛰어넘는 큰 성공을 거둔 2016년으로 돌아오자. 그는 선거 유세에서 자신의 경조증적 카리스마로 관중을 흥분시켰고, 그러면 그들은 다시 그의 경조증적 과대성의 불꽃에 기름을 부었다. 그는 이런 선거 유세에 중독됐다. 이는 트럼프가 "오직 나만이 해결할 수 있다"는 허세 넘치는 한마디로 그 모든 걸 요약했던 공화당 전당대회에서 절정을 이뤘다.

데이비드 브룩스David Brooks는 정신 건강 전문가는 아니지만, 트럼프의 경조증이 심해지고 있다고 보고 다음과 같이 통찰력 있는 논평을 내놓았다.

그는 심리적으로 고삐가 풀린 상태이기 때문에 아무도 그를 억제할 수 없다. 한 주 한 주 지나면서 그는 중간 정도 조증의 전형적인 증상들을 훨씬 심란한 형태로 드러내고 있다. 한껏 부푼 자존감, 잠자지 않음, 충동성, 공격성, 전혀 모르는 주제에 관해 충고하려는 강박적 충동 같은 것 말이다.

그의 발언 패턴은 정신의학 교과서에서 바로 가져온 예문 같다. 경조증 환자들은 "사고의 비약"이라고 불리는 특징을 보인다. 이는 무질서한 연상 작용을 통해 생각들이 뒤죽박죽 쏟아지는 것으로, 공식적으로 인정되는 사고장애다. 하나의 생각이 다른 생각을 촉발하고 이것이 또 다른 생각을 촉발해 이 모든 생각이 동시에 내달린다. 한 숙련된 정신의학자는 나에게 트럼프의 발언 패턴이 배우 로빈 윌리엄스Robin Williams가 농담 대신 욕설로 독백을 하는 것과 비슷하다고 말했다.

트럼프의 첫 번째 경조증 폭주는 몇 건의 파산이라는 결과를 낳았지만, 그가 대통령일 때 그 결과는 가늠하기 어려울 정도의 어마어마한 규모일 것이다. 악함과 광기라는 두 부품을 조립해보자.

트럼프는 악성 나르시시즘을 드러내는 심각하게 악한 남자다. 악화 일로에 있는 그의 경조증은 계속해서 그를 더욱더 비합리적이고 과대망상적이고 편집증적이고 공격적이고 짜증스럽고 충동적으로 몰아가고 있다. 악하고 미친 데다 그 정도가 점점 더 악화되고 있다. 그는 한 사람의 지도자에게서 나타날 수 있는 정신병적 증상들의 가장 파괴적이고 위험한 조합을 보인다. 최악의 시나리오가 지금 우리의 현실이 된 것이다.

치료자인 우리는 대개 환자들이 자기가 느끼는 것만큼 삶의 상황이 큰 재앙이 아니라는 것을 깨닫도록 도와야 한다. 그러나 트럼프의 경우, 우리가 할 일은 정반대다. 즉, 트럼프를 선출한 것은 진짜 위급 상황이며 그 결과는 대재앙이 될 가능성이 매우 높다는 것을 대중에게 경고하는 것이다.

그것은 우리 정신 건강 종사자들이 골드워터 규칙의 재갈을 받아들이는 대신 대중에게 진실을 말했다면 피할 수 있었을 재앙이다. 국가의 안전 문제에 관한 한 미국정신의학회의 모토는 "무언가를 보더라도 아무것도 말하지 말라"인 것 같다. 역사는 침묵을 지킴으로써 미국의 히틀러가 부상하도록 도운 직종을 호의적으로 기록하지 않을 것이다.

7장

'여우처럼
미친 척하는 것'과
'진짜 완전히 미친 것'의
차이가 정말로 중요한 이유

망상 장애, 핵무기 발사 코드,
그리고 트럼프

마이클 탠지

마이클 J. 탠지 Michael J. Tansey

시카고에서 활동하는 임상심리학자, 저자, 교육자다. 하버드대학교(1972년, 성격 이론, 학사)와
노스웨스턴대학교 파인버그 의학대학원(1978년, 임상심리학, 박사)을 졸업했다. 전업 임상의로
활동하면서 조교수로서 학생, 인턴, 레지던트, 박사 후 연구원 들을 가르치고 감독해왔다. 또한
35년 이상 성인, 청소년, 부부를 상대로 개인 클리닉을 운영해왔다. 공감과 치유 과정에 관한
책을 공저로 냈고, 수많은 전문 학술 논문을 썼으며, <허핑턴포스트>에 25건의 글을 발표했다.
www.drmjtansey.com

대통령이 된 뒤 트럼프는 반박할 수 없는 증거들(동영상, 사진, 트윗)로 거짓임이 뻔히 드러나는 발언을 갈수록 더 엄청나게 쏟아내 왔고, 결국 우리는 그의 심리적 혼란이 그간 널리 제기된 의혹처럼 **단지** 자기애성 인격장애나 반사회적 인격장애 또는 병적 허언 정도가 아니라 그보다 훨씬 더 심각한 문제 때문은 아닌지 생각해볼 수밖에 없는 지경에 이르렀다.

망상 장애

나는 먼저 대단히 드문 망상 장애 진단을 소개하는 것으로 시작하겠다. 트럼프가 왜 그렇게 입이 딱 벌어지는 황당한 말을 하는지 이해하는 데 도움이 될 수 있기 때문이다. 나는 진단하려는 것이 아니라, 일반 대중이 각자의 정보를 바탕으로 스스로 판단하도록 도

우려는 것이다. (《정신장애 진단 및 통계 편람》 제5판에 제시된 기준들은 초등학교 5학년도 이해할 수 있을 정도로 쉽게 관찰할 수 있는 단순한 행동적 특징들이다.) 그런 다음 비디오로 촬영된, 취임 일 아침 트럼프가 CIA에서 15분 동안 한 연설에서 두서없이 마음대로 이야기하는 마지막 5분 분량을 검토해, 단 5분 사이에 나온 터무니없고 경악스러운 세 가지 진술을 이해하는 데 망상 장애라는 진단이 적합한 렌즈 구실을 할 수 있을지 알아보고자 한다.

망상 장애 치료 보험 적용을 위한 코드는 297.1(F22)이다. 망상 장애가 있는 사람들은 애초에 문제가 있다는 생각 자체에 코웃음을 치기 때문에, 보험 보장으로 치료를 하는 것도 무의미하다. 그 사람들은 망상 자체에 대한 의심만 받지 않는다면 완벽하게 정상적이고 논리적이며 뛰어난 수행 능력을 보이고 심지어 매력적으로 보이기 때문에, 이 '은밀한' 장애는 대단히 기만적인 병이라고 할 수 있다. 망상 장애는 "조현병schizophrenia의 전형적인 증상인 망상과는 다른 종류의 망상이 있는 환자들에게서 나타나는 흔치 않은 정신증적 장애 중 하나"라고 묘사된다. 정신증은 "외부 현실과의 접촉을 심각하게 상실한 상태"로 정의된다. 조현병에 걸린 사람은 기괴한 행동과 환각, 명백하게 뒤죽박죽된 사고를 드러내는 경향이 있다. 조현병은 현실과의 단절이 심하게 겉으로 드러나고 모든 측면에 고루 영향을 미치는 경향이 있지만, 그보다 덜 심각한 망상 장애는 망상의 내용이 기괴하지 않고 외부에서 보기에 쉽게 알아차릴 수도 없다.

- 망상은 그 반대임을 증명하는 반박할 수 없는 사실 증거가 있음에도 꺾지 않는 믿음이다.
- 망상은 거짓이며 불가능한 일임에도 절대적 확신을 갖고 유지된다.
- 망상에는 과대망상과 피해망상 등 다양한 주제가 있다.
- 망상은 기괴한 내용("CIA가 내게 독을 주입했다")이 아니라 평범한 비유 표현처럼 보이는데, 한 가지 다른 점은 **말 하나하나가 비유가 아닌 글자 그대로를 의미한다**는 점이다. 예를 들어 "나 혼자만이 선택된 존재이며, 천하무적이고, 말로는 표현하지 못할 정도로 특별하며, 모든 면에서 최고 중 최고다."
- 망상이 있는 사람은 극도로 예민하고 유머가 없는 경향이 있는데, 특히 자신의 망상과 관련해 더욱 그렇다.
- 망상은 그 사람의 실존에 핵심적이며, 그 망상에 의문을 제기하면 정신적 충격과 본능적 거부반응이 유발된다.
- 망상 장애는 만성적이며 평생 가는 경우도 있고, 성인기와 중년기, 그리고 뒤로 갈수록 악화되는 경향이 있다.
- 망상의 기본 전제만 현실로 받아들여지면 다른 말과 행동은 일관되고 논리적이다. "나는 그 누구보다 우월하기 때문에 절대로 내가 잘못할 일은 없고, 따라서 내가 사과할 일은 결코 없을 것이다."
- 망상과 상당히 구체적으로 연관된 것만 아니라면 일반적인 논리적 추론과 행동은 망상에 영향을 받지 않는다.

• 망상 장애가 있는 사람은 자기에 관한 언급을 대단히 많이
하며("항상 내가 제일 중요해"), 사소한 일도 망상적 믿음을 부정
할 때("당신은 훌륭한 사업가가 아니라 사기꾼이야")나 반대로 그
망상을 뒷받침할 때("나를 흠모하는 저 군중은 내가 가늠할 수 없
을 정도로 특별하다는 것을 알고 있어")는 대단히 큰 의미를 띠게
되어, 긍정적인 것이든 부정적인 것이든 사소한 사건들을 쉽
게 흘려보내지 못하고 계속 붙잡고 늘어진다("내가 역사상 최대
표차로 선거인단 선거에서 압승했다는 말 했던가?").

트럼프가 CIA 연설에서 마지막 5분 동안 한 말을 이해하는 데
는 망상 장애가 도움이 될 수 있다.[37] 그 5분 사이에는 "절대 진심으
로 그렇게 말했을 리 없다"고 생각하게 만드는 세 가지 경악스러운
발언이 담겨 있다. 연설을 시작한 지 10분 정도 지났을 때 트럼프는
자신이 CIA를 "1,000퍼센트 지지한다"면서, 진실과는 "정반대로"
"내가 [CIA와] 불화를 빚고 있는 것처럼 말하는 (…) 지구상에서 가
장 부정직한 사람들"인 "가짜 언론"을 비난했다. 연설을 듣다가 자
기 기억이 의심스러워진 사람은 누구나 그 자리에서 휴대폰을 꺼내
트럼프가 "이른바 정보기관이라는 그곳"의 무능과 거짓됨에 관해
말했던 무수한 트윗을 찾아보았고, 트럼프 역시 그 연설 이후 다시
이전과 같은 입장으로 돌아갔다. 트럼프는 진실이 엄연한 사실이 아

---

37 CNN videos, 2017.

니라 반대로 자기 말에 의해 규정된다고 정말로 믿었던 것일까? 그 자리에 있는 모든 사람이 그 주장에 한 톨의 진실도 없다는 걸 분명히 아는데도 그가 그냥 거짓말을 해버린 이유는 무엇일까? 듣는 사람을 어이없게 만드는 그의 거짓말에는 병적인 거짓말쟁이에게서 전형적으로 보이는 치밀함이 없다. 그가 실제로 망상에 빠져 있다면 그때 성능 좋은 거짓말탐지기에 연결해놓았다고 해도 의기양양하게 통과했을 것이다. 반대임을 증명하는 반박할 수 없는 사실에도 불구하고 자신이 하는 모든 말을 글자 그대로 믿기 때문이다. 자기를 둘러싼 세계가 사건들을 바라보는 자신의 왜곡된 관점에 맞춰줄 것이라는 것을, 그렇게 믿지 않는 자들은 가짜 언론을 등에 업은 비합리적인 적들이라는 것을 기정사실로 받아들인다.

1분 뒤 그는 자기가 취임 연설을 시작할 때 비가 오고 있어서 실망스러웠다고 말하더니, 이어서 손가락으로 하늘을 가리키며 "신이 내려다보면서 이렇게 말씀하셨죠. '네가 연설하는데 비가 내리게 두지는 않겠다.'" 그러고는 즉각 비가 그치고 "햇살이 정말 환해"졌고 "내가 그 자리를 떠나자마자 비가 세차게 퍼붓기 시작했다"고 주장했다. 이번에도 그날 CIA에 있던 사람들은 휴대폰으로 즉각 취임식 동영상을 찾아볼 수 있었고, 트럼프가 연설을 시작할 때 보슬비가 내리기 **시작했고** 이후 한 번도 햇빛이 나지 않았다는 것을 확인할 수 있었다. 이후에 빗발이 굵어진 일도 없었다. 그는 이번에도 자기가 한 모든 말을 믿었을까? 믿었다는 게 답이라면 이는 바닥에 깔려 있던 망상 장애가 정상적으로 보이는 얄팍한 겉모습의 틈새로 새어

나온 확실한 증거다.

셋째 발언은 그의 취임식장이 "워싱턴 동상이 있는 곳까지" 인
파로 가득 찼다는 주장이다. 그는 군중이 더 많아 보이는 각도에서
찍은 사진을 찾아내라고 국립공원관리청을 들볶았지만, 공중에서
촬영한 사진들을 보니 트럼프의 취임식 관중은 2009년 오바마 취임
식 때보다 수십 만 명이나 적었다는 게 확연히 드러났다. 이번에도
트럼프는 그것이 가짜 언론의 존재를 증명하는 또 하나의 예라고 주
장했다. 그 사진들이 자신이 확신하는 자기 개인의 현실에 들어맞지
않았기 때문이다. 이번에도 그의 고집스러운 주장은 현실과 괴리된
망상으로밖에 볼 수 없다.

단 5분 사이에 거짓임이 증명되는 발언을 세 가지나 한 것은
그가 한 완전히 거짓된 수많은 주장의 전형적인 예다. 그는 모든 장
군보다 자기가 더 많이 안다고 주장했고, 역대 대통령 중에서 자기
가 가장 성격이 좋다고 말했다. 1989년의 '센트럴파크 파이브' 사건
에서 조깅하던 여성을 강간하고 잔인하게 구타했다는 누명을 쓰고
유죄를 받은 흑인 십대들이 분명히 유죄라고 지금도 큰소리치며 주
장한다.[38] 사건이 일어나고 9년 뒤에 실제 강간범이 자백을 했고 그
가 사건 현장의 내밀한 세부까지 알고 있었으며 범죄 현장에서 채취
한 강간범의 DNA 샘플과도 일치했다는 사실에도 불구하고 말이다.
트럼프는 또 2001년 9월 11일에 뉴저지의 무슬림 수천 명이 세계무

---

38 Sarlin, 2016.

　　　　　　　　　　　　도널드 트럼프라는 위험한 사례

역센터가 무너지는 것을 축하하는 모습을 텔레비전에서 보았다고 주장한다. 자신이 고등학교 시절 뉴욕 시에서 프로야구 선수로 성공할 가능성이 가장 높은 최고의 유망주였다고도 주장한다.[39] 또 "세상이 한 번도 목격한 적 없는 보폭으로" 레이건 이후 선거인단 선거에서 최대의 압승을 거두며 대통령에 당선되었다고 으스댔는데, 사실 레이건 이후 일곱 번의 선거인단 선거 총득표 수와 견주면 그의 득표수는 6위에 지나지 않는다. 기타 등등 기타 등등. 유권자 투표에서 300만 표나 뒤졌다는 사실은 자신의 과대망상에 어긋나기 때문에, 그것은 속임수로 투표한 사람들이 던진 표라고 치부하고 넘긴다. 실제로 양당 합동으로 실시한 조사에서는 전국적으로 불법적인 표가 몇 천 건에 지나지 않는 것으로 밝혀졌는데도 말이다.

유아론唯我論은 심리학이 아니라 철학에서 유래한 용어이지만, 이 논의에 있어 유의미해 보인다. "유아론은 그 믿음을 가진 사람만이 우주에서 유일한 실재라는 믿음이다. 다른 모든 사람과 사물은 그의 행복을 꾸며주는 장식물이거나 장해물일 뿐이다."

트럼프는 습관적이고 반사적으로 거짓말을 하고, 어쩌다가 진실이 자신의 목적에 부합할 때만 진실을 말한다. 그렇지만 병적 허언은 내가 예로 든 충격적인 자기 확대적 진술들을 설명하기에는 한참 부족해보인다. 존재 밑바탕에 깔려 있는 과대망상에서 나온 자신의 말을 스스로 믿는 것일까? CIA 연설 당시 거짓말탐지기를 장착

---

39 Maddow, 2016.

했다면 내가 짐작하는 대로 아무 문제없이 통과했을까? 이제 여러분은 간단한 진단 기준을 알고 있다. 판단은 여러분에게 맡긴다.

트럼프는 왜 잔인한 독재자들을 칭찬하는가?

———

미국 독립선언서 초안을 작성한 토머스 제퍼슨Thomas Jafferson은 "깨어 있는 시민들"이 민주주의를 지키는 최선의 수호자라고 강변했다. 그러니 충격적일 정도로 높은 비율의 미국인들이 남북전쟁 당시 대통령이 누구였는지, 미국이 어느 나라에서 독립했는지 모른다는 것은 무척 염려스러운 일이다. 더더욱 염려스러운 것은 연방 정부는 세 부문으로 나뉘고, 법관들이 단순히 "법안에 서명하는 것으로 법을 통과시킬" 수는 없다는 것을 트럼프 본인이 이해하지 못한다는 사실이다. 선거운동 당시 한 인터뷰[40]에서 그는 러시아가 크리미아를 침략했을 뿐 아니라 이미 2년 동안 점령하고 있었다는 사실도 모르고 있음을 드러냈다. 첫 세계 순방 때는 중동에서 나와 이스라엘에 오게 되니 행복하다고 말했다.

실제로 트럼프에게 망상 장애가 있다면 임상적 관점에서 그의 망상은 과대망상과 편집적 망상일 가능성이 높다. 그렇다면 이는 그가 2016년 선거기간 동안에, 그리고 그 이후로도 반복적이고 공공

———

40 Stephanopoulos, 2016.

연하게 북한의 김정은과 시리아의 바샤르 알 아사드Bashar al-Asad, 이라크의 사담 후세인, 그리고 특히 러시아의 푸틴을 칭찬해온 이유를 단박에 이해하게 해준다. **완전한 독재가 트럼프의 달뜬 꿈이라는 것을 보여주는 상당한 증거가 있다.** 누구의 반대도 받지 않는 독재자란 한편으로는 아첨과 추종을 요구할 능력과, 다른 한편으로는 적으로 인식한 사람은 누구나 고갯짓 한 번으로 제거할 능력을 구현한 존재다. 어디에나 그의 신적인 지위를 증언하는 동상과 9미터짜리 초상화를 걸어두면 비판적인 '가짜 언론', 행진하는 시위자들, 성가신 항소법원, 아주 작은 정치적 반발 같은 문제도 전혀 생기지 않을 것이다. 그것이 바로 트럼프가 그렇게도 존경하는 독재자들의 대단한 권력이다.

다음은 트럼프가 선거운동 기간 중에 그 독재자들 각각을 두고 한 발언들[41]과 그들의 흉악한 잔인성을 아주 조금이나마 보여주는 예들을 모은 것이다.

• 김정은: "그의 공은 인정해줘야 한다. (…) 자기 아버지가 사망하자 그가 들어가 그 거친 장군들을 장악하고 우두머리가 되었다. 대단한 일이다. 고모부를 제거하고, 이 사람 저 사람을 제거했다. 대단하다." 김정은의 고모부는 대규모 정부 회합 도중 본보기로 끌려 나가 측근 7명과 함께 기관총으로 무장한

---

41 Keneally, 2016.

총살 부대에 의해 즉결로 처형당했다. 김정은의 고모는 독살당했다. 그들의 남은 자손들도 모두 죽였다. 장군 한 명은 **근거리에서 지대공 중기관총**을 쏘아 처형했고, 또 한 명은 가족을 포함한 많은 사람에게 강제로 지켜보게 한 채 기둥에 묶어두고 박격포로 처형했다. 그가 핵무기에 대한 야망에 돈을 쏟아붓는 동안 전 국민이 글자 그대로 굶어 죽고 있다.

• **바샤르 알 아사드**: "리더십 측면에서 그는 A학점을 받고 있고, 우리 대통령은 별로 성적이 좋지 않다." 아사드는 권력을 유지하려는 몸부림으로 국민을 무자비하게 탄압해 남자, 여자, 어린이 가리지 않고 민간인 수십만 명의 목숨을 앗아갔는데 그중에는 독가스 공격으로 사망한 이들도 많다. 권좌에서 물러나면 반인륜 범죄 혐의로 기소될 것이다.

• **사담 후세인**: "그래, 그는 아주 나쁜 놈이었지요. 하지만 그가 잘한 게 뭔지 압니까? 그는 테러리스트들을 죽였어요. 그걸 끝내주게 잘했다니까! 그들에게 권리를 읽어주지도 않았고, 말을 나누지도 않았어요. 너 테러리스트지, 그럼 끝이야!" 후세인은 누구나 지난 몇 십 년 동안 가장 흉포한 독재자로 여기는 인물일 것이다. 그는 수많은 잔학 행위를 자행했는데 "인류 역사상 최악의 화학무기 공격"에서는 쿠르드 시민 10만 명 이상에게 독가스를 살포했고 살아남은 수만 명을 추적해 찾아

내 생매장했다. 이 학살에서만 총 18만 명이 살해되었다.

- **블라디미르 푸틴**: "그가 나에 관해 좋은 말을 해준다면 나도 그에 관해 좋은 말을 해줄 것이다. 그는 정말 굉장한 지도자로 (…) 자기 나라를 매우 강력하게 통제한다. (…) 그리고 보라, 그는 82퍼센트의 지지율을 기록하고 있다!" 충격적인 말이다. 트럼프는 **오직** 푸틴이 자신에게 아첨한다는 요건만 만족하면 푸틴을 좋게 보겠다는 것을 명백히 밝힌다. 푸틴이 독재를 이어온 15년 동안 그에게 반대하는 언론인들은 머리 뒤에서 겨눈 총에 맞아 사망했다. 러시아를 탈출한 반정부 인사들은 지속적으로 스토킹을 당하고 국가보안위원회KGB가 가장 즐겨 쓰는 방법인 독살로 살해당한다. 체스 세계 챔피언이었고 현 미국인권재단 의장인 게리 카스파로프Garry Kasparov와 러시아 올림픽 육상 선수이자 러시아에 만연한 도핑 프로그램을 세상에 알린 내부 고발자인 율리야 스테파노바Yuliya Stepanova를 비롯해 다른 망명자들도 항상 살해당할 공포 속에 있다. 트럼프는 푸틴의 국내 인기에 관해 이해가 안 될 정도로 순진하거나(82퍼센트의 지지율은 조작된 것이다) 푸틴한테 '똑똑하다'는 말을 듣고(그 후로 트럼프가 떠벌린 것처럼 '천재'라고 말한 것은 **아니다**) 너무 좋아서 정신을 못 차린 것이다.

게다가 선거운동 기간 동안에 트럼프는 자기가 선출된다면

"평화적인 정권 교체를 위해 싸우겠다"는 말을 해왔다(미국은 한 정권 regime에 의해 통치되는 나라가 아니다). 그는 우리의 '아름다운 구축함들'에 손가락 욕을 날린 선원들이 타고 있던 이란의 작은 배 7척을 "바다에서 날려버리겠다"는 장광설도 늘어놓았다. 또 "러시아와 나는 정말 사이좋게 지낼 것"이라고 우쭐댔고, "수정 헌법 제2조 지지자들"이 어쩌면 힐러리를 저지할 수 있을 거라고 암시했으며, 자신이 공정하게 대우받는지 확인하기 위해 자기 지지자들이 투표소를 감시해야 한다고도 말했고, "[민주당 전국 위원회에서 자기를 비판한 사람들을] 머리가 핑핑 돌고 다시는 회복하지 못할 정도로 때리고, 때리고 또 때리고" 싶다고 말했다.

그는 "폭격으로 IS를 혼쭐내줄 것"이고, 우리 병사들에게 IS 테러리스트들의 가족들을 죽이도록 명령할 거라고 큰소리쳤다. 또 자신의 연설을 방해하는 사람들에게 폭력을 행사하라고 지지자들에게 반복적으로 요구했고, 국가가 연주될 때 기립하지 않는 프로 미식축구 선수들은 다른 나라를 찾아야 한다고 잔소리를 늘어놓았다. 그는 "양으로 백년을 사느니 사자로 하루를 사는 게 낫다"는 무솔리니의 말을 인용하고, 핵무기를 사용하지 않을 거면 왜 만드는지 이해할 수 없다며 진심으로 어리둥절해 했다.

이렇게 소름끼치는 특징들을 임상적으로 평가하자면 이런 질문을 던질 수 있겠다. 트럼프는 왜 그로테스크한 독재자들을 칭찬하고, 미국의 역대 대통령들에 대해서는 결코 찬사를 보내지 않으면서 자신은 "어쩌면 링컨 정도는 제외하고" 역사상 가장 위대한 대통령

도널드 트럼프라는 위험한 사례

이 될 수 있다고 호언장담하는 것일까? 사람은 누구나 유년기부터 평생을 살아가는 동안 본받고자 하는 롤모델을 찾는데, 새롭고 낯선 삶의 도전과 과도기를 헤쳐 나가야 할 때 특히 더 그렇다. 우리는 영감을 주는 사람들, 올바르게 살아가는 방법을 몸소 보여준 사람들을 찾아 선택한다. 다른 시대와 장소에서 찾는 경우도 많다. 자신의 가장 고귀한 의도들을 가장 잘 구현한 '자아 이상ego ideal'이라는 것을 찾는 것이다.

독재자를 칭찬하는 마음이 바탕에 깔려 있는 과대망상과 편집적 망상에서 나온 것이든 아니든, 트럼프는 자신의 근본적인 인성 구조에 이미 꼭 들어맞는 지도자들에게 끌린다. 대통령 취임을 기다리는 동안 그는 대통령으로서 어떻게 이끌어갈지, 어떤 모습을 보여야 할지 참고하기 위해 어떤 지도자들이 자기에게 영감을 주는 행동을 했는지 롤모델을 찾아보았을 것이다. 오바마에게 롤모델은 케네디와 레이건, 킹 목사, 만델라였다. 빌 클린턴은 케네디에게, 힐러리는 엘리너 루스벨트Eleanor Roosevelt에게 가르침을 얻었다. 조지 W. 부시는 예수와 처칠을 리더십의 모델로 삼았다. 트럼프에게 롤모델은 후세인과 김정은, 아사드와 푸틴이었다. 그들은 엄격하게 통제된 사회를 운영할 줄 아는 자들이다!

일단 대통령으로 당선되면 트럼프도 분명 말과 행동을 '부드럽게 바꿀' 거라고 많은 이가 주장했다. 어떤 사람이 성격장애가 있거나 더 나쁜 경우, 특히 항상 남을 비난하고 결코 사과하지도 책임지지도 않고, 한 순간도 자기에게 잘못된 점이 있다고는 생각해본 적도 없는 사람이 변화할 유일한 가능성은 나아지는 것이 아니라 더 나빠지는 것뿐이다. 실제로 트럼프가 지닌 모든 비열한 특성은 그가 대통령직에 오른 뒤 충격적일 정도로 악화의 길만 걸어왔다. **그는 자신이 되고 싶은 독재자에 점점 더 멀어지기는커녕 점점 더 가까워지려고 노력해왔다.**

그렇다면 대통령이 된 후로 잔혹한 독재자들을 향한 트럼프의 태도는 어떻게 되었을까? 그는 필리핀의 로드리고 두테르테Rodrigo Duterte 대통령이 마약 문제를 "제대로 된 방식"으로 처리한다면서 축하의 말을 건넸다. 그 방식이란 단순히 마약을 사용하거나 거래했다는 **의심이 든** 것만으로 자경단이 1만 명 가까이 처형한 것이다. 4월에는 두테르테를 백악관에 초대하기까지 했는데, 아직 두테르테는 백악관을 방문하지 않았다.

그는 또 터키의 에르도안 대통령도 지지하고 인정했으며 그 역시 백악관에 초대했다. 에르도안은 지난해에는 모든 반대자를 가혹하고 체계적으로 숙청했고, 스스로 부여한 독재 권력을 남용하며 과거에 민주적으로 선출된 정부를 마음대로 움직이고 있다. 워싱턴 방문 기간 동안에 에르도안은 폭력배 같은 경호원들을 보내 터키 대사관 앞에서 평화적으로 시위하던 사람들을 사납게 쫓아버렸다.

김정은과는 계속 충돌하면서 핵무기를 내세워 서로 위협하는 사이인데도 트럼프는 그를 '똘똘한 녀석'이라 부르며, 그가 아버지 김정일의 사망 이후 북한에 대한 통제를 유지하는 데 사용한 비정상적으로 가혹한 방법에 계속해서 감탄을 표하고 있다. 해괴한 일이지만 김정은 역시 백악관에 오라는 초대를 받았다. 2013년 취임한 이후 철권을 휘두르며 포악하게 이집트를 지배해온 시시 대통령도 마찬가지다.

이와 대조적으로, 트럼프는 취임 얼마 뒤 호주 총리 맬컴 턴불Malcolm Turnbull과 통화하던 중 갑자기 수화기를 쾅 내려놓으며 끊어서 상대를 모욕했고, 4월에는 독일 총리 앙겔라 메르켈이 백악관을 방문했을 때 생방송으로 전 세계로 방송되는 카메라 앞에서 악수하자고 내민 메르켈의 손을 끝내 잡지 않는 유치한 모습을 보였다. 호주와 독일은 오랫동안 미국의 가장 가까운 우방국이었다. 트럼프는 또 G20 정상회담 당시 단체 사진 촬영을 할 때 전 세계가 지켜보는 가운데 서둘러서 맨 앞줄로 가면서 몬테네그로의 총리 두슈코 마르코비치Duško Marković를 옆으로 밀치는 어이없는 행동을 했다.

취임 뒤 트럼프는 소름 끼치는 독재자들에게 친밀감을 표현해 충격을 주었을 뿐 아니라, 비판적인 자유 언론에 욕을 퍼부어왔고, 수백만 명의 행진하는 시위자들을 돈 받고 하는 전문 시위꾼들이라고 모략했으며, 자신의 무슬림 입국 금지 행정명령을 기각한 연방항소법원을 위헌적이라고 비난했고, 불시에 각 주의 주 검찰총장 46명을 한꺼번에 해임했으며, 충격적으로 FBI 국장 코미를 해임하고는 뻔뻔스럽게도 코미가 2016년 당시 자신의 선거 캠프와 러시아와의 공모 의혹을 조사했기 때문이라고 인정했다.

코미를 급작스럽게 해임한 다음 날, 트럼프는 러시아 대사 세르게이 키슬랴크Sergey Kislyak와 러시아 외교부 장관 세르게이 라브로프Sergey Lavrov를 백악관에서 반갑게 맞이하며 러시아 촬영팀만 회담장에 들이고 미국 언론과 사진가들의 접근은 모두 차단하는 등 도저히 이해할 수 없는 광경을 연출했다.

며칠 뒤, 트럼프가 이스라엘이 미국에 제공한 극비 정보를 허가도 없이 러시아에 제공했다는 보도가 돌았다. 이는 잠입해 활동하던 이스라엘 스파이들의 죽음을 불러올 수도 있는 행동이었다. 보도에 따르면 트럼프는 러시아 관리들에게 강한 인상을 심어주고 싶었는지 충동적이면서도 으스대는 태도로 정보를 제공했다고 한다. 이 사건은 정보를 제공한 정보원들을 노출시키고 위험에 처하게 했을 뿐 아니라, 우방들에게 이제 정보에 관해서는 미국을 신뢰할 수 없다는 불안을 안겼다. 그뿐 아니라 그는 그 러시아인들에게 FBI 국장 "또라이" 코미를 해임한 것에 관해 자랑스럽게 떠벌렸고, 그로써 자신들의 선거 공모에 대한 수사가 끝나서 다행스러워했다고 한다(그러나 수사는 끝나지 않았다).

푸틴과의 밀월은 이미 차갑게 식어버렸지만 그 브로맨스가 끝나면 트럼프는 무슨 짓을 할까? 이 불안정한 정신의 소유자에게 있어 아첨을 향한 갈망에 필적할 만한 것은 아주 작디작은 모욕에 대해서도 복수하고야 말겠다는 집착뿐이다. 푸틴이 자기를 꼭두각시처럼 조종해왔다는 것을 깨닫게 되거나, 세계 무대에서 그에게 모욕을 당하는 일이 생긴다면 무슨 일이 벌어질까? 예비선거 기간 동안 수십 번이나 "그들이 나에게 잘하는 한 나도 그들에게 잘할 것이다. 그러나 내게 고약하게 굴며 공격한다면, 나는 훨씬 더 센 힘으로 맞

받아칠 것이다"라고 했으니 말이다.

견제와 균형checks and balances이라고? 이런, 이제 수표checks는 아무도 안 쓴다. 그리고 트럼프는 국세청 세무조사가 끝나기 전까지는 절대 자기 납세 내역balances을 보여줄 수 없다고 버틴다!

헌법이라고? 내 장담하는데, 헌법이란 규칙이고 규칙이란 깨지기 마련이다. 게다가 규칙은 패자나 지키는 것인데 트럼프는 승자다. 승리자다!

자기가 우상으로 모시는 독재자들처럼 트럼프의 의도도 이끄는 것이 아니라 지배하는 것이고, 타협하는 것이 아니라 통치하는 것이다. 2016년 대통령 선거는 전통적인 공화당 대 민주당의 입장차이에 관한 것이 아니었다. 글자 그대로 그것은 정치가 아니라 파국이었다.

그런 일이 일어날 리 없다고? 일어날 수 있고 일어나고 있다. "깨어 있는 시민들이 민주주의를 지키는 최선의 수호자"라는 제퍼슨의 경고가 지금보다 더 시의적절한 적은 한 번도 없었다.

'여우처럼 미친 척하는 것'과 '진짜 완전히 미친 것'의 차이가 정말로 중요한 이유

잔인성에 끌리는 성향 하나만 봐도 트럼프는 충분히 우려스러운 인물이다. 그러나 망상 장애의 증거들을 감안할 때, 우리는 '여우처럼 미친 척하는 것'과 '진짜 완전히 미친 것'을 구분하는 것이 왜 중요한지 질문해봐야 한다. 트럼프의 특정한 성격장애 유형들을 반드시 이해하고 넘어가야 하는 이유가 몇 가지 있는데, 그중에서도 가장 주목해야 하고 가장 무시무시한 것은 그가 핵무기 발사 코드의 통제권을 갖고 있다는 사실이다. 기후변화가 몰고 올 대대적인 파국, 의료, 교육, 외교, 사회복지, 언론의 자유, 자유, 만인을 위한 정의를 모두 뛰어넘어, 지금 가장 파악하기 어려운 것은 이제는 실제로 일어날 가능성도 있어 보이는 전면적인 핵전쟁의 전망이다. 일본의 원폭 투하와 그 여파를 목격했던 소수의 생존자들을 제외하면 직접 경험해본 사람이 없기 때문에 그 즉각적인 전멸의 상황은 상상하는 것조차 어렵다. 말 그대로 우리는 여기 존재하다가 바로 다음 순간 모든 사람과 만물과 함께 사라져버릴 수도 있는 것이다.

바로 이 절실한 실존적 위협 때문에, 단순히 "여우처럼 미친 척하는"(영악하고 계산적이며, 진실이 자신의 목적에 부합할 때만 진실을 말하는) 대통령과, 내가 쓰는 표현으로 "진짜 완전히 미친"(현실과 유리된 과대망상과 편집증적 망상을 잘 감추고 있는) 대통령의 차이를 이해하는 것이 더할 나위 없이 시급하다. 최근의 역사에서 미국이 실제로 겪었던 두 사건을 살펴보고 그와 유사한 상황에 처했을 때 트럼프가 어떻게 행동할지 생각해보면 그 차이가 분명히 드러날 것이다.

새벽 3시의 전화: 카터 대통령

지미 카터 대통령의 임기가 끝나가던 1979년, 새벽 3시에 악몽 같은 전화가 걸려와[42] 국가 안보 보좌관 즈비그뉴 브레진스키Zbigniew Brzezinski를 깨웠다. 소련의 핵미사일 250발이 미국으로 접근하고 있다는 뉴스였다. 행동을 취하기 전에 아직 5, 6분의 여유가 있고, 실수로 잘못된 경보가 울렸을 수도 있다는 생각에 브레진스키는 참모에게 더 확실히 확인해보도록 지시했다. 금세 다시 전화를 건 참모는 이번에는 미사일 2,500발이 날아오고 있다는 소식을 전했다. 브레진스키는 카터 대통령에게 전면적 반격을 가하도록 조언하는 전화를 걸려고 마음의 준비를 하는 동안, 어차피 몇 분 후면 죽은 목숨일 것이라는 생각에 자고 있는 아내를 깨우지 않기로 했다. 그가 전화기로 손을 뻗는 순간 세 번째 전화가 걸려와 미사일이 날아오고 있다는 보고는 컴퓨터의 기술상 결함으로 인한 잘못된 경보였다고 알려왔다.

잘못된 경보와 사고는 결코 드문 일이 아니라는 사실이 우리를 극도로 불안하게 만든다.

쿠바 미사일 위기: 케네디 대통령

1979년에 5분 동안 지속되었으며 아는 사람은 극소수였던 악몽 같은 경보와 달리, 1962년의 쿠바 미사일 위기는 공포를 불러일으키는 최고조의 긴장 속에서 전 세계가 지켜보는 가운데 미국과 소련 사이에서 일련의 무시무시한 자극과 반응이 오고 가며 13일 동

---

42 Sagan, 2012.

안 이어졌다. 그중 몇 번은 전 세계가 전면적인 핵 대참사에 빠져들 뻔하기도 했다. 이 위기의 골자는 미국이 터키와 이탈리아에서 소련 국경과 가까운 곳에 핵 시설을 배치하자 소련이 이에 대한 반응으로 쿠바에 핵미사일을 배치하고 나선 것이었다. 합동참모본부는 만장일치로 케네디 대통령에게 이미 설치된 쿠바의 미사일 기지를 선제공격하라고 압력을 가했다. 그러면 핵 보유 능력에서 훨씬 밀리는 소련이 철수하고 반격하지 않을 거라는 근거를 대면서 말이다. 다행히 침착함을 잃지 않은 케네디는 전쟁을 벌이는 대신 법무 장관인 동생 로버트 케네디와 국방 장관 로버트 맥나마라Robert McNamara를 비롯한 군에 속하지 않은 보좌관들의 조언에 귀를 기울였다.

수년 뒤 한 인터뷰에서 맥나마라는 위기가 후반으로 치닫던 어느 날 백악관을 나서던 때의 상황을 이야기했다. 그는 아름다운 석양에 경탄하면서, 어쩌면 그날의 석양이 인류가 마지막으로 보는 석양일지도 모른다는 생각이 들었다고 한다. 전국 곳곳의 시민들뿐 아니라 워싱턴에 살던 정부 직원들의 가족들도 핵 공격에도 살아남을 희망이 있는 외딴 지역들로 피신하고 있었다.

위기가 최고조에 달했을 때, 러시아는 쿠바를 절대 침공하지 않겠다는 미국의 공식적 약속을 받는 대가로 쿠바에 설치한 미사일 기지를 철수하고 새 기지도 짓지 않는다는 데 동의했다. 체면을 살린 케네디도 터키와 이탈리아에 있는 미사일을 제거하는 데 비공개로 동의했다. 그제야 세계가 안도의 한숨을 내쉬었다.

트럼프를 "여우처럼 미친 척하는" 사람으로 성격 규정하는 데

　　　　　　　　도널드 트럼프라는 위험한 사례

는 거의 설명이 필요 없다. 그 어구는 어떤 사람이 표면적으로는 '미친'(예컨대 변덕스럽고 비합리적이며 충동적인) 것처럼 보일 수 있지만, 미친 것처럼 보이는 외적인 행동이 사실은 다른 사람들이 정확히 그 자신이 은밀하게 바라는 방식대로 반응하도록 오도하거나 주의를 돌리거나 속이기 위해 영악하게 계산된 전략인 경우를 표현한다. 실제로 이는 트럼프가 하는 행동의 한 측면이기도 하다. 어떤 사람이 "여우처럼 미친 척할" 때, 사실 그는 미친 것과는 정반대의 행동을 하는 것이다.

그런 사람이 가짜 언론이 자신과 정보기관의 불화를 조장한다고 주장한다면, 그는 자기 말이 거짓말이라는 걸 알기 때문에 거짓말탐지기에 걸리고 말 것이다.

지금까지 트럼프가 "진짜 완전히 미친" 망상 장애를 가장 충격적으로 보여준 징후는 3월 어느 이른 아침에, "나쁜 (또는 아픈!) 오바마"가 트럼프 타워의 전화를 도청했다고 주장하는 트윗들을 올렸던 (그런 다음 삭제한) 일이다. 그 트윗들에는 워터게이트와 매카시즘에 견줄 만한 정신 나간 말도 포함되었다. 민주당과 공화당 모두 즉각 트럼프의 그런 행동을 비판했고, 트럼프가 감시의 표적이 된 적이 있다는 증거는 누구에게서도, 어디에서도 전혀 나오지 않았다. 자신이 도청당한다는 의심은 편집증적 망상이 표출되는 너무나도 전형적인 양상이다.

가짜 언론이 자신과 정보기관 사이에 불화를 조장했다고 주장할 때, 트럼프는 그 망상이 실제로 사실이라고 믿었기 때문에 거짓말탐지기 테스트를 했어도 분명하게 통과했을 것이다. "여우처럼 미친 척한다"는 말은 어떤 사람이 분명히 겉으로 비합리적으로 보이는 행동을 해도 그 밑에는 합리적 사고가 깔려 있다는 뜻이다.

과거의 핵 비상사태의 예로 돌아가서, 새벽 3시에 브레진스키가 받았던 전화를 트럼프가 받는다면 그가 엄청난 압박감 속에서 보여줬던 차분함을 트럼프도 보여줄 거라고 믿을 수 있는 사람이 과연 있을까? 만약 트럼프에게 정말로 과대망상과 편집증적 망상이 있다면(그런 증거는 계속 쌓이고 있다), 그는 토요일 아침 그 편집증적인 트윗들을 올렸던 것보다 훨씬 빠른 속도로 미사일을 발사할 것이다.

너무나 현실적으로 핵 위협이 닥쳤던 쿠바 미사일 위기 당시 고문과도 같은 긴장으로 13일을 보낸 것을 생각하면, 특히 군사 보좌관들의 만장일치의 압박에도 불구하고 케네디가 유지했던 침착과 지혜와 판단력을 트럼프도 보여줄 거라고 믿는 사람이 과연 있을까? 만약 트럼프가 정말로 단순히 "여우처럼 미친 척하는" 거라면, 그것이 아직은 확대해석일 것이다. 그러나 점점 더, 그 경우는 아닌 것처럼 보인다.

도널드 트럼프라는 위험한 사례

8장

인지 장애, 치매, 그리고 미국 대통령

데이비드 레이스

데이비드 M. 레이스 David M. Reiss

노스웨스턴대학교에서 화학 공학과 생물의학 공학을 전공했고 동 대학교 의학대학원에서
공부했다. 1982년부터 개인 정신과 클리닉을 운영하며 1만 2,000명 이상을 검진하고 치료해왔다.
매사추세츠 주에 있는 프로비던스병원의 임시 의료 부장을 역임하고 있고, 최근에는 버몬트
주에 있는 비영리 정신 건강 및 중독 치료 병원 브래플보로 리트리트와 제휴해 활동하고 있다.
캘리포니아 주의 검시관 자격을 갖고 있으며, 심리치료통합연구협회와 스포츠변호사협회,
국제역사심리학회 등 전문가 조직의 구성원으로 활동하고 있다. 레이스 박사는 각종 미디어에
출연해 사회 정치 현상의 심리학적 측면들에 관해 이야기해왔다.

누가 보아도 미국 대통령 노릇보다 더 스트레스가 심하고 힘든 직업은 생각하기 어렵다. 대통령의 '휴가'와 골프 치기 등에 관한 진지하고 비판적이고 신랄한 질문들은 모두 접어두고라도, 대통령직은 기민하고 온전한 정서 능력과 인지능력을 요구하며, 하루 24시간 매일 어느 때라도 즉각 완전한 '근무 태세'로 돌입할 수 있어야 한다. 시간을 두고 적절한 조언과 상담을 받고 내리는 결정이든, 구체적인 세부 사항이나 선택지에 관한 사전 정보 없이 몇 분 안에 내려야 하는 결정이든, 대통령이 내리는 결정에는 수백만 명의 생명과 행복이 달려 있다.

말할 필요도 없는 일이지만, 미국 대통령이라는 직위는 본질적으로 그 직에 있는 사람의 개인적 상황이나 환경에 관계없이, 거의 인간적 수준을 초월한 정도의 인지적 명료성을 항상 유지할 것을 요구받는다. '2인 대통령 체제'에 대한, 아니면 적어도 어느 정도의 업무 분담에 대한 아이디어가[43] 여러 차례 검토되었던 것도 놀라운 일은 아닌데(지난 대통령 선거기간에도 잠시 있었다),[44] 그 아이디어를 실행하는 것은 실질적으로나 정치적으로 불가능한 일로 여겨져왔다.

일반적으로 대중은 열의와 활기, 경험을 미국 대통령의 필수 자질로서 높이 사는데, 시기에 따라 어느 특징이 가장 중요하다는 판단도 달라진다. 역사적으로 경험 많은 지도자를 찾고, '아버지' 같거나 심지어 '할아버지' 같은 대통령이나 정치 지도자를 원하는 마음이 종종 노년기에 접어든 남성 후보들을 양산했는데, 그중에서도 트럼프는 역대 최고령으로 미국 대통령에 취임한 사람이다.

나이가 들어감에 따라 경험이 늘고 거기에 지혜도 늘어간다면 좋겠지만, 의학적으로는 인지능력 저하에 관한 걱정도 는다. 일부 신경학적 기능(예컨대 신체 반응 시간)은 성인기 초기에 가장 효율적으로 작동하지만, 일반적으로 인지 기능은 **건강한** 노인의 경우 생애 주기의 꽤 후기까지 놀라울 정도로 멀쩡하게 유지되며, 70대에 경미한 기능 저하가 있고 80세 이후로는 좀 더 눈에 띄게 저하하지만, 이 역시 모든 사람에게 똑같이 적용되는 것은 아니다.[45] 그러므로 다루어야 할 핵심 사안은 노화와 관련된 인지능력 저하가 아니라 **질병과 관련된** 인지능력 저하, 그리고 노화와 무관한 생리적 요인(처방 약물 복

---

43 Rediff.com n.d., Smith, 2015.

44 Lerer, 2016.

45 Levin 2016; Ramer, 2013.

용, 과거 또는 현재의 약물 남용, 머리에 외상을 입은 경험 등)으로 인한 인지능력 저하. 일반적으로 나이가 많은 사람일수록 젊은 사람보다 여러 처방약을 복용하고 있을 가능성이 더 크고, 약을 많이 복용하면 인지 기능에 미묘한 부정적인 영향을 미칠 수 있는데, 이는 그 자체로 노화와 관련된 문제는 아니다.

그렇다면 미국 대통령의 인지능력과 관련해 관심을 둘 사항은 다음 5가지 영역으로 나눠볼 수 있다. (1) 선천적인 지적·인지적 능력과 능력의 기준선 (2) 진행 중인 신경 악화(알츠하이머병이나 다른 종류의 치매)로 인한 손상 (3) 급성질환(특히 노인의 경우, 요도 감염만으로도 인지능력에 부정적 영향을 미칠 수 있다)으로 인한 손상 (4) 처방약 또는 불법 약물의 독성 작용 (5) 머리외상과(/이나) 합법 또는 불법 유독 물질 사용 누적 효과(운동하다가 뇌진탕으로 부상당하는 일과 관련하여 임상적으로도, 대중적으로도 점점 많은 관심을 받고 있는 문제).

지적·인지적 능력의 기준선

현재의 정치제도는 미국 대통령이 되고자 하는 사람에 대한 지적 기준이나 인지적 기준(또는 신체적/의학적 건강의 기준)을 정해두고 있지 않다. 이는 분명 큰 취약점이다. 또 다른 분명한 문제는 건강에 관해, 또는 특히 지적·인지적 능력에 관해 어디에 기준선을 그어야 하는가? 하는 문제, 그리고 그 기준들을 누가 어떻게 측정할 것인가

하는 문제다. 나는 바로 이런 문제들 때문에 그런 기준을 적용하는 일이 실질적으로 거의 불가능할 거라고 생각한다. 결국 우리는 후보들이 자진해 자신의 병력을 공개해주기를(트럼프는 임상적으로 타당하다고 보이는 어떠한 병력 자료도 공개하지 않았다) 기대할 수밖에 없고, 후보의 지적 능력이 '대통령감이 되는지'에 관해서도 유권자들의 판단에 의지할 수밖에 없다. 이런 제도에는 본질적으로 결함이 내재한다. 대중은 토론 때나 연설 때 후보자가 미리 준비하고 포장해온 모습밖에 볼 수 없는데, 이는 지적 능력을 정확하게 측정하기에 적합한 데이터베이스가 아니기 때문이다.

얻을 수 있는 정보가 제한적이기는 하지만, 전문적 훈련을 받은 사람들은 그 정보를 바탕으로 후보의 지적 능력에 관해 공적인 의견을 제시할 수 있다. 그러나 심지어 전문가들이 사용할 수 있는 데이터베이스도 미흡하고 불완전한 상태로 남아 있기도 하고, 객관적이고 임상적으로 '견실한' 전문가 의견과 정치색이 깔린 프로파간다를 구별하는 것도 거의 불가능한 일이다.

현재 시점에서, 나는 이 문제가 가까운 미래에는 해결될 기미가 없다고 본다.

진행 중인 신경 악화로 인한 손상
————

통상적으로 **알츠하이머병**이라는 말로 치매성 질환을 뭉뚱그려

도널드 트럼프라는 위험한 사례

서 지칭하는 경우가 많은데, 임상적으로 정확한 표현은 아니다. 인지 기능 저하를 초래할 수 있는 퇴행성 신경 질환에는 여러 가지가 있기 때문이다. 그러나 우리의 현안과 관련해서 중요한 질문은 퇴행 과정이 진행 중인가 여부이지, 꼭 구체적인 진단이 필요한 것은 아니다. 비교적 드문 몇몇 급성질환의 경우를 제외하고, 퇴행성 신경 장애로 인한 인지능력 저하는 다소 천천히 진행되며 처음에는 모르는 사이에 시작될 수도 있다. 앞서도 말했지만, 다른 요인이 없을 경우 '정상적 노화'만으로 진짜 '노령(80세 이상)'에 이르기 전에 심각한 인지 손상이 일어나는 경우는 매우 드문데, 일반적으로 사람들은 이런 점을 제대로 모른다. 퇴행 과정을 암시하는 초기의 실마리들을 노화와 관련되기 때문이라고 '변명'하거나 축소하고, 특별히 심각한 (물론 그렇지 않을 수도 있다) 일로 여기지 않거나, 걱정스러운 예후를 암시하는 것을 인지하지 못하기도 한다.

이런 부분에서 경험 많고 노련한 임상의들은 어떤 사람이 **공적으로 보이는 모습과 다른 사람들과의 상호작용만 보고도** 그것이 치매의 초기 과정에 있음을 암시하는 실마리인지 아닌지 알아차릴 수 있다. 전체 병력을 모르고 정식 검사도 하지 않고서 관찰만을 바탕으로 진단을 내릴 수는 없지만, 충분히 훈련된 관찰자는 걱정해야 할 요소를 식별할 수 있고 **정식으로 검사해보라고 신중하게 제안할 수는 있다.**

그러나 업계 종사자들이 자진해서 내놓은 의견들도 당사자의 전문지식 수준, 객관성, 숨은 동기 등 여러 의혹 거리가 있으므로 무턱대고 신뢰할 수는 없다. 실제로 이는 트럼프 선거운동과 대선 기간에 계속 일어났던 일이기도 하다. 다양한 전문가들이 우려를 표했고, 어떤 사람들은 본질적인 '경고의 의무'를 거론했다. 염려할 증거가 전혀 없다는 부인부터, 정식 검사를 받아야 한다는 제안, 구체적인 진단들에 대한 추측, 제시, 소문까지 여러 견해가 나왔다.

객관적으로 볼 때, 나는 자기 분야에 정통한 임상의라면 15년 전 동영상 속의 트럼프의 인지 수행과 현재 보이는 인지 수행의 현저한 차이를 알아차리지 못할 리가 없다고 생각한다. 또한 객관적으로, 자기 분야에 정통한 임상의라면 분명히 염려할 만한 이유가 있고 정식으로 검사를 받아야 할 이유가 있다는 결론을 내리지 않을 수 없을 것이라고 생각한다.

그러나 동시에 과거의 동영상들은 상당히 다른 상황에서 만들어진 것(계획과 대본에 따른 것, 특정 부분을 강조한 것, 어떤 경우에는 편집된 것)이다. 이런 여러 가지를 고려해 나는 전반적인 경고와 '감별 진단(즉 겉으로 드러나는 변화를 일으켰을 **가능성이 있는** 원인들)'에 관한 기준을 넘어서는 것을 유포하는 것은, 추가적 데이터가 없이는 임상적으로 뒷받침되지 않고 윤리적으로도 미심쩍은 일이라는 입장을 취해왔다.

따라서 임상의들이 진행 중일 가능성이 있는 신경학적 악화와 관련된 우려를 터놓고 말하는 것은 적절한 일이라고 생각하지만, 그에 관한 공적 논의가 너무 혼란스러워져 있기 때문에 진지하고 타당한 염려의 목소리들이 실질적인 영향을 미치지 못하고 있다.

트럼프의 대통령 임기는 아직 얼마 지나지 않았지만, 나를 포함해 많은 사람이 상당히 문제가 많고 대단히 위험한 위기 상황이 드러나고 있다고 판단하고 있으며, 어쩌면 우리는 이미 적어도 한 번은 '날아오는 총알을 피했다'고 할 수 있을 것이다. 1984년 레이건과 월터 먼데일Walter Mondale의 첫 후보 토론 당시, 레이건은 잠시지만 분명 혼란에 빠진 모습을 보였다. 스트레스를 많이 받다 보면 누구나 잠깐 정신을 놓칠 수 있고 그것을 꼭 병이 있다는 신호로 여길 필요는 없다(예컨대 2011년 예비 선거 후보토론 당시 릭 페리Rick Perry가 자신이 해산시키고 싶은 정부 부처 세 곳을 열거하다가 마지막 하나를 끝내 기억하지 못한 일). 돌이켜보면 당시 사람들은 레이건이 '깜빡한 일'을 훨씬 더 심각하게 받아들였다. 대중은 이미 그의 의학적 상태에 관해 우려하고 있었고, 나중에 보도된 바로는 이미 가족과 친구들은 퇴행성 질환이 진행 중임을 잘 알고 있었다고 한다.[46] 그런데도 임상의들이 공적으로 심각하게 우려를 표한 일도 없었고, 정치적 논의에서도 (내가 보기에는 상황에 맞지 않는) '예의'를 차리느라 그 문제를 진지하게 거론하지도 않았다. 만약 임상의들이 분명히 의견을 냈다면 적절한 의료 기록이나 검사를 요구하는 합리적인 목소리들이 나왔을지도 모른다. 또 어쩌면 그것이 오히려 역효과를 내서 즉각 선거 결과가 결정되었을 수도 있다. 그러나 나는 개인적으로 두 번째 토론에서 먼데일이 진지하고 여유 있는 태도로 레이건에게 직접 그 질문을 던졌다면 어떻게 되었을지 궁금하다. "우리가 지난번에 만났을 때

---

46 Corn, 2011.

귀하는 심상치 않은 혼란의 순간을 맞은 것 같았습니다. 국가적 비상 상황에서 그런 일이 일어났다면 어떤 결과가 생길까요?"라고 말이다. 레이건이 그 질문을 능수능란하게 피해 가고 먼데일이 오히려 웃음거리가 되면서 그 자리에서 선거 운동이 끝났을 수도 있다. 그러나 레이건이 자신의 곤란을 어느 정도 자각하고 있었다면, 그런 질문을 받고 심하게 평정을 잃고 당황해 취약함을 드러내면서 선거 방향을 돌려놓았을 가능성도 충분히 상상해볼 수 있다. 물론 어느 쪽이었을지는 결코 알 수 없다. 어쨌든 레이건에게 어떤 신경 장애가 있었든, 임기 중에 부적절한 행위나 행동, 결정으로 이어진 일은 (알려진 바로는) 없었다. 그렇지만 그런 위험을 다시 한번 감수해야 한다는 것은 결코 달가운 일이 아니다.

퇴행성 신경 질환은 비교적 젊은 나이에도 발생할 수 있지만 이는 상당히 드문 경우이므로, 특정 연령 이상의 후보들은 진행성 질환의 가능성을 배제하기 위해 신경 심리학적 검사를 받도록 법적 의무로 규정해두는 것이 가장 현명한 방법일 것이다. 그래도 정확히 어떤 검사를 실시해야 하는지, 누가 검사해야 하는지, '직무 수행 적합성'의 판단 기준선은 어디로 잡아야 하는지 등 여전히 어려운 문제들이 남는다. 임상 지식을 바탕으로 하고 당파성을 초월한 사람들이, 적어도 진행성 질환의 객관적인 의학적 증거가 드러난 후보에 대해 자격 박탈의 기준을 설정할 수는 있을 것이다.

그런 절차가 없다면, 자격 있는 전문가들이 주저하지 말고 자신이 갖고 있는 우려를 조심스럽고 신중하게 표현해 가능한 한 많은 정보를 제공해야 한다고 생각한다. 동시에 현실적으로 그런 상황이 대부분의 사람에게는 혼란스럽고 논쟁적으로 받아들여질 수 있다는 것, 그리고 부도덕한 임상의들이 악의적으로 조작할 가능성도 배제할 수 없다는 것도 감안해야 한다.

급성질환 및 처방약 또는
불법 약물의 독성 작용으로 인한 손상

————

　연령을 불문하고 환자의 인지능력에 부정적 영향을 미칠 수 있는 질환은 아주 많지만, 일반적으로 나이가 들수록 인지 장애를 겪을 가능성이 더 커진다. 또한 의학적 목적을 위해 적절하고 합당하게 처방한 약물로도 단어가 잘 떠오르지 않는 경미한 증상(항콜린제의 경우에도 종종 나타나는)부터 더 심각한 인지 저하나 혼란, 심지어 섬망까지 포함해 여러 부작용이 생길 수 있다. 특정한 향정신성 의약품이나 불법 약물, 알코올 등을 사용하면 그 위험이 더 높아지는 것은 말할 필요도 없다. 급성으로 일어난 부작용들은 많은 경우 회복이 가능하지만, 어떤 물질들은 회복할 수 없는 인지 관련 문제를 일으킬 수도 있다(알코올은 확실히 그렇고, 다른 불법 약물들도 그러하며, 논쟁적이기는 하지만 일반적으로 무해하다고 여겨지는 꽤 흔한 약물들도 그런 경우가 있다).

　그러나 실질적으로 한 후보가 그런 문제들을 갖고 있는지 식별해내는 일은 퇴행성 질환의 경우만큼 큰 문제는 아니다. 급성으로 손상된 인지 기능은 독성 검사를 실시하고 약물 부작용 가능성을 검토하고, 병력과 검사 결과를 살펴 필요하다면 정식으로 신경 심리 검사도 실시하는 등 객관적이고 임상적으로 견실한 의학 기록을 공개하는 것만으로도 밝혀낼 수 있고 많은 경우 치료도 가능하다. 적어도 불법 약물 사용 가능성이나 경미하거나 대수롭지 않은 부작용(예컨대 혈압강하제 사용으로 인해 단어가 잘 떠오르지 않는 문제)이 공개될 수는 있다. 이렇게 해서 발견된 문제들이 치료할 수 없는 경우라면 이 상황은 사실상 위에서 다룬 '진행 중인 신경 악화로 인한 손상' 항목에 해당한다.

머리외상과(/이나) 합법 또는 불법 유독 물질 사용으로 생기는 누적 효과

지금은 '경도' 머리외상을 입은 경험, 특히 여러 차례에 걸쳐 반복적으로 일어난 경험이 있고 거기에 합법 또는 불법 향정신성 약물을 사용한 경험이 있으면, 과거에 생각했던 것보다 더 오랫동안 급성 인지 손상이 일어날 수 있고 지속적인 인지 저하 과정이 시작될 수 있음(이에 대한 구체적인 메커니즘은 아직 완전히 알아내지 못했다)이 밝혀졌고 널리 받아들여지고 있다. 몸과 몸이 맞닿는 운동을 해왔던 선수들(또 몸과 몸이 맞닿는 운동은 아니지만 축구처럼 머리를 사용하는 운동 선수들, 그리고 머리를 맞은 가정 폭력이나 학대 피해자들)이 부상이나 피해가 일어난 뒤 오랜 세월이 지나서도, 심지어 급성 증상들은 그다지 심하지 않았던 경우에도 나이가 들수록 인지상의 어려움이 증가한다는 것이 쌓여가는 증거들을 통해 밝혀졌다. 만성외상성뇌병증Chronic Traumatic Encephalopathy, CTE과 관련한 상세한 의학적 사항들[47]은 여전히 논쟁적이고 연구 중이지만, 머리외상이나 약물 남용의 과거가 있는 많은 사람들이 알츠하이머병이나 그 밖의 '전형적인' 퇴행성 신경 장애가 없는데도 인지 저하로 고통받는 것은 부인할 수 없는 사실이다. 그러나 이런 종류의 인지 저하가 일어나고 있는지, 그렇다면 얼마나 심각한지 판단하는 것, 그리고 앞으로 경과를 예측하는 것은 분명하게 정의된 질환이 진행 중인지 여부를 판단하는 것보다 더 복잡한 일이다.

그러므로 이 문제 역시 실질적으로는 항목 (2)에서 다룬 내용과 다르지 않다. 그러나 이는 한 개인의 병력이라는 영역에 속하는 문제로 (오늘날까지도) 종종 간과되고 있지만 후보의 병력 검토와 더불어 적절하게 고려하고 평가하는 것이 마땅하다.

---

47 Boston University CTE Center, 2017.

파멸에 이르는 비탈길

합리적인 사람 치고 인지적 기능이나 지적 기능이 손상된 인물이 미국 대통령 역할을 하길 바라는 사람은 없을 것이다. 그러나 지금까지 미국 대통령 후보로 나선 사람들이 인지 장애에 시달리고 있는지 또는 인지적 퇴행의 위험성이 높은지에 관해 대중에게 믿을 만한 정보를 제공해주는 과정이나 절차는 없다.

그런가 하면 트럼프의 선거운동 기간에 드러난 매우 문제가 많은 측면을 급성 정신 질환과 만성 성격학적 기능장애/병리의 관점에서 논하는 사람들도 있었다. 특히 급성 또는 만성 정신의학적 문제들(인지, 판단, 의사 결정 등에 영향을 미치는 문제들)이 의심되는 사람의 경우, 거기에 신경학적 원인에 의한 인지 장애가 더해지면 더욱 위태로워진다. 그러나 트럼프가 입후보하고 선거를 치렀던 특수한 상황들을 제외하면, 후보 선출과 대통령 선거 과정에서 미국 건국 이래로 축적된 의학적·신경학적 지식을 어떤 식으로든 고려 사항에 넣는 일은 없었다. 그 지식은 계속해서 확장되고 있고 앞으로도 계속 확장될 것이며 더욱 정교해지고 이해가 깊어질 것이다.

그렇지만 임상 지식이나 의학 지식을 정치에 적용하는 일은 객관성, 기준(예컨대 자격 부여 기준이나 자격 박탈의 기준) 설정, 그리고 잘못된 정보 또는 악의로 인한 조작을 피하는 등의 문제와 관련해 실질적으로 매우 복잡하고 버거운 일이다. 후보의 인지능력과 지위를 고려하는 과정에도 여러 위험이 도사리고 있다. 터놓고 의견을 말하고자 하는 사람은 신중을 기하고 위험을 감수하는 태도로, 합리적으로 의심을 품고 있을 대중을 상대해야 한다.

이는 그야말로 '파멸에 이르는 비탈길'이다. 그러나 비탈길의 존재를 완전히 무시하고 국가와 세계에 미칠 잠재적 위험을 전적으로 부인하는 것보다는 그 비탈길 위에서 적절한 균형을 유지하려고 노력하는 것이 훨씬 현명한 일이다.

9장

추정상의 무능력자
도널드 트럼프

정신적 무능력과
수정 헌법 제25조

제임스 허브

* 미국은 50개 주로 구성된 연방 국가로, 각 주와 연방은 각기 고유한 법률 체계를 갖추고 있다.
  주에 따라서 법률 용어의 쓰임과 의미가 달라질 수 있다.

* 한국 법에 대응하는 법률 용어가 있는 경우 그 용어에 따라 썼으며, 그렇지 않은 경우 직역했다.

제임스 A. 허브 James A. Herb

플로리다 주에서 40년 동안 변호사로 일해왔다. 플로리다 주 대법원에서 공인받은 항소심
조정위원이자 공인 중재인, 전국유언검인판사협회의 전문가 회원이다. 플로리다 주 법률
업무를 다룬 책들에 4개의 장을 썼고, 50건 이상의 법률 세미나를 진행하거나 발표자로
참여한 적이 있다.

트럼프는 내가 팜비치카운티 연방항소법원에 그의 정신적 무능력자 성립 여부를 판단해달라는 청구를 낸 2016년 10월 4일부로 '추정상의 무능력자'가 되었다. 나는 성인이며 플로리다 주민의 한 사람으로서, 누가 봐도 트럼프는 직무를 수행할 정신적 능력이 결여된 것으로 보이며 이는 그 자신뿐 아니라 나와 온 세상에도 영향을 미칠 수 있는 일이라는 점에 근거해 그러한 절차를 개시할 당사자적 격이 있다고 주장하는 바이다.

유권자 투표 이전

나는 정치학 학사와 석사 학위 소지자이며, 늘 일종의 정치광으로 살아왔다. 1974년에는 닉슨의 사임으로 이어진 워터게이트 청문회를 텔레비전으로 줄곧 지켜보았다. 법학 학위를 받은 후에는 헌법과 정치 강의도 했다. 클린턴 대통령의 탄핵 절차도 지켜보았고, **부시 대 고어**의 대결도 하루도 빠짐없이 지켜보았지만, 그 모든 경험도 에스컬레이터를 타고 내려오는 것으로 시작한 트럼프의 대통령 선거운동에 대비하기에는 역부족이었다. 어쩌면 그것은 상징적인 예언이었는지도 모른다. 그는 높은 곳으로 올라가는 것이 아니라 낮은 곳으로 내려갔고, 더불어 우리도 모두 함께 끌고 내려갔다. 에스컬레이터는 얼마나 낮은 곳까지 내려갈 수 있는 것일까? 나는 트럼프 스타일의 선거운동이 우리 사회에서 성공을 거둘 거라고는 상상도 하지 못했다.

많은 사람이 그랬듯이 나는 트럼프가 공화당의 대통령 후보가 되지 못할 거라고 생각했다. 그런데 2016년 7월에 그가 대통령 후보가 되고 말았다. 그때부터 나는 트럼프가 대통령이 될 가능성을 두고 큰 고뇌에 빠졌다. 물론 트럼프가 후보가 된 것과 내가 대재앙이 될 거라고 생각한 그 일 사이에는 아직 두 개의 장애물이 더 남아있었다. 하나는 2016년 11월 8일에 있을 총 유권자 투표였고, 또 하나는 (트럼프가 이겼을 경우) 2016년 12월 19일에 치를 선거인단 투표였다. 한낱 유언 전문 검인변호사이며 평범한 시민인 내가 할 수 있는 일이 있었을까?

나는 트럼프의 말과 행동에 관한 공적 기록을 검토했고, 대통령 직무를 수행할 수 없는 정신적 무능력을 반영한다고 여겨지는 200가지 항목으로 목록을 추렸다. 그 목록은 훨씬 더 길어질 수도 있었지만 200가지에서 멈추었다.

인터넷에는 트럼프의 정신 상태에 관한 논평이 아주 많았다. 트럼프가 대통령직을 수행할 만한 정신적 능력이 없다는 것을 (누군가가) 판단해달라는 인터넷 청원도 있었다. 그러나 법정 소송을 제안한 사람은 아무도 없었다. 나는 골드워터 규칙(이 책의 2부에서 더 자세히 다룬다)이 특정한 정신 건강 전문가들에게 공인의 정신 건강을 멀리서 보기만 하고 진단하는 것을 명백히 금지하고 있음을 검토했다. 역설적인 면은 이것인데, 나는 정신 건강 전문가가 아니고 그런 진단을 내릴 공식적인 교육을 받은 것도 아니므로 골드워터 규칙의 금지 규정은 어떤 식으로도 내게는 적용되지 않는다는 점이다. 오히려 후견 변호사로서 무능력자 여부를 판단해달라는 청구를 내기 **전에** 그 사람의 정신적 무능력성에 대한 예비 판단을 내리는 것은 내가 늘 하는 업무의 한 부분이다.

언젠가 텔레비전에서 트럼프의 유세 장면을 보고 있는데 그가 〈뱀The Snake〉이라는 노래의 가사를 읊었다. 인정 많은 여자가 반쯤 얼어 있던 뱀을 구해주었더니 뱀이 되살아나자마자 여자를 물어 치명적인 상처를 입혔다는 내용이었다. 뱀은 이렇게 말한다. "나를 들여오기 전부터 당신은 내가 뱀이라는 걸 분명히 알고 있었어." 나는 트럼프가 자신에 관해 말하고 있고 인정 많은 여자는 미국 국민이라고 생각했다. 그러나 알고 보니 그는 이민자들이 그 사악한 뱀 같은 존재라고 말한 것이었다.

이와 비슷한 다른 우화들도 있다. 아마도 가장 좋은 예는 다양한 표현으로 전해지는 전갈과 개구리 이야기일 것이다. 그중 한 이야기에서는 전갈이 개구리에게 자기를 업고 헤엄을 쳐 연못을 건너달라고 부탁한다. 개구리는 전갈의 독침이 무서워서 부탁을 들어주기를 주저한다. 그러자 전갈은 개구리를 독침으로 찌르면 둘 다 물에 빠져 죽을 것이니 당연히 찌르지 않을 거라고 주장한다. 그래서 둘은 연못을 건너기 시작하지만 반쯤 건넜을 때 전갈이 개구리를 찌른다. 수면 밑으로 가라앉기 직전에 개구리가 전갈에게 왜 찔렀느냐고 묻는다. 그러자 전갈은 대답한다. "본성을 통제할 수 없었어."

나는 결국 우리가 자기 본성의 위험한 부분을 통제하지 못하는 전갈 왕을 백악관에 앉히게 될까 봐 심히 걱정스러웠다.

40년 가까이 후견 변호사로 일한 경험이 있는 나는 (트럼프가 마러라고Mar-a-Lago에 주택을 소유하고 있는) 팜비치카운티에서 '무능력' 절차를 개시하고, 3인으로 된 조사 위원회를 지정하여 트럼프를 면담한 다음 그가 대통령이 될 정신적 능력이 부족한지 여부를 보고하게 하는 것이 적절할 것이라고 생각했다. 나는 무능력자 소송을 많이 다루어보았지만, 이번에는 분명히 **평범한** 비정상인은 아닌 사람을 다루게 될 터였다.

만약 법원에서 절차를 밟아 마침내 트럼프가 무능력자라고 판단했다고 해도 그것으로 그의 출마를 막지는 못했을 것이다. 그는 연령을 비롯해 헌법에 제시된, 대통령이 될 다른 합법적 요건들을 충족했기 때문이다. 그렇지만 그런 결정이 나왔다면 선거인단이 투표를 하러 가서 누구에게 표를 던질지 결정할 때 고려 사항은 되었을 것이다.

2016년 8월 중순에 청구 준비가 끝났지만 나는 청구를 내는 대신 다양한 사람들에게 청구에 관해 알리기로 결정했다. 그들은 어느 쪽의 선거운동에도 참여하지 않은 사람들이었고 정당의 당직자들도 아니었다. 내가 이야기를 나눈 사람들은 변호사와 변호사가 아닌 사람들, 그리고 은퇴한 판사들이었다. 공화당원에게도 민주당원에게도 무소속인 사람에게도 말했다. 나에게 그것은 당파적 정치 사안이 아니었다. 그것은 우리 민주주의의 생존이 걸린 사안이었다. 또한 나는 소송 절차에 관해서도 오랫동안 골똘히 생각했다. 나는 대통령이 될 수도 있는 사람에게 적의를 사고 싶은 것인가? 그렇게 복수심 강하고 소송을 일삼는 사람에게 적이 되고 싶은 것인가? 명예훼손으로 고소당하지는 않을까? 지금까지와 같은 내 삶은 끝나버리지 않을까?

나는 그 사안이 모든 미국 국민에게, 그리고 어쩌면 전 세계 모든 사람에게 너무나 중요하다고 판단했고, 그래서 애국적 의무로서 그의 무능력성을 판단해달라는 청구를 내야만 한다고 느꼈다.

내가 청구를 낸 시점은 유권자 투표일인 2016년 11월 8일을 한 달여 앞둔 때였다. 청구서에서는 (1) 그의 행동과 발언은 《정신장애 진단 및 통계 편람》 제5판(이하 DSM-5)의 301.50 항목 연극성 인격장애histrionic personality disorder의 진단 기준 1~8을 모두 충족시켜 그 진단을 뒷받침하는 것으로 보이며, (2) 그의 행동과 발언은 DSM-5의 301.81 항목 자기애성 인격장애의 진단 기준 1~9를 모두 충족시켜 그 진단을 뒷받침하는 것으로 보인다는 사실 정보에 근거해 트럼프는 취직 또는 고용을 유지할 능력이 없거나 없을지도 모른다고 주장했다. 그리고 그 주장을 뒷받침하는, 선거기간 동안 트럼프가 말한 200가지 발언 목록도 첨부했다.

내 청구에 처음 배당된 판사는 그 건을 기피했다. 두 번째 판사는 나에게 다음과 같이 명령했다. 내게 내 청구가 기각되어서는 안 되는 이유를 설명하고, 트럼프가 헌법 제2조 1절 5항(35세 이상, 14년 이상 미국 거주자, 토박이 시민)에 규정된 대통령이 될 유일한 자격 요건을 충족한다는 점을 고려할 때 주 법원이 그가 대통령이 되려고 하는 것을 제한할 수 있는지 여부를 말하라고 말이다.

선거일 바로 전날, 법원은 나의 무능력자 청구를 기각했다.

유권자 투표 이후

일반 유권자 투표일 이후(그리고 선거인단 선거일 이전)에, 나는 법원의 기각 결정에 이의를 신청하고 대통령은 유권자들의 직접투표가 아니라 선거인단에 의해 선출되므로, 트럼프가 정신적 무능력자인지 여부는 논쟁할 가치가 있는 문제라고 주장했다. 어쩌면 선거인단이 우리를 구해줄 수도 있는 일이었다.

나는 알렉산더 해밀턴Alexander Hamilton이 〈연방주의자 논문 68번 Federalist No. 68〉(1788년 3월 12일)에서 설명한 대로, 헌법 입안자들이 선거인단 제도를 선택한 **원래 의도**는 대통령을 선출하는 과정에서 선거인단이 (일반 대중의 판단을 넘어서는) 지혜와 판단력을 제공하게 하기 위한 것이었다고 주장했다. 대통령은 특정 목적을 위해 국민이 선출한 선거인단을 통해 작동하는 "국민의 양식 있는 의견"에 의해 선출되어야 한다. 대통령을 선출하는 일은 "그 직위에 적용되는 자질들을 분석하는 역량이 가장 뛰어난 사람들이, 심사숙고하기에 좋은 환경에서, 선택을 내리는 데 적합한 모든 이성과 동기를 신중하게 결합하여 행해야 한다." 해밀턴은 또 이렇게 썼다. "일반 대중인 동료 시민에 의해 선출된 소수의 사람들이, 그렇게 복잡한 검토에 필요한 정보와 분별력을 가지고 있을 가능성이 가장 높을 것이다." 선거인단을 통해 이루어지는 선거 과정은 "필수 요건을 특출하게 갖추지 못한 어떤 사람에게도 대통령직이 돌아가는 일이 없도록 하는 도덕적 확실성을 제공한다."

또한 나는 로버트 H. 잭슨Robert H. Jackson 연방 대법관(뉘른베르크 나치 전범 재판의 설계자이자 미국 측 검사)의 말도 인용했다. 그는 원래 선거인단제도를 도입한 의도는 "선거인단이 자유로운 행위자로서 누가 국가 최고위 공직을 수행할 가장 적합한 자격을 갖추었는지에 관해 독립적이고 초당적인 판단을 내리는 것이었다"고 말했다. 잭슨 대법관은 또 이렇게 말했다. "그 계획은 실패했다. 선거인단은 개인적으로는 탁월하고 독립적이며 존경스러운 인물들로 구성될지라도, 공적으로는 자발적으로 정당의 하수인이자 지적으로 별 볼 일 없는 존재가 되어버린 이들로, 우리가 어느 풍자시의 내용만 살짝 바꾸어 다음과 같이 그들을 기억해도 할 말이 없을 것이다.

그들은 언제나 당이 시키는 대로 표를 던질 뿐
스스로 생각하는 법은 결코 없었다네.

"선거인단 제도는 **사후경직**과 거의 분간할 수 없을 정도로 쇠퇴한 상태다."[48]

또한 나는 대중의 당면한 소망을 참조하는 것이 아니라 "자신의 의지에 따라" 대통령을 선출할 "뛰어난 분별력과 덕과 정보"를 갖춘 사람들로 선거인단을 구성하는 것이 헌법 입안자들의 의도였다는 것도 덧붙였다.[49] "선거인단은 헌법에 의거하여 자신이 원하는 누구에게나 표를 던질 자유가 있고 때때로 실제로 그렇게 해왔다."[50]

한 주의 법원이 트럼프가 대통령직을 수행할 '정신적 능력'이 없다는 판단을 내린다고 해서 자동적으로 트럼프의 자격이 박탈되는 것은 **아니지만**, 그런 결정은 선거인단 구성원에게는 매우 중요한 정보가 될 터였다. 사안과 관련된 정보를 가능한 한 많이 확보하라는 것은 헌법입안자들이 선거인단 구성원에게 역할을 제대로 수행

---

48 레이 대 블레어 재판Ray vs. Blair, 로버트 H. 잭슨 대법관의 반대 의견. —원주
   1952년에 앨라배마 주 민주당 집행 위원장 벤 F. 레이Ben F. Ray는 민주당 후보에게
   투표하겠다는 맹세를 하지 않은 에드먼드 블레어Edmund Blair에게 선거인단 자격을
   부여하지 않았는데, 이에 대한 적법성을 판단하는 재판이었다. 앨라배마 주
   대법원은 그러한 요건이 선거인단의 자유를 제한한다는 이유로 레이에게 선거인단
   자격을 부여할 것을 명령했다. 하지만 연방 대법원은 그 판결을 뒤집고 정당이
   선거인단 후보자에게 그러한 맹세를 요구하는 것은 합헌이라는 판결을 내렸다.
   이에 대해 잭슨 대법관이 반대 의견을 낸 것이다. —옮긴이

49 레이 대 블레어 재판, 343 U.S. 214, 232 [1952], 로버트 H. 잭슨 대법관의 반대 의견.

50 U.S. Senate, 2013.

하기 위해 필수적인 것으로 제안한 처방이다.

법원은 판결을 바꾸지 않았다. 트럼프는 2016년 12월 19일 선거인단 선거로 선출되어 2017년 1월 20일에 취임했다.

취임 이후: 수정 헌법 제25조

————

취임 후 첫 열흘 동안 나는 트럼프에게서 어떠한 '대통령다운 태도로의 방향 전환'도 목격하지 못했으므로 2017년 1월 30일에 무능력성을 판단해달라는 두 번째 청구를 냈다.

그 첫 열흘 동안 트럼프는 최소한 두 가지 망상적 믿음을 주장했다. 하나는 취임식에 모인 군중 규모에 관한 것이었고, 또 하나는 힐러리 클린턴이 일반 유권자 투표에서 이긴 것은 오직 300~500만에 달하는 불법적인 표 때문이라는 주장이었다.

또한 그 열흘 동안 트럼프는 여러 행정명령을 내림으로써 무엇이 합법이고 무엇이 불법인지(입국 금지), 의회의 예산 승인 없이 자신이 할 수 있는 일과 할 수 없는 일이 무엇인지(멕시코와 맞댄 국경에 장벽 세우기), 국가 안보에 이로운 일과 해로운 일이 무엇인지(배넌을 들이고 몇몇 장관급 관리를 내보냄) 전혀 이해하지 못하는 정신적 무능력을 증명했다. 트럼프는 멕시코와 관계를 소원하게 만들고, 입국 금지로 전 세계 여러 나라와도 관계를 소원하게 만들고, 행동을 취하기 전에 미국 행정부의 해당 부문에게 사안과 조치를 검토시킬 능력이 없다는 것과 자신이 한 말과 행동의 효과를 예측하는 능력(심지어 고려하는 능력)이 전혀 없음을 드러냈다.

나는 청구서에서 그가 대통령직을 계속 수행하려면 다음과 같은 정신적 능력을 갖추고 있어야 한다고 주장했다.

- 사실과 허구를 구별하는 능력.
- 말하거나 행동하기 전에 사안이나 문제에 대해 철저히 생각하는 능력.
- 사안을 배울 능력과 의지.
- 사실에 입각한 논리적인 의사 결정.
- 일관된 의사소통.
- 자신이 한 말에 대해 (오락가락하거나 '말 뒤집기'를 하지 않고) 일관성 유지하기.
- 어떤 말이나 행동을 함으로써 생길 수 있는 결과에 대한 이해력.
- 용인할 수 있는 결정과 끔찍한 결정 구분하기.
- 행정부의 역할에 관한 규정들, 권리장전에서 보장하는 시민의 권리를 포함해 미국 헌법을 이해하고 보호하고 수호하려는 의지.
- 탄핵에 관해 미국 헌법 제2조 4항에 제시된 중대 범죄와 경범죄를 저지르지 않도록 자제하는 능력.
- 합의를 이뤄내고 합의 사항을 지키는 능력.

도널드 트럼프라는 위험한 사례

- 미국을 대표하는 외교정책을 배우고 수행하는 능력.
- 합리적이고 효과적으로 사람을 상대하는 능력.
- 망상에 빠지지 않는 것.
- 자유롭고 공정한 선거의 중요성(그리고 일어나지도 않은 '조작'을 주장하지 않는 일의 중요성), 선거에서의 경쟁자를 투옥하려는 의도가 가지는 비민주주의적 성격, 그 경쟁자에게 여러 음모론을 제기하는 일에 내포된 위험성을 포함해 기본적인 민주주의 원칙에 대한 이해.
- 안정적인(즉 정신적 불안정성이 없는) 사고와 발언.

이어서 나는 트럼프가 한 발언들이 그가 **자기애성 인격장애**를 가지고 있다는 판단을 뒷받침하기 때문에, 그는 대통령으로서 직무를 계속 수행할 수 없는 정신적 무능력자라고 주장했다. 또한 그가 다음과 같다고 주장했다.

- 자기가 중요한 존재라는 과대하게 부풀린 의식에 사로잡혀 있고,
- 무한한 성공, 권력, 탁월함이라는 환상을 좇으며,
- 자신이 특별하고 독특한 사람이라고 믿고 있고,
- 과도한 찬사를 필요로 하며,
- 특권 의식을 갖고 있고(즉 특별히 우호적인 대접이나 자신의 기대에 무조건 따라주기를 무리하게 기대함),

- 대인 관계에서 착취적이며(즉 자신의 목적을 달성하기 위해 다른 사람들을 이용함),
- 공감 능력이 부족해 다른 사람의 감정과 필요를 인지하거나 동감하지 못하거나 할 의사가 없고,
- 오만하고 거만한 행동과 태도를 보인다.

나는 트럼프의 발언들이 그가 연극성 인격장애를 갖고 있다는 판단을 뒷받침하기 때문에, 그는 대통령으로서 직무를 계속 수행할 수 없는 정신적 무능력자라고 주장했다. 또한 그가 다음과 같다고 주장했다.

- 다른 사람과의 교류에서 대개 부적절하게 성적으로 유혹적이거나 도발적인 특징을 드러내는 방식으로 행동해왔고,
- 급격한 감정 변화와 얄팍한 감정 표현을 보이며,
- 과도하게 인상적으로 표현하며 세부는 생략하는 말하기 스타일을 갖고 있고,
- 자신을 드라마의 주인공처럼 표현하는 연극성이 있고 감정을 과장해 표현하며,
- 외부 영향에 쉽게 움직인다(즉 다른 사람이나 상황에 쉽게 영향을 받는다).

나는 트럼프가 망상적 믿음을 갖고 있는 것으로 보이며, 따라

서 대통령으로서 직무를 계속 수행할 수 없다고 주장하고, 선거운동 기간 동안 그가 한 여러 우려스러운 발언을 200가지 이상 제시했다.

또한 미국 헌법에는 (일단 취임한) 대통령이 대통령직의 권한과 의무를 수행할 능력이 없을 때와 관련하여 수정 헌법 제25조 3절과 4절[51]의 조항들이 있다고 말했다.

3절은 대통령이 자발적으로 (그리고 아마도 일시적으로) 부통령에게 대통령직의 권한과 의무를 이양하고 이에 따라 부통령이 대통령을 권한대행하는 일에 관해 규정한다. 대통령은 상원 임시 의장과 하원 의장에게 자신이 대통령직의 권한과 의무를 수행할 수 없다

---

51 수정 헌법 제25조 3절과 4절은 다음과 같다.

3절. 언제든 대통령이 상원 임시 의장과 하원 의장에게 서면으로 자신이 대통령 직무를 수행할 **능력이 없다**고 알리면, 그가 그와 반대되는 내용의 서면을 제출하기 전까지 부통령이 대통령의 권한과 의무를 대리해 수행한다.

4절. 언제든 부통령과 행정 각 부 각료급 고관의 과반수, 또는 의회의 과반수가 법률에 의거하여 상원 임시 의장과 하원 의장에게 대통령이 직무를 수행할 **능력이 없다**고 공표하는 서면을 제출하면, 그 즉시 부통령이 대통령 권한대행으로서 대통령직의 권한과 의무를 넘겨받는다.

그 후 대통령이 상원 임시 의장과 하원 의장에게 직무**불능**이 성립하지 않는다고 공표하는 서면을 제출하면 대통령직 권한과 의무 수행을 재개하게 되는데, 단 이때 부통령과 행정 각 부 각료급 고관 과반수와 의회의 과반수가 법률에 의거하여 4일 이내에 상원 임시 의장과 하원 의장에게 대통령이 직무를 수행할 **능력이 없다**고 공표하는 서면을 제출하지 않아야 한다. 제출했다면, 의회는 회기가 아닐 경우 48시간 이내에 그 사안을 결정하기 위해 의회를 소집해야 한다. 의회가 서면 선언을 받은 뒤 21일 안에, 또는 회기가 아닌 경우 의회가 소집 요구를 받은 지 21일 이내에, 양원의 3분의 2 표결로 대통령이 그의 권한과 의무를 수행할 수 없다는 결정이 내려지면 부통령이 계속 대통령 권한대행으로 직무를 수행하고, 그러지 않을 경우 대통령이 그 직의 권한과 의무 수행을 재개한다.(강조 표시는 글쓴이)

고 알리는 서면을 제출한다.[52] 이러한 권한과 의무의 포기는 대통령이 반대되는 내용을 공표하는 서면을 보내기 전까지 지속된다.

3절은 미국 역사상 세 차례 적용되었다. 1985년 레이건의 대장암 수술 때 8일 동안 한 번 적용되었고, 2002년과 2007년에 조지 W. 부시가 대장 내시경을 할 때 각각 2시간 미만 동안 적용되었다. 그에 따라 우리에게는 조지 H. W. 부시와 리처드 B. 체니Richard B. Cheney라는 두 명의 대통령 권한대행이 있었다. 세 경우 모두 일시적으로 적용할 의도에 따라 일시적으로 적용되었다.

4절은 대통령직의 비자발적 직무 양도를 대비한 규정이다. 부통령과 내각 관료의 과반수가 상원 임시 의장과 하원 의장에게 대통령이 대통령직의 권한과 의무를 수행할 수 없다고 선언하는 서면을 보내면 부통령이 즉각 대통령 권한대행이 된다.

그러나 그것으로 끝나는 것은 아니다. 대통령이 상원 임시 의장과 하원 의장에게 직무 불능이 성립하지 않는다는 서면을 제출하고, 부통령과 내각 관료 과반수가 상원 임시 의장과 하원 의장에게 대통령이 대통령직을 수행할 수 없다고 선언하는 서면을 제출하지 않는다면, 대통령은 대통령직으로 복귀한다. 그러나 서면을 제출했다면 의회는 그 안건에 대해 결정을 내린다. 만약 의회가 양원 3분의 2의 표결로 대통령이 대통령직을 수행할 수 없다고 결정한다면 부통령이 계속 대통령을 대행하고, 수행할 수 있다고 결정한다면 대통

---

52 미국의 상원 의장은 부통령이 겸임한다.

령이 대통령직의 권한과 의무를 회복한다.

나는 플로리다 주 법원이 트럼프가 대통령직을 수행할 정신적 능력이 없다고 판단할 권한이 있다고 주장했다. 그런 결정이 자동 발효되지는 않지만, 즉 트럼프를 자동적으로 대통령직에서 면직하는 것은 아니지만, 수정 헌법 제25조에 따라 면직 또는 양도 절차를 진행할 기반은 제공할 수 있다.

2017년 2월 21일, 법원은 나의 두 번째 청구도 기각했고 나는 플로리다 주 제4지구 지방 항소법원에 그 결정에 대한 항소 신청서를 냈다. 그 항소는 현재 계류 중이다.

2017년 5월 1일에는 항소이유서를 냈는데, "메이 데이/메이데이May Day/Mayday"[53]라는 제목의 그 서면에서 나는 지방 항소법원이 트럼프에 대한 무능력자 소송을 진행하도록 제1심 법원에 명령해 그가 대통령직을 수행하기에 정신적으로 무능력자가 아닌지 여부를 최종적으로 판단해줄 것을 요구했다. 법원이 내 뜻에 동의하고 내 요청을 인정한다면 절차가 진행될 것이다.

---

53 May Day는 5월 1일로 나라에 따라 노동절 또는 봄을 축하하는 축제일이며, Mayday는 국제조난신호. 5월 1일에 위급한 상황에 대해 알린다는 의미로 지은 제목인 듯하다. —옮긴이

이제 어디로 가야 하는가

만약 대통령직을 수행할 정신적 능력이 부족하다는 판결이 나온다면 트럼프는 수정 헌법 제25조 3절에 제시된 자발적 절차에 따라 스스로 대통령직의 권한과 의무를 수행할 능력이 없다고 선언할 것이다. 현재의 《이상한 나라의 앨리스》 같은 세상의 기괴한 성격을 감안하면 완전히 불가능한 일은 아닐지도 모른다. 그러나 그가 3절에 따른 자발적 양도를 선택하지 않을 경우, 부통령과 내각, 의회는 수정 헌법 제25조 4절에 따라 비자발적 절차를 진행할 것이다. 4절은 아직 한 번도 발동된 적이 없다. 지금이 바로 그것을 발동할 때인지도 모른다.

만인은 법 앞에 평등하다. 플로리다 주 후견법에 따르면 트럼프는 자신으로부터 보호받을 권리가 있고 이는 다른 모든 사람도 마찬가지다. 그러나 아직 트럼프는 추정상의 무능력자인 상태고, 반대되는 판단이 나올 때까지는 계속 그 상태로 남아 있을 것이다.

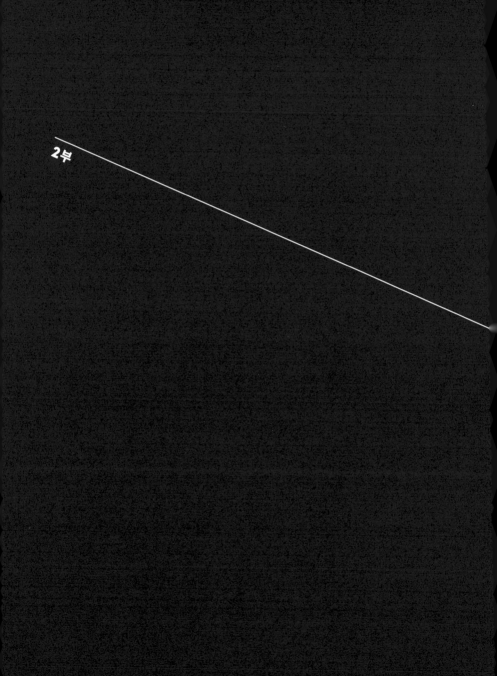

2부

1장

정신의학자들은 트럼프의 심리에 대한 논평을 삼가야 하는가?

레너드 글래스

레너드 L. 글래스 Leonard L. Glass

매사추세츠 주 뉴턴에서 정신과 의사이자 정신분석가로 일하고 있다. 하버드대학교
의학대학원 정신의학과 부교수이자, 매클린병원 정신과 외래 진료에도 참여하고 있다.
보스턴정신분석연구소 소장을 지냈고, 2017년 4월 골드워터 규칙에 항의하며 사임하기
전까지 미국정신의학회 특별 종신 연구위원이었다. 윤리, 인간 심리, 대규모 집단의
정신의학적 위험, 심리 치료의 경계 문제 등에 관한 전문적 글을 써왔으며, 도로에서
운전자가 터뜨리는 분노와 스포츠 경기장에서 관중이 보이는 폭력에 관한 논문들을 썼다.

여러분은 그 답이 명백하다고 생각할지도 모르지만, 그렇지만은 않다.

당연히 "삼가야 한다"

───────

정신 건강 전문가들이 정치 논쟁에 의견을 보태는 일에 반대하는 데는 역사적 근거가 있다. 바로 골드워터 규칙이다.[1] 정신의학자들은 1964년에 대통령 후보 배리 골드워터Barry Goldwater를 직접 검진하지 않고 그에게 진단을 내렸다가 사법적으로 굴욕을 당했고, 정신 건강 단체장들은 이 뼈아픈 경험을 계기로 정신 건강 전문가들의 평판을 보호하기 위해 공인에 대한 진단을 금지하는 규정을 윤리 강령

───────

1 Friedman, 2017.

에 포함시켰다.

그 주장의 요지는 진정한 감정鑑定을 위한 정신의학계의 수칙을 따랐을 때만, 다시 말해 당사자와 면담을 하고 여기에 본인과 믿을 만한 가족들에게 얻은 개인사에 관한 정보를 보충하고, 전면적인 정신 상태 검사와 신체검사를 실시하고 관련 연구 내용으로 뒷받침했을 때만, 한 개인의 정신 기능을 논평하는 전문가의 권위를 주장할 수 있다는 것이다. 그러지 않은 상태에서 정신의학자가 제시하는 의견은 대중에게는 유효하게 받아들여질지 몰라도 일반적으로 인정되는 근거가 부족하기 때문에 그 말을 합당한 것으로 받아들일 수 없다는 주장이다.

최근 미국정신의학회 윤리위원회는 골드워터 규칙을 더욱 확대해석해 정신의학자들이 자신의 전문적 지위를 언급하면서 공인에 대해 논평하는 것을 **전면적으로** 금지했다.[2] 그 밖에도 그런 진단을 '삼가야 한다'는 다른 주장도 기본적으로 정신의학계를 불명예로부터 보호해야 한다는 주제를 다양한 방식으로 바꿔 말하는 것이다. 가뜩이나 (〈뉴요커〉의 카툰이나 더 야박한 조롱들에서 볼 수 있듯이) 걸핏하면 심리학과 정신의학을 비판하고 가볍게 여기는 사람이 많은데, 정신 건강 전문가들이 편견에 빠지거나 제대로 된 정보를 확보하지 못한 상태에서 섣불리 의견을 말하거나 서로 어긋나는 의견을 말하면 그 신빙성을 더욱 해칠 수 있다는 이유에서다.

---

2 American Psychiatric Association, 2017.

그러나, 다소 미묘하지만 "논평해야 한다"

———————

골드워터 규칙은, 특히 그 규칙의 확대해석은 범주 오류를 범했다. '전문적 의견(즉 환자 치료의 기반이 되는 임상적 평가)'과 **비임상적** 역할에서 '전문가의 의견'을 제시하는 것(즉 정신 건강 전문가로서 공적 영역에서 자신의 관점을 제시하는 것)을 하나로 뭉뚱그린 것이다. 후자의 경우에는 특정한 환자가 없고, 따라서 환자의 허가를 받고 환자의 비밀 유지 권리를 합당하게 고려한 후에 임상적으로 도출한 평가만을 제공해야 한다는 기준은 적용되지 않는다. 다시 한번 말하지만 여기에는 **환자가 없다.** 이를테면 우리가 투자를 결정하거나 출장 요리 메뉴를 선택하거나 〈뉴욕타임스〉의 칼럼을 읽을 때 '전문가의 의견'을 궁금해하는 것과 비슷한 경우다.

같은 맥락에서 나는 이정표적인 타라소프 재판을 계기로 나온, 이른바 타라소프 의무라 불리는 경고의 의무를 글자 그대로 적용하는 것에 이의를 제기한다. 타라소프 의무는 전문가가 의사-환자 관계에서 자신의 환자가 제3자를 위협할 것이라는 구체적인 사실을 인지한 경우에만 의미가 있다. 그런 상황에서는 경고의 의무가 환자의 비밀 유지 권리보다 우선한다. 그러나 의사-환자 관계가 성립하지 않는 영역에서 경고의 의무는 더 은유적이다. 즉, 우리 전문가들은 '흩어진 점들을 연결해' 전체 그림을 그려낼 수 있고, 거기서 가장 막강한 권력을 차지하고 있는 사람에게 나타날 경우 치명적 위험이 될 수 있는 불합리성, 충동성, 다양한 의견을 짓누르는 억압의 패턴을 발견한다면 그것을 대중에게 알려 경고해야 한다는 것이다. 경고의 의무는 자신이 진료하는 환자의 예측 가능한 폭력을 예방할 책임이 있는 **임상의**로서가 아니라, 특정한 전문 지식을 갖고 있는 **시민**으로서 우리가 가지는 우려를 표하는 것이다.

대중은 표면적으로 혼란스러워 보이는 현상을 전문가가 심리학적으로 논평한 것을 보고 도움을 받을 수 있다. 실제로 "일반 대중이 (…) 시의적절한 의미가 있는 정보를 접하게" 하는 것은 의사들의 명백한 윤리 지침 중 하나다.[3] 이를테면 전형적으로 자신의 성공만 떠벌이고 자기 실수는 절대 인정하지 않으며 대신 다른 사람들(예컨대 문제의 임무를 계획한 장군들, 트럼프 본인도 한때 사실이라고 인정했던 의견을 말한 폭스 뉴스의 분석가, 그 문제를 폭로한 언론, 언론에게 그 문제에 대해 주의를 환기시킨 누설자나 내부 고발자들)을 비난하고 헐뜯기만 하는 사람을 어떻게 이해해야 할까. 어떤 사람들에게는 그런 사람이 불안정한 심리 때문에 자신을 부풀리는 데 혈안이 된 사람이라는 게 분명히 보일 수 있지만, 대중 가운데 심리학적 지식이 별로 없는 사람들은 그의 허풍을 액면 그대로 받아들일 수 있다. 이럴 때 대중에게 전문가의 견해를 제시하는 것이 바로 훈련된 전문가들의 역할이다.

트럼프의 경우, 우리 전문가들이 전통적으로 의지해온 임상 데이터가 없는 것은 사실이다. 하지만 대중의 관심을 끄는 트럼프의 재능과 그가 뉴스에 등장해왔던 세월, 그리고 특히 그의 행동과 반

---

3 American Psychiatric Association, 2013.

응을 그대로 담아둔 수많은 동영상 증거들 덕분에 트럼프의 감정적 반응과 말로 표현된 사고 과정을 알아낼 만한 어마어마한 양의 자료가 존재하는 것 또한 분명하다. 과거에는 골드워터 규칙을 공인의 '정신'이라는 관찰할 수 없는 내면의 움직임에 관한 추측을 방지하기 위한 것으로 이해했다면, 최근에 새로 제시된 해석은 정신의학자들이 널리 알려지고 쉽게 관찰 가능한 행동에 대해 사람들에게 설명하고 그들의 이해를 돕는 일 자체를 차단한다.

공인을 두고 논평할 때 정신의학자라는 신원을 밝히는 것을 금지하는 조항과 관련해서는, 지역 텔레비전 인터뷰에서 오늘 열린 풋볼 경기에서 지역 팀 쿼터백이 입은 부상이 상대 팀에게 미칠 영향을 평가해달라는 요청을 받은 정형외과 의사의 경우를 생각해볼 수 있다. 그 풋볼 선수를 직접 진찰하지 않았다고 해서 의사가 자신의 전문적 의견을 제시하는 것을 금지해야 할까? 물론 선수를 진찰하거나 엑스레이를 보지 않은 것이 의사의 의견에 영향을 미치긴 하지만, 그것은 너무 명백하고 당연한 것이므로 대개는 따로 언급하지 않는다(의사의 의견에 관한 확실성이 의심받지 않도록 그 점을 언급하는 것이 신중한 처사일 것이다). 정신의학회가 정신의학자들에게 재갈을 물린 것은 학회가 회원들을 존중하지 않고 그들의 원숙함과 판단력을 신뢰하지 않음을 시사한다.

미국정신의학회는 정신의학이라는 직군을 공적 논의에서 차단하려고 시도함으로써 자신들이 보호하고 있다고 착각하는 그 직업의 시의성과 중요성을 불가피하게 깎아내리고 있다.

물론 정신 건강 전문가들도 편견의 영향에서 자유롭지 않으며 그중에는 적절한 성찰과 신중한 주의 없이 말하는 사람도 있을 것이다. 전문가들은 자신의 태도와 감정이 잠재적으로 혼란스러운 영향을 미칠 수 있음을 명심하도록 훈련받지만 그들도 사람이니 실수할 수 있다. 나는 미국정신의학회가 회원들에게 함구령에 굴복하든지 윤리규정을 위반하고 발각되든지 둘 중 하나를 택하라고 강요하기보다 의견을 말할 때 신중을 기하도록 권고하는 편이 훨씬 더 적절하다고 생각한다. 그런 정책을 폈다면 정신의학자 개개인이 양심의 명령에 따라 공적 영역에 참여하는 것을 인정했을 것이고, 충분히 사려 깊게 말하지 않는 회원이 일부 있다는 이유로 정신의학계 전체의 과학적 신망이 떨어질 것을 미연에 방지하기 위해 회원 개개인의 도덕적 동기를 후순위로 밀어낼 필요도 없었을 것이다.

나는 직접 진찰하지 않은 공인을 진단하는 일과 전문적 정보를 바탕으로 관점을 제시하는 일의 차이를 분명히 존중한다. 진단은 원래 그 성격상 더욱 구체적인 일이며, 더욱 확정적인 결론의 바탕이 되는 전문적 절차와 학문에 뿌리를 둔 상당 수준의 신뢰를 요구한다. 직접 철저하게 검사하지 않고, 평가받는 당사자의 동의 없이 확정적인 의학적 진단을 내리는 것은 자칫하면 추측과 악담으로 변질될 수 있고, 그렇게 최적의 근거도 확보하지 못한 채 진단한 임상의의 신뢰성을 떨어뜨린다. 공개적으로 접할 수 있는 증거에 의지하는 데 한계가 있고 그런 종류의 증거에는 필연적으로 확실성이 부족하다는 것은 인정한다. 그러나 그런 상황에서도 한 공인에게서 명백히 드러나는 심리적 장애를 바라보는 가치 있는 전문적 관점들을 제시할 수는 있다.

결국은 견해의 문제다

———

직접 진찰하지 않은 공인의 정신 건강에 관해 전문적으로 발언하는 행위의 타당성을 묻는 질문에 '타당하다'는 대답이나 '타당하지 않다'는 대답 모두 나름의 확고한 도덕적 기반을 갖추고 있다. 전자는 논평을 자제함으로써 정신의학계의 전통적인 방법론과 규제에 더 큰 가치를 두지만, 동시에 정신의학계가 갖는 공적인 이미지에 더 신경을 쓰느라 정신의학자 개개인이 양심의 명령을 따를 권리를 무시한다. 후자는 공개적으로 접근할 수 있는 자료를 바탕으로 한, (그러나 실제 임상에서 의지하는 자료는 없는 채로) 의견을 제시함으로써, 공적인 영역에 참여하고 대중을 교육하고 임상의의 눈에는 너무나도 현저하고 명백하게 파악되는 위험을 식별하는 전문가의 의무를 우선시한다.

양심에 따라 둘 중 한 가지 관점을 견지하는 것을 악마나 하는 짓으로 여기는 것이야말로 옹호할 여지가 없는 유일한 경우라고 생각한다.

247

내가 공개적으로 말하는 쪽을 선택한 이유

지금은 무시무시한 시대다. 현재 백악관에 입주한 자는 변덕스럽고 복수심에 불타는 자로 널리 인식되고 있다.[4] 그러나 그의 지지 세력에게는 바로 이런 성격 요소들이 큰 매력으로 작용했을 수 있다. 그는 성찰도 주저도 없이 말을 내뱉고 '정치적 올바름'은 거부한다. 이런 면이 어떤 사람들에게는 그가 진실한 사람이라는 확신을 심어준다. 자신들도 생각해왔지만 내놓고 큰소리로 말하기는 두려워서 하지 못했던 말들을 거리낌 없이 하기 때문이다. 그는 외부의 자극에 쉽게 분노하고, 앞뒤 가리지 않고 보복에 나서는 것으로 보인다. 이런 모습 역시 자신들의 지위를 보호해주지 않았거나 꿈과 잠재력을 실현하게 해주지 않았던 경제체제와 사회 변화에 억압당해 무력함을 느끼는 사람들에게는 매력적일 수 있다. 나는 그런 감정들에 충분히 공감한다. 역설적이게도 방금 말한 그런 무력감의 여러 양상을 현재 나도 경험하고 있기 때문에 지금은 심지어 더 잘 공감한다. 예전에는 내가 나를 걱정하게 만드는 문제를 해결할 권위와 동기가 있는 강력한 주창자였다는 것을 믿으면 위안이 된다. 아아, 그러나 지금은 입장이 뒤바뀌었다. (그렇지만 나는 트럼프가 정말로 힘없는 사람들의 이익을 추구하는 일에 얼마나 진지한 의지를 갖고 있는지

---

4 Chollet, Kahl, and Smith, 2017; Remnick, 2017; Shelbourne, 2017; Tumulty, 2017. 비디오로 촬영된 대화들을 보고 파악한 것으로, 전통적이고 직접적인 정신의학적 검사가 아닌 그런 자료에 의존했다는 한계는 인정한다.

심히 의심스럽다.)

그럼에도 나는 나와 같은 염려를 공유하는 사람들에게 공동체 의식을 느끼면서, 다른 사람들도 자신과 같은 걱정을 하고 있다는 걸 알고 위안을 받으리라는 희망을 품고 경보를 울린다. 또한 사람들은 그 위험의 성격을 정신의학적 정보를 통해 더욱 잘 이해하게 되면서 자신감과 확신을 느낄 수도 있고, 나나 다른 전문가들이 쓴 글들에 힘입어 더 효율적으로 대처할 채비를 갖출 수도 있다.

'성급하게 총질부터 하고 보는' 태도

———

나를 포함한 많은 사람이 트럼프의 말과 행동에서, 자신에게 도전하는 사람들에게 충동적으로 앙심 어린 공격을 쏟아붓는 패턴을 발견한다. 그는 자신에게 익숙하지 않거나 불쾌한 사실과 관점이라면 잠시라도 멈춰서 그것들이 타당한지 고려해보는 법이 없다. 그는 자신을 "장군들보다 더 많이 아는" 사람이자 반드시 성공할 "훌륭한" 계획들을 세워둔 사람으로 소개한다. 심지어 "여러분은 이기는 데 신물이 나게 될 겁니다"라고도 말했다. 이 **지나친 자신감**과 경솔한 반응의 조합은, 걸린 판돈이 금전적이고 개인적이며 아마도 회복할 수 있는 것이었던 부동산 거래의 세계에서는 자산이었는지 모른다. 그러나 국가 안전과 지구 환경이 위태로울 때는, 복잡한 문제들을 제대로 이해해야 한다는 필요도 자각하지 못한 채 '성급하게 총질부터 하고 보는' 태도가 훨씬 심각한 결과를 불러온다.

정신 건강의 관점에서, 끊임없이 자신의 능력에 대해 격한 자화자찬을 늘어놓고 다른 사람은 폄하하고 조롱하려는 충동을 느끼는 것(지금 나는 적수를 면전에 두고 자신을 홍보하는 정치적 선거운동의 상황을 말하는 것이 아니다)은 겉으로 뿜어내는 최고의 자신감과 정반대로 **심각한 불안정성**에서 기인한다고 볼 수 있다.

삶의 한 영역에서 성공한 사람이 그 영역과 무관할 뿐 아니라 스스로 어떤 유능함도 보여준 적 없는 영역에서까지 자신이 대가라고 계속해서 주장하는 것은 분명 모순적으로 보인다. 그러나 그런 주장은 그 사람 내면의 의심을 진정시켜주는 동시에 전능한 동맹을 갈망하는 사람들에게는 엄청난 호소력을 발휘하기도 한다.

이러한 충동성과 도저히 뒷받침할 수 없을 정도로 부풀려진 자기 이미지를 뒷받침하려는 욕구는 자신이 모르는 것을 인정하지 못하는 심각한 문제를 더욱 악화시키고, 이 모든 것이 더해지면 권력을 합리적이고 신중하게 행사하지 못하게 방해하는 심리적 문제를 예고한다. **우리는** 이런 점을 반드시 이해해야 한다. 그것은 트럼프와 그 졸개들이 스스로도, 그들에게 안전을 의탁하고 있는 우리에게도 절대 인정하지 않으려는 문제이기 때문이다. 그러나 우리가 이런 성격 유형을 이해한다면, 그런 자의 판단력을 신뢰할 수 없고 위기 상황을 신중하게 처리하지 못할 것임을 알기에 미리 대처할 수 있는 것이다. 함께 노력해 법률의 범위 안에서 적절한 조치를 취하면 뻔히 예상되는 피해를 최소화할 수 있다.

트럼프는 정신 질환자인가?

내가 생각하기에 이 질문은 결코 우리가 고심해야 할 문제가 **아니다.** 두 가지 이유에서 그렇다. 첫째, 정신 질환이 있다고 해서 반드시 고위급 직무를 믿을 만하게 수행할 수 없는 것은 아니다. 예를 들어 링컨은 우울증을, 처칠은 양극성 장애를 앓았다. 둘째, 진짜 정신의학적 검사를 하지 않고서 확정적인 진단명을 추측하는 것은 말 그대로 추측으로만 보일 수 있고 때로는 정말로 추측에 지나지 않는다. 관련성이 없을(첫째 지적을 보라) 뿐더러 불확실한 결론을 내리는 것은, 트럼프가 대통령이자 군 통수권자의 복잡하고 중대한 책임을 신중하고 믿음직하게 수행하지 못하게 하는 관찰 가능하고 심각한 진짜 장해들을 손쉽게 일축해버린다. 이는 오히려 역효과만 낳아 문제를 더 복잡하게 만든다.

다시 말해 우리는 트럼프가 매일 그날의 활동을 해나가면서 자기가 하는 말이 거짓으로 증명될 수 있음을 자각하는지 알 수 없고 알아낼 도리도 없다. 우리가 아는 것은 그가 뭔가를 잘못했을 때 자기가 잘못했음을 알아차리리라 기대할 수 없다는 것 정도다. 또한 그는 똑같은 거짓 또는 또 다른 거짓을 반복하는 것을 스스로 피할 만큼 학습 능력이 있는 사람도 아닌 것처럼 보인다. 이전에 저지른 실수에서도 특징적으로 드러났던 절대적 확신에 사로잡힌 모습을 계속 유지하기 때문이다.

결론

    트럼프의 (충동성, 자신의 무오류성을 집요하게 주장하는 것, 양심에 찬 보복, 불확실한 상황에서의 근거 없는 확신 등을 특징으로 하는) 심리적 스타일은 견실한 의사 결정을 심각하게 방해할 것이다. 이런 그가 대통령이라는 사실은 정신의학계에, 그리고 훨씬 더 중요하게는 미국에, 어마어마한 권력을 비정상적이고 무분별하게 행사하리라 예상되는 지도자를 상대해야 하는 어려운 과제를 던진다.

2장

보이는 것을 보고
아는 것을 말하는
일에 관하여

정신의학자의 책임

헨리 프리드먼

헨리 J. 프리드먼 Henry J. Friedman

하버드대학교 의학대학원 정신의학과 부교수이자, <계간 정신분석Psychoanalytic Quarterly>과
<미국정신분석저널>의 편집진이며, 주된 관심사는 정신분석과 분석적 심리 치료다.
프리드먼은 연 2회 열리는 미국정신분석학회의 '저자와의 만남' 행사도 주관하고 있다.

정신의학과 정신분석 두 분야에서 잘 훈련하고 수십 년 간 임상 업무를 통해 원숙해진 노련한 정신의학자가 자신이 지닌 관찰 능력을 스위치 끄듯 차단하는 것이 실제로 가능한 일일까? 그것이 가능하고 그래서 그렇게 한 사람이 있다면, 그렇게 하기로 선택한 이유는 무엇일까? 이에 못지않게 중요한 또 하나의 질문은, 대중에게 우리의 전문 지식을 알리지 말아야 하는 이유가 무엇인지다. 이는 미디어에 등장하는 트럼프 대통령의 말과 행동을 접할 때의 경험을 어떻게 처리해야 할지 그 방법을 알아보기에 앞서 먼저 물어야 할 중요한 질문들이다. 자신이 일하는 의료 기관에서 직접 진찰하지 않은 채 트럼프 대통령 같은 공인에 대해 정신의학자들이 논평하거나 진단하는 것은 비윤리적인 행위라고 미국정신의학회가 주장하지 않았다면 이와 같은 질문과 우려는 생겨나지도 않았을 것이다. 학회의 이 입장은 모종의 아이러니를 품고 있다. 만약 누가 정신과 의사로서 트럼프를 직접 진찰했다면, 그가 대통령직에 적합하지 않다는 결론을 얻었다 하더라도 비밀 유지를 요구하는 윤리 지침 때문에 그 자신이(즉 트럼프가) 허락하지 않는 한 진단 내용을 밝히는 것이 금지되기 때문이다.

미국정신의학회가 골드워터 규칙을 제정한 것은, 1964년에 〈팩트 매거진Fact Magazine〉이 정신의학자들을 대상으로 대통령 선거에 출마해 린든 존슨과 겨루고 있던 배리 골드워터를 진단해달라는 설문 조사를 실시한 뒤였다. 응답자의 대다수는 골드워터가 소련과의 냉전에서 핵무기 사용을 지지한 것을 보고 그가 어떤 식으로든 편집증(심지어 편집증적 조현병) 진단을 받을 만하다고 생각했다. 많은 이가 그 사실 하나만으로도 설문에 응할 때 편집증이라는 진단명을 사용하기에 충분하다고 느꼈다. 이에 골드워터는 〈팩트 매거진〉을 명예훼손으로 고소해 승소했다. 그러자 정신의학회는 큰 당혹과 우려에 휩싸여 골드워터 규칙을 제정했다. 당시로서는 충분히 이해가 되는 상황이다. 그러나 1970년대 초 이후 세상은 계속 진화하면서 너무나도 달라졌으므로 이에 맞추어 그 규칙도 수정했어야 한다. 미디어 환경의 변화로 매일 24시간 보도를 이어가며 사건과 지도자들의 시각적 이미지를 내보내는 뉴스 전문 케이블 방송이 등장한 뒤로는 골드워터 규칙을 폐지했어야 한다는 것이 나의 견해다. 그런데 정신의학회 윤리위원회는 회원들에게 의견을 묻지도 않고, 대통령이나 유명한 공인의 정신적 기능을 진단하는 것 뿐 아니라 적용 범위를 더욱 넓혀 모든 논평까지 금지시키며 골드워터 규칙을 더욱 강화하기로 결정했다.

텔레비전 보도로 접할 수 있는 범위가 달라졌을 뿐만 아니라, 새롭게 진화한 전화와 스카이프를 사용해 원격으로도 충분히 환자를 치료할 환경이 조성되었다. 요즘 정신과 의사 중에는 더 이상 상담실에서 환자를 만나야 할 필요를 못 느끼는 이들도 많다. 전화나 스카이프를 사용해 치료하는 일에 편안함을 느끼는 정도는 각자 다르겠지만, 그런 방식으로 향해 가는 것만은 확실하다. 그리고 이는 한 의료 기관에서 전임으로 진료하는 동시에 의료 혜택이 부족한 지역에까지 의료를 확대하려는 이들에게는 필수적이다. 과거에는 없었던 커뮤니케이션 방법을 통한 '원격' 진료를 바라보는 태도가 이렇게 변한 것은, 트럼프 대통령의 정신 기능에 대해 논평하는 것이 자연스러울 뿐 아니라 필요하다고 느껴지는 이유와도 중요한 관련성이 있다.

우리는 텔레비전 뉴스에서, 자신의 생각을 여과 없이 드러내며 잽싸게 올리는 트윗들에서, 또 대본을 따르지 않고 즉흥적으로 내뱉는 수많은 발언에서 끊임없이 트럼프의 말과 행동을 접하고 있기 때문에, 훈련된 관찰자라면 그가 사건에 대한 자기만의 해석에 어긋나는 불만스러운 현실을 대할 때 어떤 식으로 사고하고 반응하는지 알아채지 않을 수 없다. 이런 점에서 트럼프 대통령에 관해 논평하려면 편집적 사고와 편집적 성격이라는 개념을 전문적 관점에서 명확히 규명할 필요가 있다. 의료계와 무관한 관찰자들도 대통령에게 이 개념들을 적용하는 일을 고려할 수 있으므로, 깨어 있고 비판적 사고를 하는 대중이 자신에게 이롭게 행동하도록 도와야 하기 때문이다.

누군가에게 편집적 사고가 지속적으로 이어지는 것은, 그가 편집적 성격 구조를 지녔음을 암시한다. 이게 무슨 뜻이냐면, 기본적으로 그런 성격을 가진 개인은 타인에게서 그리고 자신이 처하는 상황에서 과장된 위험과 악의적 의도를 찾아내는 생각과 반응을 끊임없이 만들어낼 것이라는 말이다. 20세기의 주요한 전체주의 지도자들은 모두 편집적 사고를 드러냈다. 그들의 파괴적 행동은 교란된 사고가 밖으로 표출된 것이었다. 우리는 그런 자들이 국가 전체를 장악하면 어김없이 언론과 미디어의 자유를 억압하고, 정치적 반대 세력을 투옥하거나 살해하고, 군대를 동원해 자신의 정치권력을 무력武力화함으로써 권력을 더욱 강화해가는 것을 보아왔다. 그래서 히틀러든 스탈린이든 순전히 편집적 사고에서 기인한 이유로 그들의 머릿속에 일단 '인민의 적'으로 입력된 사람들은 가차 없이 살해하는 꼭 닮은 모습을 보인 것이다.

트럼프가 히틀러와 닮았다고 지적하면 폭풍우 같은 이의가 터져 나오는 경향이 있다. 그렇게 강력하게 반발하는 사람들의 주장은 요컨대 히틀러는 즉각 언론을 장악하고 반대자들을 체포하거나 살해했다는 것이다. 미국에서 작동하고 있는 제한들이 트럼프가 히틀러만큼 신속하게 행동하는 것을 막아온 것도 사실이고, 특히 이는 트럼프의 감정적 사고 패턴이 히틀러를 움직인 패턴과 크게 달라서라기보다는 권력균형과 미국 민주주의 전통의 훨씬 강력한 힘 덕분이라고 할 수 있다.

전체주의 정신은 쉽게 전염된다. 그것이 토대로 삼는 편집적 사고는 특히 교육 수준이 낮은 시민들에게서 드라마틱하게 공포와 증오를 동원하는 방식으로 나타나기 때문이다. 히틀러처럼 트럼프도 미국이 쇠퇴하고 있다고 집요하게 주장하는 것부터 시작했다. 트럼프의 주장에 따르면 미국은 우리의 첫 아프리카계 미국인 대통령이 초래한 쇠퇴로 인해 "미국의 대참사"라 할 만한 엉망인 상태에 처해 있었다. 오바마 대통령은 2008년의 심각한 금융 위기가 제2의 대공황으로 번지는 것을 막으면서 경제를 구해내는 실적을 올렸고, 의료보험을 빈곤 계층과 중산층으로 확대했으며, 소수자와 여성을 대하는 계몽된 태도를 널리 확산시켰다는 실상에도 불구하고 말이다.

자신의 머릿속에 심각한 위험이 존재한다는 이유로 현실에도 그런 위험이 존재한다고 주장하는 것은 독재자들의 전형적 특징이다. 히틀러에게는 유대인이 실존하는 위협이었고, 트럼프에게는 불법 이민자 그리고 특히 멕시코인이 그렇다. 어떤 대규모 집단(히틀러에게는 유대인, 트럼프에게는 무슬림)이 위험하다고 강변하거나 흉악한 의도를 갖고 있다고 주장하기 전에 '사실 확인'을 해야 한다는 것을 부정하고 사실을 무시하는 것 역시 집단적 증오를 집중적으로 퍼부을 적을 필요로 하는 편집적 인물들의 전형인 행동이다.

트럼프를 비판하는 사람들, 그중에서도 특히 저널리스트와 정신 건강 보건 종사자들은 이른바 그의 나르시시즘, 끊임없이 인정받으려는 욕구, 어린애 같은 성격에 초점을 맞춰왔다. 이렇게 함으로써 그들은 트럼프가 갖고 있는 편집증적 믿음들의 심각성은 축소하고, 그의 심리 기능 장애는 실제보다 훨씬 더 높은 수준으로 옮겨놓았다. 불법 이민자와 무슬림을 공격하는 것은 단순히 지지층을 부추기기 위한 수단이라고 믿는 사람들도 마찬가지다. 그렇게 말하는 사람들은 트럼프 본인이 자기 언행과는 달리 실상을 잘 알고 있고, 단지 자기를 지지하는 유권자 중 대다수인 백인 노동계급 남성의 마음을 얻으려 하기 때문에 그런 생각을 이용하는 것뿐이라고 말한다. 그러나 이런 견해는 훨씬 더 불길한 가능성, 그러니까 트럼프가 실제로 편집증이 있고, 그의 개인적 증오와 추종자들의 증오가 일치한다는 가능성을 간과하고 축소한다. 그들을 하나로 모아놓고 보면 그것은 프랭클린 D. 루스벨트 대통령과 뉴딜 정책, 미국 사회와 삶의 전반적 자유화로 일어난 모든 변화의 영향을 제거하려는 욕망 그 자체다.

우리 자유민주주의 안에서 진보가 신속하게 이루어져왔다고 말하기는 어렵다. 오히려 그것은 더딘 과정으로, 어떤 활동이 폭발적으로 일어나면 뒤이어 그 변화를 통합하는 과정이 이어지지만, 통합은 언제나 특별한 변화를 받아들이지 못하는 사람들의 반발에 부딪힌다. 민권운동을 통해 아프리카계 미국인들은 이등 시민이나 그 이하로 취급하는 게 마땅한 열등한 개인이라는 꼬리표를 거부하고 새로운 정체성을 확립했다. 수동적 저항과 행진의 방법으로 동등한 지위 권리를 인정받은 그들의 능력은, 지역의 반대를 이겨내 흑인 유권자 등록을 이루고, 주 선거와 전국 선거 모두에서 승패를 판가름하는 힘으로 자리 잡으면서 한층 더 전진했다. 아프리카계 미국인, 여성, 진보적 유권자의 힘이 모여 최초의 아프리카계 미국인 대통령을 당선시키는 선거 결과를 이끌어냈고, 이런 결과는 오바마 대통령을 포함한 많은 진보적인 사람에게 미국이 마침내 인종주의를 넘어선 사회에 도달했다는 믿음을 안겨주었다. 불행히도 이는 전혀 사실이 아닌 것으로 드러났다. 흑인이 백악관의 주인이 되었다는 바로 그 사실은 인종주의가 가라앉았다는 신호였던 것이 아니라, 낫기는커녕 아직 아물지도 않은 북부와 남부의 분열과 노예제의 유산을 암울하게 상기시킬 정도로 강력하게 오바마 대통령에 대한 증오와 저항을 일으켰던 것으로 보인다.

공화당 후보로 확정되는 데 성공하기까지 경선 기간 동안, 트럼프 후보는 백인 노동계급의 인종주의를 이용하여 그들의 열렬한 지지를 이끌어내기 위해 공당의 경선에서 사용된 전례가 없는 표현들을 써가며 각 후보들을 공격했다. 그러나 그가 가장 많이 의존한 것은 기득권층에 불만과 경멸을 품고 있는 지지자들에게 호소하는 포퓰리즘이었다. 후보 지명을 확보하는 과정에서도, 사실들을 **지어**내는 동시에 그것들을 스스로 믿는 재간은 수시로 튀어나왔다. 데카르트의 "나는 생각한다. 고로 나는 존재한다"를 "내가 그것을 생각한다. 고로 그것은 존재한다"로 바꿔버리는 묘기를 선보인 것이다. 현실에 대한 이렇게 무모한 태도는 그의 성격 특징 중에서 계속해서 일관되게 나타나는 부분이다. 주로 어떤 대안 우파 웹사이트에서 읽고는 진실이라고 믿어버린 사실에 대해 그가 사실 점검을 하거나 의문을 던져보는 일은 결코 없다. 이런 형태의 과장은 명백히 트럼프의 사고를 지배하는 편집증의 일면이다.

내가 지금 트럼프 대통령을 진단하고 있는 것일까? 뭐, 그렇기도 하고 아니기도(심지어 '어쩌면'이라고 대답할 수도 있다)한데 지금 내가 하는 일이 무엇이든, 하지 않겠다고 생각하는 것이 한 가지 있다. 그것은 텔레비전 뉴스와 믿을 만한 인쇄 매체에서 내가 보고 들은 트럼프 본인의 말과 행동을 부인하는 것이다. 대중에게 트럼프와 그 행정부에 관한 정보를 대중에게 제공하기 위해 CNN과 MSNBC, 〈뉴욕타임스〉, 〈워싱턴포스트〉가 기울이는 노력은 의심할 여지없이 트럼프가 더 많은 해악을 끼치고 히틀러처럼 정말로 극단적인 길을 가는 것을 막아내는 데 결정적인 역할을 해왔다. 그러므로 트럼프가 사실에 대한 진짜 보도를 '가짜 뉴스'라고 비난하며 언론을 공격하는 것은 전체주의 정권에서 흔히 일어나는 극단적인 언론 장악의 희석된 버전이다. 지금까지 트럼프가 뉴스 미디어를 장악해 폐쇄하지는 못했고 그럴 생각은 없는지도 모르지만, 러시아가 미국 대통령 선거에 개입한 것과 자신의 선거 캠프와 연루된 것에 의문을 제기하는 사람들은 이런 가능성을 수사할 근거가 없다는 사실을 받아들이지 않는 것이라고 주장하며 언론을 공격해왔다. 토머스 프리드먼Thomas Friedman, 레이철 매도Rachel Maddow, 로런스 오도널Lawrence O'Donnell을 비롯한 일부 기자들은 트럼프가 "미쳤다"고 암시하는 발언을 해왔고, 최근 FBI 국장 코미의 해고와 관련해서는 많은 사람이 트럼프 대통령은 "정신이 나갔다"는 의견을 내놓았다. 이 단어들은 정신의학자가 아닌 지식인들이 트럼프와 그의 사고에서 받은 인상을 묘사하는 데 사용할 수 있는 제한된 표현들이다. 도이치는 〈모닝 조〉

도널드 트럼프라는 위험한 사례

에 출연했을 때 골드워터 규칙에 반대한다는 의견을 표하며 정신의 학자들은 트럼프 대통령을 보면서 알아차린 점들에 관해 언제쯤이면 논평할 거냐고 물었다. 도이치는 트럼프의 정신 상태가 현재 그가 차지하고 있는 대통령직에 걸맞은지 합당하게 의심하고 있는 이들을 지지하면서, 골드워터 규칙을 무시할 필요가 있다고 강변했다.

트럼프처럼 편집적이고 과민하고 과대망상적인 지도자가, 그를 편집적 의심과 주장들에서 벗어나게 해주지 못하거나 더 심각하게는 그의 입장과 동조하는 내각과 보좌관들에게 둘러싸여 있을 때, 이는 국가와 전 세계에 다차원적인 위협이 된다. 내가 환자들에게 가장 흔히 듣는 우려의 말은 트럼프의 충동성 때문에 북한과 핵전쟁을 치르게 되지 않을까 하는 것이다. 이런 강렬한 걱정 뒤에는 미국에서 이미 시작된 어떤 과정에 대한 그들의 인식이 깔려 있다. 그것은 바로 프랭클린 D. 루스벨트 대통령의 뉴딜 정책 이후 계속 진화해온 정의롭고 품격 있는 사회가 무너지고 있다는 인식이다. 이런 품격은 위대하고 강력한 국가의 안정적인 지도자란 어떤 것인지를 구현해 보여준 오바마 대통령의 임기에 정점에 도달했다. 오바마가 이룬 모든 것을 파괴하고자 하는 트럼프의 욕구는 자신은 도달할 수도, 이해할 수도, 용인할 수도 없는 성취를 이룬 다른 사람의 좋은 점을 증오하는 편집적 성격에서 기인한다. 이 정도의 파괴성을 지닌 사람은 어떤 종류의 치료에서도 바람직한 환자가 될 수 없다. 어떤 치료사의 선량함과 유능함, 치유에 필요한 충분한 반응 모두 파괴의 표적이 될 수 있고 그렇게 될 것이다. 그런 사람을 치료하는 것은 언제나 몹시 고되고 여간해서는 효과가 없는데, 그런데도 어려움에 처했을 때는 도움을 받을 의지가 있는 듯한 모습을 보일 때가 많다. 일단 애초에 치료사를 찾은 이유였던 문제를 어떻게든 해결하고 나면, 즉각 테라피나 치료사에 대해 시간이나 노력을 투자할 의지가 없음을 드러낸다.

그러므로 우리는 다시 트럼프 대통령을 멀리서 분석하는 일에 대한 질문으로 돌아온다. 그것은 가능한 일일까? 윤리적인 일일까? 그리고 누가 그 문제를 판결하는가? 특히 골드워터 규칙을 새롭게 변경한 미국정신의학회의 입장은 정신의학자와 정신분석가가 그런 분석을 시도하는 것을 금지하는 것인가? 전통적인 정신분석가라면 전화로든 스카이프로든 멀리 떨어져서 정신분석을 할 수 있다는 생각에 코웃음을 칠 것이다. 그런 분석가에게는 자유연상을 하는 환자의 모습을 지속적으로 관찰할 수 있어야 하기 때문에 분석가와 분석주체(피분석자)는 상담실에 함께 있어야만 한다. 무의식은 그 상호작용의 순간에 발견되고 환자에게 해석해주어야 한다. 전통적인 정신분석의 기준으로 판단하면 후보 시절이든 대통령 시절이든 트럼프를 분석하는 것은 불가능한 일이다. 그러나 대인 관계 또는 관계 정신분석학자의 관점에서 보면 멀리서도 그에 관해 정신분석적으로 생각해보는 일은 가능하다. 트럼프가 치료사와 의미 있는 애착 관계를 형성할 가능성은 거의 없기 때문에, 우리는 그를 어떤 종류든 치료의 대상이라기보다는 서술적 성찰에 적합한 대상으로 봐야 한다. 우리는 그가 조금의 주저나 억제도 없이 드러내는 모든 언행에서 우리가 본 것을 믿어야 한다. 이 역시 그만큼 중요한데, 우리는 그 드러난 것들이 정상화될 수 없다는 것, 변하지 않으리라는 것을 강조해야 한다. 트럼프는 "당신은 나를 믿을 텐가, 아니면 당신의 거짓말 하는 눈을 믿을 텐가?"라는 질문으로 우리에게 도전장을 내민다.

트럼프는 그 순간 무엇을 생각하고 있든 그 생각을 즉각 트윗이나 말로 옮겨버리는데, 그러면서도 이전에 자신이 했던 말과 연결해보거나 지금 자신이 주장하는 것과 명백하게 관련된 맥락을 고려하는 일조차 없다. 그는 어쩌면 가장 넓은 의미로 정의한 응용 정신분석의 범위로도 포착되지 않을지 모른다. 그래도 그가 우리에게 풍부한 원천을 제공하는 것이 있으니 그것은 바로 자신에게 반대하는 사람들에게 반응하는 그만의 독특한 방식이다. 트럼프를 비판하는 사람들은 그를 유치한 사람으로, 단순히 성인답지 않고 아이처럼 행동하는 사람으로 취급하는 경우가 많은데, 이런 관점은 그가 마치 아이처럼 여전히 '성장할' 수 있는 사람으로 보이게 한다. 이 접근법의 문제는 그것이 희망 사항을 표현한 것일 뿐이라는 점이다. 또한 쇠약하고 쪼그라든 미국이라는 묵시록적 비전을 고수하고, 자신의 권위에 대항하는 진보적인 민주당원들로부터 오직 자신만이 그런 미국을 구해낼 수 있다고 확고하게 믿는 성인 트럼프의 편집증적 성격의 심각성을 몹시 과소평가한다는 점에서 사실을 비켜간다. 그의 유년기의 관점에서, 또는 그가 재현하고 있는 과거의 측면에서 트럼프를 '이해'하려는 모든 시도는 십중팔구 가망 없거나 불필요하다. 편집증적 유형의 성격 형성은 너무나 자동적으로 이루어지기 때문에, 일단 그것이 확립되면 어떤 특정한 개인에게 편집증이 존재하는 것을 설명해주는 이론을 찾으려는 시도 자체가 사실상 무의미할 정도다.

궁극적으로 트럼프 행정부에 대한 반응은 유권자들에게서 나와야 할 것이다. 그가 추진하고자 하는 모든 정책이 그 자체로 무조건 미국을 파멸로 몰아가는 것은 아닐 수도 있다. 가난한 사람들과 권리를 박탈당한 사람들이 고통받을 것은 자명하지만, 진짜 위험은 그가 대통령직에 있는 한 계속 사라지지 않고 작동할 편집적 성격에서 올 것이다. 정신의학자와 정신분석가 그리고 정신 건강 분야의 다른 종사자들이 관찰하고 내놓은 의견들은, 대통령 트럼프가 가하는 위협이 그의 정책적 사안이 아니라 그의 핵심적인 편집적 성격 속에 있음을 명확히 설명하는 데 도움이 될 것이다. 정신의학자로서 나는 논평가들과 기자들이 트럼프 대통령이 최근에 보여주는 비합리적인 태도(코미를 해고하기로 결정한 것이 언제이며 이유가 무엇인지에 대해, 또는 해고 전에 코미와 나눈 자세한 대화 내용에 대해 거짓말을 할 때처럼)를 이해하거나 설명하려고 애쓰는 모습을 볼 때면 그의 편집적 성격에 대해, 트럼프가 그렇게 행동하는 것에 놀랄 필요가 없는 이유에 대해 그들에게 알려주고 싶다. 그들은 트럼프가 전에 자기에게 도움을 주었던 사람들에게 배신당했다고 느끼고 그 사람들을 쫓아버리는 상황을 앞으로도 많이 목격하게 될 것이다. 편집증 환자들은 자기 주변 사람들에게서 항상 '배신의 씨앗'을 찾아내고 보복적 분노로 반응한다. 히틀러와 스탈린은 새로 만들어낸 적들을 살해함으로써, 트럼프는 그들을 해고함으로써 그렇게 했다. 정신의학적 지식과 용어를 알면, 기자들과 대중이 트럼프의 편집적 성격만 항상 명심하면 쉽게 이해할 수 있는 행동에 어리둥절해하거나 어떻게든 설명해보려 애쓰는 노력을 아낄 수 있다. 이것이 우리 민주주의와 국가안전을 수호하고 생존을 유지하게 해줄 유일한 길이다.

3장

문제는
정신 질환이 아니라
위험성이다

제임스 길리건

제임스 길리건 James Gilligan

뉴욕대학교 정신의학과 임상교수이자 법학과 겸임교수이다. 저명한 폭력 연구 전문가이며
《폭력: 우리의 치명적 전염병과 그 원인들Violence: Our Deadly Epidemic and Its CauseS》과
《폭력 예방하기Preventing Violence》,《위험한 정치인》의 저자이다. 매사추세츠 주 교도소와
교도소 정신 병원에서 정신 건강 서비스를 총괄하는 역할을 맡았었고, 국제법의학심리
치료협회회장이자, 빌 클린턴, 토니 블레어, 코피 아난, 국제사법재판소, 세계보건기구,
세계경제포럼의 자문위원으로 활동해왔다.

오늘날 미국의 정신의학자들은 두 공적 기관으로부터 서로 정반대되는 두 가지 직업적 의무가 있으며 둘 중 어느 것이든 위반하는 것은 비윤리적인 행동이라는 말을 듣고 있다. 하나는 어떤 사람을 판단한 내용은 그 사람이 공개적으로 말해도 좋다고 허락하지 않는다면 침묵을 지켜야 한다는 것이다. 다른 하나는 그 사람이 다른 사람에게 위험한 사람이라고 확신한다면 그 사람이 허락하지 않더라도 다른 사람에게 말하고 알릴 의무가 있다는 것이다. 첫째 기준은 1973년에 제정된 골드워터 규칙으로, 정신의학자들이 자신이 직접 감정하지 않은 사람의 정신 건강에 관해 공개적으로 전문적 의견을 말하는 것을 금지한다. 둘째 기준은 1976년에 내려진 타라소프 판결로, 이 판결은 정신의학자들이 어떤 개인이 한 명 또는 다수의 사람에게 위험하다고 판단할, 또는 판단했어야 하는 경우 공개적으로 발언하여 잠재적 피해자(들)에게 자신이 처한 위험을 경고하는 동시에 그 사람(들)을 보호하기 위한 절차를 개시해야 할 적극적 의무를 지닌다고 말한다.

윤리적 관점과 법적 관점을 둘 다 고려할 때 후자가 전자를 압도한다.

정신의학자가 임상의로 활동하는 한, 그들은 기본적으로 환자 개개인에 대한 의무를 지닌다. 그러나 다른 모든 의학 분야와 마찬가지로 정신의학 역시 임상 행위(즉 환자가 병에 걸린 뒤 한 번에 한 환자씩 진단하고 치료하는 것)만으로 이루어지는 것이 아니다. 정신의학은 공중 보건과 예방 의학의 한 부문이기도 하며, 이 측면에서 우리는 사회에 최우선의 의무를 진다. 이는 애초에 개인이 병들거나 폭력적이 되는 것을 예방하는 1차적 예방과, 만약 그 병이나 행동이 전염성이 있는 것이라면 상해나 살인을 예방하는 2차적 예방이 이루어지는 단계이기 때문이다. 이 단계에 개입한다면 한 사회 전체가 병, 상해, 죽음이 들불처럼 번지는 것에 취약해지지 않도록 예방할 수도 있다. 임상 정신의학은 공중 보건의 관점에서 보면 3차적 예방에 지나지 않으며, 1차적 예방과 2차적 예방에 비해 우리가 공중 보건에 이바지하는 방법 중 가장 유용성이 떨어지는 방법이다.[5] 그런 관점에서 우리 사회가 만들어낸 가장 위험한 사람들에 대한 연구를 바탕으로, 어떤 공적 인물이 정신 질환이 있든 없든 그가 하는 행동이 공중 보건에 위험을 초래한다고 판단할 이유가 충분할 때 우리는 대중에게 그 사실에 대해 경고할 적극적 의무가 있다.

------

5 Gilligan, 2001.

역사 속에 골드워터 규칙과 똑같은 정신으로 움직인 선례가 있다. 히틀러가 부상하기 얼마 전에 독일에서 대단히 영향력 있고 뛰어난 지식인이었던 막스 베버Max Weber가 《직업으로서의 학문》에서 한 말로, 지식인과 학자는 정치적 의견이든 다른 무엇이든 '당파적'이라고 여길 만한 말은 해서는 안 된다는 주장이었다.[6] 정치 일반에 관해 말할 수는 있지만 특정 정당이나 정치가를 지지하거나 반대한다고 여길 만한 말은 해서는 안 된다는 것이었다.

나는 베버의 저 말이 항상 불편했다. 독일의 지도적인 지식인과 전문가 들에게 어마어마하고 전례 없는 위험에 맞닥뜨리더라도 침묵을 지키라고 부추긴 말로 보이기 때문이다. 1930년대에 독일정신의학회가 히틀러가 권좌에 등극하는 동안 침묵을 지켰던 것에 대해서는 그 어떤 명예나 공을 인정할 수 없다고 생각한다. 오히려 오늘날의 관점에서 그러한 침묵은 히틀러가 저지른 최악의 잔학 행위를 가능하게 만든 수동적 방조라 하겠다. 노골적으로 사이코패스임이 명백한 자가 권력을 획득해 나라를 역사상 최악의 재앙으로 몰아가고 있는 상황을 지켜보며, 말할 수 있었으면서 말하지 않은 대부분의 독일 성직자, 교수, 법률가, 법관, 의사, 저널리스트 등 모든 전문가와 지식인도 마찬가지다. 현재 우리 대통령이 모든 면에서 정확하게 히틀러를 재현하고 있지 않더라도(물론 그가 재현하고 있다는 말은 아니다) 똑같은 원칙이 오늘날 우리에게도 적용된다.

---

6 Max Weber, 1917.

우리가 제기하는 문제는 트럼프가 정신 질환자인가, 아닌가가 아니다. 문제는 그가 위험한가, 위험하지 않은가다. 위험함은 정신의학적 진단이 아니다. 법률과 정신의학이 정의하는 바의 '정신 질환'이 있어야만 위험한 것은 아니다. 실제로 대부분의 정신 질환자는 심각한 폭력을 저지르지 않는다. 폭력은 대부분 정신 질환자가 아닌 자들이 저지른다. 폭력과 정신 질환 사이의 연관 관계는 매우 빈약하다. 미국에서 살인을 저지른 범인 가운데 "정신이상을 이유로 무죄" 판결을 받는 이는 약 1퍼센트 정도다. 나머지는 사람들이 저지른 폭력에 대한 '범죄 책임'을 구성하는 개념인 '정신적으로 문제가 없지만 사악한' 자라고 법정이 선포한 자들이다.

트럼프 대통령은 미국정신의학회의 《정신장애 진단 및 통계 편람》에 정의된 여러 정신적 장애의 진단 기준에 부합할 수도, 부합하지 않을 수도 있지만, 그것은 우리가 여기서 제기하는 문제와 관련해서는 중요하지 않다.

또한 위험성을 평가하는 데 가장 믿을 수 있는 자료를 얻기 위해 그 대상이 되는 개인과 면담하는 것은 필수가 아니고, 대개는 그렇게 해서 얻을 수도 없다. 당사자인 개인들은 (항상은 아니지만) 흔히 그들이 위험한 존재임을 식별하게 하는 바로 그 사실들을 부인하거나 축소하거나 숨기려고 시도한다. 가장 믿을 만한 자료는 그 사람의 가족이나 친구들에게 얻을 수 있고, 그에 못지않게 중요한 경찰 기록과 범죄 경력, 의료, 전과, 사법 기록에서도 얻을 수 있으며, 그 밖에 제3자에게 공개적으로 정보를 얻을 수도 있다. 게다가 트럼

도널드 트럼프라는 위험한 사례

프의 경우에는 수많은 공적 기록들, 녹음, 동영상, 연설, 인터뷰가 있고, 폭력을 쓰겠다며 위협하고 선동하고 이미 반복적이고 습관적으로 저질러왔다 스스로 인정하고 자랑하는 수많은 '트윗'까지 있다.

때로 어떤 사람의 위험성은 너무 명백해서 정신의학이나 범죄학 분야의 전문적 훈련을 받지 않아도 알아차릴 수 있다. 50년 동안 폭력 범죄자를 평가해온 전문적 경험이 있어야만 아래처럼 행동하는 대통령의 위험성을 인식하는 것은 아니다.

- **우리가 열핵무기를 사용할 수 없다면 그걸 갖고 있는 게 무슨 의미가 있는지 묻는다.** 예를 들어 트럼프는 MSNBC 타운홀 미팅에서 크리스 매튜스Chris Matthews와 인터뷰할 때 이렇게 말했다. "IS에서 누군가 우리를 공격할 때 당신이라면 핵무기로 반격하지 않겠소?" 매튜스가 "미국 대통령 선거에 출마한 사람이 핵무기를 사용할 수도 있다고 말하는 걸 지금 전 세계가 듣고 있습니다. 미국 대통령에게 그런 말을 듣고 싶어 하는 사람은 아무도 없습니다" 하고 말하자, 트럼프는 이렇게 반문했다. "그러면 우리가 그 무기들을 만드는 이유는 뭔데?" MSNBC의 또 다른 진행자 스카버러가 보도한 바에 따르면 트럼프는 한 외교정책 보좌관에게 "우리가 그걸 갖고 있는데 왜 쓸 수 없다는 거지?"라고 연거푸 세 번 물었다고 한다.[7]

---

7 Fisher, 2016.

- **우리 정부에, 전쟁 포로들에게 고문 또는 그보다 더 심한 방법을 쓰라고 촉구한다.** 대통령 선거기간 내내 트럼프는 "고문은 효과가 있다"고 수차례 반복해서 말했고, 자기가 대통령이 되면 '물고문'을 부활시킬 것이며 '훨씬 더 심한' 새로운 방법도 도입할 거라고 약속했다. 법으로 그렇게 하는 것이 금지돼 있다고 알려주자, IS가 그러지 않으니 자기가 법을 더 넓혀서 미국도 [IS처럼] '규칙대로' 하지 않아도 되게끔 할 것이라고 큰소리쳤다.[8]

- **이미 수년 전에 진짜 범인은 다른 사람이라는 것이 합리적 의심을 넘어서 입증되었는데도 당시 성폭행 누명을 썼던 죄 없는 아프리카계 미국인 청년 5명을 사형시키라고 촉구했다.** 1989년에 트럼프는 8만 5,000달러를 들여 뉴욕 시 4개 일간지에, 억울하게 센트럴파크에서 한 여성을 강간했다는 잘못된 유죄 판결을 받았던 아프리카계 미국인 청년 5명을 처형할 수 있도록 사형제 부활을 요구하는 광고를 냈다. 그 사건의 실제 범인은 다른 연쇄 강간범이었음이 DNA 증거와 상세한 자백으로 밝혀졌는데 14년이 지난 뒤인 2016년에도 그는 여전히 사형을 주장하고 있다.[9]

- **자신이 유명하고 힘이 있기 때문에 여성에게 성폭행을 하고도**

---

8 Haberman, 2016.

9 Burns, 2016.

아무런 제재를 받지 않는 자신의 능력을 자랑한다. 트럼프가 다음과 같이 말한 것이 녹음되어 있다. "나는 무작정 키스부터 하고 봐. 마치 자석 같지. (…) 난 기다리는 것 따위는 안 해. 그리고 당신이 스타가 되면 여자들은 당신이 뭘 해도 다 받아줘. 뭐든 할 수 있어. 거시기를 움켜쥐어도 돼. 뭐든 할 수 있다니까."[10]

• 유세 현장에 모인 지지자들에게 항의 시위하는 사람들의 얼굴에 주먹을 날리고 들것에 실려 나갈 정도로 심하게 구타하라고 강하게 요구했다. 〈뉴욕타임스〉의 한 사설은 트럼프가 유세장에서 했다는 다음 말들을 인용했다. "내 분명히 말하는데 주먹으로 저 작자 얼굴을 갈기고 싶네.", "옛날 좋은 시절에는 이런 일이 없었어. 그때는 저런 자들을 아주, 아주 난폭하게 다뤘거든.", "난 옛날이 정말 좋아. 옛날에는 이런 곳에 저런 자들이 오면 어떻게 했는지 알아요? 들것에 실려 나갈 정도로 만들어났다고.", "누군가 토마토를 던지려고 준비하는 걸 보면, 묵사발이 될 때까지 두들겨 패놔요. 그래 줄 수 있어요? 진지하게 말하는 거야. 두들겨 패서 지옥 맛을 보여주라고. 변호사 비용은 내가 대줄게요. 약속해요." 심지어 (많은 사람이 체포되어 폭행죄로 재판을 받을 만큼 시위자들을 심하게 폭행했는데도) 자기 지지자들이 충분히 폭력적이지 않다고 불평하기도 했다.

---

10 "Donald Trump's Lewd Comments About Women", 2016.

"문제는, [시위자들을 쫓아버리는 것이] 그렇게 오래 걸리는 이유는, 부분적으로는 이제 다들 자기 손으로 다른 사람을 다치게 하는 걸 원치 않기 때문이야. 안 그래요?"[11]

• **정치적 라이벌인 힐러리 클린턴이 대통령이 된다면 자기 지지자들이 언제라도 그녀를 암살할 수 있다고, 아니면 적어도 그녀를 감옥에 보낼 수 있다고 암시한다.** 그는 "그녀를 가둬라! 그녀를 가둬라!"라며 관중들이 따라서 구호를 외치게 했다. 그리고 이렇게 말했다. "그녀가 법관들을 임명하고 나면 여러분이 할 수 있는 일은 없습니다. 그래도 수정 헌법 제2조 지지자들은 할 수 있는 게 있을 텐데, 난 잘 모르겠지만."(2016년 8월 9일 유세 중)

• **자기는 어떤 범죄를 저질러도 언제나 무사히 빠져나갈 수 있을 거라고 믿는다.** 그는 이렇게 말했다. "내가 5번가 한가운데 서서 총으로 누군가를 쏘아도 나를 지지하는 표는 하나도 줄어들지 않을걸."(2016년 1월 23일 유세 중)

그 밖에도 폭력을 쓰겠다는 위협, 폭력을 자랑하는 말과 선동하는 말은 끝없이 이어진다.

아직은 트럼프가 독재자가 될 정도로 법규범을 무너뜨리는 데 성공하지는 못했지만, 그가 독재자의 언어로 말하는 것은 분명하다.

---

11 〈뉴욕타임스〉 Editorial Board, 2016.

오직 독재자들만이 정적이나 반대자들을 암살하거나 투옥한다.

트럼프는 여자들을 성폭행했다고 자백하지는 않았지만, 그랬다고 자랑은 했다. 그러니까 반복적으로 그런 짓을 했고 그러고도 아무런 처벌을 받지 않았다고 말했는데, 이는 여자들을 폭행한 데 대한 죄의식이나 죄책감을 표현한 것이 아니라 자신이 유명인이기 때문에 존엄과 자율을 침해하는 행위에 여자들을 굴복하게 만들 힘이 있다고 으스대며 뽐낸 것이다.

자기의 적들에게 폭력을 가하도록 지지자들을 선동한 일과 관련해 때로 그는 헨리 2세가 자신의 신하이자 대법관이었던 토머스 베케트Thomas Becket를 암살하라고 추종자들을 자극했을 때처럼 노골적인 명령 대신 암시의 방법을 쓴다. "내 얼마나 (…) 한심한 배신자들을 내 집안에서 거두어 먹이고 키워왔는가. 저희 주인이 비천한 성직자 놈에게 그토록 수치스럽게 멸시당해도 가만히 보고만 있는 것들을!" 물론 그의 봉신들은 말뜻을 잘 알아듣고 헨리 2세가 원한 일을 그대로 실행했다.

그러나 이런 측면에서 트럼프는 때로 먼 옛날의 선배보다 훨씬 더 나가고, 암시보다는 노골적인 부추김으로 "시위자들에 얼굴에 주먹을" 날리고 "들것에 실려 나갈 정도로 흠씬 두들겨 패놓으라"고 추종자들을 자극한다. 실제로 몇몇 지지자들은 트럼프를 반대하는 사람들을 공격했고, 현재 폭행죄로 재판을 받고 있다. 일부는 트럼프가 시킨 대로 했을 뿐이라고 변론해왔는데, 법정은 트럼프가 헨리 2세처럼, 심지어 그보다 더 명확하게 의사 전달을 했음에도 직접 지시하지는 않았다는 평계를 대며 그 변론을 기각할 수도 있다.

수십 년 간 폭력 범죄자들을 연구한 경험이 있는 정신의학자들이, 정신의학자가 아닌 수많은 사람이 내린 트럼프가 극도로 위험하다는 결론, 사실상 우리가 평생 겪어본 어떤 대통령보다 더 위험하다는 결론이 타당하다는 것을 확인해주지 않는다면, 그렇다면 우리는 적절한 직업적 규제와 규율에 따라 행동하는 것이 아니다. 오히려 무능하거나 무책임한 것이거나 또는 둘 다다.

그러나 정신의학자는 모두 당연히 정신 질환들을 연구하지만, 그들 중 대부분은 폭력의 원인과 결과, 예측, 예방을 전문적으로 연구하지는 않는다. 이는 공중 보건과 예방 의학에서 심히 우려되는 문제이기도 하다. 또한 특정 개인의 정신 질환 여부와 별개로, 그리고 그가 《정신장애 진단 및 통계 편람》 제5판에 제시된 기준에 따라 어떤 진단을 받게 되든 상관없이, 그의 현재와 미래의 위험성을 평가할 때 토대로 삼을 원칙에 대해서도 대부분은 연구하지 않는다.

바로 그렇기 때문에 그런 연구를 한 우리 중 소수—리프턴처럼 나치 의사들과 일본 테러리스트들의 심리를 연구했든, 허먼처럼 강간, 근친상간 등 성폭력을 연구했든, 또는 나처럼 세계보건기구의 폭력 및 상해예방국과 협력해 역학epidemiology, 疫學과 폭력 예방에 관한 연구의 일환으로 전 세계 교도소에서 '전범'을 비롯한 살인자와 강간범을 연구한 사람이든—가 누군가가 공중 보건에 위험하다고 암시하는 신호와 징후를 알아보고 식별했다면, 공중 보건을 위해 잠재적 피해자들에게 경고하는 것은 대단히 중요하고도 타당한 일이다.

이는 곧, 손을 쓰지 않고 그대로 놔둘 경우 그들이 잠재적 피해자인 특정 집단에게 가혹하고 광범위하게 해를 입힐 수도 있으니 그 전에, 우리가 그 피해와 질병의 잠재적 원인을 식별해내야 한다는 것을 의미한다. 다시 말해 우리는 그 위험이 전면적인 참사로 확대되어 치명적이거나 목숨을 위협하는 피해를 입히기 전에, 위험의 초기 징후들을 신속하게 알아차려야 한다. 개구리를 차가운 물에 넣고 온도를 천천히 높여가면 개구리가 알아차리지 못하게 삶아 죽일 수 있다는 경구가 있다. 트럼프가 대통령으로 있는 것의 위험성을 바로 그 경구에 비유할 수 있다.

미국은 2세기가 조금 넘는 동안 민주주의의 축복을 누려왔다. 군주제가 수천 년간 지속된 것에 비하면 사실은 상당히 짧은 기간이다. 그러나 우리 대부분을 민주주의의 안정성에 대해 너무 속편하게, 어쩌면 지나치게 자신만만하게 만들기에는 충분히 긴 시간이었다. 우리가 이런 점에서 쉽게 착각한다면, 우리는 공연한 우려로 소란을 피우기보다는 민주주의의 취약함을 과소평가할 가능성이 훨씬 크다.

여기서는 정신의학자뿐 아니라 폭력을 연구해온 행동과학자도 우리가 배운 것을 대중에게 알릴 의무가 있다. 법치, 견제와 균형, 언론의 자유, 사법부의 독립과 권위, 사실 존중, 의도적 거짓말 불허, 정치 지도자의 사적인 이해관계와 공적인 이해관계 사이의 충돌 방지, 정적이나 반대자에 대한 물리적 공격과 투옥 또는 암살 협박(다시 말해 독재)에 대한 강력한 금지가 무너지거나 훼손될 때 촉발

될 폭력의 폭발적 확산을 경험하기 전에 말이다. 앞서 열거한 모든 것은 선거운동 기간과 대통령이 된 뒤 트럼프가 내내 보여준 특징들이었다.

물이 끓는점에 도달하고 나서야, 우리의 민주주의가 무너지고 나서야, 물이 너무 뜨거워졌다는 사실을 말하기 시작하면 미래에 우리가 말하거나 행할 모든 것은 이미 때가 늦어 아무런 도움도 안 될 것이다. 1930년대에 독일정신의학회가 했던 것과 똑같은 실수는 하지 말자.

사회과학과 행동과학 부문에는 일반적으로 정치와 정치인을 논의나 탐구나 판단 주제로 삼는 것은 적절하거나 합당하지 않다고 여기는 안타깝고 불필요한 금기가 있다. 오히려 정신의학자나 심리학자, 또는 행동과학자가 현재 국내에서 진행되는 정치 논쟁과 관련해 의견을 표명하면 '전문가답다'기보다 '당파적'이라고 하거나, '과학적' 논의가 아닌 '정치적일 뿐'인 논의에 끼어든다는 비난을 받기 십상이다.

나는 그 반대가 참이라고 주장하는 바이다. 지금은 점점 더 많은 의학자가 우리에게 '증거를 바탕으로 한 의술'을 시행하라고 촉구하고 있지만, 우리가 '증거를 바탕으로 한 정치'를 시행하는 법을 배우는 것이 훨씬 더 중요하지 않을까? 물론 이는 우리가 모든 사회과학과 행동과학에서 축적된 지식과 방법론을 이 주제에 기꺼이 적용하고, 우리가 얻은 결론을 동료 시민에게, 그러니까 동료 유권자에게 널리 알림으로써 그들이 폭력의 원인과 예방을 다루는 임상적·

실험적·역학적 연구(여기서는 정치학과 경제학에서 얻은 자료가 확실히 중요한 부분을 차지한다)에서 나온 지식의 도움을 받게 하겠다는 의지가 있어야만 할 수 있는 일이다.[12]

트럼프가 반복적으로 폭력을 쓰겠다는 위협을 가하거나 선동하거나 자랑하는 수많은 방식에 침묵을 지킨다면, 그것은 그를 마치 '정상적인' 대통령 또는 '정상적인' 정치 지도자인 것처럼 대하는 위험하고 순진한 실수를 수동적으로 지지하고 가능하게 만드는 셈이다. 그는 정상적인 대통령이 아니며, 그것을 공개적으로 말하는 것이 우리의 의무다. 그는 전례 없이 위험하고 비정상적으로 위험하다.

이는 대중이 아직 모르는 정보를 제공하는 일이 아니다. 전문가가 아닌 대중들도 대부분 이미 알고 있는 듯하기 때문이다. 대부분의 유권자는 트럼프에게 투표하지 않았다. 최근 노벨 문학상을 수상한 밥 딜런의 표현대로 "일기예보관이어야만 바람이 부는 방향을 알 수 있는 건 아니다."

사실 트럼프의 위험성은 너무나 명백해서, 그가 얼마나 위험한지 대중에게 경고해야 할 다른 사람들의 역할을 그 자신이 낚아채갔다고 말할 수 있을 정도다. 트럼프 본인이 여러 연설에서, 우리가 지금까지 할 수 있었던 것보다 또는 해야 했던 것보다 훨씬 더 명확하고 설득력 있게 자신이 얼마나 위험한 인물인지를 스스로 잘 경고해주었으니 말이다. 여기서 우리 역할은 우리 자신이 대중에게 경고하

---

12 Gilligan, 2011; Lee, Wexler, and Gilligan, 2014.

는 것이라기보다는, 단순히 트럼프 본인이 이미 우리에게 준 경고에 귀를 기울이고 대중에게 그 경고를 상기시켜주는 것뿐이다.

그런 점에서 이제 마지막 한 가지를 명확히 해둘 차례다. 트럼프는 현재 세상에서 가장 막강한 국가원수이며, 또한 가장 충동적이고 오만하며 무지하고 무질서하고 혼란스럽고 허무주의적이며 자기모순적이고 세상에서 자기가 제일 중요한지 알고 자기 잇속만 챙기는 국가원수이기도 하다. 그는 세계에서 가장 강력한 열핵무기 1,000기 이상의 방아쇠에 손가락을 얹고 있다. 이는 그가 단 몇 초만에, 과거의 독재자들이 권력을 잡고 있던 모든 기간에 죽인 것보다 훨씬 많은 사람을 죽일 수 있다는 뜻이다. 트럼프는 자신이 꿰찬 대통령직의 힘을 빌어, 20세기에 전대미문의 파괴를 불러온 세계대전과 대학살을 인간 폭력의 역사에서 작은 사건에 지나지 않게 축소시킬 힘을 갖고 있다. 단순히 그가 '위험하다'고 말하는 것에 논쟁의 여지가 있다면, 너무 축소해서 말한 표현이라는 점뿐일 것이다. 만약 그가 이 방향으로 한 걸음이라도 내디딘다면, 우리는 그가 우리에게 경고하지 않았다고는 말할 수 없을 것이다. 그는 요란하게, 분명하게, 반복적으로 경고했다. 그럴 경우 잘못은 그만의 것이 아니다. 그것은 우리의 잘못이기도 하다.

4장

도널드 트럼프의
위험성을 보여주는
임상 사례

다이앤 주엑

다이앤 주엑 Diane Jhueck

공인 정신 건강 상담사로 수십 년간 병원에서 상담 치료를 해왔다. 지금은 자신이나 타인에게
위험이 되는 사람들을 정신감정해 구금을 결정하는 일을 담당하고 있다. 뉴욕에 있는 유엔
본부에서 여성 전문가로 사회정의를 위해 일한 바 있다. 지난 30년간 역량 강화 프로젝트를
운영해온 '여성과 아동을 위한 무료 식당'이라는 비영리 기구를 설립했다. 또한 피플스 에이즈
프로젝트People's AIDS Project를 설립했으며, 피딩 아메리카Feeding America의 지역 부소장으로
일했다. 그 밖에 식량 원조, 가정 폭력, 인종 격리 정책, 저소득층 주택 지원, 성 소수자 인권
문제를 담당하는 기관들을 지도해왔다.

미국 대통령에게 정신 질환이 있다고 해서, 그의 정신 질환이 그가 통치하는 시민들에게 반드시 위험한 것은 아니다. 1974년까지 37명의 미국 대통령을 종합적으로 연구한 결과, 절반에 가까운 이들이 우울증, 불안 장애, 양극성 장애를 비롯한 정신 질환을 앓았던 것으로 나타났다. [13] 그런데 이 연구에는 인격장애personality disorder가 포함되지 않았다. 인격장애는 심신을 쇠약하게 할 수 있는 요소임에도 말이다. 만약 이 연구에 인격장애가 포함되었다면, 정신 질환이 있는 대통령의 숫자는 절반이 넘었을 것이다. 그러나 대통령에게 정신의학적 질환이 있다고 해서 그것이 곧 심각하게 우려할 사항은 아니다. 대통령의 정신 질환을 심각하게 걱정하지 않을 수 없게 하는 부차적이면서도 아주 중요한 부분은 바로 이것이다. 그가 자신이 앓고 있는 정신 질환 때문에 지금 위험한 상태인가?

---

13 Davidson, Connor, and Swartz, 2006.

시민의 자유를 지지하는 미국 법률은 행동 양식에 관한 자유를 폭넓게 인정한다. 정신 건강 전문가나 정신과 의사들이 정신 질환을 이유로 당사자의 의지에 반하여 그를 병원에 수용할 때는 법이 그것을 허용하고 심지어 그것을 요구할 때에도 반드시 그가 자기 자신이나 타인에게 위험이 된다는 사실 또는 그에게 아주 중대한 장애가 있다는 사실을 입증해야 한다. 그러려면 정신 질환으로 인해 타인에게 위험이 된다는 것이 무슨 뜻인지 살펴보아야 한다. 이때 서툰 판단이나 견해 또는 우리와 다른 시각과 정신적 증상들을 구분하는 것이 중요하다. 앞서 서술한 사항들은 정신 질환의 증상이 아니라 법이 명확하게 허용하는 것들이다. 《정신장애 진단 및 통계 편람》제5판에 나와 있듯이, 미국에서 어떤 행동을 정신 질환으로 분류하려면 그런 위험한 행동을 유발하는 요인이 인지 장애나 감정 조절 장애, 행동 장애여야 한다. 또한 위험성을 인지했다면 그 수준이 어느 정도인지도 고려해야 한다. 감정을 상하게 하는 수준인가? 아니면, 실제로 위해를 가하는가? 누군가에게 곧 해를 끼칠 것이라고 합리적으로 판단할 만한 의도적인 패턴이 그가 하는 행동과 발언에 나타나는가? 그 사람이 무기나 해를 입힐 만한 다른 도구를 가지고 있는가?

정계 고위직에 있는 사람들은 본인이 의도했든 의도하지 않았든 어떤 형태로든 해를 끼칠 수밖에 없다. 지도자들은 군사정책, 한정된 자원의 배분, 사회안전망 강화와 규제 완화 사이의 균형 등 복잡한 영역에서 나쁜 선택지 가운데 본인이 최선이라고 생각하는 것을 선택해야 한다. 엄청난 권력을 쥐고 있는 고위공직자가 무언가를 결정할 때, 일부 사람들은 어떤 면에서든 피해를 볼 수 있다. 훌륭한 지도자는 가능한 한 피해를 최소화하고 자신의 결정으로 타격을 받는 사람들을 위로하려고 노력하겠지만, 그래도 피해는 불가피하다. 이는 많은 사람을 통치하는 데서 비롯되는 불행한 결과다. 미국의 지도자가 정신적으로나 정서적으로 안정된 상태를 유지하는 것이 더욱 중요한 이유가 바로 여기에 있다.

트럼프는 대통령으로서 미국 행정부처에 대한 통제권을 가지고 있고, 미국의 군 통수권자로서, 핵무기를 발사할 단독 권한을 가지고 있다(국방 장관은 이를 인증하되 거부할 수 없다). 미국 대통령은 부적절한 표현을 사용하는 것만으로도 타인에게 치명적인 해를 끼치는 '눈덩이 효과'를 일으킬 수 있다.

'맥아더 폭력 위험 평가 연구MVRAS'는 어떤 개인이 향후 폭력 행위를 저지를지 여부를 보여주는 여러 지표를 제시한다. 예를 들어 과거에 폭력 행위에 연루된 이력이 있거나, 아버지가 범죄나 약물 남용에 연루된 적이 있거나, 본인이 약물을 남용한 이력이 있거나 대체로 수상쩍은 천성을 가지고 있거나, 노바코 분노 척도Novaco Anger Scale[14]에서 높은 점수를 받으면, 향후 폭력 행위를 저지를 위험이 크다고 본다. 흔히 생각하는 것과는 달리 일반적인 범주의 정신장애와 조현병 같은 중증 정신 질환은 인격장애보다 타인에게 해를 끼칠

---

14 특정 자극에 대한 과민도를 측정하는 척도. —옮긴이

확률이 낮다. "헤어 사이코패스 체크리스트Hare Psychopathy Checklist로 검사한 바에 따르면, 사이코패시[반사회적 인격장애]는 우리가 연구한 다른 어떤 위험 인자보다 폭력과 연관성이 높았다."[15] 20개 항목으로 구성된 헤어 사이코패스 진단법은 대인 관계 및 감정 표현, 사회적 일탈, 충동적인 생활 방식, 반사회적 행동을 평가한다.[16]

대통령은 막강한 권력을 쥐고 중대한 결정을 내리는 위치에 있는 만큼 이론상 정신적으로 훨씬 더 안정된 상태를 유지해야 한다. 또한 이 세계를 수차례 파괴할 수 있는 핵무기에 접근 가능한 만큼 폭력을 저지를 위험성이 보통 시민보다 더 낮아야 한다. 대통령의 정신 건강에 관한 기준이 이렇게 높은데도 우리가 보이는 반응은 정반대다. 그 이유는 다음 사실을 참작해 대중의 인식을 보호하려는 류가 있기 때문이다. "대통령은 우리의 보호자여야 한다. 그런 그가 건강에 문제가 있고 위험하다." 극단적인 상황을 가정했을 때 건강 상태가 좋지 않고 장애를 인정하려 하지 않을수록 시설에 가두는 방안을 고려할 필요성도 그만큼 커진다. 대중은 과연 이런 상황을 어떻게 받아들일까? 아무런 조치도 취하지 않으면서 돌이킬 수 없는 지점에 이를 때까지 우리는 계속 현실을 부정하기만 할 것인가? 게다가 국가원수를 상대로 감히 정의를 실현하려는 사람들, 다시 말해 그에게 정신 건강의 원칙을 대담하게 적용하려는 사람들은 자기도

---

15 Monahan, 2001.

16 Hart, Cox, and Hare, 1995.

모르는 사이 대통령에 의해서, 또는 현 정권의 부상으로 우리 사회가 지금 힘을 얻고 있다고 느끼는 일부 세력에 의해서 직업상의 또는 재정상의 또는 신변상의 위험에 처하게 될 것이다. 만약 실제로 그런 일들이 일어난다면, 그들은 정서적 동요를 일으킬 것이다. 고려해야 할 요인들이 거미줄처럼 복잡하게 얽혀 있다. 공교육과 다른 전문가들(예를 들어 정치인, 법률가, 사회심리학자 등)과의 협업이 매우 중요한 이유가 바로 여기에 있다.

트럼프의 일탈 행동에 관한 공식 기록에는 아주 많은 정보가 있다. 다음에 나오는 사건 목록은 그가 저지른 일탈 행동을 총망라한 것도 아니고 깊이 분석한 것도 아니다. 각각의 문제는 그 자체로 한 권의 책으로 다룰 만한 주제다. 이 글의 목적은 트럼프 대통령의 행동 패턴이 임상적으로 "타인에게 해를 끼칠 위험"을 나타내는지에 관한 합리적인 결론을 도출하기 위해 기록 지표들을 구분해 다루는 데 있다.

노스캐롤라이나 주 윌밍턴에서 유세 도중 트럼프는 이렇게 말했다. "힐러리는 수정 헌법 제2조를 근본적으로 폐지하려고 합니다. (…) 그녀가 법관들을 임명하고 나면 여러분이 할 수 있는 일은 없습니다. 그래도 수정 헌법 제2조 지지자들은 할 수 있는 게 있을 텐데, 난 잘 모르겠지만." 이 사건을 취재하던 기자는 이렇게 말했다. "이 발언은 트럼프 특유의 경박한 표현이지만, 트럼프는 또다시 유세 도중 폭력을 부추기는 모습을 보였다. 더 참혹한 사실은 시위자들을 협박하는 데서 출발해 무장 폭동이나 대통령 암살을 제안하는 것으로 나아가는 끔찍한 모습을 보였다는 점이다."[17] 트럼프의 발언이 문제가 있다고 느낀 사람은 비단 기자들만이 아니었다. 공군 대장으로 전역한 CIA 국장 마이클 헤이든Michael Hayden은 CNN의 제이크 태퍼Jake Tapper에게 이렇게 말했다. "장외에서 다른 누군가가 그렇게 말했다면, 그 사람은 죄수 호송차에 실려 갔을 것이고 지금쯤 첩보 기관에서 신문을 받고 있을 겁니다."[18] 의료 및 정신 건강 전문가들의 판단도 이와 다르지 않다. 만약 어떤 환자가 그런 말을 했다면, 의료진은 위급한 상태임을 증명하는 서류에 서명했을 것이고, 그 환자는 가장 가까운 응급실로 이송되어 추가적인 검사와 정신 감정을 받았을 것이다.

트럼프는 자기 말을 곧이곧대로 듣지 말라고 했다. 트럼프를 옹호하는 사람들은 공석에서 일삼는 그의 공격적이고 부적절한 발언이 그저 농담일 뿐이라고 해명한다. 그러나 그렇다고 해서 그가 한 발언의 위험성이 줄어드는 것은 아니다. 사실 농담이 될 수 있다고 여길 정도로 그런 발언을 그토록 가볍게 생각하는 것은 그 자체로 우려할 만한 일이다. 더욱이 생사가 걸린 문제를 하찮게 여기는 태도는 상세한 검사 없이는 완전히 배제 불가능한 심각한 병적인 측면과 위험성을 나타낼 수 있다. 이런 맥락에서 트럼프의 해당 발언은 반사회적 인격장애의 특징인 공감 능력 결핍과 "타인에게 폭력을

---

17 Blistein, 2016.

18 Diamond and Collinson, 2016.

행사하려는 의지"를 전형적으로 보여준다.[19] 현대 역사상 미국 대통령 후보 중에 자기 추종자들에게 상대 후보를 살해하라고 농담한 사람은 아무도 없었다.

〈워싱턴포스트〉가 "당신이 스타가 되면 여성들의 거시기를 움켜쥐어도 돼"라는 발언이 담긴 악명 높은 녹음 파일을 공개했을 때, 당시 대통령 후보였던 트럼프는 10년도 더 전에 녹음된 것이고 그 발언을 한 사람이 자신인지도 알 수 없다고 말했다. 해당 파일은 〈액세스 할리우드〉의 진행자였던 빌리 부시Billy Bush가 2005년 9월 16일에 녹음한 것이다. 당시 세 번째 결혼을 한 지 얼마 지나지 않았던 트럼프는 녹음 중인 버스 안에서 부시와 대화를 나누다가 버스 밖에 있던 여배우 아리안 주커Arianne Zucker를 보고 다음과 같이 말하기도 했다. "사탕이라도 하나 먹어야겠어. 저 여자랑 키스할 때를 위해서." (사탕 포장 벗기는 소리) "아름다운 걸 보면 저절로 끌린다니까. 나는 무작정 키스부터 하고 봐. 마치 자석 같지. 그냥 키스해. 난 기다리는 것 따위는 안 해."[20] 이 음성 파일에서 트럼프는 여성을 향해 훨씬 더 충격적이고 공격적인 발언도 서슴지 않는다.

이 녹음 파일이 방송된 뒤, 상당수의 공화당 상원 의원과 하원 의원, 주지사, 정무직 인사 등이 트럼프를 지지하지 않겠다는 입장을 공개적으로 표명했다. 공화당 소속 알래스카주 상원 의원 리사

---

19 American Psychiatric Association 2016, pp.659~660.

20 Fahrenthold, 2016.

머카우스키Lisa Murkowski는 이렇게 말했다. "어제 수면으로 올라온 그 녹음 파일은 그의 참모습을 여실히 보여주었다. 그는 여성을 성적으로 대상화했을 뿐 아니라 여성을 먹잇감 다루듯 하는 것에 관해 으스댔다. 나는 트럼프가 대통령직에 도전하는 것을 지지할 수 없고 지지하지 않을 것이다. 그는 우리 당의 후보가 될 자격이 없다." 공화당 소속 네바다 주 주지사 브라이언 산도발Brian Sandoval은 이렇게 선언했다. "이 녹음 파일은 단순히 단어만이 아니라 이미 확고하게 굳어진 패턴을 드러냈다. 그가 미국의 대통령 후보라는 사실에 역겨움을 느낀다. 나는 그를 미국 대통령 후보로 받아들일 수 없다."[21] 상원 의원과 하원 의원은 대통령 후보인 트럼프와의 관계가 좀 더 복잡하게 얽혀 있는 데 비해, 정치적으로 트럼프와 조금 더 떨어져 있는 주지사와 정무직 인사들은 더 면밀한 조사를 시행해야 한다고 촉구했다. 흥미롭게도 정치적으로 잃을 것이 별로 없는 이 두 집단에서는 트럼프를 지지하지 않겠다고 밝힌 구성원의 비율이 더 높았다. 공식적으로 입장을 밝힌 공화당 소속 주지사 15명 중 53퍼센트가 공화당 대통령 후보인 트럼프를 지지하지 않겠노라 말했다. 그리고 트럼프를 지지하지 않겠노라 말했던 7명 중 2명은 지금 트럼프 행정부에서 일하고 있다. 한 명은 부통령으로, 또 한 명은 유엔 대사로. 공식적으로 입장을 표명한 공화당 소속 정무직 23명 중 무려 87퍼센트가 트럼프를 지지하지 않겠다거나 트럼프에게 투표하지 않겠다고

---

21 Graham, 2016.

말했다. 트럼프를 지지한다고 말한 사람은 3명에 불과했다.[22] 전국의 정신 건강 치료 전문가들은 이른바 '선거 트라우마'를 포괄하도록 정신의학과 업무를 확대해야 하는 상황이라고 말한다. "내 환자들, 특히 어렸을 때 성적 학대를 당했던 여성들이 다시 상처 입고 트라우마에 시달리는 모습을 지켜보고 있습니다." 공인 전문 상담사 수전 블랭크Susan Blank의 말이다. "그들은 예전의 상처에서 벗어나지 못합니다. 사방에서 트라우마를 자극하니까요. 그것도 전국 무대에서 아주 노골적으로 말입니다."[23]

현재 자유세계의 지도자로 봉직하고 있는 이 남자가 저지른 실로 온당치 못한 많은 행동 중에는 딸 이방카와 관계된 것도 있다. 녹음되는 것을 알면서도 트럼프가 자신의 딸을 두고 했던 위태로운 발언 중 몇 가지를 예로 들자면 다음과 같다.

- "다들 말하던걸, 세계 최고의 미인 중 한 명이 누군지. 자네도 알잖나? 그녀의 탄생에 내가 일조했지. 이방카. 내 딸 이방카 말이야. 180센티미터의 키에 몸매가 끝내주지."[24]
- 이방카가 스물두 살이었을 당시 방송인 하워드 스턴Howard Stern과의 인터뷰 도중[25] : "만약 이방카가 내 딸이 아니었다면,

---

22 Graham, 2016.

23 LaMotte, 2016.

24 King, 2016.

25 Cohen, 2016.

나는 아마도 그녀와 데이트하고 있었을 거라고 말했지."[26]

• 스턴이 진행하는 라디오 쇼에 또다시 출연했을 때 스턴이 "그건 그렇고, 따님이⋯⋯"라고 말하자 트럼프는 "아주 아름답지"라고 대꾸했다. 스턴이 다시 "매력 덩어리[성관계 대상을 지칭하는 표현]라고 불러도 될까요?"라고 묻자 트럼프는 "그럼요"라고 대답했다.[27]

• 이방카에 관해 한 기자에게: "네, 그녀는 정말 특별해요, 정말 미인이지. 내가 행복한 결혼 생활을 하지 않았더라면, 그리고 알잖아, 그녀의 아버지가 아니었더라면⋯⋯."[28]

• 2013년 폭스TV의 〈웬디 윌리엄스 쇼Wendy Williams Show〉에 출연했을 때: "이방카 씨, 당신 아버지와 당신이 공통으로 좋아하는 게 뭔가요?" 하고 윌리엄스가 묻자 이방카는 "부동산, 아니면 골프?"라고 답했다. 윌리엄스가 "도널드, 당신 생각은요?" 하고 묻자, 트럼프는 이렇게 답했다. "글쎄요, 나는 섹스라고 말하려고 했는데." 이방카에게 손짓하며, "쟤랑 (⋯) 연결지을 순 없잖소."[29]

취임식 바로 다음 날, 트럼프 대통령에 반대하는 첫 번째 대규

26 "Donald Trump Nearly Casually Remarks⋯⋯", 2006.

27 Kaczynski, 2016.

28 Solotaroff, 2015.

29 Feyerick, 2016.

모 집회가 열렸다. 그날, 미국 전역에서 많은 시민이 트럼프의 대통령직 수행에 항의하며 거리로 나왔다. '2017년 여성 행진Women's March'은 미국 역사상 최대 규모의 항의 집회였다. 제레미 프레스먼Jeremy Pressman과 에리카 체노웨스Erica Chenoweth는 전국적으로 400만 명 이상이 집회에 참석한 것으로 추산한다.[30] 두 사람은 다른 국가에서도 약 30만 명이 이 행진에 참여했는데, 이는 부분적으로 트럼프가 미국 대통령으로서는 유례가 없을 정도로 여성들에게 공격적인 태도와 행동을 보인 데 따른 것으로 분석했다.

취약 계층을 위협하거나 잠재적으로 인권을 짓밟을 위험성은 개개인의 성향에서 비롯되고, 트럼프의 사이코패시는 그가 이런 성향에 찬동하고 지지하게 만든다. 트럼프는 비판을 참지 못하고, 비판을 곧 자아에 대한 위협으로 인식하고, 존경받아야 한다는 강박적 욕구가 강하다. 그래서 유독 본인의 가족 또는 임상 전문 용어로 말하자면 자신의 병을 '허용해주는' 사람들을 백악관 고문으로 선택하는 것이다. 이는 트럼프가 대통령으로서 타인에게 위험이 되는 아주 중요한 방식 가운데 하나다. 취약 계층에 속한 사람들은 트럼프가 고문으로 선택하는 사람들에 관해 말과 글로 깊은 우려를 표한다. 제시카 곤살레스 로하스Jessica González-Rojas는 트럼프가 제안한 연방 예산을 두고 이렇게 썼다. "이 예산안은 유색인 사회에 대한 철저한 경멸을 천명하는 트럼프 대통령의 지출 우선순위와 프로그램 폐지의

---

30 Pressman and Chenowith, 2017.

윤곽을 보여준다. 또한, 이는 이 나라와 이 나라의 도덕적 잣대가 백악관 고문인 배넌과 스티븐 밀러Stephen Miller, 법무 장관 제프 세션스Jeff Sessions 같은 사람들이 옹호하는 '이민 배척 주의'에 더 가까워지게 만든다."[31]

첫 선거 유세 때부터 충동적인 덤터기, 근거 없는 우월성 주장, 과대망상 수준의 떠벌림을 포함한 여러 증상이 그의 발언을 통해 표출되었다. "그들은 마약을 가져오고 범죄를 가져오죠. 그들은 강간범이에요. 뭐, 일부는 좋은 사람도 있겠지만."[32] "나는 장벽을 세울 겁니다. 나보다 더 장벽을 잘 세울 사람은 아무도 없습니다. 믿어 보세요. 아주 싼값에 장벽을 세울 겁니다. 나는 남쪽 국경에 거대한 장벽을 세울 것이고, 건설 비용은 멕시코가 내게 할 겁니다."[33] 트럼프는 샌디에이고 연방 지법 판사 곤살로 쿠리엘Gonzalo Curiel이 트럼프 유니버시티 관련 사기 사건을 맡는 것은 '이해 상충'에 해당한다고 주장하면서, 인디애나 주에서 태어난 그를 두고 CNN에 이렇게 말했다. "그는 멕시코인입니다. 우리는 미국과 멕시코 사이에 장벽을 세우고 있어요."[34]

법원의 결정에 트럼프가 보인 불안정한 반응은 편집증과 망상, 특권 의식을 드러내는 것으로 깊이 우려할 만했다. 트럼프는 미

---

31 González-Rojas, 2017.

32 Elledge, 2017.

33 Gamboa, 2015.

34 Finnegan, 2016.

국 대통령 신분으로 법원의 적법성에 여러 번 의문을 제기했다. 예를 들어 트럼프는 무슬림 입국 금지 행정명령에 법원이 제동을 걸자 "우리는 이 일을 아주 순조롭게 진행했다"라면서 "[무슬림] 입국 금지 행정명령의 유일한 문제는 이걸 못하게 하는 '나쁜 법원'"이라고 주장했다.[35] 2017년 2월에 트럼프는 이런 트윗을 올렸다. "미국의 법 집행력을 빼앗아간 판사라는 자의 의견은 터무니가 없으며 앞으로 뒤집힐 것이다!" 이에 2017년 2월 8일, 제럴드 나들러Jerrold Nadler 하원 의원은 "법원을 공격하고 사법부의 독립성을 저해하는 트럼프의 행동은 부적절하고 위험하다"라는 내용의 트윗을 올렸다.

미국 국토안보부DHS에 따르면, 입국 금지 행정명령이 발효된 뒤 최소 721명의 개인과 그들의 가족이 미국행 항공편 탑승을 거부당했다. 한 곳 이상의 법원에서 곧장 제동을 건 바로 그 행정명령 때문에 말이다. 법무부의 한 법률 전문가에 따르면, 최소 10만 개의 비자가 취소됐다.[36]

"완전히 겁에 질린 사람들이 지금 우리에게 두려움을 토로하고 있다." 성 소수자LGBTQ[37]의 권리를 옹호하는 비영리 법률 기구 람다 리걸Lambda Legal의 최고경영자 레이첼 티벤Rachel Tiven의 말이다. 그

---

35 Friedman, Sebastian, and Dibdin, 2017.

36 Brinlee, 2017.

37 LGBT는 레즈비언Lesbian, 게이Gay, 양성애자Bisexual, 트랜스젠더Transgender를 합쳐 부르는 말이다. LGBTQ는 본래의 LGBT에 '아직 자신의 성 정체성 또는 성적 지향에 의문을 가지고 있는 사람들Questioner'을 더한 것이다. ─옮긴이

녀는 "우리는 지금 트럼프의 선거운동과 함께 시작된 불관용 기류에 대한 두려움을 목격하고 있다"는 말을 덧붙였다. 같은 기사에서 성전환자법률센터TLC의 상임이사 크리스 하야시Kris Hayashi는 이렇게 말했다. "2016년은 그 어느 해보다 성전환자의 권리를 억압하는 법안이 늘어난 해였다. (…) 2017년에도 줄어들지는 않을 테고 더 늘어날 것으로 예상한다."[38] 혐오 사건 추적 프로젝트를 진행 중인 남부빈곤법률센터의 헤이디 베이리치Heidi Beirich 대표는 〈보스턴글로브Boston Globe〉에 매사추세츠 주에 있는 학교들에서 혐오 범죄가 증가하고 있다며 이렇게 말했다. "지금 상황은 표적이 된 개인뿐 아니라 공동체 전체에 공포심을 심어주는 형국이다." 남부빈곤법률센터는 2016년에 전국에서 미 교육부 인권청에 접수된 민원이 1만 6,720건에 달하는데, 이는 전년도에 비해 61퍼센트 증가한 수치라고 보고했다.[39]

미국대학교수연합AAUP 전국협의회는 2016년 다음과 같은 결의안을 채택했다. "약 2주 전 도널드 트럼프가 대통령에 당선된 이후 미국에서 물리적·언어적 혐오 범죄가 전례 없이 급증했고, 그중 상당수는 대학 교정에서 벌어졌다. (…) 아프리카계 미국인, 이민자, 성 소수자, 종교적 소수집단, 여성, 장애인이 그 대상이었다. 일부 사례에서는 가해자들이 자신들의 악랄한 행동을 옹호하고자 대통령 당선인을 들먹이기도 했다." 전국협의회는 이 결의안에서 '표현

---

38 Grinberg, 2016.

39 Guha, 2017.

의 자유'라는 개념에 대해 이렇게 이야기했다. "너무 혐오스럽거나 너무 충격적이어서 입 밖에 낼 수 없는 관점이나 메시지는 존재하지 않는다. 그러나 일부, 심지어 대다수가 불쾌감을 느끼는 사상을 표현하는 것과 협박하고 괴롭히는 것은 다르다. 후자는 상대방에게 겁을 주고 침묵하게 만든다."

캔자스대학교에서 두 명의 사회심리학자가 트럼프 지지자 200명과 클린턴 지지자 200명을 대상으로 편견에 관한 연구를 수행했다. 연구진은 "지난 18개월에 걸친 트럼프 선거운동은 반복적인 모욕, 터무니없는 일반화, 그리고 멕시코인과 무슬림, 여성에게 퍼붓는 경멸의 말 등 인종차별과 백인 우월주의를 내세운 표현들로 점철되었다"는 점에 주목했다. 그래서 연구진은 트럼프 지지자 100명과 클린턴 지지자 100명에게 선거운동 기간 트럼프가 한 번쯤 비하한 적이 있는 다양한 사회집단, 즉 무슬림, 이민자, 멕시코인, 뚱뚱한 사람, 장애인에 대한 개인적인 느낌을 평가해달라고 요청했다. 조사에 참여한 모든 사람은 트럼프가 공개적으로 비방하지 않은 사회집단, 즉 알코올의존자, 포르노 배우, 부자, 전미총기협회NRA 회원, 캐나다인에 관한 설문에도 답변했다. 선거가 끝난 뒤에 참가자들을 대상으로 다시 조사한 끝에 크리스 S. 크랜들Chris S. Crandall과 마크 H. 화이트Mark H. White는 다음과 같은 사실을 밝혀냈다. "양쪽 지지자 모두 트럼프가 공개적으로 비방하지 않았던 사회집단에 관해서는 개인적 편견과 일반적 편견 둘 다 변화가 없었다. 그러나 트럼프가 비방한 적이 있는 사회집단에 관해서는 트럼프 지지자들과 클린턴 지지자들 모두 개인적인 반감은 살짝 줄어들었고 차별 발언을 인식하고도 용인하는 수준은 크게 상승했다고 보고했다. (…) 한마디로, 인식 규범이 바뀐 것이다." 연구에 따르면, 개인이 편견과 잠재적 폭력에 관해 표현하는 것은 그가 사회규범을 어떻게 인식하고 있는지에 따라 크게 달라진다. 트럼프는 바로 그 규범을 바꾸는 결과를 낳았다.[40]

때때로 우리는 트럼프 대통령의 정신 건강 문제가 우리 아이들에게 얼마만큼 해를 끼치고 있는가 하는 문제를 간과한다. 그의 영향력은 침투성이 아주 강하다. 오죽하면 '트럼프 효과'라는 말이 생길 정도다. 이 말은 트럼프가 대통령 선거에 출마한 탓에, 그리고 지금은 그가 미국의 대통령인 탓에 미국 아이들이 겪는 트라우마를 묘사하기 위해 특별히 사용하는 용어다. "일부 치료사들과 학교 상담사들은 우리 중에 가장 취약한 자들에게 정신적 충격을 안겨주는 불량배가 우리 안에 있다고 말한다. 약자를 괴롭히는 그 불량배는 바로 이른바 '트럼프 효과'라는 것을 포함한 2016년 대통령 선거운동이다." 남부빈곤법률센터에서 아이들에게 관용을 가르치는 프로젝트를 진행 중인 모린 코스텔로는 이렇게 말한다. "아이들이 매일 겁에 질린 채, 불안하고 낙담한 마음으로, 두려움에 휩싸인 채, 학교에 오는 것이 걱정입니다. 환영받지 못한다고 느끼는 거죠."[41]

---

40 Crandall and White, 2016.

41 LaMotte, 2016.

트럼프가 선거에 출마하고 대통령에 취임하기 전까지만 해도 트럼프의 정신 질환이라는 문제가 국가 차원의 심각한 근심거리는 아니었다. 따라서 대통령직에 수반되는 일들을 자세히 아는 사람들의 평가는 트럼프의 위험성을 분석하는 데 아주 유용하다. 정치 이념이라는 변수를 제거하고 공화당원의 관점만 살펴보는 것이 정확한 결정을 내리는 데 유익할 것이다. 2016년 8월, 공화당원 50명이 서명한 공개서한이 〈뉴욕타임스〉에 실렸다. 그들은 이 공개서한에서 트럼프의 경험 부족에 우려를 표하는 한편, 좀 더 직접적으로 그의 정신적·정서적 안정에 관해서도 거론했다. "이 서한에 서명한 사람들은 모두 닉슨부터 조지 W. 부시에 이르기까지 공화당 행정부에서 국가 안보 및 외교정책 고위 관료로 재직했던 이들이다. 우리는 전시wartime, 戰時와 그 밖의 위기 시에 성공과 실패를 거치며 공화당 출신 대통령들 또는 그들의 주요 고문들과 함께 국가 안보 문제를 직접 다루어왔다. 우리는 미국 대통령에게 요구되는 개인적 자질에 대해 알고 있다. 우리 중 누구도 트럼프에게 투표하지 않을 것이다. 외교정책의 관점에서 볼 때, 트럼프에게는 대통령과 군 통수권자가 될 자질이 없다. 사실, 우리는 그가 위험한 대통령이 될 것이고 미국의 안녕과 국가 안보를 위태롭게 할 것이라 확신한다." 이 서한은 다음과 같이 이어진다. 대통령은 "고문들과 장관들의 말에 귀를 기울이고, 상충하는 의견을 함께 살피도록 장려하고, 실수를 인정하고 실수로부터 배우고, (…) 규율을 지키고 감정을 조절하고 행동하기 전에 먼저 심사숙고하고, (…) 다른 배경을 지닌 국가의 지도자들과 우호적인 관계를 유지하고, 그들에게 존경과 신뢰를 얻어야 한다." 또한 미국 핵무기 지휘권을 갖는 군 통수권자이자 대통령이 되려면 "진실과 거짓을 구분할" 줄 아는 능력과 의지가 있어야 한다. 이 서한은 다음과 같이 끝맺는다. "우리는 그가 대통령 집무실에 앉아 미국 역사상 가장 무모한 대통령이 될 것이라고 확신한다."

"여러분이 트윗을 미끼로 꾀어낼 수 있는 사람은 핵무기를 맡겨도 좋을 만큼 신뢰할 수 있는 사람이 아니다"라는 힐러리 클린턴의 발언은 선거 때 흔히 쓰는 단순한 과장법이 아니었다.[42] 미국 대통령은 약 2,000개의 핵탄두를 마음대로 배치할 수 있고, 미국이 공격을 받지 않은 때라도 이 무기들을 발사하도록 명령할 권한이 있다. 잠수함에서 미국을 향해 발사한 무기가 워싱턴에 당도하는 데는 약 12분이 걸린다. 대부분의 대륙에서 발사된 미사일은 30분 정도면 이 나라에 다다를 것이다. 이런 상황에서 필요한 의사 결정을 단 몇 분 안에 해내야 하는 사람이 불안정하고 충동적이고 책임 전가나 하고 복수에 집착하는 인물이라는, 악몽 같은 이 시나리오는 우리 시대의 가장 큰 근심거리다.

〈폭스 뉴스〉와의 인터뷰에서 당시 부통령이었던 딕 체니Dick Cheney는 이렇게 말했다. "그[대통령]는 그동안 한 번도 본 적이 없는 치명적인 공격을 개시할 수 있습니다. 누구와도 상의할 필요가 없죠. 의회를 소집할 필요도 없습니다. 법원에 문의할 필요도 없어요. 우

---

42 Broad and Sanger, 2016.

리가 사는 이 세상의 특성 때문에 그가 그런 권한을 갖는 겁니다."[43]
미사일 발사 과정에서 모든 초점은 발사 명령이 과연 합리적인지 여부가 아니라 그 명령이 진짜인지에 맞춰져 있다. 론 로젠바움Ron Rosenbaum은 닉슨이 이상한 행동을 하던 시기에 감히 물어볼 수 없는 질문 때문에 속을 끓였던 해럴드 헤링Harold Hering 소령의 사례를 설명한다. "헤링 소령은 결과가 어떻든 일단 질문해보기로 했다. 미사일 발사 명령이 '합법적'이라는 걸 어떻게 아나요? 이 말은 헤링 소령의 변호사는 이 말을 다음과 같이 흥미진진하게 옮겼다. 발사 명령이 정신이 멀쩡한 대통령, 그러니까 정신이 '불안정'하거나 '미쳐 날뛰지' 않는 대통령에게서 나온 것인지 어떻게 아나?" 헤링은 직업군인으로 미사일 훈련 수업에 참여했다가 이 질문을 던졌다. 그리고 그 질문 때문에 공군에서 강제 전역했다. 지금까지도 헤링의 질문에 답하는 사람은 아무도 없다.

이 책을 쓰기 위해 모인 우리가 평가에 정확성을 기하려 한다면, 왜 좀 더 일찍 트럼프의 위험성에 대해 언급하지 않았는지 질문해야만 한다. 광범위한 공식 기록은 그가 상속받은 재산 덕분에 이제껏 보호를 받아왔으며 그의 아버지에게 비슷한 정신장애가 있었다는 사실을 보여준다. 우리 모두 목격하고 있듯 트럼프는 백악관 핵심 고문 자리에 정치적으로 경험이 부족한 자신의 딸과 사위를 앉힘으로써 견제와 균형의 원리를 멀리하는 한편 자신의 장애를 눈감

---

43 Rosenbaum, 2011.

아주는 환경을 조성했다. 통찰력 부족과 확증 편향은 권력의 자리에 있을 때 특정 정신장애를 특히 위험하게 만든다.

트럼프가 자유세계의 지도자가 되면서 그의 위험성에도 실질적인 변화가 생겼다. 논쟁의 여지가 있지만, 트럼프가 대통령에 취임함으로써 미국 대통령이라는 자리가 급속히 그 위상을 상실할 정도로 트럼프는 세계 정치 구조를 흔들어놓았다. 뻔뻔한 거짓말, 합리적 이해관계에 반하는 충동적이고 강박적인 의사 결정, 미성숙한 대인 관계 능력으로 나타나는 트럼프의 자기애적인 특성은 다른 정치 행위자들이 메우려고 할지도 모를 지도력 공백을 만들어내고 있다. 그러나 트럼프가 정신적 기능장애라는 렌즈를 통해 자신의 실제 언행과 그 영향력을 평가하는 것은 불가능하다.

미국의 최고 대표자로서 트럼프는 이전에는 비정상적인 것으로 간주하던 행동들을 '정상화'하고 있으며, 다른 나라 지도자들에서 미국의 아이들까지 모든 이에게 부정적인 영향을 끼치고 있다. 지금 자신이 통치하는 국민에게 잠시 권한을 위임받았을 뿐인데도, 트럼프는 대통령에 취임한 직후부터 자신이야말로 '가장 위대하고' 또는 '굉장하고' 또는 '누구보다 아는 것이 많은' 사람이라고 거듭 강조했다. 또한 "그에 상응하는 성과를 내지도 못하면서 사람들이 자기를 뛰어난 인물로 봐주길 기대하는" 자기애성 인격장애와 일치하는 말들을 반복했다.[44] 트럼프는 본인의 자아상과 사이코패시를

---

44 American Psychiatric Association 2013, p. 669.

지지하지 않는 피드백은 모두 극단적으로 거부하는 모습을 보인다. 이는 대통령의 직무를 수행하는 데 필요한 자질을 배우고 효과적으로 적응해나가는 데 전혀 도움이 되지 않는다. 그런데도 트럼프는 일관되게 그런 피드백에 보복 위주의 반응을 보인다. 대통령직 취임은 그의 '과대성'을 즉시 만족시키는 한편, 그 아래 있는 허약한 자아감을 할퀴어놓았다. 미국 대통령의 역할을 하는 동안 트럼프의 행동 패턴은 이 나라뿐 아니라 전 세계에 사는 모든 사람에게 심각한 영향을 끼칠 것이다. 불안정한 사람이 대통령 집무실에 앉아 있는 동안 해결되지 못하는 시급한 문제들과 또 그가 만들어내는 새로운 위급 상황 때문에 이 세상은 위험에 처해 있다. 트럼프는 자신이 타인에게, 그것도 한두 사람이 아니라 **모두**에게 위험이 되는 인물임을 스스로 입증했고, 입증하고 있다.

5장

건강, 위험, 그리고 공동체를 보호할 의무

하워드 코비츠

하워드 코비츠 Howard H. Covitz

필라델피아 근교에서 활동하는 정신분석가로 대학 수준의 수학, 심리학, 성서 성격학을 가르쳤으며, 정신분석연구소와 정신분석적 심리 치료연구소에서 정신분석가로 일했고 연구소장을 역임했다. 1970년대에는 정신장애가 있는 도심 지역 청소년들을 위해 학교를 운영하기도 했다. 그의 책《충돌하는 오이디푸스 콤플렉스 패러다임Oedipal Paradigms in Collision》(1998, 2016년 재출간)은 '그라디바 올해의 책' 후보로 선정되었다. 그가 사유와 집필 활동에 전념할 수 있는 것은 아내와 장성한 자녀들, 그리고 손주들과의 유대감 덕분이다.

너는 네 백성 중에 돌아다니며 입을 가볍게 놀리지 말(되),

네 이웃이 피를 흘리는데도 수수방관해서는 안 된다.

나는 하나님이다. 〈레위기〉 19장 16절[45]

《구약성경》〈레위기〉는 두 행동의 갈등, 다시 말해 성경의 역사만큼이나 오래된 갈등 조정 절차를 탐구한다. 우선 〈레위기〉는 무제한에 가까운 비밀 유지 방침을 옹호한다. "너는 네 백성 중에 돌아다니며 입을 가볍게 놀리지 말라." 사실 〈시편〉 작가는 여기서 한 걸음 더 나아가 좀 더 명확한 입장을 드러낸다.

---

45 히브리어 원문을 바탕으로 저자가 직접 영역한 것을 우리말로 옮겼다. 한국어 성경은 이 구절을 글자 그대로 다음과 같이 번역한다. "너는 네 백성 중에 돌아다니며 사람을 비방하지 말며 네 이웃의 피를 흘려 이익을 도모하지 말라. 나는 여호와이니라.(개역 개정)"—옮긴이.

생명을 사모하고 연수를 사랑하여

복 받기를 원하는 사람이 누구뇨.

네 혀를 악에서 금하며 네 입술을 거짓말에서 금할지어다.

<시편> 34장 12절, 개역 개정

〈레위기〉 본문으로 다시 돌아가면, 예외가 있다는 사실을 바로 확인할 수 있다. 〈레위기〉는 해를 당하지 않도록 타인을 보호하기 위해서 입을 열어야 할 때가 있다고 말한다. 전통적인 제창齊唱에서는 "나는 하나님이다"가 나오기 직전이 악구樂句의 중간 지점에 해당한다. 따라서 우리는 그 옛날 이 글을 쓴 저자의 의도를 다음과 같이 추측해볼 수 있다. 비밀 유지와 경고의 의무가 서로 갈등을 일으키고 이 둘의 갈등을 인식하는 것이 경건敬虔, 요즘 말로 하면 선善의 본질이다. 그리고 이 책이 기록된 날로부터 2,000~3,000년이 지나, 정신 건강 전문가 사회는 이 둘의 대립을 이제 막 인식하기 시작했다. 실제로 2016년 미국 대선이 진행되는 동안, 그리고 대선 뒤, 정신과 전문의 사회에서 이에 관한 논의가 전개되었다. 이 갈등은 공인의 사생활을 보호해야 한다는 골드워터 규칙과 바로 그 공인에게 심각한 해를 입을 위험이 있는 사람들에게 '경고할 의무' 사이의 갈등을 말한다.

간단한 해결책을 제시하기 어려운 이유는 최소 세 가지의 복잡한 문제가 얽혀 있기 때문이다. 어떤 후보자가 대통령으로서 직무를 수행하기에 적합한 정신 상태가 아니라고 판단될 때 정신 건강 전문

도널드 트럼프라는 위험한 사례

가는 그 사실을 밝혀야 할 의무가 있는가, 아니면 직업윤리상 그렇게 하지 않아야 하는가? 우리가 맨 처음 평가해야 할 자질은 무엇인가? 그 자질을 갖추지 못했을 때 야기되는 피해는 무엇인가? 이 문제는 개인이 결정할 사항인가, 아니면 정신의학계에서 결정할 사항인가?

두 번째 난관은 다음과 같은 문제와 관련이 있다. 어떤 개인의 건강 상태를 진찰할 때 우리는 환자의 목숨을 위태롭게 하는 장애 요인을 제거하는 데 중점을 두는가, 아니면 그가 자신이나 타인에게 위험한지에 신경 쓰는가?

마지막으로 살펴보아야 할 문제는 공개적으로 공유하든 하지 않든 우리가 위험을 평가하는 방법에 관한 것이다.

두 종류의 정신 질환

80년도 더 전에, 프로이트는 정치에 바탕을 둔 이론과 종교를 격렬히 비판하면서 이렇게 물었다. "정신분석은 특정 '세계관'으로 이어지는가?"[46] 프로이트는 이 질문에 그렇지 않다고 답하면서 자신이 환상과 정서로 간주하는 것 대신 경험과학을 지지했다. 만약 프로이트가 자기 생각대로 했더라면, 그의 새로운 정신요법은 올바른

---

46 Freud, Sprott, and Strachey, 1933, p. 158.

삶에 관한 어떠한 가정에도 기대지 않고 오로지 과학적인 방법과 관찰할 수 있는 대상에 관한 냉철한 조사에만 의존했을 것이다. 이런 태도는 완벽하게 합리적으로 보이지만, 과학은 조사자가 취하는 논리적 움직임의 정확성뿐 아니라 우리 안에 자리 잡은 가정 또는 공리公理에도 의존한다는 점을 간과해서는 안 된다. 이것은 가장 순수한 과학이라 할 수 있는 수학의 경우에도 마찬가지다.

그럼, 이제 내 생각을 말해볼까 한다. 자연과학에서는 조사와 분류 체계가 일반적으로 가치관과 무관하지만, 심리학과 사회과학에서 그런 이론적 깔끔함은 사치일 뿐이다. 건강에 관한 심리학 이론은 건강한 정치 형태에 관한 시각, 공동체를 보호해야 할 필요성, 올바른 삶에 관한 시각과 불가분의 관계다. 한 집단의 표준 지식을 다른 집단에 적용할 때, 우리는 **문화 편향**의 오류를 이야기한다. 과학도 가정과 가치로부터 완전히 자유로울 수 없다.

정신 건강과 정신 질환을 설명하기 위해서는 어떤 패러다임을 선택하든, 한 개인이 감정과 생각과 행동을 어떻게 처리하는지에 관한 의문을 풀어야한다. 예를 들어 불안을 생각해보자. 인류는 타인이나 흉포한 포식자의 위험에 대비하도록 몸에 보내는 적응 신호로 불안감을 발달시켰다. 그러나 불안감이 섭식 장애나 소화불량 또는 안면 근육 경련으로 나타나면, 우리는 이것을 부적응 신호로 간주한다. 우울, 분노, 죄책감, 수치심 같은 다른 반응에도 비슷한 해석을 제시할 수 있다.

다른 한편, 상호 배려를 바탕으로 하는 정치체제에서 어떤 정신 구조들이 그 구성원을 파괴적이지 않고 점잖게 행동하도록 만드는지 알아보는 과정에도 분명 가치관이 개입된다. 그런 정신 구조들 역시 적응 과정에서 구축된 것으로 개인과 집단 양쪽의 건강을 증진한다. 아래의 정서적 건강에 대한 세 가지 정의에는 그러한 과학적 관점과 가치적 관점이 모두 들어 있다.

- 자신의 소망과 충동은 물론이고 타인의 소망과 충동을 명확히 인식하는 능력.
- 그런 충동을 드러내는 행동이 자신이나 타인에게 피할 수도 있을 위해를 가할 가능성은 없는지, 그리고 그런 행동이나 말을 해도 안전할 때가 언제인지를 판단하는 능력.
- 분노나 불안, 우울, 죄책감, 금지 규정, 수치심에 방해받지 않고 그런 충동에 따라 행동할 힘.

자신이 타인에게 끼치는 영향을 측정할 능력이 없거나 측정하는 데 관심이 없는 사람들은 문제 징후가 없고 아주 기능적이고 때론 직장에서 성공하는 것처럼 보이기도 하지만, 대개는 인간관계가 원만하지 못하다. 심적 고통에 시달리는 사람들은 **증상에 따른** 장애를 안고 살아가는 것이라고 말할 수 있지만, 위에서 말한 그룹의 사람들은 성격 이상이나 **인격장애**가 있다고 설명하는 것이 일반적이다.

여기에서 논의가 조금 골치 아파진다. 앞서 지적했듯 건강한 인간관계를 구성하는 요소는 문화마다 다르다. 일부 정신 건강 전문가들이 건강한 개인 또는 바람직한 공동체를 정의하는 것을 꺼리는 것도 아마도 이런 골치 아픈 문제에 휘말리고 싶지 않아서일 것이다. 그러나 이 지점에서 또한 우리는 올바른 삶이 어떤 삶인지 가정하는 것을 피할 수 없다.

프로이트는 수수께끼처럼 발달하는 '양심'에 초점을 맞추었다. 프로이트의 추론에 따르면, 어린아이들은 주변 모든 것이 자기를 위해 봉사하고자 존재한다고 느끼며 삶을 시작한다. 조금 더 크면 결국 다른 사람들의 존재를 인식하지만, 처음에는 그들을 각자의 생각과 관계를 갖춘 복잡한 존재로 인식하지 못한다. 프로이트는 다른 사람들도 자신과 마찬가지로 **주체, 즉 그 자체로 하나의 주체**라는 사실을 깨달을 때 아이들의 삶이 극적으로 달라진다고 말한다.[47] 그때까지 아이들은 자신의 욕구를 충족시켜주는 능력으로만 타인을 평가한다. 자신의 욕구를 충족시켜주는 사람인가 그렇지 않은가에 따라 좋은 사람 또는 나쁜 사람으로 이해하는 것이다. 가족 관계의 복잡성을 받아들이고 엄마와 아빠가 독립적인 관계를 맺고 있다는 사실을 이해할 수 있을 때, 비로소 아이들은 부모를 자신만의 생각과 감정과 관계를 갖춘 주체(이를테면, 행위자)로 받아들이기 시작한다. 프로이트에 따르면, 아이에게 양심(초자아)이 발달한 것이다. 타인을 **그 자체로 하나의 주체**로 받아들이지 못하는 사람들은 인격장애를 지닌 소집단을 이룬다.

---

47 Covitz, 2016.

이제 인격장애가 있는 사람들에게서 보이는 전형적인 특징들을 좀 더 구체적으로 살펴보자.

1. 일반적으로 이런 사람들은 정서적 공감을 통해 타인의 감정을 이해하거나 타인의 감정에 반응하지 못한다. 머리로는 다른 사람의 반응 방식이나 다른 사람의 생각까지도 잘 알지만, 이것은 그들이 타인을 대하는 방식에 거의 영향을 미치지 못한다. 게임에서 이기기 위해 이리저리 옮기는 체스판의 말처럼 이들에게 타인은 여전히 객체일 뿐이다.

2. 이런 이분법적 사고는 이 세상을 친구 아니면 적으로, 자신을 지지하는 사람과 자신에 맞서는 나머지 사람으로 나눈다. 실제로 이런 사람들은 특정 집단에 대한 충성심이 아주 강해서 인종차별주의자나 성차별주의자처럼 심한 편견에 사로잡힌 고집불통이 되기 쉽다. 그러면서도 자신의 목적을 위해서 편견을 이용하는 것에 전혀 가책을 느끼지 않는다.

3. 이런 사람들은 자신의 행동이 타인에게 어떤 영향을 끼치는지 따져볼 필요를 못 느끼는 탓에 본인의 행동이 올바른지에 관한 의심을 거의 하지 않고, 그렇기 때문에 보통 사람들보다 빠르게 반응한다.

4. 이런 사람들은 타인의 생각이나 관계, 노력을 존중하는 마음이 발달하지 않았다. 따라서 타인의 성취에 큰 가치를 두지 않는다. 결국 현존하는 조직과 통치 구조, 관례, 법률을 유지해야 할 필요성을 자각하지 못하는 편이다. 그들은 얼핏 보면 교양 있어 보이지만, 제대로 사회화되지 않았다.

5. 앞서 언급한 점들(1~4) 때문에, 이들의 생각은 초점이 명확하되 뉘앙스가 부족하다. 그들은 불합리하지 않은 시각을 하나 이상 이해하지 못한다. 일종의 외골수다. 게다가 본인의 입장을 정반대로 뒤집기도 한다. 새로운 태도를 받아들이는 기준이 이른바 "다 내 뜻대로 될지어다" 증후군의 지배 아래 있기 때문이다. 그 뜻이 무엇인지는 중요하지 않다.

6. 마지막으로, 그들은 소망이나 상상을 현실과 구분하는 능력이 부족하고, 기꺼이 진실을 왜곡하려는 의지가 있다.

두 가지 우화

────────

정서 질환에는 두 가지 유형이 있다. 하나는 개인에게 증상이 나타나는 유형이고, 또 하나는 그가 속한 공동체와 인간관계를 위험에 빠뜨리는 유형이다. 후자는 우리의 두 번째 관심사와 바로 연결

된다. 영향력 있는 지도자의 정신 건강은 자기 자신과의 관계를 기준으로 평가해야 하는지, 아니면 **상호 관심을 토대로 하는 조직의 구성원**을 안전하고 건설적으로 다루는 능력을 기준으로 평가해야 하는지의 문제 말이다.

다음에 나오는 두 가지 우화와 몇 가지 사고실험을 살펴보자.

우화 1: 경찰관

순찰차를 타고 올드요크 로드를 지나다가 이 운전자를 보았습니다. 웃기게 생긴 저 노인 말입니다. 신형 벤틀리를 몰고 있었습니다. 그래서 저는 운전을 좀 막 하기는 해도 그가 꽤 안전하다고 생각했습니다. 보시다시피, 좀 괴상하긴 했습니다. 차창을 열더니 이민자로 보이는 보행자들에게 험악한 말로 시비를 걸더군요. 그래서 길 한쪽으로 차를 대게 했습니다. 앞에는 자동화기가 있고 뒷좌석에는 로켓추진식수류탄RPG 발사장치 같은 게 있더라고요. 그래서 그에게 물었습니다. "어르신, 이 무기들은 다 뭡니까?"

그가 말하더군요. "경찰관, 내겐 면허가 있고 몽고메리카운티는 공개적인 장소에서 총기를 소지할 수 있는 곳일세. 나는 가고 싶으면 어디든 갈 권리가 있어. 요즘 세상이 얼마나 위험한지 알아? 이민자들이 득실거리고, 공원에서 무슬림들이 춤추는 것도 본 것 같단 말이야."

저는 순찰차로 돌아와서 경찰서에 전화를 걸었습니다. "경사님, 공원에서 춤추는 외국인들에 관한 신고가 들어온 게 있나요?"

경사님은 제게 대체 뭘 핀 거냐고 묻더군요. 대마초라도 피우고 머리가 어떻게 된 거냐는 말이었죠. 그래서 저는 그 남자 차로 돌아갔습니다. "어르신, 공원에서 소란이 일어나고 있다는 신고는 없었습니다."

"경찰관, 내가 직접 봤대도 그래. 그리고 나는 꼭 사실을 알아야 해. 내가 돈이 많거든." 그 남자는 자기와는 다른 사람들에게 계속 욕설을 퍼부었습니다. 자기와 의견이 다른 사람들은 모두 거짓말쟁이이고, 그들 중 한 명이 케네디 대통령을 죽였고, 또 한 명은 이 세상에서 가장 악질적인 사기꾼이니까 여자 교도소에 보내야 한다면서요. 그러더니 제게 오늘은 비가 오지 않는다고 하더군요. 자기가 벤틀리를 모는 동안에는 절대로 비가 오지 않는대요. 그러는 사이 제 카우보이모자챙을 따라 빗물이 뚝뚝 떨어지고 있었죠. 그는 군구郡區 위원들에게 욕을 퍼붓고 멍청하다며 그들을 비난하기 시작했습니다. 어쨌든 제겐 선택지가 있잖아요? 제 생각에는 다음 선택지 중 하나를 고르면 될 것 같았습니다.

1. "어르신, 몸조심하시고 복된 하루 보내세요."
2. "어르신, 차를 아주 요란스럽게 모시네요. 이제부턴 조심하세요!"
3. "어르신, 제 생각에는 제정신이 아니신 것 같은데, 뭐, 확실치는 않으니까, 좋은 하루 보내세요."
4. "어르신, 저 이 차 좀 태워주세요. 그리고 저 좀 칭찬해주세

도널드 트럼프라는 위험한 사례

요. 그리고 우리 오늘 있었던 바보 같은 일들은 모두 잊어버리기로 해요."

또는,

5. "어르신, 차에서 내려서 저랑 같이 순찰차를 타고 가서 공원에서 춤추는 무슬림에 관한 머릿속 상상이 사실인지 확인해보실래요? 그건 그렇고, 그 사람들 맨발이었나요?"

우화 2: 뜨내기 손님과 심리 치료실을 찾은 남자

한 사람이 소구경 권총을 들고 제가 운영하는 정신분석 상담실에 들어옵니다. 아니면 스타벅스에서 제 옆자리에 앉는다고 상상해도 좋겠네요. 독자 여러분, 제가 그의 말에 귀를 기울이다가 앞서 언급한 인격장애가 있는 사람들의 전형적인 여섯 가지 특징을 인지하는 모습을 떠올려보십시오. 전자라면 상담 시간이 끝났다고 상상해보시고, 후자라면 커피를 다 마셨다고 상상해보십시오. 저는 어떤 객관적인 검사도 시행하지 않았습니다. 그 남자에게는 불안해하는 기색이 전혀 없었습니다. 다른 사람들에게 경멸감을 표출할 뿐, 수치심이나 죄책감은 전혀 없었습니다. 그는 현재의 시간과 공간을 지향하는 것처럼 보입니다. 그런데도 그에게 심각한 성격장애character disorder가 있는 것은 아닌가 하는 잠정적인 진단을 내릴 정도로 이 남자의 인상은 아주 강렬했습니다. 저는 어떻게 해야 할까요? 시민의

한 사람으로서, 더구나 특별한 훈련을 받은 시민으로서, 저의 윤리적 의무는 무엇일까요?

트럼프 대통령 이야기로 돌아가 봅시다. 저는 대선 이후 몇 번이고 〈레위기〉를 생각했습니다. 저는 트럼프가 대통령 후보로서, 또 대통령 당선인으로서, 그리고 현 미국의 대통령으로서 한 행동들이 연극일지도 모른다는 생각을 여러 번 했습니다. 스티븐 콜버트Stephen Colbert가 수년 동안 연기한 텔레비전 속 모습처럼 말입니다.

경력이 40년이 넘는 심리학자 겸 정신분석학자로서 저는 트럼프의 성차별 발언과 성적 행동에 관한 주장들, 이라크전에서 아들을 잃은 칸 부부나 선거 유세 도중 장애인에게 보인 그의 비공감 반응, 또는 유세 도중 폭력을 부추긴 그의 발언이 일종의 행위 예술에 불과한 것인지, 아니면 정말로 정신적으로 문제가 있는 것인지 확언할 수 없습니다. 아마도 저는 트럼프가 마음 깊은 곳에 공감할 줄 아는 영혼을 가지고 있고, 이 세상을 내 편과 남의 편으로 나누지 않고, 신중하고 미묘한 차이를 아는 사상가일 것이라고 생각했을 겁니다. 트럼프가 대체 현실alternate reality[48]과 현실의 차이를 알고, 대체 현실을 전략적 술책으로 사용하는 것이라고 생각했습니다. 이를 고려했는데도, 저는 트럼프의 행동이 연극이나 행위 예술과는 심각한 차

---

[48] 말 그대로 현실을 대신하거나 다른 것으로 바꾸는 것을 뜻한다. 삶의 모순으로 인해 현실이 불만족스럽거나 여러 제약 상 현실을 수정할 수 없는 상황이라고 판단될 때 인간은 우회적인 방식으로 자신의 욕망을 대체한다. 대선 기간, 트럼프는 반대파로부터 '대체 현실 속에 사는 인간'이라는 비판을 많이 받았다. —옮긴이

이가 있다는 결론에 이르렀습니다. 간략히 말해, 결국 칸 부부는 상처를 입었고, 수천만 명에 이르는 트럼프 추종자들은 그가 한 거짓말을 믿었고, 트럼프가 집회에서 했던 난폭한 발언은 실제로 피해를 일으켰고, 트럼프는 무책임하게도 우리와 가장 가까운 무역 상대국 중 5개국(현재까지)과 관계를 소원하게 만들었습니다.

위험 관리의 단순 산술

2001년 9월 11일 쌍둥이 빌딩과 펜타곤에 테러 공격을 받은 뒤, 미국과 다른 나라 지도자들은 자국 시민에게 방심하면 안 된다고 강조해왔다. 조지 W. 부시는 "삶을 영위하고 자유롭게 돌아다니고, 이 세상에 많은 테러 공격이 자행되기 전에 우리가 매주 하던 삶을 살고 일과 쇼핑을 계속해야 한다"고 여러 번 이야기했다. 그러나 조지 W. 부시 대통령은 다른 지도자들과 마찬가지로 절대 방심해서는 안 된다는 점도 함께 강조했다. 우리는 버스나 비행기 또는 보스턴마라톤에서 수상쩍은 꾸러미를 발견하거나 공항에서 여행 가방만 덩그러니 놓여 있는 것을 보면, 즉시 그 장소에서 벗어나 다른 사람들에게 위험을 경고하고 경찰에 알려야 한다는 말을 들었다. 이후 학교에서는 어떤 학생이 자신이나 타인을 향해 폭력을 행사한다는 말이 들리면, 즉시 그를 정학시키고 그 학생이 학교에 돌아오는 것이 안전하다는 전문가의 판단이 있기 전까지 학교로 돌아오지 못하게 하는 무관용 원칙을 세웠다.

수학자들은 부정적인 결과가 나올 확률에 그 부정적인 결과의 결과를 곱한 직관 해석을 사용한다. 예를 들어 어떤 내기에서 질 확률이 1퍼센트이고 그 결과로 10달러를 잃는다면, 사람들은 대부분 쉽게 위험을 감수한다. 수학적으로 볼 때 이 내기는 얼마나 위험한 걸까? 1퍼센트에 10달러를 곱한 10센트만큼 위험하다. 그러나 부정적인 결과가 나올 '확률'은 같더라도 그 '결과' 20만 달러짜리 집을 잃는다면, 그때는 보험에 가입해야 한다! 이 내기는 1퍼센트에 20만 달러를 곱한 2,000달러만큼 위험하다. 문제가 생겼을 때 감수해야 하는 손실보다 보험에 가입하는 비용이 적다. 이쯤 되면 보험 가입이 합리적인 것처럼 보인다. 그러나 보험 가입이 합리적 지출인지 여부보다 훨씬 더 중요한 것은 바로 위험 계산이다. 대다수 사람에게 집을 잃는다는 것은 실로 엄청난 일이다.

이것은 나만의 문제가 아니다

―――――――

트럼프는 나를 포함해 많은 정신 건강 전문가가 심각한 성격 이상과 관련이 있다고 보는 여섯 가지 특성을 자주 보여주었다. 골드워터 규칙을 지지하는 사람들의 말대로, 정밀한 검사와 테스트를 하지 않은 상태에서 트럼프의 정신 상태가 어떻다고 확언할 수는 없다. 어떤 동료들은 사람들에게 임박한 위험을 경고해야 할 의무를 언급하면서《정신장애 진단 및 통계 편람》제5판을 기준으로 트럼프를 이런저런 상태로 분류하는 것을 편하게 생각한다. 그러나 나는 그렇게 하는 것이 편치 않다. 그럼에도 나는 트럼프 대통령처럼 행동하는 사람 중 압도적 다수에게 이런 진단이 적합할 가능성이 크다는 점에 전적으로 동의한다. 어떤 아동이 성추행을 당하고 있는 걸 목격했을 때, 또는 내 환자 중 한 명이 자기 아내의 정부情夫를 살해하려는 계획을 세울 가능성이 있다고 여길 때 해당 사회복지 기관에 신고하면서 나는 내 직감이 틀릴지도 모른다고 의심한다. 그러나 신고하지 않았을 때 아주 끔찍한 결과가 발생할 수 있다면, 백 퍼센트 확신이 없어도 된다고 생각한다. 엄청난 결과가 벌어질 가능성이 있을 때는 그런 일이 벌어질 가능성이 비교적 낮을지라도 **경고할 의무**가 있다. 이건 임상의나 일반 시민이나 마찬가지다.

미국 대통령으로서 지구상에서 가장 강력한 군 통수권자가 된 뒤 트럼프는 자신이 겪는 기이한 일을 공공연히 이야기해왔다. 엄청난 핵 화력을 보유한 미국이 핵무기 사용을 꺼리는 상황을 도저히 이해할 수 없다고 말이다. 트럼프는 심각한 인격장애가 있는 사람에게서 나타나는 모든 징후를 보여주고 있으며, 폭력 사용을 반복적으로 언급해왔다. 그렇다면 그 결과는 무엇일까? 만약 실제로 정신 건강 전문가 상당수가 의심하는 것만큼 트럼프가 병든 상태라면, 인류 대부분이 궤멸할 수도 있다.

다시 내 이야기로 돌아가면, 나는 내게 경고의 의무가 있다는 사실을 의심하지 않는다. 마찬가지로, 법의 테두리 안에서 트럼프에게 심리학적·정신의학적 검사를 받게 할 윤리적 책임이 있고, 트럼프가 자진해서 검사를 받으려 하지 않으면 그를 대통령직에서 물러나게 해야 할 책임이 있다는 사실도 의심하지 않는다.

사실, 이것은 나만의 문제가 아니다. 무기를 소지하고 정신 나간 소리를 지껄이는 운전자를 만난 경찰관에게는 그를 무장해제시켜야 할 윤리적 의무가 있다. 시내버스나 마라톤 코스에 놓여 있는 주인 없는 꾸러미를 발견한 쇼핑객이나 승객은 적절한 조치를 취할 책임이 있다. 총을 휴대하고 정신 나간 소리를 지껄이는 사람을 자신의 상담실에서 맞닥뜨린 심리 치료사뿐 아니라 스타벅스에서 커피를 마시는 손님들 역시 한 사람의 시민으로서 그에게서 총을 빼앗거나 그 상황이 끝나도록 조치할 책임이 있다. 나나 다른 정신 건강 전문가가 사람들이 잠재적 위험에 처해 있을 때 수수방관하지 말라는 성경의 명령(〈레위기〉 19장 16절)과 '경고의 의무'로부터 어떻게 자유로울 수 있겠는가? 이는 직무를 수행하기에 적합하지 않은데도 핵무기 발사 암호를 가지고 있는 대통령이라도 마찬가지다.

감사의 말

이 글을 준비하는 데 많은 도움을 준 밴디 리 박사에게 감사한다.

6장

트럼프 시대의
새로운 치료 기회

윌리엄 도허티

이 글의 일부는 다음 자료에 기고했던 〈트럼프 시대의 치료〉라는 원고를 허락을 받아 다듬은 것이다. William J. Doherty, "Therapy in the Age of Trump?" *The Psychotherapya Networker* (May-June 2017): 34-35.

윌리엄 도허티 William J. Doherty

미네소타대학교 시민전문가센터, 브링크 미네소타 커플 프로젝트 소장이자 가족 사회학 교수다. 2016년 5월, '시민 치료사들의 트럼프주의 반대 선언문'을 작성했고 3,800명이 넘는 치료사가 이 선언문에 서명했다. 대통령 선거가 끝난 뒤에는 '민주주의를 지지하는 시민 치료사'라는 단체를 설립했다. 일반 시민을 중심으로 미국의 탈극을 위해 활동하는 단체 '선한 천사들Better Angels'의 선임 연구원이다. 가족 치료라는 의료 영역을 개척하는 데 일조했고, 2017년에는 미국가족치료아카데미 평생 공로상을 받았다.

트럼프의 시대에 들어서면서 공과 사의 경계가 허물어졌다. 확고하고 엄격한 경계는 그저 허구에 불과하다. 우리는 사회에서 일어나는 사건에 늘 영향을 받고, 우리 개인의 행동은 사회 전체에 영향을 끼친다.

그러나 트럼프 시대가 오기 전, 민주주의 사회의 주류에서 편안함을 느끼던 우리는 심리 치료사의 '역할'과 시민의 '역할'이 분리되어 있다고 생각해도 별 문제가 없었다. 치료사의 역할에서 우리는 우리가 전문적인 치유자라고 생각했다. 또한 시민으로서 우리는 사회적 쟁점을 지켜보고 후보자를 지지하고 표를 던졌다. 더 나은 정신 건강 정책과 의료 수가 제도를 옹호하는 지점은 치료사의 역할과 시민의 역할이 만나는 주요 교차로였다.

페미니스트, 소수민족, 성 소수자 치료사들은 수십 년 간 심리 치료계에서 개인과 정치를 분리하는 것에 반대해왔다. 심리 치료와 사회정의를 다룬 방대한 문헌이 그 증거다. 그러나 이 관점은 정신의학계 주변부로 밀려났고, 내담자가 억압받는 소수집단에 속한 경우에만 국한되었다. 대부분의 심리 치료는 전통적인 방식에 따라 개인의 내면이나 대인 관계에 초점을 맞추었다. 아마도 우리 대부분은 우리와 우리를 찾는 내담자들이 사회 혼란과 스트레스로부터 적절히 보호되는 사적 삶을 살고 있다고 생각했기 때문일 것이다. 가끔 9.11 테러 같은 사건이 거품을 터트렸지만, 곧 다시 거품이 생겼다.

그러나 2016년 11월 트럼프가 대통령에 당선된 뒤, 거품은 다시 돌아오지 않았다. 사회계층과 인종을 망라한 많은 내담자가 이 나라에서 벌어지는 일 때문에 괴로워하고, 현재의 불안과 미래에 대한 걱정, 과거의 두려움이 되살아나는 악몽 속에서 살고 있다. 이민자들처럼 지금 당장 위험에 처한 사람들만의 이야기가 아니다. 증오가 고개를 들고, 진실이 무시당하고, 언론의 자유와 법치에 대한 존중 같은 민주주의의 핵심 가치가 조롱당하는 현실을 지켜보는, 개인적으로 덜 취약한 계층의 사람들에게도 똑같은 일이 일어나고 있다. 게다가 우리에게는 공개적인 행동으로 '치료 거부자들'의 승리를 상징하는 대통령이 있다. 트럼프는 개인의 불안감이 세상에 대담하게 투영되고, 안 되면 남 탓, 잘되면 내 탓으로 여기는 이기적인 믿음이 공공연한 사실이 되는 반성하지 않는 삶을 추어올리며 정신의학을 무시하는 선봉에 서 있다.

이런 난관 앞에서 치료에 종사하는 많은 이가 패러다임 위기에 직면해 있다. 그들 일터의 민주주의적 기반이 위협받고 있는 지금, 어떻게 평상시처럼 일하겠는가? 일례로 현 언론인들의 자기분석을 생각해보자. 그들은 지금 단순히 진실을 가리는 행태나 상충하는 사실들을 보도하는 것이 아니라 조직적인 거짓말을 잡아내야 하는 상황이다.

심리 치료사에게 주어진 과제는 치료사의 역할과 시민의 역할을 통합해서 우리를 찾는 내담자들도 우리와 똑같이 할 수 있도록 돕는 것이다. 이 일은 '치료사의 자아'로 시작해야 한다. 우리의 사적인 삶은 우리의 직업적 의무와 어떻게 교차하는가? 내가 아는 거의 모든 치료사가 개인적인 스트레스에 시달린다. 그리고 이들은 집단 괴롭힘에 다시 노출된 사람들부터 국외로 추방당할까 봐 두려워하는 사람들, 이제 더는 활 모양으로 휜 도덕적 세계가 필연적으로 정의 쪽으로 구부러지지 않을 것 같다고 느끼는 사람들에 이르기까지 다양한 내담자를 상담하고 있다. 우리는 가족들과 친구들이 정치 노선에 따라 분열되는 모습을 지켜보고 있다. 물론 나는 트럼프가 대통령이 된 것을 기뻐하는 치료사들도 안다. 그러나 그들 역시 미국 사회의 양극화와 사회구조 붕괴를 우려한다.

이는 2016년 11월 선거와 트럼프 자체보다 더 큰 문제다. 최소 20년간 계속해서 심화해온 문화적·정치적 분열이 절정에 달했다. 이제 사람들은 자기와 생각이 다른 이들을 단순히 잘못된 길을 가는 반대파가 아니라 위험한 적으로 간주한다. 그렇다면 우리는 치료사이자 시민으로서 트럼프가 이런 전반적인 흐름에 끼친 영향에 어떻게 대응해야 할까? 이런 사건들에 대한 개인의 반응을 어떻게 처리해야 할까? 시작점은 우리 자신과 내담자를 단순한 서비스 제공자와 소비자가 아니라, 더 광범위한 사회의 일원(이를테면 시민)으로 바라보는 새로운 사고방식이 우리에게 필요하다는 사실을 인정하는 것이다.

사회 스트레스와 정치 스트레스

우리는 내담자들이 자신의 삶에서 '트럼프 효과'에 대처하도록 도와야 한다. 그런데 트럼프가 거대한 흐름을 상징하는 만큼 우리에게 주어진 도전 과제도 무거울 수밖에 없다. 만약 우리가 이런 대통령 한 사람이 끼치는 영향에 대처할 수 있도록 내담자들을 돕는 것 이상의 일을 해야 한다면, 우리에게는 우리가 하는 일을 규정할 새로운 개념 범주가 필요하다. 나는 다음 두 가지를 소개하고자 한다. 하나는 사회 스트레스이고, 또 하나는 정치 스트레스다. 이는 다음과 같이 정의할 수 있다.

- **사회 스트레스**는 정치적·경제적·문화적·역사적 환경의 힘뿐 아니라 가까운 이웃, 지역사회, 지역 기관(학교와 경찰 같은)의 힘이 개인이나 관계의 행복을 위협하는 것을 가리킨다.

- **정치 스트레스**(사회 스트레스의 한 유형)는 행정부와 선출직 관료와 공직 후보자의 발언, 행동, 정책이 개인이나 관계의 행복

을 위협하는 것을 가리킨다.

치료사들이 사회 스트레스와 정치 스트레스라는 언어를 사용하면, 내담자 즉, 스트레스에 직면했을 때 내담자가 생각하고 느끼고 행동하는 방식에 계속 관심을 기울이면서 그 사람의 정신 내부와 미시 사회microsocial에만 초점을 맞추는 전통적인 틀을 뛰어넘어 치료의 범주를 확대할 수 있다.

우리는 내담자의 삶을 더 넓은 관점에서 바라보는 이런 사고 방식을 내담자에게 던지는 질문에 바로 반영할 수 있다. 모든 직업은 질문 양식을 통해 직업의 관심 영역을 드러낸다. 예를 들어 의사들은 생물학적 질병에 기초한 질문을 주로 던진다. 정신 건강 전문가들은 심리적 증상과 대인 관계 기능에 관해 주로 묻는다. 나는 내담자들의 공적 생활에 관심을 표명하기 위해 두 가지 질문을 생각해냈다. 첫 번째 질문은 사회 스트레스에 관한 것이고, 두 번째 질문은 내담자의 사회 참여에 관한 것이다.

1. 상담을 받는 사람들은 때때로 지역사회나 국가 또는 세계 때문에 스트레스를 받습니다. 혹시 당신도 그렇다면 간략하게라도 이야기해주셨으면 합니다. (해당 사항이 없다면, 다음 질문으로 넘어가십시오.) 나는 다음과 같은 일 때문에 스트레스를 받는다: _____.

2. 상담받는 사람들은 때때로 자기 가족이나 자기와 가까운 사회 외부의 집단이나 대의에 헌신합니다. 당신도 그렇다면 당신이 헌신하는 일이 무엇인지 간략히 알려주실 수 있을까요? (해당 사항이 없다면 빈칸으로 남겨두십시오.)

나는 이런 질문들이 내담자의 삶 중 사회 영역을 주제로 대화를 시작하게 해주는 열쇠가 된다는 사실을 깨달았다. 그들이 사회에서 어떤 영향을 받고 시민으로서 어떻게 사회에 참여하는지 이야기하게 해주는 것이다. 그리고 이 과정에 들어서면 다른 문도 열린다. 하나는 내담자가 정치권에서 지금 벌어지는 일들을 유심히 지켜보고 있는지, 그렇다면 그런 일들이 자신에게 미치는 영향은 무엇인지 물어보는 것이다. 그렇게 했더니 많은 내담자가 전에는 말한 적이 없는 트럼프와 관련된 불안감과 인간관계의 부담감을 털어놓았다. 내담자들이 그동안 이런 이야기를 하지 않았던 이유는 우리 치료사들과 마찬가지로 상담실은 정치가 발을 디딜 수 없는 공간이라고 생각했던 탓일 것이다.

대기실에 편지를 써서 붙여두는 것도 사회 스트레스나 정치 스트레스를 자유롭게 이야기해도 된다는 사실을 알리는 또 하나의 방법이다. 예를 들어 다음과 같이 말이다.

상담실을 찾아주신 분들께.

우리는 지금 힘든 시기를 보내고 있습니다. 저도 그렇게 느끼고,

도널드 트럼프라는 위험한 사례

제가 아는 사람들 대부분이 그렇게 느낍니다. 저는 심리 치료 과정에서 익숙하게 다루던 주제가 아니더라도 자유롭게 이야기할 준비가 되어 있다는 사실을 알려드리고자 이 글을 씁니다. 시민 생활에서 또는 정치권에서 일어나는 일들이 여러분에게 어떤 영향을 끼치는지, 여러분이 거기에 어떻게 대처하고 있는지 이야기하셔도 좋습니다.

- 분열을 조장하는 대통령 선거를 치른 뒤, 많은 사람이 이 나라의 정치적 내분에 분개하고 낙담하고 있습니다.
- 앞으로 수년 간 어떤 일들이 펼쳐질지 너무나도 불확실합니다. 어떤 이들은 두려움과 불안과 위협을 느끼는가 하면, 또 어떤 이들은 필요한 변화가 일어날 것으로 기대하고 있습니다. 그리고 이 두 부류의 사람들은 대개 서로 반목합니다.
- 미국 사회에서 진보주의자와 보수주의자 모두 자신들의 가치가 공적인 영역에서 또는 자신들의 친구와 가족에게 받아들여지지 않는 것 같다고 느끼는 게 보입니다.

목록을 나열하자면 끝이 없다. 심리 치료를 진행할 때 이 세상을 향한 여러분의 염려를 대화 소재로 끌어내는 방법을 생각해보라. 물론, 여러분이 그렇게 할 것으로 기대하거나 그렇게 해야 한다고 요구하는 것은 아니다. 이 방법이 도움이 될 것 같으면 한번 시도해보라는 말이다.

내가 이 글을 쓰는 이유는 여러분이 여러분 개인과 공동체 가치를 따라 살면서 오늘날 스트레스를 관리하는 방법을 찾을 수 있도록 여러분의 이야기에 귀를 기울이고, 여러분을 지원하고 돕기 위해서다.

내담자가 일단 마음을 터놓으면, 우리는 다른 스트레스와 마찬가지로 정치 스트레스에 대처하도록 그들을 도울 수 있다. 일주일에 7일, 하루 24시간 쏟아지는 뉴스에 노출되는 시간을 줄이고, 선동을 좋아하는 사람들의 먹잇감이 되는 일을 피하고, 자기 치유를 위해 노력하는 등 스트레스를 완화하는 방법을 찾도록 도울 수 있다. 이보다 능동적으로 대처하는 방법도 있다. 신뢰할 만한 소식통을 통해 좀 더 정확한 정보를 얻거나, 본인이 지지하는 단체에 기부금을 내거나, 다른 이들을 돕는 봉사 활동에 자원하거나, 정치 활동에 활발하게 참여하거나, 공개적으로 사회 '약자'들에게 더 상냥하게 대하는(실제로 이렇게 하기로 다짐한 내담자가 있다) 것과 같은 행동을 통해서 내담자들이 이 세상에서 시민의 가치를 실행에 옮기도록 돕는 것이다. 그리고 내담자가 정치 상황에 정서적으로 강한 이상 반응을 보일 때는 이런 반응과 그 사람의 인생행로가 어떻게 연결되는지 털어놓도록 내담자를 도울 수 있다.

나는 내담자들이 정치 스트레스에 직면했을 때 무기력한 반응이나 불안한 반응을 보이지 않도록 돕는 것이 심리 치료사의 일이라고 생각한다. 이 위험 중 어느 한쪽으로도 치우치지 않게 하는 것이 심리 치료사의 목표다. 외부 상황에 흔들리지 않고 중심을 잡게 돕는 것이다. 그래야만 자신의 감정을 살피고 자신이 소중히 여기는 가치를 따라 사려 깊게 행동할 수 있다. 이런 치료법은 민주주의 국가에서 희생자나 화염방사기가 아니라 자율적인 시민을 길러내는 인큐베이터가 될 수 있다.

더 넓은 세상의 시민 치료사

___

나는 트럼프 덕분에 심리 치료와 민주주의의 관계를 더 잘 이해하게 되었다. 실제로, 단순한 선거제도가 아니라 지역사회에서 공동의 삶을 구축하는 집합적인 힘이라 할 수 있는 민주주의의 작동과 심리 치료의 초점인 개인의 힘은 밀접한 관계가 있다. 우리는 책임감 있는 국민이다. 그렇기에 우리는 상담실에서 내담자의 사적인 삶과 공적인 삶을 함께 공유함으로써 그들이 독립적이고 민주주의적인 국민으로 활동하도록 독려한다. 다시 말해 우리는 민주 시민을 기르고 있는 셈이다. 심리 치료가 번창하려면 민주주의가 좀 더 널리 퍼져나가야 한다.

우리는 민주주의 사회에서 치료사로서 잠재력을 충분히 발휘하기 위해 상담실 밖에서도 적극적으로 움직여야 한다. 나는 우리가 이웃과 지역사회에 제공할 중요한 것을 갖춘 치유자라고 생각한다. 시민 치료사의 개념을 간략히 정의하면 다음과 같다. 시민 치료사는 사람들이 생산적인 방식으로 사회 스트레스에 대처하고, 개인 생활과 시민 생활에 적극적인 존재가 되도록 상담실과 지역사회에서 사람들과 협력한다. 시민 치료사의 일은 개인의 내면과 인간관계를 치유하는 데 초점을 맞추는 전통적인 심리 치료와 별개의 것이 아니라 그것을 한데 합친 것이다.

나는 요즘처럼 독성이 강한 사회 환경에서 시민 치료사 업무의 일환으로 '빨갛고[공화당 지지자]' '파란[민주당 지지자]' 미국인들과 '대립에서 벗어나기 워크숍'을 진행해왔다. 그중 특히 주목할 만한 워크숍이 있었다. 힐러리 지지자 11명과 트럼프 지지자 10명이 오하이오 주 시골 지방에서 12월의 어느 주말에 13시간을 함께 보냈다. 둘 사이에 공통의 가치가 있는지 알아보고 가능하다면 지역사회와 더 넓은 세상에 도움이 되는 무언가를 공유하기 위해, 고정관념을 극복하고 둘의 차이점을 조금 더 이해할 수 있는지 확인하는 것이 이 워크숍의 목표였다. 내게 이 워크숍은 21명이 참여하는 커플 치료와 비슷했다. 격렬하고 고통스럽고 계몽적이고 궁극적으로는 만족스러웠다. 오하이오 주 남부에서 두 번째 주말 워크숍을 성공리에 마치고, 공화당 지지자와 민주당 지지자들은 '대립에서 벗어나기' 활동을 펼치는 새로운 단체를 구성했다. '선한 천사들'이라는 전국 단체다. 나는 치료사들이 자신의 지역사회에 적용할 수 있도록 다른 워크숍과 연수 프로그램도 개발했고, 이것을 선한 천사들을 통해 제공하고 있다.

트럼프 시대는 치료사들에게 공·사의 분열, 다시 말해 사적 삶과 사회적 삶, 개인의 삶과 시민의 삶을 포함한 자신의 자아 전체를 끌어안고 우리를 찾아오는 사람들을 종합적으로 치료하지 못하게 하는 맹점을 뛰어넘으라고 촉구한다. 내담자들과 공동체를 위해 치료사로서 우리의 역할을 확대하고 보강하자고 제안하는 바이다.

3부

트럼프

라와

1장

트라우마, 시간, 진실, 그리고 트럼프

대통령 한 사람이 치유를 막고 위기를 부추기는 방식

베티 텡

베티 P. 텡 Betty P. Teng

로어 맨해튼에 있는 대형 병원 피해자지원국에서 일하는 트라우마 치료사다. 예일대학교와
UCLA 연극영화학과, 뉴욕대학교 사회복지학과를 졸업했으며 현대심리치료연구소에서 활동
중이다. 수상 이력이 있는 시나리오 작가 겸 편집자로 이안Lee Ang, 로버트 올트먼Robert Altman,
마이크 니컬스Mike Nichols 감독의 영화에 참여한 바 있다.

트럼프는 선거기간 내내 성난 목소리로 외국인 혐오와 인종차별, 성차별, 이슬람 혐오를 드러냈다. 그랬던 그가 2016년 11월 8일, 이 세상에서 가장 영향력 있는 지도자의 자리인 미국 대통령에 당선되었다. 그날 이후, 트럼프의 표적이 되었던 이들을 비롯해 많은 사람이 이유도 모른 채 정신적 외상을 입었다. 한 동료는 이렇게 말했다. "9.11 테러 이후랑 똑같아." 환자 한 명은 이렇게 털어놓았다. "충격이에요. 지금 상황을 어떻게 받아들여야 할지 모르겠어요."

선거가 끝나고 몇 주 동안 환자들과 동료들은 내게 트럼프가 대통령이라는 생각만 해도 조롱당하고 상처 입은 것 같은 기분이 들고 무기력해진다고 했다. 한 환자는 이렇게 말했다. "저는 트럼프가 표적으로 삼을 6개 정체성 표지標識 중 4개와 일치해요. 아랍인에, 동성애자에, 이민자에, 여성이죠. 이젠 안심하고 돌아다닐 수 없을 것 같아요." 강간 신고를 해야 할지 말아야 할지 고민하던 여성은 신고하지 않기로 했다. "이제 그게 중요할까요? 이젠 아무도 내 말을 믿지 않을 텐데." 또 다른 생존자는 더 직설적이었다. "우리가 강간범을 대통령으로 뽑았잖아요." 여러 여성이 트럼프를 성폭행 혐의로 고소했으나 아무 소득도 얻지 못한 사건[1]을 거론하며 한 말이다. 세계무역센터에 대한 9.11 테러 이후 수개월 동안 뉴욕 시민을 치료했던 동료는 환자들이 트럼프의 당선에 보인 반응이 훨씬 더 심각하다고 말했다. "차이점이 있다면 9.11 테러는 제한적이었고 외부 세력에 의한 것이었다는 점이야. 트럼프를 뽑은 사람들은 우리 가운데 있던 사람들이고, 트럼프의 공격은 쉴 새 없이 계속되고 끝나지 않을 것만 같아."

내 반응도 다르지 않았다. 나 역시 충격을 받았다. 내 앞에 앉은 환자에게 집중하려고 애썼지만 쉽지 않았다. 걸핏하면 눈물이 났다. 누가 물으면, 내 괴로움을 설명할 단어를 떠올리기가 어려웠다. 나는 이런 반응이 외상성 쇼크 증상, 즉 정신적 외상을 입은 환자들에게 흔히 나타나는 외상 후 스트레스 장애PTSD(이하 PTSD)의 조짐일 수 있다고 인정했다.

나는 심리 치료사다. 구체적으로 말하면, 뉴욕 시에 있는 대형병원에서 성폭행, 가정 폭력, 아동기 성적 학대를 경험한 성인을 치료하는 트라우마 치료사다. 임상의학 차원에서 트라우마를 이해하고, 트라우마가 사람들에게 어떤 충격을 주는지 밝히고, 그 영향을 치료하는 방법을 알아내는 것이 내 일이다. 하지만 나는 도저히 이

---

1 Crockett and Nelson, 2017.

도널드 트럼프라는 위험한 사례

해할 수 없었다. 평화로운 대통령 선거 같은 비폭력적 사건이 어떻게 트라우마 반응을 일으킬 수 있는 걸까? 정치 성향과 상관없이 트럼프의 당선을 실제적인 물리적 공격이나 자연재해와 동일시할 사람은 없다.

그렇지 않나?

미국심리학회는 트라우마를 "사고나 강간, 자연재해 같은 끔찍한 사건에 대한 정서적 반응"으로 정의한다. 그리고 많은 사람, 특히 선거운동 기간에 트럼프가 표적으로 삼았던 집단의 구성원들(이 사람들에게만 한정된 것은 아니지만)에게 트럼프의 당선과 현재 그가 대통령이라는 사실은 정말로 끔찍하고, 마치 재앙과도 같은 처참한 사건이다.

2016년 11월 이후 수개월 동안 전국의 심리 치료사들은 상담 시간에 전례 없이 정치 문제에 집중하고 있으며, 트럼프가 계속 쏟아내는 극단적인 트윗과 충동적인 행동 때문에 고도의 불안과 스트레스에 시달린다며 도움을 요청하는 신규 환자가 급증했다[2]고 보고했다. 실제로, 입국 금지 행정명령으로 혼란과 우려를 불러일으킨 일부터 오바마 대통령이 트럼프 타워를 도청했다는 비논리적인 의혹 제기, 시리아와 북한을 향한 갑작스러운 군사 행동에 이르기까지 트럼프 대통령은 위기를 해결하기보다는 위기를 만들어냄으로써 자신의 권력에 사람들의 이목을 집중시키는 데 더 신경 쓰는 것 같다.

---

2 Gold, 2017.

세상에서 가장 힘센 지도자의 자리에 있는 사람이 그렇게 위태로운 행동을 하면 전에 정신적 외상을 입은 사람뿐 아니라 그러지 않은 사람들까지 불안과 두려움이 고조될 수밖에 없다. 미디어 전문가들과 임상의들은 점점 더 많은 미국인이 호소하는 불안 반응과 PTSD 증상을 비교하기 위해 **선거 후 스트레스 장애**[3], **트럼프 후 스트레스 장애**[4], **헤드라인 스트레스 장애**[5] 같은 용어를 만들어냈다. 우리가 읽은 내용이 사실(트럼프와 그의 핵심 고문들이 진실과 사실에 관한 우리의 관념을 흔들어놓았다. 이 문제는 나중에 다시 이야기하자)이라면 비단 참전 용사와 긴급 구조원, 그리고 강간, 폭력 범죄, 자연재해, 고문, 학대에서 살아남은 생존자들만이 아니라 대다수의 나머지 사람들 역시 지금 불면, 집중력 부족, 자극에 과민하게 반응, 성마름, 변덕 등 PTSD와 비슷한 증상에 시달린다고 할 수 있다.

다시금 나는 트라우마 치료사로서 수많은 일반 미국 시민이 보이는 증상들과 PTSD의 상관관계를 이해하기 위해 고심했다. 이 트라우마의 원인은 물리적 공격이나 자연재해가 아니라, 영향력 있고 나르시시즘이 심하고 관심에 목매는 세계 지도자가 쉴 새 없이 쏟아내는 공격적인 말과 하루가 멀다고 미디어에 보도되는 그의 변덕스러운 행동이다. 트럼프 후 스트레스 장애가 '실제'인지, 아니면 '눈

---

3 Gold, 2017.

4 Pierre, 2016.

5 Stosny, 2017.

송이 진보주의자'[6] 가 '히스테리성' 좌파 미디어로 사람들을 선동하고 자신들의 고통을 부풀리는 방식을 보여주는 또 다른 사례에 불과한지를 두고는 논란이 많다. 트럼프 후 스트레스 장애 운운하면서 '실제' 공격과 위해를 경험한 '진짜' 트라우마 생존자들의 고통을 하찮게 만드는 것은 아닌가 의문을 제기하기도 한다.

그러나 그런 논란은 임상적 관점에서 보면 트럼프의 당선과 트럼프 대통령 한 사람의 행동이 수많은 미국 시민에게 정신적 외상을 입히고 상처를 다시 헤집어놓은 이 독특한 현상 앞에서, 우리의 신경을 분산시키거나 심하게는 수치심을 안김으로써 그 현상의 근본 원인을 더욱 철저히 고찰하는 것을 방해할 뿐이다. 트럼프의 백악관 입성이 전례가 없고 어울리지 않는다는 사실을 기억하는 것이 중요하다. 우리는 지금 미지의 세계에 와 있다. 사법이나 입법, 행정, 외교 정책에 대한 경험이 전혀 없는, 뉴욕 시 부동산 재벌이자 리얼리티 텔레비전 쇼 출연자가 어떻게 미국 대통령이 될 수 있는가. 여전히 많은 사람이 이 상황을 이해하기 힘들어한다. 만약 우리가 미국 대통령의 역량이 그의 판단과 전문 지식이 곧 환자의 생사와 연결되는 심장외과 전문의의 역량만큼 중요하다는 점에 동의한다면, 미국이라는 국가의 생사를 책임질 심장 전문의가 수술실에 한 번도 들어가 본 적이 없다는 건 참으로 무서운 일이다. 트럼프는 미국 정부의

---

6 미국 보수주의자들이 저마다 다른 목소리를 내는 젊은 진보주의자들의 움직임이 금세 녹아 없어지는 눈송이snowflake처럼 가볍고 의미 없다며 조롱하는 표현이다.
 —옮긴이

심장이 내부에서 어떻게 작동하는지 전혀 알지 못하고 심지어 관심도 없는 의사다. 그러니 정치 성향이나 트라우마 전력과 상관없이, 그의 손에 목숨이 달린 우리가 자격이 부족한데다 대통령이라는 역할의 복잡성과 영향력에 둔감한 트럼프에게 극심한 불안감을 느끼는 것은 타당하다. 공포감을 느낀다 해도 그리 이상하지 않다.

그리고 전에 정신적 외상을 입은 사람들에게는 트럼프가 훨씬 더 큰 자극이 되고 있다. 변덕스럽고 복수심 강하고 일방적인 트럼프의 행동은 그들에게 예전에 자신이 예속되었던 학대하는 부모, 비열한 불량배, 권위적인 교사, 성희롱하는 상사를 떠올리게 한다. 트라우마를 경험한 생존자의 뇌는 자극에 매우 민감하게 반응하는 경우가 많다. 그래서 매일 격분을 쏟아내는 트럼프의 행동은 불필요한 신경 생물학적 과잉 자극을 전달해서 생존자의 '관용의 창window of tolerance'[7]이나 차분한 직선적 사고linear thinking[8]를 위한 인지 공간을 좁혀놓는다. 그래서 그들은 다른 사람들보다 더 불안해하거나 심지어 '관용의 창' 밖으로 떨어져서 공황 발작, 플래시백[9], 의식 분열에 빠지기 쉽다. 이렇게 불안감이 고조된 상황에 특히 취약한 사람들을 고려하면, 한두 가지 트라우마에 시달리는 미국인 수는 우리가 생각하는 것보다 훨씬 많다. 하버드대학교 트라우마 전문가 베셀 반 데

---

7 외부의 자극을 감당하고 적절하게 반응할 수 있는 범위를 말하는 심리학 용어.
　 ―옮긴이

8 인과관계를 기계적이고 직선적으로 파악하는 사고방식. ―옮긴이

9 충격적인 경험이 불쑥불쑥 떠오르는 증상. ―옮긴이

어 콜크Bessel van der Kolk는 이렇게 말했다.

> 질병통제예방센터CDC의 조사에 따르면 미국인 5명 중 1명이
> 어렸을 때 성추행을 당한 것으로 나타났다. 4명 중 1명이 흉터
> 가 남을 정도로 부모에게 구타당한 경험이 있고 커플 3쌍 중
> 1쌍이 상대방에게 물리적 폭력을 행사한 적이 있는 것으로 나
> 타났다. 미국인 4명 중 1명은 알코올중독에 빠진 친척 밑에서
> 자랐고 8명 중 1명은 어머니가 맞는 모습을 목격했다.

개인적으로든 세대별로든, 노예제도, 이민, 전쟁, 자연재해,
대량 학살 등의 트라우마를 경험한 미국인이 얼마나 많은지를 생각
하면, 역사를 무시하고 분열을 강조하고 충동적으로 의사 결정을 하
는 트럼프, 다시 말해 대통령 자격이 전혀 없는 트럼프가 어떻게 우
리 모두에게 불안을 조장할지를 다른 수준에서 이해하게 된다.

트라우마, 시간, 진실, 그리고 트럼프

————

이렇듯 트럼프 대통령은 우리가 그를 심리적·사회적·정치적
토네이도로 경험할 정도로 일부 국민을 자극하고 동요시켜 우리의
안정을 위협하는 존재다. 사실, 트럼프 후 스트레스 장애가 '실제'인
지, 그리고 이것이 PTSD만큼 심각한지를 놓고 논쟁하는 것 자체

가 일종의 트라우마 반응이다. 트럼프가 당선되었을 때도, 취임하고 100일이 지났을 때도, 미국인들 사이에서 이런 질문이 나왔다. "지금 이게 실제 상황인가요?", "지금 상황은 심각한 것 아닌가요, 괜찮나요?", "무슨 일이 일어난 건지 모르겠는데, 아무것도 할 수가 없어요." 치료를 시작한 뒤 많은 환자가 내게 던지는 질문을 떠올리게 하는 이야기다. 역설적으로 들릴지 모르지만, 이들은 생각하자니 너무 화가 나고 부정하자니 너무나도 엄청난 경험을 붙들고 씨름한다. 국민을 위해 봉사하도록 선출된 미국 대통령이 자기가 섬겨야 할 시민들 사이에서 이런 내적 혼란을 부추긴다면, 다음 질문을 심각하게 생각해보아야 한다. 트럼프가 지금 유행성 트라우마를 유발하고 있는 것은 아닌가?

트라우마 치료사의 관점에서 나는 어떻게 트럼프가 트라우마를 유발할 정도로 많은 미국인에게 충격을 주는지를 밝히기 위해 트라우마의 핵심 요소 두 가지(시간과 진실)를 강조하려 한다. 그렇게 해서 많은 미국인이 트럼프 대통령에게 보였던 트라우마 반응을 입증하는 한편, 트럼프 효과를 최소화할 방법을 제시하겠다. 트라우마가 어떻게 형성되는지를 알면, 트라우마를 구성하는 요소를 이용해 트라우마의 영향을 줄이는 방법을 찾을 수 있다. 그러면 복수심 강하고 변덕스러운 트럼프의 행동 때문에 불안감이나 분노에 휩싸이거나 좌절하는 것을 예방할 수 있다.

시간과 트라우마

미디어 생태학자이자 문화 연구자인 제이드 데이비스Jade E. Davis 교수는 온라인 디지털 미디어가 과거 또는 현재의 사건을 바라보는 우리의 인식을 반영하고 형성하는 방식을 고찰했다. 데이비스는 이 현상을 분석하면서 "트라우마는 이후시제post-tense로만 존재할 수 있다"고 말한다. 생존자들이 끔찍한 사건을 경험한 뒤 그 사건을 설명할 단어를 찾아낼 수 있어야 트라우마가 존재 가능하다는 말이다. 이는 곧 트라우마를 고찰하는 능력은 시간에 달려 있음을 뜻한다.

"트라우마는 이야기 속에 있고 증언과 목격자를 통해 접근할 수 있다"는 데이비스의 주장은 트라우마 치료의 초석을 보여준다. 치료의 주된 목적은 정신적 외상을 입은 사람이 자기 이야기를 할 수 있도록 안정감을 안겨주는 데 있다. 치료사가 생존자의 고통, 두려움, 수치심을 증언할 아량과 연민을 갖추고 있다는 사실을 신뢰하게 만드는 것이다. 이는 트라우마에 시달리는 사람들을 괴롭히는 깊은 고립감을 덜어준다. 반 데어 콜크도 여기에 동의한다.

> 이것은 우리가 할 수 있는 가장 심오한 경험이며, 지금껏 말해본 적 없는 단어를 발견하고 말하고 받아들일 수 있는 이런 공명이야말로 트라우마의 고립감을 치유하는 기본 토대다. 완전한 소통이 이루어지면 정신적 외상을 입었을 때와는 정반대되는 결과가 나타난다.

일상생활에서와 마찬가지로 트라우마 치료에서 자신 또는 타인과 '완전한 소통'이 이루어지려면 기술과 관심과 시간이 필요하다. 정신적 성찰이 이뤄지려면, 경험을 기억하고 그 경험을 이모저모 꼼꼼히 살펴볼 공간과 시간이 필요하다. 그래야 자기 자신 그리고 다른 사람들과 대화할 수 있다. 이는 우리가 우리의 경험, 의견, 가치에 익숙해지는 방법이자 우리가 처한 현실을 확인하는 방법이다. 그리고 이것이 우리가 **사고하는** 방식이다.

정신적 외상을 입으면, 사고하고 소통하는 능력이 손상될 수 있어 각별한 지원이 필요하다. 신경 생물학적으로 트라우마 경험은 뇌의 언어중추를 침묵시킨다.[10] 쉽게 말해 말문이 막혀버린다. 트라우마 상황에서 생존자가 자기 관점에서 이야기를 풀어낼 단어를 찾지 못하거나 그럴 여유가 없을 때, 데이비스는 이를 **위기**로 규정한다. 데이비스는 위기를 시간과 목격자에 접근할 수 없는 상황을 보여주는, 닫혀 있고 봉인된 원으로 표현한다. 즉, 자기 관점에 필요한 공간이 없는 상황, 나중에 교류하고 변화하고 성장할 여지가 없이 고립된 상황으로 설명하는 것이다.[11]

데이비스가 정리한 아래 도표는 트라우마와 위기의 차이를 보여준다.

트라우마는 언어와 시간 속에 존재하는 비참한 사건에 대한 반

---

10 van der Kolk, 2014.

11 Davis, 2014.

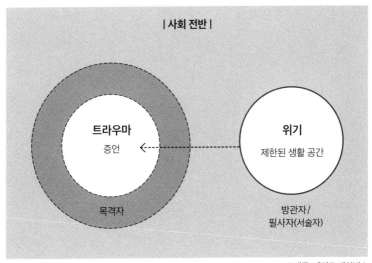

도표제공: 제이드 데이비스

응을 가리킨다. 데이비스가 그린 도표에서 트라우마는 작은 구멍이 많은 점선으로 둘러싸여 있다. 정신적 외상에 대한 이야기는 다른 이들이 생존자의 경험을 목격하고 트라우마 상황을 느낄 수 있는 증언이기 때문이다. 이 원은 닫혀 있지 않고 열려 있다. 점선으로 이뤄진 바깥 원이 상징하듯이 목격자는 환자의 이야기를 들어줌으로써 트라우마를 억제하는 역할을 한다. 트라우마 환자와 목격자가 교류하면서 정신적 외상에 대한 이야기에 자연스럽게 변화가 일어나고 결과적으로 성장이 이뤄진다. 이러한 이야기는 결국 애도가 완전히 이루어진 공간으로 나아가고, 덕분에 환자는 플래시백과 공황 발작을 부추기는 자극과 불안에서 해방된다.

이와 반대로 "위기는 닫힌 원 안에 존재하는 역사다. (…) 그곳에는 증언도 목격자도 없다. (…) 위기에 빠진 사람들은 문제의 장소에서 벗어나고 시간이 지나도 그날의 사건에 계속 지배당한다."[12] 데이비스는 도표에서 위기를 봉인된 원으로 그렸다. 구멍이 전혀 없는 경계선 안에서 사건은 시간 및 언어와 단절되고, 그래서 접근이 불가능하다. 시간과 언어가 마련해줄 결정적인 관점이 없으면, 비참한 경험을 생각할 수도 공유할 수도 애도할 수도 없다. 목격자가 있다고 해봐야 원 안에 갇혀 있는 사람들의 말을 듣지 못하거나 반응하지 못하는 무기력한 방관자들뿐이다. 위기에 빠진 사람들은 그 자리에서 꼼짝하지 않는다. 성장하지도 떠나보내지도 못한다. 혼란을 이해할 단어가 없으므로 그들의 내적 혼란은 그대로 남는다. 언어가 없으면 특별한 이유 없는 작용과 반작용, 공포와 공황, 의식 분열의 악순환만 있을 뿐이다.

트럼프 대통령이 지금 우리를 이런 지경으로 몰고 있다. 오래된 매체와 새로운 매체를 넘나들며 수많은 보복성 트윗과 방어적인 기자 회견, 급작스러운 공세를 퍼부으면서 말이다. 관건은 상황이다. 만약 트럼프가 미국 대통령이 아니라면, 그가 하는 헛소리는 그저 오만하고 부주의하고 시끄러운 리얼리티 텔레비전 쇼 출연자, 정치 스펙트럼의 양극단에 충격과 분노를 키우면서 강박적으로 관심을 갈구하는 인물의 헛소리에 지나지 않을 것이다. 트럼프가 미국 대통령이 아니라면, 트럼프의 상스러운 행동에 관심을 쏟는 매체는

---

12 Davis, 2014.

2015~2016년 선거기간 전까지 그가 노골적으로 자신을 홍보하는 통로로 활용했던 리얼리티 텔레비전 쇼, 타블로이드, 가십난이 전부였을 것이다. "나쁜 언론은 없다"는 기치 아래 자극적인 내용으로 방송 시간 또는 지면을 채우는 매체들 말이다. 오락 프로그램에나 출연하던 트럼프가 자유세계의 지도자로 변신할 수 있게 해준 사회적·경제적·정치적·인구통계적 상황을 탐구하는 것은 이 글의 범위를 벗어나는 일이다. 하지만 미국 대통령이라는 중요한 역할, 그리고 나르시시즘에 빠진 트럼프의 강박적 성격과 결합한 현 과학기술 환경에 주목할 필요가 있다. 미국 대중이 해로운 독을 퍼뜨리는 트럼프의 행동에 눈을 떼지 못하고 혼란스럽고 무의미한 위기 상태에 빠지는 원인이 바로 여기에 있기 때문이다.

인터넷 사용이 끊임없이 늘어남에 따라 우리는 인터넷을 구동하는 슈퍼컴퓨터의 속도로 새로운 정보를 처리한다. 브라운대학교에서 디지털 미디어를 연구하는 학자 웬디 춘Wendy Chun의 말대로다.[13] "계속 업데이트되는 트위터 피드부터 폭발적으로 쌓여가는 이메일까지 응답을 요구하는 업데이트가 끝없이 이어진다. 컴퓨터에 설정된 시간이 비인간적인 탓에 우리는 이런 업데이트에 응답할 시간이 부족하고, 이런 시간 부족이 반응에 대한 요구와 결합하면 새로운 정보가 금세 시대에 뒤처진 정보가 되어버린다. 인터넷이 매력적인 건 그래서다."

---

13 Wendy Chun, 2016.

"나는 생각한다. 고로 나는 존재한다." 데카르트가 살던 계몽주의 시대에는 인간의 실존을 이렇게 정의했다. 그러나 21세기에는 이렇게 바뀌었다. "나는 [인터넷에] 올린다. 고로 나는 존재한다." 매력적으로 들리지만 이 명제에는 거짓이 있다. 온라인에서 시간을 너무 많이 허비할 때 우리가 경험하는 극심한 피로가 바로 그 증거다. 나는 트라우마 환자 중 불면증에 시달리는 이들에게 잠자리에 들기 전 최소 한 시간은 인터넷을 사용하지 말라고 권한다. 웹서핑은 주의를 분산시키고 뇌를 지나치게 자극한다. 게다가 백라이트 화면은 자연스러운 수면을 촉진하는 멜라토닌 호르몬이 뇌에서 생성되는 것을 방해한다. 신경 생물학 시스템이 자극에 과민하게 반응하는 상태에 있는 외상 환자들에게 불안과 수면 장애가 심해지면 '관용의 창'이 좁아진다. 그러면 평온을 찾기가 훨씬 더 어려워지고 치료에도 방해가 된다.

우리는 기계가 아니다. 온라인에서 지식 탐구의 욕구를 채우고 자신의 존재를 정의하는 행위는 덧없고 지속 불가능한 조작된 성취감을 안겨줄 뿐이다. 인터넷에서 그런 만족을 추구하는 것은 갈증을 해소하려고 소방 호스에서 나오는 물을 마시는 것과 같다. 인터넷 소방 호스에서 나오는 물을 마시면 계속해서 목이 마를 뿐더러 그 과정에서 크게 다칠 수도 있다. 정보가 홍수처럼 쏟아지면 그 정보를 엄밀히 고찰할 여유가 없다. 우리가 위험하고 확인되지 않은 거짓말을 믿는 이유가 바로 여기에 있다. 웬디 춘과 스탠퍼드대학교 선거법 학자 너대니얼 퍼실리Nathaniel Persily는 온라인에서 방송되는 내용이 진실인지 거짓인지 생각하거나 확인하려 하지 않는 집단무능의 우려스러운 정치적 결과에 대해 경고한다. 웬디 춘은 이렇게 말했다. "인터넷은 (…) 어떠한 규제도 받지 않고 아이디어를 마음껏 공유하는 자유 시장을 꿈꿨던 인터넷 개척자 존 페리 발로John Perry Barlow의 꿈과 정반대로 구축되었다. 뜬소문과 거짓말을 퍼뜨리는 민족주의 장치로 말이다."

웬디 춘이 민족주의를 선전하는 씨앗을 키울 인터넷의 잠재력에 주목했다면, 퍼실리는 최근에 발표한 같은 제목의 논문에서 "민주주의가 인터넷에서 살아남을 수 있을까?"라고 묻는다. 퍼실리는 미국 대통령의 2016년 디지털 선거운동을 분석해 오늘날의 인터넷이 증폭시키는 것이 무엇인지 보여준다. 인터넷은 진실을 전파하기보다는 반응을 유발하고 반영하는 소셜 미디어 리트윗, 가짜 뉴스 공유, 로봇이 작성한 기사, 트롤troll[14]의 영향을 받은 비판 글을 주로 실어 나른다. "인터넷이 유독 잘 퍼뜨리는 것은 분노를 조장하거나 관심을 끄는 선거 관련 메시지다. 끝없는 구경거리를 양산하는 정치가 민주주의의 건강에 좋을 리 없다. 한 나라의 선거 주권을 약화시키는 외부 영향이 스며들 만한 구멍이 많다면 이 역시 마찬가지다. 민주주의는 사실에 근거해 정치적 판단을 내리려는 유권자의 의지와 능력에 좌우된다."

---

14 부정적이고 선동적인 글이나 댓글을 인터넷에 게재하는 사람을 가리키는 신조어.
　—옮긴이

퍼실리는 구경거리가 중심이 되는 리얼리티 텔레비전 쇼 출연자인 트럼프와 현 과학기술 시대가 잘못 만났다고 강조한다. 광고비를 극대화하기 위해 페이지 뷰에 의존하는 온라인 미디어 사이트와 근거는 빈약해도 충격적이라 무시할 수 없는 트럼프의 헛소리가 결합하자 그에게 아주 쉽게 감염되어 바이러스 같은 그의 방송을 퍼뜨릴 준비가 된 매체들이 나왔다.

사회과학자와 정치학자, 디지털 미디어 연구자, 선거운동 전문가, 저널리스트, 정부 관료들은 대중 시장과 소셜 미디어의 영향력을 활용한 트럼프의 성공을 이해하고자 서두르고 있다. 퍼실리의 말대로다. "명성과 추종자뿐 아니라 새로운 미디어 세계를 항해하는 기술 역시 트럼프의 자산이다. 또한 트럼프는 자극적인 언어로 미디어의 관심을 끌고 기사를 바꿀 수 있다는 사실도 알아냈다. 트럼프는 이런 전략들을 결합해 예비선거기간에 약 20억 달러 상당의 무료 미디어를 확보했고, 아마 선거운동 기간에도 비슷한 액수의 무료 미디어를 확보했을 것이다."

관심을 끌고 그 관심을 물질적 부와 권력으로 바꾸는 엄청난 재능은 트럼프를 마케팅의 달인이 되게 해주었다. 온라인 미디어는 여과 장치가 없고 개방적이고 상호작용이 활발하다는 것이 특징이다. 춘과 퍼실리는 온라인 매체의 이런 성질이 인터넷 시대에 뜬소문과 구경거리의 확산을 부추긴다고 지적한다. 진실의 미묘하고 세밀한 차이를 구분하기에는 정보가 돌아다니는 속도가 너무 빠르기 때문이다. '새로운' 정보가 순식간에 '케케묵은' 정보가 되고 글자

도널드 트럼프라는 위험한 사례

그대로 우리 손에 24시간 휴대용 기기가 들려 있는 환경에서 클릭한 번으로 소셜 미디어 '친구'라는 청중에게 경악스럽거나 충격적인 이야기를 바로 퍼뜨리는 건 너무나 쉽고 매력적인 일이다.

트라우마와 진실

트라우마 치료의 관점에서 보면, 지금 우리가 정보를 너무 빠르게 생산해서 진실보다 거짓이 활개 치기 좋은 인터넷 미디어 중심의 풍토에서 일방적이고 일관성 없는 자신의 리얼리티 쇼를 방송하는 데 혈안이 된 나르시시스트가 미국 대통령인 최악의 상황에 처해 있다는 사실이 특히 더 우려스럽다.

환자들의 진실, 즉 누군가에게 예속되었던 그들의 경험을 입증하는 것이 트라우마 치료의 기본 원리다. 이 과정 없이는 치료를 진행할 수 없다. 형언 불가능한 공포를 목격한 사람이나 고문 또는 강간, 신체 학대 또는 성적 학대를 통해 다른 이에게 예속되었던 사람에게는 그를 믿어주고 그의 경험을 부정하지 않는 것이 매우 중요하다. 이런 사건들은 한 사람의 세계를 뒤집어놓는다. 그리고 우리 일의 초석은 환자들이 자신이 경험한 사건의 진실을 증언함으로써 안정을 찾도록 돕는 것이다. 그러고 나서야 우리는 환자들이 자기에게 무슨 일이 있었는지 스스로 이해하고 타인에게 알리도록 단어를 가지고 그 사건에 관한 이야기를 만들 수 있다. 환자는 고립과 수치심에서 벗어나 자신이 그토록 고통스러운 짐을 견딜 수 있게 도와달라고 목격자들을 설득할 수 있다. 이를 통해 환자는 위기 상태, 즉 입을 다무는 것으로 반응하던 상태에서 자신의 경험을 말하는 상태로 나아간다. 트라우마와 고통에 관해, 역사와 과거에 관해 이야기하는 상태로 나아간다. 진실을 입증하고 혼돈 속에서 의미를 찾는 시간을 보낸 환자는 공황 발작과 플래시백, 의식 분열을 줄일 수 있다. 의미 없는 위기의 악순환에 빠지는 대신 안정을 찾고 평정심을 키우고 자신의 삶을 영위할 수 있다. 다시 말하지만, 트라우마 전문가 반 데어 콜크가 지적한 대로 "완전한 소통이 이루어지면 정신적 외상을 입었을 때와는 정반대되는 결과가 나타난다."

그러므로 백악관에서 대통령과 행정부가 자신들의 목적을 위해 진실을 조작해서 '완전한 소통'을 깨뜨릴 의도를 가지고 있다는 건 매우 충격적이다. 2017년 컬럼비아대학교 정신분석학자 조엘 화이트북Joel Whitebook이 지적했듯이, 트럼프와 그의 팀에 따르면 현실은 하나뿐이다.

무기화된 소셜 미디어 자원으로 무장한 트럼프는 전반적으로 현실과 우리의 관계를 뒤엎을 목적으로 이 전략을 과격하게 추진했다. 백악관 고문 켈리앤 콘웨이가 그랬듯, '대안적 사실'이 있다고 주장하는 것은 트럼프의 정책과 세계관을 뒷받침하는 데 가장 편리한 그런 '사실들'과 의견들이 지배력을 행사하는 대안적이고 망상적인 현실이 있다고 주장하는 것이다. 우리가 트럼프와 그의 지지자들이 우리에게 강요하는 현실

도널드 트럼프라는 위험한 사례

을 받아들이든 거부하든, 그것은 트럼피즘Trumpism[15]이 불러일으키는 특정한 혼란과 불안의 중요한 원천은 언제나 존재하는 그 현실이다.

미국 대통령처럼 힘 있는 세계 지도자가 자기만 알고 있는 현실에서 나온 '대안적 사실'이 있다고 주장하면, 누구나 놀라고 불안해하는 게 당연하다. 진실과 현실의 객관성을 놓고 정부와 시민들 사이에 합의가 없으면 민주주의와 법치가 위태로워진다. 이 합의가 깨지면 사회적으로, 정치적으로, 또는 경제적으로 가장 힘 있는 자들의 입맛에 맞게 진실과 현실이 정의된다. 역사적으로 그들이 내세운 정의는 개인의 권리를 보호하기보다 자신들의 권력을 보존하는 데 열중하는 조직들의 심각한 비행을 뒷받침해왔다. 가톨릭교회에서 사제들이 벌인 아동 성추행은 학대당한 무고한 어린이들의 진실과 현실보다 자기들의 진실과 현실만을 고수했던 한 조직이 장기간 이어져온 대표적 사례다. 권력을 유지하기 위해 가톨릭교회 지도자들은 사회에서 가장 취약한 계층, 다시 말해 그들이 마땅히 보호해야 할 신성한 의무가 있는 바로 그 아이들을 상대로 성적 학대가 계속되는 것을 묵인했다.

트라우마를 치료하면서 우리는 개인의 진실과 현실이 부정당

---

15 트럼프의 사상. 또는 트럼프식 언행과 사고방식에 열광하는 사회현상을 가리키는 신조어. ─옮긴이

할 때 인간의 정신에 어떤 결과가 나타나는지를 지켜보았다. 이런 경험은 오랫동안 인간의 정신을 좀먹으며 그에게서 자기 주관과 자기효능감을 박탈하는데 트라우마에 시달리는 사람의 경우에는 특히 더 위험하다. 트럼프는 비행을 저질러놓고 자신에게 불리한 진실을 끊임없이 재정의하려고 시도한다. 그러고는 미국 사회에서 자기에게 동의하지 않는 사람들의 권리와 주관을 근본적으로 존중하지 않는 공격적인 가해자처럼 행동한다. 자기 의견이나 자기 뜻에 굴복하지 않는 사람들을 힘으로 제압하고, 그들에게 수치심을 안겨주는 방식으로 말이다. 트라우마를 치료하는 의사로서 트럼프가 미국 사회에 끼친 해악을 보면 가슴이 아프다. 이는 깊은 상처를 만드는 범죄이고, 지금까지 그가 남긴 상처를 치유하는 데만도 수년이 걸릴 것이다.

고도의 불안감이라는 유행병

————

트럼프처럼 극단적인 사람이 전 세계의 관심이 집중되는 미국 대통령이라는 자리를 차지하자 극적이고 일관성 없는 그의 행동에 모든 미디어의 관심이 쏟아지고 있다. 언론 보도가 끊임없이 쏟아지면, 우리 모두 거기에 강박적으로 집착하게 된다. 이런 식의 노출은 전에 예속된 경험이 있는 사람들에게 특히 더 과도한 자극이 되고, 트라우마를 치료하기 위해 필요한 도구를 꾸리는 데도 방해가 된다.

또한 우리는 언어를 사용해 트라우마 경험을 이야기함으로써 진실을 입증하고 사건의 실체를 파악할 수 있는데, 그런 시간을 갖지 못하게 된다. 우리를 충격에 빠뜨리거나 불안하게 하는 것을 처리할 충분한 시간이 없으면, 우리는 우리에게 일어났던 일들을 이해하지도 못하고 우리가 느끼는 공포를 다른 사람에게 알릴 수도 없다. 이는 테러, 학대, 공격의 종속 효과를 완화하거나 거기에 동반되는 고립과 수치심을 제거할 기회를 모두 박탈하는 것이다.

게다가 나르시시즘이 강하고 관심에 굶주린 우리 대통령의 난폭함과 구경거리에 걸신들린 인터넷 시대의 불행한 공생 관계는 자극적인 뉴스와 정보의 홍수를 불러왔다. 전에 정신적 외상을 입었든 입지 않았든, 우리 중에 이렇게 넘쳐나는 뉴스와 정보를 처리할 시간이나 정신적 공간을 가진 사람은 아무도 없다. 그리고 우리는 종말이 임박한 것만 같은 느낌으로 이런 해로운 오락성 보도 기사를 게걸스럽게 먹어치운다. 〈뉴요커〉 편집장 데이비드 램닉David Remnick이 백악관 대변인 스파이서의 언론 브리핑 시청률이 비정상적으로 높은 것을 두고 말한 대로다. "보고 있으면 재밌으니까 시청하는 사람들도 분명 있다. 그러나 많은 사람이 스파이서의 언론 브리핑을 시청하는 이유가 또 있다. 그건 바로 걱정이 되기 때문이다."[16]

실제로 걱정된다. 트럼프와 그의 행정부의 기분, 의사소통, 엄연한 진실에 대한 묘사가 수시로 끊임없이 변하는 탓에 스트레스를

---

16 Remnick, 2017.

관리하는 '관용의 창'이 좁아진 미국인이 훨씬 많아졌다. 대통령으로서 트럼프는 고도의 불안감이라는 유행병을 촉발했다. 트럼프는 우리가 깊이 생각할 시간을 갖지 못하게 하고 우리가 인식하는 진실에 의문을 제기한다. 그리하여 우리가 자신을 돌아보지 못하게 하고, 현실에 의문을 품게 하고, 단순 반응과 스트레스를 조장한다. 결국 트럼프는 우리를 견디기 어려운 위기 상태에 갇혀 꼼짝할 수 없게 만든다.

개개인으로서나 사회 전체로서나 우리가 이런 공격을 어떻게 견딜지 예측하기 어렵다. 불확실한 시기에는 공동의 힘과 안정이 필요하고, 그런 힘을 북돋는 데 실패하면 우리 개인과 집단의 정신 건강에 해롭다. 그러나 우리는 트라우마를 좀 더 깊이 이해하고, 트라우마를 이해하는 기본 요소인 시간과 진실을 활용해 냉담한 반응이나 공황 상태, 회피 대신에 신중한 사고를 촉진할 수 있다. 우리는 조심스럽고 미묘한 차이가 있는 사실보다 감정을 자극하는 거짓을 훨씬 잘 퍼뜨리는 새로운 미디어들의 성향을 인지해야 한다. 또한 인터넷 세상에서 빠져나와 자유롭게 생각하는 행위를 즐길 시간을 가져야 한다. 이것은 지금도 우리가 누리는 특권이며, 트럼프가 우리를 위기로 치닫게 할지라도 그러지 않도록 막아주는 기술이 될 것이다.

2장

트럼프 불안 장애

트럼프가 국민 절반과
특정 집단의 정신 건강에
끼친 영향

제니퍼 콘타리노 패닝

제니퍼 콘타리노 패닝 Jennifer Contarino Panning

일리노이 주 에번스턴에서 마음챙김심리협회라는 작은 상담실을 운영하는 임상심리학자다.
2003년에 시카고대학교 심리학전문대학원에서 임상심리학 박사 학위를 받았고,
노던일리노이대학교와 노스웨스턴대학교에서 수련의 과정을 마쳤다. 2004년에 개인
상담실을 개원했고 현재 심리학자 세 명, 박사 후 연구원 한 명과 함께 일하고 있다. 인지 행동
치료, 마음챙김, 변증법적 행동 치료에 대한 통합적 접근 방식을 이용한 기분 장애, 섭식 장애,
대학생 정신 건강, 스트레스, 트라우마 치료를 전문으로 한다. 임상 최면 훈련도 받았다.

트럼프와 힐러리 클린턴이 맞붙은 11월 8일 미국 대선을 앞둔 2016년은 극심한 불확실성과 격변의 시기였다. 힐러리 클린턴이 선거에서 이길 확률이 70~95퍼센트라는 여론조사가 다수였고,[17] 트럼프의 출마를 웃음거리라고 생각하는 사람들이 많았는데도 트럼프가 대통령에 당선되었다(힐러리가 트럼프보다 300만 표 이상을 더 받았는데도 불구하고).

이 놀라운 결과에 미국 인구의 절반가량이 전례를 찾을 수 없는 선거 후 충격, 슬픔, 불안에 시달렸다. 그중 많은 이가 진보적인 정치 신념을 가지고 있었지만, 모두가 그런 것은 아니었다.[18]

이번 장에서는 일반 대중에게 널리 퍼진 선거 전과 선거 후의 불안증(이른바 '트럼프 불안 장애')을 자세히 살펴볼 것이다. 그런데 일

---

17 Silver, 2016.

18 American Psychological Association, 2017.

반적인 불안 증세와 달리, 이 증상들은 트럼프의 당선과 그로 인한 예측할 수 없는 사회정치적 풍토에 특정되어 나타났다. 편향된 가짜 뉴스에 초점을 맞추는 미디어의 역할은 이러한 증상을 유발하는 또 하나의 요인이다. 이번 장은 내담자들을 상담한 임상 경험을 바탕으로 이 불안 장애의 사례를 설명하는 것으로 마무리할 계획이다. 내 담자들은 똑똑하고 학력 수준이 높은 중상류층이 대부분이었다.

허풍이 심하고 으스대길 좋아하는 트럼프의 태도와 선거운동 기간 동안 내뱉은 무수한 거짓말은 미국인들이 개인의 안전에 위협을 느끼는 불확실한 환경을 조성했다. 이런 관념들은 트럼프를 지지하지 않는 이들에게 불안감을 심어주는 완벽한 환경 요인을 만들었다[19]. 〈미국의 스트레스Stress in America〉라는 보고서에 따르면, 미국인 절반(49퍼센트)이 2016년 선거가 자기 인생에서 중요한 스트레스 요인이었다고 시인했다.[20] 이 스트레스를 관리하도록, 나아가 미국 대통령이 하기에 정상적인 행동이 아니라고 생각하는 행동을 '정상화'하려고 애쓰다가 실패했을 때 느끼는 좌절감을 처리하도록 내담자들을 돕는 과제가 많은 치료사에게 주어졌다.[21]

우선 범불안 장애와 트럼프 불안 장애를 구분하는 것이 중요하

19 Sheehy, 2016.

20 American Psychological Association, 2017.

21 Sheehy, 2016.

다. 보통 DSM-5로 부르는《정신장애 진단 및 통계 편람》제5판이 정신 건강 전문가들 사이에서 널리 쓰인다.[22] 이 편람은 과도하고 통제할 수 없고 대개 비이성적인 걱정, 즉 사건이나 활동에 관한 불안한 예상을 범불안 장애GAD의 특징으로 설명한다. 범불안 장애가 있는 사람들은 대개 엄청난 불행을 예상하고 건강, 돈, 죽음, 가족 문제, 친구 문제, 대인 관계 문제, 업무상의 어려움 같은 일상다반사를 지나치게 걱정하는데, 이런 과도한 걱정은 종종 일상 기능을 방해한다. 범불안 장애 환자들은 피로, 초조, 두통, 메스꺼움, 손발 마비, 근육긴장, 근육통, 삼킴곤란, 과도한 위산 축적, 복통, 구토, 설사, 호흡곤란, 집중 곤란, 떨림, 경련, 성마름, 흥분, 발한, 안절부절, 불면, 일과성 열감, 발진, 불안 통제 불능을 포함한 다양한 신체 증상을 보인다. 공식적으로 범불안 장애 진단을 내리려면 이런 증상들이 최소 6개월 이상 일관되게 계속되어야 한다.[23] 범불안 장애는 미국인들 사이에서 더 일반적인 기분 장애의 일종이다. 미국국립정신건강연구소에 따르면, 한 해 미국 성인의 3.1퍼센트, 즉 700만 명 이상이 범불안 장애로 고생한다.

트럼프 불안 장애와 관련된 증상은 다음과 같다. 통제력을 잃은 것 같은 느낌, 무력감, 반추나 걱정, 특히 트럼프 재임 기간 동안의 불확실한 사회정치적 풍토에 관한 걱정, 소셜 미디어를 과도하

22 American Psychiatric Association, 2013.

23 American Psychiatric Association, 2013.

게 소비하는 성향. 사실, 이로 인한 양극화는 정치 신념이 다른 가족들과 친구들 사이에 극심한 분열을 초래했다. 트럼프는 가스라이팅, 거짓말, 덤터기 씌우기 같은 심리 조작 도구를 사용하는데, 트럼프의 이런 행동과 그의 구체적인 성격 특성이 트럼프 불안 장애를 유발하는 것으로 보인다.

공식 진단은 아니지만, 여러 판단 기준에 비춰볼 때 트럼프 불안 장애는 범불안 장애와 다르다. 차이점 중 하나는 증상이 나타나기까지 걸리는 시간이다. 2016년 선거를 앞두고 일어난 일촉즉발의 사건들(이를테면 가짜 뉴스 보도, 힐러리 클린턴의 도덕성에 문제를 제기하는 코미의 보고서 등)은 그 자체로 도전적이었지만, 힐러리 클린턴이 압승할 것이라는 여러 여론조사[24]를 보고 많은 미국인이 안심했다. 그런데 트럼프가 미국 대통령에 당선되었다는 결과가 발표되자 이는 충격과 불신으로 변했다.

또 하나의 차이점은 트럼프 불안 장애의 증상들이 불확실한 사회정치적 환경과 직접적인 관련이 있다는 점이다. 무슬림 입국 금지, 부담적정보험법Affordable Care Act[25] 폐지 공약이나 위협, 미국과 북한 간의 긴장 조성, 러시아가 2016년 선거에 개입했을 가능성과 러시아와 트럼프 사이에 돈 문제가 얽혀 있을 가능성, 미국과 멕시코 간 장벽, 이민 문제, 국립공원관리청이나 환경보호국 같은 환경 단체에

---

24 Silver, 2016.

25 오바마케어라고 불리는 미국의 의료보험체계 개혁 법안. —옮긴이

대한 재정 원조 철회 등 수많은 주제를 다룬 기사를 읽을 때 스트레스 지수가 크게 상승했다. 트럼프 불안 장애는 이런 쟁점 중 하나에 직접적인 영향을 받았기 때문일 수도 있고, 이런 쟁점들을 고려했을 때 향후 미국이 민주주의 국가로서 제대로 기능할 수 있을지 염려됐기 때문일 수도 있다. 따라서 트럼프 불안 장애와 관련된 반추적 걱정은 이런 사건들에 한정된다.[26]

소셜 미디어는 미국인이 뉴스를 접하는 방식을 바꾸어놓았다. 인터넷 뉴스 사이트(CNN, 〈허핑턴포스트〉 등)와 페이스북이나 트위터 같은 소셜 미디어는 뉴스뿐 아니라 서로 다른 관점을 가진 서로 다른 독자들의 의견을 즉시 접할 수 있게 해준다. 트럼프 불안 장애에 시달리는 많은 미국인이 뉴스 웹사이트를 확인하는 일에 비정상적으로 집착한다는 사실을 시인했다. 그들은 전보다 훨씬 자주 뉴스 웹사이트를 확인했다. 트럼프와 새로 출범한 트럼프 행정부에 관한 뉴스가 끊임없이 쏟아졌고 혼란스러웠으며 대개는 너무도 충격적이었다. 사람들은 대개 불안에 시달릴 때 통제력을 잃지 않으려고 애쓰면서 더 많이 알수록 더 잘 대비할 수 있다고 생각한다. 그러나 이것은 잘못된 생각이다. 지나치게 많은 정보는 그들에게 거짓 통제감을 심어주고, 역설적으로 자신의 통제력이 견고하지 않다는 사실을 깨달으면 불안 증상이 심해질 수 있다.

이 밖에도 많은 미국인이 선거 뒤에 무력감과 무기력, 업무나

---

26 Clarridge, 2017.

집안일에 집중하지 못하는 집중 곤란, 수면 곤란에 시달린다고 시인했다. 스트레스성 폭식, 음주, 흡연, 그리고 불안감을 회피하는 그 밖의 방식들은 모두 잘못된 대응 전략이다.

지난 10년에서 15년에 걸쳐 심리학 문헌에 자주 등장한 **가스라이팅**은 건강하지 못한 권력 관계의 역학을 설명하는 용어다.[27] 가스라이터는 "자신의 자아감을 강화하고 권력감을 고수하기 위해 자신이 옳다는 생각에 필사적으로 매달리는 사람"이다.[28] 우리에게도 가스라이팅이라는 심리 조작 도구를 탁월하게 사용하는 인물이 있다. 그 가스라이터는 많은 미국인에게 불안감을 선사했다. 선거운동 기간에 트럼프가 사람들 마음에 의심을 불러일으키고 그들을 조종하기 위해 거짓말과 허언, 여타의 정보를 사용한 많은 사례가 있다. 가스라이팅은 상대방의 현실 인식에 의문을 제기해서 그를 속이는 역할도 한다.[29]

2017년 2월에 미국심리학회가 실시한 "미국의 스트레스: 변화에 대처하기"라는 여론조사에 따르면,[30] 미국인의 3분의 2가 미국의 미래를 생각하면 스트레스를 받는다고 답했다. 민주당 지지자의 76퍼센트가 미국의 미래를 생각하면 스트레스를 받는다고 답했는데, 공화당 지지자의 59퍼센트도 같은 수준의 스트레스를 받는다고

---

27 Stern, 2007.

28 Stern, 2007.

29 Gibson, 2017.

30 American Psychological Association, 2017.

도널드 트럼프라는 위험한 사례

시인했다.

이 수치는 치료사들과도 관련이 있다. 정신 건강 전문가들은 선거 뒤에 생긴 스트레스를 해결하도록 내담자들을 도왔다. 그러는 동안 그들 역시 자신의 감정을 조절하고 처리하는 데 어려움을 겪었다. 그들이 느끼는 감정은 내담자들의 감정과 매우 흡사했다.

트럼프 불안 장애에 시달리는 내담자를 상담한 한 심리학자의 기록

나는 자격증을 소유한 임상심리학자이고 일리노이 주 에번스턴에서 작은 심리 치료실을 운영하고 있다. 시카고 시 북쪽에 자리한 소박한 교외 지역으로 진보적이고 사회경제적 지위가 높고 학식 있는 사람들이 모여 사는 동네다. 노스웨스턴대학교가 있는 학술 도시 에번스턴에는 6만 5,000명의 주민이 살고 있는데, 노스웨스턴대학교에서 일하는 교수들을 비롯해 사무직과 전문직 종사자가 대부분이다. 나를 찾아오는 내담자 대다수는 노스웨스턴대학교 학부생과 대학원생이다. 개중에는 대학 생활에 적응하는 문제와 정체성 발달 문제처럼 단순한 장애를 겪는 이들도 있고, 주요 우울 장애, 양극성 장애, 섭식 장애, 스트레스, 기분 장애(주로 불안과 관련된)와 같이 더 심각한 장애를 겪는 이들도 있다. 내가 일하는 곳이 아주 진보적인 지역이라는 점을 고려할 때, 이 기간에 내가 상담한 내담자 중에 트럼프 지지자는 한 명도 없었다는 점에 주목할 필요가 있다.

2016년 선거 뒤, 특히 선거 다음 주에 상담실을 찾아온 내담자 대다수가 선거에 관한 감정을 내게 상의했다. 사실 이 기간에 선거를 언급하지 **않은** 내담자는 흔치 않았다. 내담자 대부분이 충격, 슬픔, 걱정, 공황, 미래에 대한 불확실성, 분노 같은 감정과 비슷하게 씨름했다. 여전히 충격에서 헤어 나오지 못하는 이들도 더러 있었고, 선거 결과를 아직 깨지 못한 악몽처럼 느끼는 이들이 많았다.

무엇보다 선거가 끝나고 바로 그날 상담실을 찾은 내담자들은 선거 결과를 도저히 믿지 못했다. 나는 치료사로서 내담자들이 불안한 감정들을 마음 편히 털어놓고 의논할 수 있는 환경을 확인하고 정상화하고 유지하는 데 집중했다. 또한 우리는 잠을 충분히 자고, 건강한 음식을 먹고, 친구나 가족과 교류하고, 선거 관련 뉴스 소비를 줄이는 등의 기본적인 자기 관리에 대해서도 논의했다. 어떤 이들은 짧은 기간 동안 이 문제를 논의하고 자신의 개인적인 문제를 의논하는 것으로 만족했지만, 어떤 이들은 선거 뒤 며칠 또는 몇 주 동안 일상 기능에 어려움을 겪었다.

나는 다른 정신 건강 전문가들과 함께 내담자들과 비슷한 충격, 분노, 불신, 당혹감, 두려움 같은 감정 때문에 힘겨워하면서 내담자들을 돕기 위해 고심했다. 대다수 정신 건강 전문가의 성향은 진보적이다.[31] 우리 직업이 사회정의, 의료 서비스 접근권, 그 밖의

---

31 Norton, 2016.

진보적인 대의에 초점을 맞춘다는 점을 고려하면 놀랄 일도 아니다. 그래서 많은 치료사가 불안감을 해결하도록 내담자들을 돕는 한편 자신의 증상과 씨름했다. 이 일은 어느 정도 위안이 되었다. 내담자들을 돕는 일에 힘을 쏟다 보니 고맙게도 끊임없는 뉴스 공세에서 잠시나마 벗어날 수 있었다. 또한 내담자를 돕는 동안은 무력하다는 느낌도 들지 않았다. 내담자들과 함께 '최전선에' 서자 내가 생산적인 사람이라는 생각이 들었다.

나는 사랑하는 사람(대개 부모나 파트너) 중에 인격장애(특히 자기애성 인격장애)가 있는 내담자들이 다른 이들보다 영향을 많이 받는다는 사실을 알아냈다. 나는 상담을 통해 이런 내담자들이 사랑하는 사람과의 관계에서 가스라이팅이 일어나고 있다는 사실을 인정하도록 도왔다. 그들이 이상한 게 아니라는 사실, 그리고 인격장애가 있는 사랑하는 사람을 올바로 판단하고 있다는 사실을 확인하도록 도왔다. 그들이 사랑하는 사람의 한계를 인정하도록, 사랑하는 사람의 변덕스러운 기분 변화, 덤터기 씌우기, 거짓말에 대처하는 건강한 대응 전략을 개발하도록 도왔다.

'클레어'(임상 사례에 나오는 모든 이름은 임의로 수정했고 처음 등장할 때 홑따옴표를 붙였다)에게는 특수 교육이 필요한 어린 자녀와 나르시시스트의 성격 특성을 보이는 남편이 있었다. 클레어의 남편은 아내가 "미쳐가고" 있고 전문적인 도움이 필요하다고 생각했다. 그래서 아내에게 나를 만나보라고 추천했다. 나는 클레어를 상담하면서 남편에 대한 그녀의 평가가 타당하다는 사실을 그녀가 이해하도록 도왔다. 그리고 클레어가 남편과의 관계에서 촉발된 불안감을 해결하고 좀 더 건강한 한계선을 정하도록 계속 노력했다. 클레어는 학식이 매우 높았고, 정치적으로 진보적이었고, 트럼프가 당선된 충격에서 벗어나려고 버둥거렸다. 선거 이후 그리고 취임 이후에 클레어의 불안 증세는 더 심해졌다. 나는 클레어가 느끼는 감정이 정상이라는 사실을 받아들이고, 본인이 할 수 있는 방법으로 변화를 줌으로써 불안감을 제어하도록 격려하는 데 초점을 맞췄다. 클레어는 봉사 활동에 자원하고, 자녀를 가르치는 교사들과 관련 전문가들에게 감사의 마음을 전하고, 지역 의회 대표들에게 전화를 걸었다.

'아이다'라는 또 다른 여성은 20대 초반의 대학교 3학년 학생이었다. 아이다는 재능이 있고 매우 예민하고 호기심이 많았다. 치료 과정에서 그녀는 나르시시스트의 성격 특성을 가진 아버지와의 관계를 이해하려고 몸부림쳤다. 선거 뒤에 아이다가 했던 말이 기억난다. "우리 모두가 대통령에게 정서 학대를 당하고 있는 것 같아요." 아이다는 불안감이 심해지는 것 때문에 힘들어했다. 나는 그녀가 스스로 통제 가능한 일은 무엇이고, 통제 불가능한 일은 무엇인지 깨닫도록 도와주었다. 아이다는 여러 시위행진에 참여했고, 이것은 무력감을 줄이는 데 도움이 되었다. 그러나 아이다는 소셜 미디어 소비를 최소화하는 일로 애를 먹었고, 최신 뉴스를 확인하고 괴로워서 어쩔 줄 몰라 하곤 했다.

내담자 중에 트럼프 지지자는 한 명도 없는 매우 진보적인 지역에서 일하다 보니, 나는 내담자들에게 나 역시 비슷한 감정을 경험하고 있다고 솔직하게 말할 수 있었다. 진보적인 사람들이 선거 뒤에 이런 감정을 느끼는 것은 아주 보편적인 현상이라는 이야기도 했다. 치료사들의 인간적인 면을 보여줄 줄 아는 능력과 솔직함을 내담자들이 알아봐 줄 거라고 믿고 싶다.

그러나 내담자들이 삶을 더 희망차게 느끼고 자신감을 얻도록 돕는 것이 치료사의 주된 역할이다. 그러나 우리 치료사들 역시 내담자들과 비슷한 무력감을 느끼기 때문에 이 일은 사실 무척 어렵다. 게다가 전문 훈련을 받은 우리 눈에는 트럼프의 행동과 성격에서 성격학적 문제가 보인다는 것도 그 일을 더욱 어렵게 만든다.

3장

학대하는 대통령과
우리의 관계

하퍼 웨스트

하퍼 웨스트 Harper West

미시간 주 클라크스턴에서 활동하는 심리 치료사다. 미시간주립대학교에서 언론학 학사
학위를 받고 기업 홍보 분야에서 일했으며, 뒤에 미시간주립대학교 심리학대학원에서
임상심리학 석사 학위를 받았다. 정신장애의 생물학적 모델에 도전하고, 정서 문제를 두려움,
트라우마, 수치심, 안정적인 애착 부족에 대한 적응 반응으로 재구성하는 새로운 패러다임을
제시하는 자기수용 심리학을 개발했다.《패거리 우두머리 심리학Pack Leader Psychology》으로
독립도서출판협회IBPA에서 주는 벤 프랭클린 상(심리학 분야)을 받았다.

'어밀리아'[32]는 남편의 행동이 완전히 정상인 것처럼 행동하지만, 상담 치료실에서 그녀가 남편의 행동을 묘사할 때 나는 곧바로 남편이 그녀를 정서적으로 학대하고 있다는 생각이 들었다.

'저스틴'은 아내를 '뚱뚱한 패배자'라고 칭하고 아내가 요리한 음식을 '완전한 실패작'이라며 신랄하게 비난한다. 어밀리아가 타당한 질문을 해도 저스틴은 이렇게 쏘아붙인다. "당신은 늘 너무 부정적이고 비판적이야." 자신이 동의하지 않는 사실을 어밀리아가 언급하면 저스틴은 그녀가 가짜 이야기를 지어내고 있다며 깔아뭉갠다. 가정환경도 경제 사정도 안정적인데, 저스틴은 즐거운 기색이 전혀 없고 거의 매일 잔뜩 찌푸린 얼굴이다.

어밀리아는 아주 사소한 의견 차이가 심각한 말싸움으로 번지는 이유를 몰라 얼떨떨해했다. 나는 어밀리아에게 저스틴이 사과하

---

32 어밀리아와 저스틴은 허구의 인물이다.

거나 잘못을 인정한 적이 있는지 물었다. "아니요, 절대 안 해요." 그녀가 대답했다. "고집이 얼마나 센데요. 항상 저더러 잘못했대요. 오죽하면 제가 '정당화의 귀재'라고 부르겠어요."

가장 최근에 있었던 말다툼은 어밀리아가 공과금 냈느냐고 물으면서 시작되었다. 저스틴은 버럭 화를 내며 냈다고 했다. 어밀리아는 나중에 남편이 공과금을 내지 않았다는 사실을 알게 되었다. 하지만 저스틴은 거짓말하고 말다툼을 벌이고 지나치게 화를 낸 것에 대해 사과하지 않았다.

저스틴이 거짓말을 너무 자주 해서 어밀리아는 혹시 자신이 "미쳤거나" 기억력에 문제가 있는 것은 아닌지 걱정이 되었다. 저스틴이 늘 그녀 잘못이라고 비난하니까 정말로 그런 것 같은 생각이 들었다. 저스틴은 자신의 잘못을 어밀리아가 눈감아준 건 인정하면서 정작 말다툼하는 내내 아내의 잘못을 들먹였다.

어밀리아는 저스틴이 성공한 사업가이고 결단력이 뛰어나며 강인한 리더라고 했다. 그녀는 남편에게 맞서는 걸 주저했다. 결국 말다툼으로 번질 뿐 해결되는 건 아무것도 없다는 걸 알기 때문이다. 그녀는 늘 타협을 택했다.

어밀리아는 고도의 불안감을 토로했고, 예측할 수 없는 저스틴의 반응을 두려워했다.

이 커플은 미묘한 학대부터 명백한 학대까지 다양한 유형의 학대 사례를 복합적으로 안고 있다. 공교롭게도 이 커플은 심리적으로 불안정하고 정서적으로 폭력적인 대통령과 미국의 현재 관계를 보여준다. 가정 폭력 가해자들과 트럼프 대통령은 공통된 인간적 욕구와 정서, 반응을 가지고 있기 때문에 같은 성격 특성을 공유한다. 이런 특성들은 인간관계든 국가 전체와의 관계든, 관계에 부정적인 영향을 끼친다. 그러니 이들에게 피해를 보는 사람들의 건강을 위해서라도 문제를 반드시 해결해야 한다.

나르시시스트 이름 바꾸기

일부 정신 건강 전문가들은 트럼프를 자기애성 인격장애, 반사회적 인격장애, 편집증적 인격장애, 망상 장애, 악성 나르시시스트, 일종의 치매와 같은 다양한 진단과 관련짓는다.[33]

이런 꼬리표 중 일부는 《정신장애 진단 및 통계 편람》(이하 DSM)에서 가져온 것이다.[34] 그러나 이 편람을 비과학적이고 자의적인 분류 체계로 간주하는 저술가들이 많다. DSM이 정서와 행동 문제를 지나치게 복잡하게 다루고, 잘못된 진료를 유도한다고 판단하기 때문이다.[35]

이 분류 체계를 피하고, 또 이들 인격장애의 중심부에 있는 성

---

33 Lenzer, 2017.

34 American Psychiatric Association, 2013.

35 "DSM: A Fatal Diagnosis?" 2013; Caplan 1995; Deacon and McKay 2015; Kinderman 2014; Miller 2010; Whitaker and Cosgrove 2015.

격 결함에 집중하기 위해, 나는 이런 유형의 사람들을 단순화해 '비난꾼Other-blamer'이라고 부를 것이다.

그들이 이런 행동을 하는 이유는 자존감이 낮기 때문이다. 자존감이 낮으면 수치심을 잘 견디지 못한다. 그들은 어릴 적에 창피한 경험을 사전에 방지하거나 회피하고자 건강하지 못한 대응 기제로 무력감을 처리하는 법을 배웠다.

수치심을 잘 견디지 못하면 복수심에 찬 분노, 통찰력과 책임감 부족, 부정직, 충동성, 특권 의식, 편집증, 양심의 가책과 공감 능력 부족, 자만심, 관심 끌기를 포함해 앞서 DSM에 등장한 정신장애에 해당하는 행동이 나온다. 트럼프는 극단적인 예이지만, 가정 폭력 가해자를 포함한 수백만 명에게 이런 행동이 '잠복'해 있다.

비난꾼들은 정서적으로 자기를 방어하기 위해 공격적이고 위압적인 모습을 취하기 때문에 이들의 자존감이 낮다는 사실을 알아채기 어려울 수 있다. 이들은 무력감을 좀처럼 인정하지 않는다. 무력감은 자기들이 자행하는 학대와 통제에 자기들도 똑같이 취약해지게 한다고 믿기 때문이다.

심리 치료사로서 나는 매일 비난꾼들에게 해를 입은 사람들을 상담실에서 만난다. 남을 비난하는 버릇이 비교적 덜 심각한 자들은 심한 갈등을 일으키거나 사이를 멀어지게 한다. 반면에 남을 비난하는 버릇이 비교적 더 심각한 자들은 파트너와 자녀들을 정서적·신체적으로 학대하고, 범법 행위나 중독성 행동에 연루될 수 있다. 나는 우리가 치료받으러 오는 사람들을 진단할 것이 아니라 그들이 치료받으러 오게 **만든** 사람들을 진단해야 한다고 말하곤 한다.

비난꾼들은 해로운 행동을 일삼으면서도 자신에게 문제가 있다는 사실을 인식하고 책임지는 일을 수치스러워하고 심지어 혐오하기 때문에 자발적으로 치료받으러 오는 경우가 거의 없다. 그렇지만 그들은 다른 내담자들의 치료 과정에서 상당히 자주 주제로 등장한다.

자기를 탓하거나 비난을 회피함으로써 수치심을 관리하는 사람들의 공손한 행동은 어느 정도 비난꾼들을 더 기세등등하게 만든다.[36] 비난꾼들은 통제하고 조종하고 협박하기 쉬운 사람을 본능적으로 찾아낸다. 그리고 자기에게 도전하거나 고치려들거나 비난할 생각을 하지 않을 순종적인 사람과 관계를 구축한다. 유사 이래 독재자들은 분노에 찬 응징이 두려워 지도자에게 이의를 제기하지 않는 아첨꾼과 가족에게 둘러싸여 살았다. 명확한 이해를 돕기 위해 이 글에서는 학대범을 남성으로 표현했지만, 비난꾼과 학대범은 남성일 수도 있고 여성일 수도 있다.

남을 비난하는 행동의 원인

비난꾼들은 어릴 적에 부모에게 학대당하거나 망신당하거나

---

36 West, 2016.

거부당하거나 관심을 받지 못하는 발달 트라우마 또는 애착 트라우마에 노출되었을 가능성이 크다. 중독성 물질 남용자(알코올의존자나 마약중독자 같은)이거나 심리적으로 문제가 있는 부모들은 자녀의 욕구를 제대로 채워주지 못한다. 이런 부모들이 자녀들 앞에서 나르시시트적인 행동이나 남을 비난하는 행동을 함으로써 잘못된 본을 보였을 수 있다. 그런가 하면 응석을 받아주거나 갈등을 회피하면서 자녀를 책임감 있게 키우지 않는 부모들이 원인으로 작용했을 가능성도 있다. 좋은 성적이나 말 잘 듣는 것에 지나치게 신경 쓰는 부모들도 실패에 대한 두려움을 부추겨 남 탓하는 성향을 초래했을 수 있다.

이런 경험은 아이들에게 사랑과 보호를 받지 못한다는 느낌과 자신이 부족한 사람이라는 느낌을 안겨줄 수 있다. 또한 이런 경험이 쌓이면 다른 사람의 입장에 잘 공감하지 못할 수 있고, 창피한 경험에 대한 과잉 반응과 과민성이 생길 수 있다. 어린 시절에는 수치심 관리 전략으로 남 탓하는 습관이 통할지 모르지만, 성인이 되면 대통령부터 개인에 이르기까지 모든 수준에서 관계에 어려움을 초래한다.

두려움, 수치심, 분노로 나타나는 감정 반응

인간이라면 누구나 생존의 위태로움에 대한 공포가 논리적으로 사고하는 뇌의 인지 기능을 압도한다.[37] 트라우마에 노출된 아이들은 끊임없이 '투쟁 혹은 도피' 반응을 재현하고, 그 결과 뇌가 생존 감정에 길들여져 걸핏하면 그 불안한 감정에 사로잡힌다.[38] 공포 반응에 장기간 노출되면 충동성, 과잉 행동, 불합리성, 변덕, 성급함, 좌절감에 대한 내성 부족, 집중력 부족 등 불안에 기초한 행동으로 이어진다. 모두 다 트럼프가 매일 보이는 행동이다. 트럼프가 횡설수설하는 경우가 많은 것도 두렵고 자극에 민감한 감정 상태를 암시하는 징후일 수 있다. 완전한 문장을 만들 수 있을 만큼 뇌를 진정시키지 못하는 것이다. 누구든 일단 침착한 상태가 되어야만 자신의 생각과 느낌과 경험을 온전히 인식할 수 있다.

비난꾼들은 능숙하게 잘 숨겨서 좀체 드러나지 않을 뿐 두려움을 아주 잘 알고 있다. 그들은 하찮은 존재인 게 밝혀지고 쓸모없다는 평가를 받을까 봐 벌벌 떨면서 정서적 생존 공포 속에서 살아간다. 그들은 자신을 더 좋게 느낄 방법, 최소한 더는 수치심을 느끼지 않도록 자신을 보호할 방법을 찾으려고 미친 듯이 애쓴다. "분노는 수치심의 경호원이다"라는 말이 있듯 수치심은 방어적 분노로 이어질 수 있다.

극단적인 경우, '투쟁 혹은 도피' 반응이 심해지면 수치심에서 비롯된 격렬한 분노와 폭력적인 학대로 이어질 수 있다. 학대범은

---

37 Pasquali, 2006.

38 Anda et al., 2006.

보통 파트너가 자신에게 도전하거나 자신을 모욕하거나 거절한다고 느낄 때 가정 폭력 사건을 일으킨다. 학대범은 건강한 방식으로 부끄러움을 견디는 법을 배우지 못했다. 그래서 저녁밥을 제때 차리지 않는 것 같은 아주 사소한 일에도 자존감에 상처를 입고 불같이 화를 낸다.

트럼프의 첫 번째 부인 이바나는 증언 조서調書에서 트럼프가 자신을 강간했다고 진술한 바 있다. 나중에 거액의 위자료가 걸린 이혼 합의 과정에서 좀 더 완곡한 표현을 쓰긴 했지만, 진술을 완전히 철회하지는 않았다. 격렬한 분노를 촉발할 수 있는 고도의 불안감과 거절을 두려워하는 성격을 가진 사람은 이런 폭행 시비에 자주 휘말린다. 학대범은 관계가 파국으로 치닫고 부인할 수 없는 거절의 굴욕을 직면해야 할 때 심하면 살인을 저지르거나 자살을 하기도 한다. 수치심을 경험하지 않으려고 살인을 저지르거나 자살을 할 수도 있는 것은 학대범에게 수치심이 얼마나 강한 힘으로 작용하는지 보여준다.

트럼프의 경우 이런 심리적 불안정이 심해지는 양상이 보여서 우려스럽다. 러시아와의 담합을 비롯한 여러 의혹에 관한 조사 압박과 통치 부담이 커질수록 트럼프는 두려움에 휩싸일 것이고, 그러면 그의 인지능력과 사회성은 한계에 다다를 것이다. 행동이 점점 더 변덕스러워지고 예측할 수 없어질지도 모른다.

건강한 관계를 위해서는 두려움이 많고 자극에 민감한 파트너가 아니라 차분하고 사려 깊고 신중한 파트너가 필요하다. 두려움에 사로잡힌 행동과 통찰력 부족은 안전하고 신뢰할 수 있는 파트너나 지도자에게 우리가 기대하는 것과는 정반대다.

책임감 부족

수치심과 두려움이 비난꾼들을 움직이는 기본 정서라면, 이들의 가장 분명하고 파괴적인 성격 결함은 책임감 부족이다.

그들은 자신의 행동이 낳은 결과를 반성하거나 인정하는 것을 어려워한다. 통찰을 얻고 잘못을 인정하고 후회하는 것도 마찬가지로 힘들어한다. 비난꾼들은 이런 행동을 아주 굴욕적인 것이라고 생각한다. 비난꾼들을 상담하다 보면 진실을 듣지 않으려고 손으로 귀를 막고 '라-라-라' 노래하고 싶어 하는 것 같은 느낌이 든다. 비난꾼들은 스스로 책임지지 않기 때문에 누군가 자기에게 책임을 묻는 것을 좋아하지 않는다.

일반적으로 비난꾼들은 자신이 다른 사람과 똑같은 사회규범이나 관계 규범을 따라야 한다고 생각하지 않는다. 이 때문에 파트너를 어리둥절하게 만들 수 있다. 트럼프가 납세 자료를 공개하지 않거나 윤리 규정을 따르지 않는 것은 이런 사고 과정을 보여주는 분명한 증거다.

비난꾼들은 책임감이 부족해서 명명백백한 사실을 눈앞에 들이대도 잘못을 인정하지 않기 때문에 말싸움이 커진다. 잘못을 인정하더라도 거짓말과 변명을 한참 늘어놓은 뒤에야 마지못해 인정한다. 이렇게 신뢰를 배반하는 일이 계속되면 결국 관계가 틀어지기 마련이다.

비난꾼들은 말싸움 도중 책임을 전가하거나 변명하거나 그런 적 없다고 부인하는 방식으로 수치심을 처리하려고 발악한다. 한 여성은 자신을 정서적으로 학대하는 남편을 두고 이렇게 말했다. "대화를 나누는 동안에도 그 사람은 어떻게 하면 이 문제를 자기가 아니라 내 문제로 만들까 고심하느라 내 말은 듣지도 않아요."

가정에서 학대를 일삼는 사람들은 책임감 없기로 유명하다. 그들은 합리화의 극단까지 치닫는다. 한 가정 폭력범은 아내를 몇 시간 동안 벽장에 가두고, 수차례에 걸쳐 내동댕이치듯 거칠게 바닥에 쓰러뜨리고, 아내의 머리에 총을 겨눴지만, 주먹으로 때리지는 않았다고 말했다. 마치 자기가 멋대로 세운 이 기준이 용서할 수 없는 자신의 범죄를 용서해주기라도 하는 것처럼 말이다. 비난꾼들은 저녁밥을 늦게 주는 것이 자신을 모욕하는 것이라도 되는 것처럼 희생자들을 일상적으로 비난한다.

"모든 책임은 내가 진다"라는 글이 적힌 명패를 집무실 책상에 올려두었던 해리 트루먼과 달리, 트럼프는 책임감이 전혀 없어 보인다. 트럼프는 다른 사람들에게 자주 책임을 전가하고, 자기가 한 거짓말이나 실수에 대해 절대 사과하지 않는다. 입만 열면 책임을 전가하기 바빠서 남을 탓하지 않고는 한 마디도 할 수 없는 사람 같다.[39] 거짓이긴 하지만, 소송을 합의로 해결하지 않는다는 트럼프의

---

39 Millbank, 2017.

주장은 책임지는 것을 극도로 싫어하는 그의 성향을 보여주는 사례다. 사실 관계나 타인의 의견을 조롱하는 성향 역시 정직하게 상황을 직면하지 않으려는 또 다른 회피 전략이다.

비난꾼들은 책임감이 부족하고 그 결과 통찰력마저 부족한 탓에 변화를 강하게 거부하고 파트너에게 둘의 관계에 영향력을 행사할 여지를 주지 않는다. 보통의 인간관계라면 파트너가 떠나면 그만이다. 그러나 한 국가와 대통령의 관계라면 이야기가 다르다. 우리는 민주주의적 제도들이 트럼프를 끊임없이 견제하리라 믿는 것 외에 의지할 것이 거의 없다.

불행히도 트럼프 같은 권위주의자와 학대범은 법을 좋아하지 않는다. 법은 궁극적으로 사람들에게 책임을 요구하기 때문이다. 이런 트럼프식 세계관은 법치에 기초한 민주주의에 위험하다.

이와 대조적으로, 정서적으로 성숙한 사람은 다른 이가 정한 경계를 받아들일 줄 안다. 기대를 저버렸을 때 그들은 신속하고 품위 있게 사과할 줄 알고, 사과를 통해 말다툼을 끝내고 관계를 회복한다. 건강한 관계를 유지하려면 자신의 잘못을 깨달을 줄 알아야 한다. 자신이 상대방에게 끼치는 영향에 신경을 쓰고, 실수와 실패와 비판에 침착하게 대처할 수 있어야 한다.

친사회적 감정의 결핍

사과할 줄 모르는 무능함은 비난꾼들에게 양심과 공감 능력이 부족하다는 걸 분명하게 보여주는 신호다. 연민과 친절, 이타심은 대개 선천적인 친사회적 특성이자 도덕적 행동이다.[40] 그러나 소시오 패스와 나르시시스트로 묘사되는 사람들[41]은 대체로 가책이나 죄책 감, 공감이 부족한 것으로 알려져 있다.

비난꾼들은 여러 이유로 친사회적 특성이 부족하다. 일부는 어린 시절 양육자와의 애착 관계에서 따뜻한 상호작용을 경험하지 못 했기 때문일 수 있다. 아마 그들은 학대를 경험하거나 목격함으로써 다른 사람에게 상처 주는 법을 배웠을 것이다. 트라우마를 유발하는 환경에서 자라면 '투쟁 혹은 도피'라는 생존 반응에 점점 더 의존하고, '배려와 친교' 반응은 줄어든다. 그래서 다른 사람들을 돕거나 그들의 필요를 알아채는 것을 그리 선호하지 않는다.

사람들은 곤경에 처하거나 궁지에 몰리면 종종 다른 사람을 비 난한다. 안전이나 위안이나 사랑이 없는 관계에서는 이런 경향이 특 히 더 심하다. 학대범의 격렬한 분노는 친사회적 정서 결핍이 극단 적으로 표출된 것이다. 그 저변에는 두려움이 깔려 있다. 학대범은 자기는 파트너를 사랑하고 절대 파트너를 다치게 한 적이 없다고 주 장할지 모르지만, 진실은 감정적으로 예민한 그의 행동에 그대로 드 러난다. 두려움과 수치심에 휩싸일 때 그는 오직 자신만 신경 쓴다.

비난꾼들은 수치심이라는 감정으로부터 자신의 허약한 자아상 을 보호하려 몸부림치느라 타인을 배려하지 못한다. 정서적 고통으

---

40 Martin and Clark, 1982.

41 American Psychiatric Association, 2013.

394　　　　　　　　　　　　도널드 트럼프라는 위험한 사례

로 괴로워지면 그들은 그 고통을 다른 사람에게 떠넘기기를 좋아한다. 그 행동이 그 사람이나 그 사람과의 관계를 해친다 해도 말이다.

남을 비난하는 특성이 비교적 덜 심각한 사람조차 결국 관계를 망치고 만다. 친절과 배려로 파트너의 감정에 반응하거나 마음을 쓰지 못하기 때문이다. 그로 인해 정서적 연결 고리가 부족한 것은 그들이 관계에 실패하는 주요 원인이다. 커플 치료에 참여한 이들에게 자신이 파트너에게 미치는 영향에 주의를 기울이게 하기는 쉽지 않다. 남 탓하는 게 버릇이 된 남편은 아내가 우는데도 태연히 앉아 있다. 심지어 우는 아내에게 시비를 걸거나 화를 내기도 한다. 수치심과 비난을 경험하는 상황에서 자신을 보호하기 바빠서 따뜻하게 반응할 여유가 없다. 의심할 여지 없이 그들이 격렬히 반응할 때마다 관계에 금이 간다.

비난꾼들은 다른 사람의 감정 상태에 동조하는 데 종종 어려움을 겪는다. 그 이유는 다음 발언에 잘 나타나 있다. 비난꾼이 이렇게 뚜렷한 자기 인식을 드러내는 경우는 아주 드물다. "나는 관계를 위해 옳은 일을 하는 것보다 옳은 사람이 되는 것에 더 신경을 쓴다."

트럼프와 미국의 관계에서 이와 똑같은 상황이 벌어지고 있다. 트럼프는 나라를 위해 옳은 일을 하는 것보다 자신의 연약한 마음을 보호하는 일에 훨씬 더 신경을 쓴다. 트럼프는 수십 년 간 편협함, 탐욕, 욕설, 협박, 강한 복수심으로 공감 능력이 없음을 드러냈다. 이를 입증하는 증거 자료도 상당하다.

트럼프는 지금 정서적 생존 본능을 따르고 있어서 호통 일색의 기자회견이나 협박성 트윗이 정권을 위태롭게 한다는 사실을 알지 못한다. 그 순간 자기 기분이 좋아지도록 다른 사람을 비난하는 것이 트럼프의 목표다. 트럼프는 많은 사람이 그가 내뱉는 분열 조장 발언으로 안전과 자유에 위협을 느낀다는 것을 전혀 개의치 않는다. 그는 국가에 미치는 장기적 영향에 관심이 없다. 어떤 대가를 치르더라도 자신이 옳다는 걸 증명하느라 너무 바빠서 자신의 거짓말과 비난이 자신이 이끄는 시민들과의 관계를 해치고 있다는 사실을 알아차리지 못한다.

트럼프에게는 다른 사람을 돌보거나 주민을 섬기려는 도덕적 충동이 보이지 않는다. 그는 '미국 우선주의'라는 슬로건을 입에 올리지만, 참된 애국심으로 사심 없이 베푸는 것이 무엇인지 전혀 이해하지 못한다. 트럼프는 베트남전쟁 때 다섯 번이나 징병을 유예했고, 수차례 전쟁 영웅들을 공격하는 발언을 했다. 트럼프의 정책에서 두드러지는 부분은 불우한 사람들에 대한 무자비함과 지구 자원을 보호할 책무 방기다.

비난꾼들의 대다수 사례와 마찬가지로, 지금 미국은 '트럼프에게는 오직 자기 자신뿐'이라는 사실을 아주 분명하게 배우는 중이다. 사실 비난꾼들이 당신에게 마음을 쓰지 않는다는 사실을 깨달으면 배신감이 들기 마련이고, 배신감은 당연히 불신과 단절로 이어진다. 이런 행동은 인간관계에서 상호의존과 신뢰를 추구하는 우리의 근본 욕구를 침해한다. 나르시시스트와의 관계가 치명적이고, 보통 좋지 않게 끝나는 이유가 여기에 있다.

피해자를 비인간화함

감정 조율 능력 부족과 친사회적 반응 결핍은 타인을 대상화하거나 비인간화하는 것으로 이어진다. 이런 거리 두기는 사실 파트너에게 해를 끼칠 때 비난꾼들로 하여금 죄책감을 덜 느끼게 해주는 일종의 적응 기제다.

"인간은 다른 사람이 고통받는 모습을 지켜볼 때 본능적으로 깊은 회피감을 느끼는데 학대를 일삼는 사람은 이런 연민의 감정을 구덩이 속에 묻는다. 변명과 합리화를 철저히 고수하고, 자신이 초래한 고통으로부터 자신을 보호하는 불온한 능력을 개발하고, 여성 파트너를 억압하는 권력과 통제력을 즐긴다."[42]

트럼프는 수십 년 간 여성의 외모를 놓고 모욕적인 발언을 했으며, 여성을 성폭행하는 장면을 담은 비디오테이프가 있다고 자랑했다. 선거운동 기간에는 한 장애인 기자를 조롱했다.

대다수 전문가가 백악관에 입성하면 트럼프의 행동이 개선될 것이라고 말할 때, 나는 그의 행동이 더 악화될 것으로 예측했다. 대통령에게 주어진 권력과 함께 그의 특권 의식도 올라갈 테고, 그러면 다른 사람을 극단적으로 비인간화하는 모습도 그만큼 더 심해질 것이 자명하기 때문이다.

"학대범의 행동이 시간이 갈수록 더 악화되는 중요한 이유는 대상화에서 찾을 수 있다. 그의 양심이 어느 수준의 학대 또는 폭력

---

42 Bancroft, 2002.

397

에 적응하면, 그는 다음 단계로 나아간다. 학대범은 파트너를 비인간화함으로써 죄책감과 공감이라는 인간의 자연스러운 감정으로부터 자신을 방어한다. 그래서 밤에도 떳떳하게 두 발 뻗고 잘 잔다. 그는 파트너의 감정이 더 이상 중요하지 않도록, 또는 더 이상 존재하지 않도록 파트너의 인간성과 거리를 둔다."[43]

자신이 보호할 책임이 있는 인간의 생명에 마음을 쓰지 못하는 사람이 우리 대통령이라고 생각하면 무서워진다.

특권 의식

비난꾼들은 특권 의식을 드러내고, 특권 의식은 비인간화·책임감 부족과 밀접한 연관이 있다. 트럼프는 자기가 뉴욕 5번가에서 누군가를 총으로 쏴도 유권자들이 자기를 지지할 것이라는 말을 하고도 자신이 비난을 받을 이유가 없다고 믿는 것 같다.[44]

대다수 학대범은 사회적으로 용인되지 않는 특성을 숨기려 한다. 파트너에게는 욕설을 퍼부으면서 다른 사람에게는 대개 공손하다. 그런데 안타깝게도 트럼프는 자신의 언어폭력을 숨기려는 노력조차 하지 않는다. 그는 자기에게 다른 사람을 공공연히 비하하고 망신을 줄 권리가 있다고 생각한다. "패배자", "힐러리를 감옥에 가둬라"라는 발언과 함께 나온 욕설이 트럼프 선거운동의 주요소였다.

---

43 Bancroft, 2002.

44 Johnson, 2016.

트럼프는 도덕적 적절성을 전혀 신경쓰지 않는 것처럼 보인다. 이는 그가 자신의 악의에 소시오패스의 매력을 덧바르려는 시도조차 하지 않는 아주 위험하고 극단적인 학대범임을 의미한다. 트럼프는 인기와 부와 권력을 모두 가졌는데도 착한 척조차 할 줄 모른다.

기만

비난꾼들은 인정받고 비난을 모면하고 책임을 피할 요량으로 성과를 과장하고 거짓말을 한다. 그들은 노골적인 기만, 부작위의 거짓말, 비뚤어진 반응, 부인, 말 돌리기에 능숙하다.

거짓말은 비난꾼들에게 제2의 천성이다. 그들은 자기 자신에게도 끊임없이 거짓말한다. 다른 사람을 일상적으로 비난하는 것 역시 자기 기만을 위한 일생에 걸친 방대한 노력이다. 비난꾼들은 진실을 듣거나 창피당하는 것을 피할 목적으로 자신의 행동이 적절하다고 스스로 확신하고 합리화하며 거짓말을 한다.

토니 슈워츠는 트럼프를 두고 이렇게 말했다. "그에게 거짓말은 제2의 천성이다. (…) 내가 지금껏 만난 그 어떤 사람보다, 트럼프는 자기가 하는 모든 말이 사실이거나 어느 정도 사실이거나 어쨌든 사실이어야 한다고 스스로를 납득시키는 능력이 뛰어나다."[45]

비난꾼들과 학대범은 거짓말을 너무 자주 해서 그들의 파트너가 무엇을, 어디까지 믿어야 할지 모르도록 만든다. 과연 어떤 종류

---

45 Meyer, 2016.

의 관계가 끊임없는 기만과 변명과 부인으로 점철된 배신을 견딜 수 있겠는가?

인간에게는 관계에서 신뢰를 추구하는 생존 지향 본능이 있다. "중요한 순간에 내가 당신을 믿어도 될까요? 내 뒤를 봐주실 건가요?" 거짓말이 반복되면 대인 관계 파트너(와 동맹국)는 이 질문의 대답이 "아니오"라는 걸 알게 될 것이다.

트럼프 당선 이후 많은 미국인에게 고통을 야기하는 원인이 바로 이것이다. 미국인들은 트럼프가 자신의 목적을 이루기 위해 미국의 국익에 최선이 아니라 할지라도 충동적으로 일을 벌여 국민을 배신할 것이라고 정확하게 판단하고 있는 것이다.

캘리포니아 출신의 민주당 소속 하원 의원 애덤 시프Adam Schiff는 트럼프의 끊임없는 거짓말이 국제사회에 큰 영향을 끼칠 수 있는 지도자의 말을 신뢰할 수 없게 만들 것이라고 했다. "미국 대통령이 근거 없는 것으로 판명된 내용을 [반복해서] 주장하면 대통령직이 흔들리고 이 세계에서 우리의 지위와 안보가 무너진다. 한번 낮아진 대통령의 신임도는 절대 완전히 회복되지 않는다. 대통령이 어느 날 북한이 탄도미사일에 핵무기를 장착했으니 조치가 필요하다고 주장했는데, 그것이 사실이 아니라면 엄청난 문제가 될 것이다. 그것이 사실이라면, 그리고 그 사실에 대해 대통령이 미국 국민은커녕 동맹국을 설득할 능력을 상실했다면, 그것은 더 큰 문제가 될 것이다."[46]

---

46 Schiff, 2017.

비난꾼들은 다음과 같은 특징도 갖고 있다.

• **개인적 충성심에 높은 가치를 두고 주변을 '예스맨'으로 채운다.** 트럼프는 정부에서 일해본 경험이 전혀 없는데도 가족들을 백악관 고문으로 세우고 거의 그들에게만 의존하고 있다.

• **파트너를 고립시키고, 다른 사람들은 당신[파트너]을 최우선으로 생각하지 않는다고 설득한다.** 트럼프는 선거운동 기간 내내 지지자들에게 '우리 대 그들'의 사고방식을 심어주었다. 그리고 추종자들의 마음과 정신에 대한 그의 지배력을 약화시킬 만한 사람은 누구든 헐뜯었다.

• **권력에 매력을 느끼고 권력을 남용하는 편이다.** 비난꾼은 다른 이들에게 현실을 의심하게 하는 권위적인 말투를 사용한다. 트럼프는 진실이 활약할 기회가 없도록 대담하게 거짓말을 반복한다.

• **성공 이미지를 홍보한다.** 트럼프의 최고급 생활양식, 그리고 군중 규모와 투표수에 대한 집착은 자신의 연약한 자아를 지키는 것이 최우선임을 보여주는 증거로 충분하다.

트럼프가 우리의 정신 건강에 미치는 영향

트럼프가 대통령이라는 사실의 근본적인 문제는 단순히 조잡한 생각에서 나온 정책들이 우리에게 해를 끼칠 수 있다는 것만이 아니다. 그의 성격 결함은 남을 비난하는 부도덕한 행동을 '정상화'하고, 사회가 용납하는 행동을 해야 한다는 기대 때문에 이전까지 욕구를 억제해온 사람들에게 표현하고 싶은 대로 다 표현하라고 부추긴다. 최근 인종 폭력이 증가한 것이 하나의 지표라면, 트럼프는 지지자들에게 행동에 옮기라는 신호를 보낸 셈이다.

가정 폭력을 목격한 트라우마가 아이들을 망가뜨리듯, 정서적으로 미성숙한 대통령은 도덕적 행동, 문화적 안정, 심리적 건강과 관련해 미국의 미래에 영향을 줄 수 있다.

신속하고 차분하게 한계를 설정하고 도덕과 사회규범을 강제하지 않으면 비난꾼들을 제지할 수 없다. 이런 견제가 없으면 그들은 자기에게 힘이 있다고 생각하고 무모하게 성장한다. 그들은 최대한 활동 범위를 넓혀나갈 것이다.

우리는 트럼프의 행동을 견제할 뿐 아니라 그를 추종하는 자들에게 학대 행위는 타당하지 않다고 경고해야 한다. 불행히도 트럼프가 남 탓하기 좋아하는 수백만의 미국인에게 못된 짓을 하도록 부추겨왔으니, 한번 엎지른 물을 다시 담는 건 불가능하다.

치료 과정에서 나르시시스트나 소시오패스를 저지하지 못하는 가족을 만나는 것은 흔한 일이다(가끔은 여러 세대에 걸쳐 나타나기도 한다). 그로 인한 기능장애는 어린아이들의 불안정한 애착 패턴, 중독, 불화, 갈등을 포함한 심리적 트라우마의 파문을 일으킨다.

비난꾼들은 타협하거나 페어플레이를 할 생각이 없으므로 "제일은 각자 제가 알아서 해야 한다." 가족 구성원들은 자기는 늘 주기만 하고 상대는 받기만 하는 상황에 분개한다. 또 거짓말하고 사실에 동의할 생각을 않는 상대방에게 분개한다. 비난꾼들은 절대 자기 잘못을 인정하지 않고 누군가 자기를 비난하면 불같이 화를 낸다. 학대 피해자들은 학대 가해자를 이해시키려 시도할 때마다 페어플레이 규칙이 적용되지 않는 것 때문에 좌절한다.

한 국가의 국민으로서 우리는 민주주의의 법치를 트럼프에게 적용하려 애쓰고 있다. 트럼프가 규칙대로 하기를 거부하고 법원과 의회가 그에게 책임을 지우지 않는다면, 우리 시민들은 의지할 곳이 없다. 그러면 우리는 학대당하는 배우자가 느끼는 무력한 절망감을 느끼게 될 것이다.

정치에 있어서나 건강한 인간관계에 있어서나 타협과 호혜는 중요한 요소다. 트럼프가 오바마케어 폐지를 즉결로 밀어붙인 것처럼, 비난꾼들은 "내가 하자는 대로 하거나 아니면 떠나라"는 식의 태도를 보이는 경향이 있다. 어떤 희생을 치르더라도 트럼프가 옳아야 하고 그가 승리해야 한다면, 그리고 그가 토론과 타협을 패배로 본다면, 앞으로 그와 이 나라의 관계에는 희망이 거의 없다.

질투심 많은 배우자가 아내에게 하루에 서른 번씩 성난 문자를 보내고 자꾸 전화하고 몇 시간씩 말다툼하는 건 흔한 일이다. 학대하는 배우자를 상대하느라 진을 빼면, 파트너가 육아나 일이나 자기 관리에 쏟는 시간과 에너지가 줄어들 수밖에 없다. 나르시스트와의 관계에서는 말싸움 뒤에 남는 것이 거의 없다. 학대당하는 파트너는 둘의 관계가 완전히 끝날 때까지 자기계발에 관심을 쏟기보다 그 관계에 지나치게 집중하는 경향이 있다.

마찬가지로 2016년 대선 이후 전 세계 많은 사람이 충격에 빠져 트럼프에게 지나치게 집중해서 그의 결점과 어리석은 행동을 지켜보느라 다른 일은 거의 하지 못했다. 이 세계는 트럼프가 일으킨 혼란에 대처하기 위해 안간힘을 쓰고 있다. 그래서 진짜 문제들을 해결할 여력이 별로 없다. 일본 총리가 방문했을 때는 별나게 공격적인 트럼프의 악수 스타일에 관한 갑론을박이 무역 협상이나 북한에 관한 논의를 추월했다. 남극 빙상이 갈라지고 있는가? 전쟁, 난민, 혼란에 빠진 유럽연합은? 세계가 백악관에서 관심을 갈구하며 벌이는 트럼프의 소동을 이해하려고 애쓰느라 이런 문제들은 제대로 관심을 받지 못하고 있다. 우리와 트럼프 대통령의 역기능적 관계로 인해 무시당한 쟁점들과 사람들에게는 비극적인 노릇이다.

나는 뉴스 기사를 읽고 집회를 열고 편지를 쓰고 전화를 거는 데 많은 시간을 할애하면서 이 상황을 직접 경험하고 있다. 가치 있는 일을 하는 데 쏠 시간과 에너지를 엉뚱한 데 쓰고 있는 셈이다. 지금은 트럼프의 정신 건강에 관한 글을 쓰고 있는데, 이 시간은 정신 건강 관리 체계를 개선하기 위해 사무실에서 다른 사람과 힘을 합칠 수도 있는 시간이다.

나르시시즘에 빠진 이 대통령은 다른 나르시시스트들이 다 하는 일을 하고 있다. 다른 사람에게는 기회도 안 주고 혼자만 떠드는 일 말이다. 비난꾼과 관계를 맺으면 평화롭고 생산적으로 살아가는 대신 논쟁에 관해 논쟁을 벌이는 데 시간과 에너지를 써야 한다. 트럼프는 해롭고 신중하지 못한 정책 결정을 통해서만이 아니라 불안감을 높이고 다른 쟁점에 쏟아야 할 관심을 자기에게 돌림으로써 개개인과 전 세계에 계속 해로운 영향을 끼칠 것이다.

　　진정한 지도자나 배려심 있는 배우자는 자신의 행동과 감정을 성숙하고 온화하게 관리한다. 우리가 관계를 맺고 있는 우두머리 비난꾼을 없애지 않으면 이 나라는 복잡한 문제들을 처리할 해법에 집중하는 능력이 떨어질 것이다. 천박해지고 예의와 공감을 상실한 사회가 가까운 시일 내에 회복되기는 어려울 것이다. 트럼프가 이 나라를 끝장내기 전에 학대를 일삼는 이 대통령과 헤어지기를 바랄 뿐이다.

4장

버서리즘과
트럼피안의 사고방식

루바 케슬러

루바 케슬러 Luba Kessler

정신과 전문의이자 정신분석학자로 홀로코스트 후에 우랄산맥에서 태어나 소련, 폴란드, 이탈리아, 미국에서 살면서 공부했다. 이 여정에서 역사, 지리, 문화, 예술, 정치에 관한 중요한 교훈을 얻었다. 대학원 교육을 마치고 롱아일랜드 힐사이드병원에서 정신의학 교수로, 뉴욕대학교 정신분석연구소(현 뉴욕대학교 의대 부속 정신분석교육원)에서 정신분석학 교수로 일했다. 미국정신분석협회에서 발간하는 <미국 정신분석가The American Psychoanalyst> 교육 부문 편집자이기도 하다.

지금 미국은 트럼프가 대통령이 된 것에 환호하는 사람들과 불안해하는 사람들로 분열되어 있고, 트럼프는 그 사이에서 기회를 엿보고 있다. 이 첨예한 분열은 트럼프가 이 나라에 끼친 정서적 영향을 보여준다. 대체 왜? 사람들은 다양한 요인을 언급했다. 이번 장에서는 '버서리즘birtherism' 음모를 적극적으로 수용하고 큰소리로 선전했던 그의 행동을 고찰함으로써 트럼프가 활용하는 정치적 암시 기법이 무엇인지 살펴보려 한다. 트럼프는 버서리즘 음모를 대선 출마의 발판으로 활용했다. 이는 그가 자신의 정치적 목적을 이루기 위해서라면 뻔뻔한 현실 왜곡과 악선전도 마다하지 않을 것이라는 명백한 징후다.

버서리즘이란 무엇인가? 2011년부터 트럼프는 오바마가 미국 시민권자가 아니라는 음모론을 가장 큰소리로, 가장 집요하게 주장해왔다. 트럼프는 오바마가 미국 태생이 아니라면서 비주류 극우 정치 세력이 옹호하는 '버서리즘' 논쟁에 동참했다.

이것은 트럼프가 맨 처음 내놓은 정치적 거짓말이었고, 이 거 짓말은 결국 트럼프를 대통령에 당선시킨 정치 담론 왜곡의 서막이 었다. 대중과의 거짓 약속이 뒤를 이었고 수많은 '대안적' 현실이 속 속 등장했다.

이쯤에서 골치 아픈 질문들이 떠오른다. 대체 왜 이런 거짓말 이 뿌리를 내린 걸까? 그 거짓말을 토대로 누군가가 대통령이 되었 다면 어떤 파문이 일까? 이번 장에서는 최근의 역사에 비추어 이 문 제를 고찰하려 한다.

21세기에 접어들고 처음 10년간 미국 정치사에는 아주 변혁적 인 두 가지 사건이 있었다. 2001년 9월 11일, 미국은 다른 곳도 아닌 미국 본토에서 1812년 전쟁 이후 처음이자 유일한, 외세의 공격을 받았다. 그리고 2008년에 흑인을 대통령으로 선출했고, 2012년에 그는 재선에 성공했다. 한 사건은 외부 세력에 의해 일어났고, 또 한 사건은 국가 내부에서 이뤄진 발전의 산물이었다. 한 사건이 안겨준 충격과 또 한 사건이 일으킨 내적 파문이 하나로 수렴되는 현상에 무엇이 있는 걸까? 이제부터 그것을 살펴보자.

그 전까지 우리는 미국이 천하무적이라고 자신했는데 9.11 테 러 공격은 그 생각을 흔들어놓았다. 그 이래로 미국은 안전감과 용 맹성을 회복하기 위해서 외국 땅에서 전쟁을 벌여왔다. 미국은 국가의 주권과 국내에서 힘을 더해가는 명백한 운명Manifest Destiny, [47] 그리고 강대국으로서 국제 무대에서 목소리를 내는 것을 늘 자랑스러워했다. 그런 미국이 9.11 이후 국내와 국제 무대에서 자아상을 수정하는 것은 고통스러운 일이었다. 우리는 수없이 자문하며 새로운 천 년을 맞이했다. 미국의 밀레니얼 세대는 이전 세대는 경험한 적 없는 긴박함 속에서 인종적·종교적 타자성Otherness과 마주했다. 타자성은 한편으로는 밀레니얼 세대의 시야를 넓혀 세계에 더 관심을 쏟고 마음을 열게 했다. 그러나 또 한편으로 삶은 더 불안정해졌다. 사회와 가정이 안전하다는 생각이 무너지자 새로운 세계로 진입하는 것에 불신과 두려움이 심해졌다. '둥글게 진을 치고' 원 안쪽으로 방향을 틀려는 충동은 타자에 대한 의심, 즉 외국인 혐오를 부추겼다.

성질은 다르지만, 오바마가 대통령에 당선된 것도 국민의 삶과 심리에 생긴 큰 변화를 대변했다. 미국 국민 다수와 비교할 때 흑인은 피부색도 다르고 북미 대륙에 오게 된 상황도 달랐다. 그래서 미국에서 흑인은 역사적으로 타자성을 함축적으로 보여준 존재였고, 이것은 끈질긴 인종차별로 이어졌다. 이 땅에서 가장 높은 자리에 아프리카계 미국인 남성을 뽑은 것은 미국 역사에서 시민들이 이뤄낸 아주 극적인 성취를 상징했다. 이것은 미국이 탈脫인종postracial 의식에 도달했을 가능성이 있을지도 모른다고 생각하게 했다.

---

47 미국이 북미 전체를 지배할 운명을 타고났다며 미국의 영토 확장을 정당화하는 표현. ─옮긴이

이런 역사적 맥락에서 '버서리즘' 운동의 등장은 다른 이야기를 들려준다. 어째서일까?

　　오바마가 진짜로 미국에서 태어났는지에 의문을 품는 것은 미국 대통령직 역사에서 전례가 없는 일이다. 이제껏 이토록 잔인한 거짓말로 심한 공격을 받았던 대통령은 아무도 없었다. 오바마를 제외하면 전부 다 백인이었으니까. 오바마가 흑인이기 때문에 대통령 또는 한 사람의 존엄을 짓밟는 그런 오만한 행위가 허용되는 것처럼 보였다. 트럼프는 그런 비방으로 감춰둔 편협성을 살짝 드러냈다. 트럼프는 노골적이고 인종차별적인 비방을 직접 표현하지는 않았다. 하지만 버서리즘 수용은 일종의 '개를 부르는 호루라기'와도 같았다. 이는 흑인인 한 미국 시민이 미국의 대통령이 되는 포부를 실현했다는 이유로 그를 타자로 규정하고 정당한 지위를 박탈하라는 명백한 요구였다.

　　미국 국민은 미국에서 태어난 사람이면 누구나 대통령이 될 수 있다는 사실에 큰 자부심을 느낀다. 이것은 누구에게나 자유와 기회의 땅이라는 미국의 이상적인 자아상이었다. 지역사회 공직 경력과 담대한 희망을 지닌 아프리카계 미국인 헌법학 교수 오바마와 정치 경험이 전혀 없는 성마른 부동산 개발업자 트럼프, 두 사람 다 시민에게 호소하는 힘으로 미국에서 가장 높은 자리에 오를 수 있었다.

　　버서리즘의 편협성은 이런 국민적 포부에 제한을 두었다. 버서리즘은 흑인은 진정한 미국인이 될 수 없다는 신호를 보냈다. 오바마의 당선이 전국을 흥분시키고 외견상이나마 탈인종 사회를 이뤘

다는 시민으로서의 자부심을 우리에게 불어넣어주었다면, 버서리즘
은 미국이 역사 깊은 인종주의를 영혼 깊숙이 계속 품고 있음을 허
용한다는 신호였다. "흑인 대통령은 정통성이 있을 수 없다. 그러니
오바마가 미국 땅에서 태어났다는 실체적 진실은 부정되어야 한다"
는 것이 버서리즘의 실체다. 이런 의도적인 사실 왜곡에서 트럼프
의 본바탕이 드러났다. 진실 왜곡, 그것이 그의 인격의 본질이다. 이
는 트럼프가 자신이 원하는 것을 얻기 위해서 진실을 왜곡하고 훼손
할 수 있고 또 그렇게 할 것이라는 걸 확실히 보여주었다. 트럼프에
게 진실과 현실은 다른 모든 것과 마찬가지로 상품에 불과했다. 원
하는 물품을 매매하는 거래의 문제였다. 이것이 트럼피안Trumpian[48] 사
고방식의 특징인 것 같다. 그의 사고방식으로 보면 버서리즘은 정치
적 성격의 공개 입찰이었다.

　　지금 우리는 국내외적으로 엄청난 인구통계적·경제적·사회
적·정치적 변환의 시대를 살고 있다. 이 말은 국가 영역 밖으로부터
의 압력이 국가 영역 안에 있는 사람들에게 반향을 불러일으킨다는
뜻이다.

　　세계적인 변환 속에서 미국이 국제테러리즘이라는 진화하는
현실에 새로이 적응하는 것처럼, 미국의 독보적인 민주주의적 다양
성 역시 그 속에서 계속 진화한다. 이것은 이 나라의 심리적 자원과

---

48 트럼프의 이름에 '~ian'이라는 접미사를 붙인 조어로 '트럼프스러운'으로 번역할
　　수 있다. 트럼프의 철학, 화법, 스타일과 관련이 있거나 흡사한 태도 또는 사람을
　　수식할 때 사용한다.—옮긴이

회복력을 증가시킨다.

미국 시민들은 국가 안보가 흔들리고 정체성이 변화하는 상황에서 중대한 고비를 맞고 있다. 따라서 품위와 이성의 도덕관념에 바탕을 둔 침착한 결의로 이러한 압력을 견디고 관리하는 것은 국가 안녕을 결정 짓는 가장 중요한 문제다.

이러한 시기에 국가는 지도자가 국익과 중대한 가치를 수호해주길 기대한다. 이런 이유로 우리는 역사의 힘든 현실을 품위 있게 마주하는 능력과 링컨이 '우리 본성의 선한 천사'라고 부른 것에 호소하는 능력을 보여준 대통령들을 찬양한다. 우리가 워싱턴, 프랭클린 루스벨트와 함께 링컨을 기념하는 기념관을 세운 이유다. 이들은 편파적인 거래가 아니라 비전과 도덕적인 목적으로 국가를 드높였다.

트럼프의 호소는 시민 담론을 타락시키고 국가 결속을 해치는 정반대 결과를 불러왔다.

버서리즘은 트럼프가 가진 사고방식의 근본 특성을 보여준다. 즉 뛰어난 거래 해결사를 자부하는 트럼프는 오로지 거래를 통해 대통령이 되고자 힘썼다. 이기기 위해 거짓말을 지어내거나 편견을 눈감아주는 걸 주저하지 않았다. 조세법의 허점을 최대한 이용하고, 채무자와 하청업자와 근로자를 최대한 착취하고, 일정을 앞당겨 거래를 성사시키려고 '특별한' 관계를 최대한 활용하는 것과 비슷한 방식으로, 트럼프는 국가 불안의 과도기를 장악하기 위해 정치적 계산기를 두드렸다. 온갖 악조건에도 그의 뛰어난 사업 수완은 잘도 먹혀들었다. 트럼프 개인은 대통령 선거라는 거래에서 이겼지만, 이는 국가에 닥친 커다란 위험을 상징한다. 그의 승리는 민주주의적 가치와 도덕적 청렴과 진정한 창의성의 본질을 팔아버린 결과이기 때문이다. 우리를 하나로 묶는 것은 미국의 역사와 현재가 함께 공유해온 진실, **여럿으로 이루어진 하나**E pluribus unum라는 것이다. 진실이 '대안적 사실'과의 거래 경쟁에 무방비하게 노출되는 환경에서 이 나라가 소중히 여겼던 이 좌우명을 지킬 수 없음은 자명하다.

트럼프의 거짓말에도 미국 국민이 왜 그의 약속 어음을 선뜻 받아주었는지는 여전히 의문이다. 물론 미국은 진취적인 독창성과 야심 찬 대담함을 늘 환영한다. 그렇다고 순진하지는 않다. 시민들이 사회 약자를 보호할 수 있다면 상식적인 판단과 실리주의 습관까지도 망설임 없이 포기할 줄 아는 나라를 건설하기까지 너무나 많은 수고와 고충이 있었고, 그 저변에는 미국 시민이라는 강한 자부심이 있었다. 그렇다고 미국이 노예제도와 인종차별의 역사적 유산에 전혀 영향을 받지 않는 것은 아니다. 이 역사적 유산과 국가 건립 이념이 완전히 화해하지 못하면, 이 둘 사이의 분열이 심해지는 긴장의 시대가 열릴 것이다. 우리는 버서리즘 운동의 깜짝 놀랄 거짓말을 통해 그런 분열을 미리 엿보았다.

특별한 전문 교육을 받지 않아도 버서리즘이 타자성에 대한 집착을 명명백백히 드러낸다는 사실은 누구나 알 수 있다. 테러리즘과 세계적인 대량 이민 시대에 외국인 타자에게 느끼는 위협감을 이해하는 건 어렵지 않다. 그러나 미국 안에서 좀체 사라지지 않는 흑인 타자에 대한 공포와 불신을 인정하기란 어렵다.

우리는 인종을 초월한 통합과 평등을 믿고 싶어 한다. 우리는 우리가 이룬 진보를 자랑스러워한다. 오바마의 당선은 그것을 입증하는 합당한 증거였다. 선천적으로 또 내향적으로 정형화된 사고방식의 편견을 자각하기란 훨씬 더 어려운 일이다. 트럼프가 버서리즘이라는 신화를 앞세워 몰래 이 편견을 퍼뜨리는 데 성공했다는 사실은 이것이 얼마나 비밀스럽고 끈질긴지를 증명한다.

나는 지금 미국 사회를 고발하는 것이 아니다. 미국의 역사적 상황을 인정하자고 부탁하는 것이다. 우리가 이 나라에 정착한 과정을 생각하면 백인 식민지 개척자들이 함께 떠오른다. 우리는 역사와 문화가 주는 교훈을 먹고 성장한다. 신생 미국 경제에 흑인 노동력이 없어서는 안 되는 요소였다 하더라도 노예제도는 흑인이 평등하게 참여해야 한다는 인식과 권리를 부정했다. 그 결과는 끈질긴 차별이었고, 차별은 참정권 박탈로 이어졌다. 그리고 참정권 박탈은 차별을 영속시켰다. 백인과 흑인의 문화 전통은 자기들만의 어법을 발전시켰고, 이로 인해 인종 분열은 더 심해졌다.

인종차별주의가 이 나라에 재앙을 안겨주는 무수한 방법을 일일이 고찰하는 것은 이 글의 목적이 아니다. 백인과 흑인과 모든 타자를 망라한 현세대와 미래 세대의 상호 이익을 위해 정치 관계와 시민 관계와 대인 관계를 바로잡는 것이 지금 우리에게 주어진 과제다. 이 과제를 잘 해결하려면 진실과 자각의 용기가 필요하다. 투표소에서든, 사법부에서든, 경찰서에서든 차별과 불평등을 옹호하고 합리화하는 공공 정책에 이의를 제기해야 한다. 선입견과 편견을 부추기는 습관을 잡아내고 거기에 이의를 제기해야 한다. 우리 문화와 우리 자신의 고정관념을 더 철저히 조사해야 한다. 이런 조사는 진실로 가장한 거짓에 맞설 시민 의식을 불어넣어줄 것이다. 그러면 우리는 이 나라의 핵심 가치를 훼손하지 않고 온전히 대변하는 것이 자신의 책임임을 아는 존경할 만한 지도자를 선택할 것이다. 버서리즘은 트럼프가 존경할 만한 사람이 아닐뿐더러 이 나라의 가장 중요한 이념를 위태롭게 한다는 걸 보여준다. 여럿으로 이루어진 하나. 이것은 절대로 타협할 수 없는 가치다.

5장

트럼프의
아버지 문제

미국에 독이 되는 조합

스티브 러블

스티브 러블 Steve Wruble

뛰어난 싱어송라이터이자 이야기꾼이다. 스토리텔링 경연대회인 모스 스토리슬램Moth
StorySLAM에 가명으로 참가했다가 우승을 거뒀다. 아동 및 성인을 치료하는 정신과 의사로서
맨해튼과 뉴저지 주 리지우드에서 벤센터라는 개인 병원을 운영하고 있다. 불안 장애, 트라우마,
주의력 결핍 과잉 행동 장애ADHD 전문이다. 고향인 테네시 주 멤피스에 있는 의대에 다녔고
노스웨스턴대학교에서 일반 정신의학과 레지던트 과정을 밟았다. 시카고 일리노이대학교
청소년연구원에서 소아정신과 수석 전임의로 일했다.

정신과 의사인 나는 사람들이 왜 지금과 같은 모습을 갖게 되었는지에 관심이 많다. 다른 사람들을 이해하고 그들과 나의 관계를 이해할수록 결국 나를 더 잘 이해하게 된다. 나는 트럼프를 미국의 심장이자 정신인 백악관 집무실로 안내하고, 아주 많은 미국인에게 두 주먹을 불끈 쥐게 한 요인이 무엇인지 아주 궁금하다. 특히 내가 항상 더 친밀한 관계를 갈구했던 사람인 내 아버지가 트럼프에게 관심과 존경을 보내자 좌절감을 느꼈다.

　　아버지와 아들은 서서히 분리되면서도 여전히 공통분모가 있는 각자의 정체성을 붙들고 씨름하며 서로 경쟁하는 관계로 익히 알려져 있다. 우리는 자신이 목격하고 경험한 모든 것을 이해하려고 갖은 애를 쓰다가 시간이 지나면 어느 순간 깨닫는다. 트럼프와 마찬가지로 나는 강인하고 자부심 강하고 성공한 아버지를 지켜보고 상호작용하며 자랐다. 트럼프가 그랬듯이 나는 길잡이가 되어주는 아버지를 우러러보았다. 하지만 분리와 개별화를 원하는 내면의 욕구와 싸우면서 아버지에게 일종의 경쟁심도 함께 느꼈다. 아들이 아버지와 상호작용하는 방식은 아주 다양하다. 각자가 자신에 대해 가지고 있던 초기 생각이 드라마를 연출하는 방법을 결정한다. 트럼프의 행동을 보면서 내 마음이 불편해지는 만큼이나 트럼프의 어떤 점이 내게 있는지, 거꾸로 나의 어떤 점이 트럼프에게 있는지 정말 궁금했다. 수많은 미국 유권자를 사로잡고, 바로 그 점 때문에 전 세계를 사로잡은 이 남자는 과연 어떤 사람인가? 아버지와 함께 드라마에 갇힌 아들의 한 사람으로서 나는 이 질문에 답할 수 있을까?

대다수 미국인은 정치적으로 단일 쟁점에 좌우되는 유권자다. 이들의 투표를 좌우하는 것은 핵심이 되는 단일 쟁점이다. 그 쟁점은 낙태일 수도, 경제일 수도, 외교정책일 수도 있다. 내 가족의 투표를 좌우하는 단일 쟁점은 이스라엘이다. 나는 현대 정통파 유대교 집안에서 태어났다. 정통파 유대인들이 단체로 트럼프 대통령을 지지한 이유는 그가 대통령의 자리에 있는 동안 이스라엘이 더 안전할 것이라고 생각했기 때문이다. 물론 다른 쟁점도 정통파 유대인에게 중요하다. 그러나 다른 쟁점은 이스라엘에 대한 걱정에 가려 대개 잘 보이지 않는다.

약 10년 전, 나는 정통파 유대인이 당연히 따라야 하는 많은 명령을 더는 따르지 않는다는 사실을 가족들에게 알리기로 했다. 이 결정을 하며 어떤 거리낌도 없었다. 이미 몇 년 전부터 비밀리에 그렇게 살아왔기 때문이다. 동시에 나의 이런 선택은 내 부모님, 특히 아버지를 무척 속상하게 했다. 유대교는 아버지를 이루는 정체성의 핵심이었기 때문이다. 아버지는 내 선택이 우리 가족에게 혼란을 일으킬까 걱정된다고 했다. 그리고 아이들을 위해 내 결정을 비밀로 해달라고 했다. 좀 더 깊이 들어가면, 아버지는 내 선택이 집안에서 자신의 리더십에 위협이 된다고 보는 것 같았다.

내가 정통파 유대교를 떠나기로 결정한 것은 좀 더 진보적인 의제를 향한 나의 정치적 견해가 진화한 것과 관련이 있다. 처음에는 마음이 편치 않았다. 내가 속한 공동체에서는 이스라엘을 지지하는 사람에게 의혹을 제기하면 무척 못마땅해했기 때문이다. 트럼프의 행동은 명확했고, 나를 불안하게 만들었다. 트럼프가 이스라엘을 지지한다고 해도 별로 신이 나지 않았다. 그러나 정통파 유대인 사회에서는 내가 제기하는 의혹이 반향을 일으키지 못했다. 가족과 친구들에게 이해받으려고 했지만, 씨도 먹히지 않았다.

많은 공화당원이 '자신이 애타게 갈망하는 것보다 훨씬 적게 주는' 강한 아버지 역할을 맡은 트럼프와 역기능적 관계에 갇혀 있는 것 같다. 그런데도 그들은 내가 내 아버지에게 기대하던 것을 자기네 '아버지' 트럼프에게 기대하고 있다. 트럼프가 자기들 내면의 망가진 부분과 일그러진 인생에서 자신들을 구원해주길 바라는 것이다.

정치를 바라보는 시선이 너무 다른데도 가족 행사와 경사에 계속 함께 하는 것이 얼마나 어려운지 설명하기 전에, 지금 우리가 목격하는 일들을 이해하도록 돕기 위해 트럼프의 삶을 잠시 살펴볼까 한다.

아버지 프레드 트럼프와의 관계가 그에게 어떤 영향을 끼쳤는지 알려주는 몇 가지 정보가 있다. 도널드는 다섯 형제 중 넷째다. 큰누나는 순회 법원 판사이고, 큰형 프레드 주니어는 알코올의존에 의한 합병증으로 마흔세 살에 사망했다. 〈뉴욕타임스〉 기사[49]에 따르면, 프레드 트럼프와 그의 자녀들을 지켜본 사람들은 아버지 프레드의 기질이 너무 격렬해서 프레드 주니어가 감당하기 어려울 정도였다고 한다. 이 비극을 지켜본 도널드는 아버지가 세운 건설업 제국에 걸어 들어가 아버지에게 일을 배웠다. 술을 마시다 죽은 형의 뒤를 잇는 것 말고 그가 할 수 있는 일은 거의 없었겠지만, 형이 실패했던 그곳에서 형의 빈자리를 채우려 했던 게 아니었을까 싶다. 부동산 개발이라는 아버지의 세상에서 도널드는 노력한 만큼 성과를 냈고, 도널드가 자기 회사를 차려 나갈 때까지 두 사람은 수년 간 함께 일했다. 프레드 트럼프는 도널드가 재정적 위험을 무릅쓰고 맨해튼에 건물을 짓고 싶어 하는 이유를 이해하지 못했다. 그는 아들이 브루클린과 퀸즈에서 거둔 성공에 만족하며 안락한 삶을 즐겨야 한다고 생각했다. 그러나 도널드는 아버지보다 성공하기 위해 더 큰 사업에 도전하는 것과 대도시의 화려한 불빛에 매력을 느꼈던 것 같다.

앞서 언급한 〈뉴욕타임스〉 기사에는 다음과 같은 내용이 나온다. "도널드의 어릴 적 친구들은 그에게서 그의 아버지의 격렬함도 보았지만, 확고한 훈육으로 가족을 지배하던 가장을 기쁘게 하고 감

---

49 Horowitz, 2016.

동시키고 싶은 뚜렷하고 한결같은 욕구도 보았다고 말했다. 심지어 지금도 도널드 트럼프는 아버지에게 인정받으려고 애쓰는 것 같다. 프레드 트럼프의 사진을 넣은 액자가 어수선한 책상 위에서 도널드 를 쳐다보고 있다.” 도널드는 아버지를 따라 건설 현장을 돌아다니 고 최대한 돈을 쥐어짜는 아버지를 지켜보면서 아버지가 소중히 여 기는 가치들과 강렬한 경쟁심을 배웠노라고 말했다. 전미주택건설 협회NAHB 연설에서 트럼프는 이렇게 말했다. “아버지는 나가셔서 여분의 못과 폐품을 주우실 겁니다. 그리고 뭐든 사용할 수 있는 것 은 사용하고, 다른 식으로 재활용하거나 파실 겁니다.”

〈가디언Guardian〉 기사[50]에 따르면, 1999년에 프레드 트럼프가 사망하자 도널드 트럼프는 〈뉴욕타임스〉 부고 기사에서 자기 아버 지가 맨해튼으로 사업을 확장할 생각이 전혀 없었다는 사실을 강조 하며 유쾌하게 말했다. “제겐 잘된 일이었죠. 누군가의 아들이라는 게 어떤 건지 아시잖아요. 맨해튼 사업에 관심이 있으셨다면, 전 아 버지랑 경쟁하게 됐을 겁니다. 안 그랬으니까, 맨해튼이 내 차지가 되었죠!”

아버지의 관 옆에서 밤을 지새우던 도널드는 가족, 친구, 사회 유력 인사 앞에서 추도 연설을 했다. 한 참석자는 트럼프가 했던 특 이한 연설을 떠올렸다. “아버지는 내가 다 알고 있는 것들을 내게 가 르치셨습니다. 내가 하려는 말을 아버지는 이해하실 겁니다.” 트럼

---

50 Dean, 2016.

프는 참석자들을 향해 선언했다. "저는 '트럼프 플레이스'라고 부르는 리버사이드 대로에 큰 건물을 짓고 있습니다. 아주 멋진 프로젝트죠." 따뜻한 배웅이라기보다는 두 사람이 공유했던 언어와 정서를 강조한 추도사였다. 그것은 둘의 연결점이었다. 도널드의 아버지 프레드 트럼프는 열두 살에 아버지를 여의고 열다섯 살에 어머니와 함께 건설업을 시작했다. 쉰셋에 아버지를 여읜 도널드는 눈물로 시간을 허비하지 않았다. 경제적 성공을 좇는 집안 내력을 살려 계속 전진했다.

도널드는 집에서도 아버지의 냉정한 협상 스타일을 목격했다. 한번은 친구 몇몇이 부자 아버지가 도널드에게 새 야구 글러브를 사주지 않는 이유를 듣고 어리둥절해했다. 도널드는 아버지가 자기를 의심쩍어하기 때문이라고 했다. 정확히 말하면, 도널드의 아버지는 사고 싶은 글러브가 고가인 걸 알면서 도널드가 일부러 모른 척하고 판매원도 그 계략에 동조하도록 일을 꾸미고 있다고 의심했다. 도널드는 아버지의 검소함이 그에게 채워지지 않는 결핍을 남긴 것을 일찍이 깨달은 것 같다. 원하는 것을 얻으려면 때로는 교활해질 필요가 있다는 사실도 배웠을 것이다.

나도 비슷한 나이에 판매원을 설득해서 이미 개봉했지만 마음에 들지 않는 값비싼 보드게임을 반품하고 물건 값을 환불받은 내게 정말 놀랍고 감명받았다고 말씀하시던 아버지를 기억한다. 아버지는 내 용기에 반하신 표정이었다. 아들의 어떤 행동에 아버지가 관심을 보이면 그 관심의 힘은 워낙 강력해서 아들을 그 행동에 대한

도널드 트럼프라는 위험한 사례

집착에 가둬버리고, 결국 아들은 똑같은 관심을 계속해서 받고 싶은 갈망에 계속 그 행동에 매달리게 된다. 물론, 나는 아버지를 기쁘게 하려고 했던 행동들이 다른 사람과 관계를 맺는 가장 건강한 방식으로 항상 전환되는 것은 아니라는 사실을 힘들게 배웠다. 그런 습관을 뜯어고치려면 시간과 경험이 필요하다.

프레드 트럼프는 주택 사업으로 부와 권력을 얻었다. 어떤 세입자는 아파트가 튼튼하고 가격이 적절하다며 고마워했고, 또 어떤 이들은 그가 자기 건물에 흑인들이 입주하지 못하게 하는 것을 혐오했다. 〈이 땅은 네 땅This Land Is Your Land〉이라는 곡을 쓴 유명한 포크송 가수 우디 거스리Woody Guthrie는 프레드 트럼프가 비치 헤이븐에 지은 아파트에서 2년간 세 들어 살았다. 1950년대 초, 그는 자신이 목격한 프레드 트럼프의 인종차별 관행에 대한 혐오감을 담은 노래 두 곡을 작곡했다. 그가 쓴 가사에는 이런 내용이 있다. "올드 맨 트럼프는 1,800가구가 사는 아파트 단지에 인종차별의 줄을 그을 때 자신이 인간의 심장이라는 피 단지blood-pot를 휘저어 얼마나 많은 인종 혐오를 부추겼는지 잘 알고 있겠지. (…) 천국 같아 보이는 비치 헤이븐. 흑인들은 들어올 수 없는 곳. 노, 노, 노! 올드 맨 트럼프! 올드 비치 헤이븐은 나의 집이 아니라네!"

트럼프와 달리, 나는 다행히도 의사로서 사람들의 목숨을 구하다가 집으로 돌아오시는 아버지를 매일 지켜보았다. 만약 내 아버지가 누군가에게 인종차별주의자라는 비난을 받았다면, 나는 얼마나 창피했을까. 하물며 비난한 사람이 유명한 작곡가라면 더 말할 것도 없다. 그러나 도널드는 전혀 개의치 않았을 것이다.

인간의 뇌는 우리가 너무 불편해서 견디지 못할것 같은 일을 느끼지 않도록 우리 스스로를 보호하기도 한다. 이때 우리는 자신의 세계관에 맞지 않는 것은 부정하거나 변호하거나 축소하거나 합리화한다. 실제로 트럼프 대통령의 행동을 관찰하다 보니, 그가 자기 아버지의 공격적인 경영 방식과 양육 방식에 공감할 가능성이 크고, 지금은 자신이 맡은 대통령 역할에 이 경향을 적용하고 있다는 생각이 든다. 심리학에서는 이것을 **공격자와의 동일시**라고 부른다. 물론 직권을 남용해서 이득을 취하는 공격자와 동일시하는 것이 직관에 어긋나는 것처럼 보일 수 있다. 그러나 인간의 뇌는 종종 이 초기 관계를 본보기로 향후 행동 방향을 정한다. 우리는 힘 없는 위치에서 목격하는 권력에 매력을 느낀다. 우리는 우리가 본래 분개했던, 심지어는 우리가 맞서 싸웠던 바로 그 권력을 갈망하기도 한다. 이 모든 것을 고려할 때, 트럼프 대통령의 공격적인 행동은 여전히 그 안에서 살아 숨 쉬는 그의 아버지의 역할을 설명해주는 것 같다.

그런 역사가 있는 사람들은 온갖 보상행동으로 이어질 가능성이 있는 불안감을 종종 드러낸다. 그가 관련 불안을 얼마나 잘 가라앉히고 있는지와 상관없이, 두려움은 대개 여전히 무의식 속에 존재하고 그가 스트레스를 받을 때 그 모습을 드러낼 수 있다. 트럼프는 사람들에게 자신이 약하거나 취약한 존재로 보이는 것을 극도로 싫어하고 진실을 과장하고 왜곡하려는 욕구가 강한데, 이것은 뿌리 깊은 불안의 징후다. 트럼프는 자기의 공상을 실제 이야기처럼 지어내

도널드 트럼프라는 위험한 사례

는 작화作話를 통해 부서지기 쉬운 자신의 자아를 보호한다. 한편 그의 허세 가득한 호통은 코미디언과 미디어의 먹잇감이 된다. 언론 담당 비서들과 머리를 맞대고 '대안적 사실'과 트럼프의 충동적인 트윗을 해석하려 안간힘 쓰는 기자들을 지켜보는 건 너무 비현실적이라 우스꽝스러울 정도다.

간단히 말해서, 트럼프는 자기 안에 있는 불안감에 영향을 받지 않고 그것을 상쇄하려고, 또 나르시시즘 욕구를 충족시키려고 자신이 강하며 특별하다고 생각하려 애쓰는 것 같다. 그렇게 하면 자기가 스스로를 정말로 강하고 특별하다고 **생각**할 것이란 희망으로 말이다. 이런 노력이 얼마나 성공했는지, 진실은 트럼프만 알고 있다. 인간의 뇌는 과거의 신념을 사용해 마치 우리가 그 신념이 탄생한 시대에 살고 있었던 것처럼 꾸미는 독특한 능력이 있다. 생존주의자의 관점에서 볼 때, 인간의 뇌는 상황이 반복될 가능성이 크다고 믿어야 더 안전하다는 가정 아래 작동한다. 우리의 방어벽을 깨부수는 과격한 사건이 일어나지 않는 한, 우리는 이런 믿음에 이의를 제기하지 않는다. 우리는 트라우마 생존자들을 연구하면서 '투쟁 혹은 도피' 반응을 자극하는 초기 사건이 오랫동안 영향을 끼친다는 사실을 알게 되었다. 그런 사건들은 대개 생존자가 자신에 대해 부정적인 믿음을 갖게 한다. 그리고 이것은 다시 이런 부정적인 믿음의 악영향을 최소화하고 균형을 잡으려는 행동으로 이어진다. 따라서 트럼프 대통령은 현실에서 예상치 못한 당황스러운 일이 일어나서 자기 고유의 방어 수단이 통하지 않는 경우가 아니면 존재 방식을 바꾸지 않을 것이다.

어린 도널드가 무섭게 밀려오는 큰 파도를 헤쳐나가기 위해 만들었던 믿음과 보상 메커니즘이 지금까지도 여전히 영향을 끼치는 것 같다. 이런 믿음과 보상 메커니즘은 도널드가 아버지 밑에서 일하는 동안, 그리고 나중에 성공한 사업가가 된 뒤에 더 강해졌다. 도널드는 회사의 주인으로서 직원들을 통제하고 충성을 요구할 수 있었다. 대통령으로서는 절대 쓸 수 없는 방식이다. 회사에서 쓰던 전략과 기대를 정부 문화에 그대로 옮기려는 시도는 트럼프에게 좌절감을 안겨주었고, 좌절감을 맛본 트럼프의 반응은 실로 놀랄 만했다. 트럼프에게는 대통령의 직무 기능에 맞게 기어를 바꾸는 유연함이 없다. FBI 국장 코미를 해임한 것이 좋은 예다. 충성 맹세를 놓고 두 사람 사이에 오간 대화가 해임에 영향을 끼친 것으로 보인다. 이후 이어진 온갖 설왕설래에 얼떨떨해하는 트럼프의 반응은 그가 대통령이 하는 행동의 파급력을 제대로 이해하지 못하거나 무신경하다는 걸 보여준다. 어느 쪽이든, 트럼프가 지도자의 자리에 있는 한 다음에 또 무슨 일이 일어날지 많은 국민이 불안해하고 두려워할 수밖에 없다.

프레드 트럼프는 인생 말기에도 아주 강한 경쟁심을 드러냈다. 그는 세 번 이혼한 아들이 '결혼 부문'에서는 절대 자기를 이기지 못할 거라고 했다. 자기는 같은 여자와 60년 동안 결혼 생활을 함께했다면서 말이다. 또한 2016년에 도널드 트럼프는 "대통령 선거에 출마한다고 하면 아버지가 뭐라고 하셨을 것 같아요?"라는 질문을 받고 이렇게 답했다. "아버지는 틀림없이 허락하셨을 겁니다." 허락? 그때 나이가 일흔 살이었는데도, 트럼프는 마치 이미 17년 전에 돌아가신 아버지에게 오이디푸스 콤플렉스를 느끼는 사춘기 소년처럼 대답했다.

2016년 8월, 나는 아버지와 대통령 선거에 관해 전화로 이야기를 나눴다. 아버지는 트럼프가 왜 그렇게 변덕스럽게 행동하는지 모르겠다며 혼란스럽다고 말씀하셨다. 공격적인 생각과 감정을 트위터에 올리는 행동을 멈추라고 보좌관들이 조언하는데도 트럼프가 듣지 않는다는 기사가 여럿 보도되던 시기였다. 나는 아버지가 내게 정신과 의사로서 트럼프의 행동을 어떻게 생각하느냐고 물었을 때 깜짝 놀랐다. 일반적으로, 아버지는 상황이 왜 그렇게 되었는지에 관해 본인만의 생각이 있었고, 본인이 생각하는 것이 진실이라고 가르치기를 좋아하셨다. 나는 트럼프가 왜 그런 행동을 하는지에 관해 확고한 느낌과 생각이 있었다. 그리고 아버지의 질문은 내가 계속 갈구해온 관심과 존중을 손쉽게 얻을 기회라는 생각이 들었다. 아버지가 내 생각을 묻자 힘 있는 사람이 된 것 같고 기분이 좋아졌다.

나는 트럼프에게 일어나고 있는 일에 관한 내 가설을 자신감 넘치는 목소리로 자랑스럽게 아버지에게 설명했다. 아마도 트럼프는 자신이 대통령이 될 자격이 없거나 대통령의 직무를 잘해낼 능력이 없다는 사실을 마음 한쪽에서 인정했기 때문에 선거에서 승리할 가능성을 무심결에 망가뜨리고 있는 것 같다고 말이다. 나는 트럼프가 자신의 당선을 막으려고 음모를 꾸미는 시스템이 있다고 믿고 거기에 항의하며 맞서 싸우는 것을 더 수월하게 생각하는 것 같다고 말했다. 그러자 아버지는 이렇게 말씀하셨다. "글쎄다. 어찌 됐건, 힐러리가 이기면 이스라엘에 끔찍한 일이 될 테니, 트럼프가 입을 좀 다물었으면 좋겠구나." 나는 내 나름의 지적 보화를 아버지에게 드렸다고 생각했는데, 아버지는 자기에게 중요한 사항만 이야기하셨다.

트럼프가 취임한 뒤, 나는 외국인 혐오와 더불어 트럼프가 일삼는 과장과 거짓말이 심히 우려스럽고, 트럼프가 지지층의 두려움과 불안을 이용해 이런 짓을 하는 것 같다면서 아버지와 다른 식구들, 그리고 정통파 유대인 사회에 주의를 당부했다. 그럴 때마다 나는 거의 언제나 이런 말을 듣는다. "그래, 좀 정상은 아니지. 그래도 오바마보다는 나을 거야.", "구질구질하게 그러지 마. 너희가 졌잖아. 받아들여!" 사람들이 전국에서 평화 시위를 벌일 때는 이런 말을 들어야 했다. "오바마가 이겼을 때 우린 절대 이런 식으로 행동하지 않았다." 나는 우리가 항의할 권리가 있는 곳에서 살고 있다는 건 아주 멋진 일이라고 설명했지만, 그들은 늘 내 말을 무시했다. 어쩌면 그렇게 트럼프의 행동을 대수롭지 않게 여기는지, 나로서는 이해가 되지 않았다. 이 점을 지적하자 내게는 '진보주의를 맹목적으로 신봉하는 사람'이란 딱지가 붙었다. 어떤 이들은 팔레스타인 사람들과 평화롭게 살기 위한 이 싸움에서 이스라엘도 죄가 없지는 않다고 믿는 게 분명하다고 내 생각을 지레짐작했다. 또 어떤 이들은 내가 사회주의 국가를 원한다고 비난했다. 우리 가족 안에, 그리고 정통파 유대인이라는 더 넓은 공동체 안에 '우리 대 그들'의 사고방식이 있다는 사실이 분명해졌다. 지금 펼쳐지는 일들에 관한 내 생각과 임상적 판단에 정치적 동기가 있다는 이야기를 듣는 건 절망스러운 일이었다.

내가 이스라엘을 신경 쓰지 않는 게 분명하다거나 이스라엘인과 미국인의 안전보다 시리아 난민의 처지에 더 공감하는 게 분명하다면서 가족들과 친구들이 내게 꼬리표를 붙일 때는 더더욱 마음이 편치 않았다. 나는 이스라엘을 향한 내 사랑과 트럼프의 조치에 짓밟히는 사람들에게 느끼는 감정은 별개라는 점을 설명하려고 애썼다. 어떤 생명도 하찮게 치부되어서는 안 된다. 부적절한 조치가 뒤따르는 모든 목적(그 목적이 이스라엘의 안보라 할지라도)은 위험할 정도로 허술하고 신뢰할 가치가 없다는 사실을 강조하려고 애쓸 때마다 비현실적인 느낌이 든다.

많은 유대인이 정치 전반, 특별히 트럼프 관련 이슈에 대해 페이스북을 투쟁의 무대로 선택하면서 페이스북이라는 온라인 환경이 새로운 전쟁터로 주목받고 있다. 한 페이스북 '친구'는 내가 홀로코스트를 망각한 채 트럼프의 행동을 비난하기 바쁘다고 말한다. 누군가는 내게 트럼프의 정책은 '위험한' 사람들이 국경을 넘어오지 못하게 막음으로써 미국인을 보호하는 거라고 말했다. 그들은 무고한 사람들이 피해를 본다는 사실은 유감스럽지만 불가피한 부작용이라고 말했다. 반대로, 홀로코스트 생존자들의 자녀인 유대인 환자 몇몇은 트럼프가 추진하는 정책이나 배넌 같은 사람들과 트럼프의 관계 때문에 또 다른 홀로코스트가 일어날 가능성이 크다며 두려워했다. 그들은 백인 민족주의자들과 같은 편에 서 있는 사람들이 반反유대주의자들에게 인종차별적이고 편파적인 의제를 실행에 옮겨도 괜찮다는 메시지를 보내는 것을 우려했다.

나는 최근에 한 휴양지에서 유대교 명절인 유월절을 보냈다. 나는 거기서 가족과 함께 보수적인 정치 평론가를 강사로 초빙한 강연에 참석했다. 분명 트럼프를 지지하는 연설을 하겠거니 생각했다. 그러나 그 강사는 트럼프가 마음에 들지 않고, 트럼프의 리더십 스타일이 위험하다고 생각한다는 견해를 분명히 밝혔다. 나는 아버지 옆에 앉아 강연을 듣다가 아버지의 입이 벌어지는 것을 보고 하마터면 웃음을 터트릴 뻔했다. 질의응답 시간에 나는 이처럼 지도력에 결함이 있는데도 이스라엘을 강력히 지지한다는 이유로 그에게 표를 주는 정통파 유대인들에게 닥칠 충격에 관해 물었다. 강사는 목적이 수단을 정당화할 수 없다면서 내 우려가 타당함을 확인해주었다. 그는 단호하게 말했다. "트럼프 대통령은 입을 다물고, 내각에 임명된 사람들이 본연의 임무를 다하게 두고, 보수적인 의제를 추진해야 합니다." 나중에 아버지는 강사 이야기에 상처 입었다는 사실을 인정이라도 하듯이 자기가 들은 메시지의 의미를 축소하셨다. 마침내 나는 전투에서 승리한 기분이 들었다. 아마도 더 중요한 것은 이 상황이 아버지와 내가 서로 어느 위치에 서 있는지도 모른 채 각자 제멋대로 춤에 빠져드는 모습을 연상시킨다는 점일 것이다.

아버지와 나는 도널드와 그의 아버지처럼 불안이라는 독특한 특징이 있는 사람들이다. 우리는 부지불식간에 서로를 이용해 우리가 이미 믿고 있는 판단의 정당성을 입증한다. 도널드와 나는 아버지를 받들어 모시는 것만 잘하는 것이 아니라 자신이 특별하게 보일 여지를 만들기 위해 깎아내리는 일에도 능숙하다. 그렇게 하면 내가 특별한 사람이 된 것 같은 기분이 들 것 같지만, 그런 기분은 순식간에 지나간다. 그 기분은 다시 그런 기분을 느낄 수 있기를 계속 갈망할 정도로 짧게 왔다 덧없이 사라진다. 불행히도 그것은 우리 자신에 대한 진짜 부정적인 믿음을 덮는 눈가림이기 때문에 우리는 되도록 이런 위태위태한 받침돌 위에 머무는 시간을 줄이고 거기 올라서지 않으려 애쓴다. 그곳은 우리에게 너무도 위태로운 자리다. 올라설 자격이 충분하지 않은 높은 자리에 서서 내려다보는 쓸쓸한 경관과도 같다.

선거에서 이긴 그날 밤, 심상치 않은 그의 승리에 관한 논평이 쏟아지는 몇 시간 동안 트럼프는 코빼기도 보이지 않았다. 사흘 뒤 레슬리 스탈Leslie Stahl이 진행하는 CBS 시사 프로그램 〈60분60 Minutes〉에 출연한 트럼프는 그 시간 동안 어디에 있었느냐는 질문을 받았다. 그는 말짱한 정신으로 이렇게 말했다. "나는 이것이 완전히 다른 삶이란 걸 깨달았습니다." 마치 자기가 정말 이길 거라고는 상상도 못한 것 같았다. 자기가 엄청난 상대를 쓰러뜨렸고, 이제 화난 투사의 모습은 고이 접어 선반에 얹어두고 차기 대통령으로서 일을 시작해야 한다는 사실에 망연자실한 듯했다. 이게 그가 진짜로 원했던 걸까? 과연 그가 당선 연설을 준비하기나 했는지 궁금해하는 사람도 있다.

　모든 성인이 다 그렇듯, 초기 발달 과정이 지금 우리가 보고 있는 트럼프를 만들었다. 아이들이 안전하다고 느끼려면 사랑과 관심을 받아야 한다. 그러나 아이들은 그 사랑과 관심을 자기 부모가 주는 만큼만 받는다. 사실 프레드 트럼프의 격렬한 기질은 온 가족에게 흔적을 남겼다. 도널드의 큰형은 아버지의 지배 아래서 자살한 것이나 다름없다. 이 비극은 도널드의 정체성을 형성하는 데 중요한 역할을 했고, 사업을 성공시키기 위해 경쟁하는 것을 제외하면 아버지의 권위에 반항할 여지를 거의 주지 않았다. 아버지와 아들은 서로를 인정했지만, 그럼에도 둘 사이의 긴장은 도널드에게 정신적 상처를 입혔다. 이 상처는 지금도 도널드 안에서 곪아 터지고 있다. 이에 대한 보상으로 도널드 트럼프는 많은 추종자에게 호소력을 갖는 마초 이미지를 투영하기 위해 자신을 과대 포장했다. 그러나 그것은 무의미한 행동이었다. 자기 형처럼 약하고 무능해 보일지 모른다는 두려움을 감추는 방어에 불과했다. 대통령에 당선되기 전에는 자기가 원하는 방식으로 사람들을 대할 수 있었다. 그에게 사람들은 자신이 가진 부와 지위를 이용해서 자신의 목표를 이루는 수단에 불과했다. 그러나 이제 사람들은 그가 미국의 대통령으로서 쟁점을 더 세심하게 처리하고, 민주주의 사회를 구성하는 견제와 균형의 원칙을 따르기를 기대한다. 그를 대통령에 당선시킨 그의 강점들이 대통령으로서의 성공을 보장하지는 않는다. 그에게는 불행한 일이나 이 나라를 생각하면 그나마 다행스러운 일이 아닐까 싶다.

트럼프 지지층은 자기들에게서, 그리고/또는 과거 지도자들에게서 보지 못했던 강력한 힘을 트럼프에게서 보았다. 그들이 모르고 있는 사실은, 지지층에게 원하는 것을 줄 능력이 있는지 트럼프 스스로 자기 능력에 의문을 품고 있다는 점이다. 거짓말하고 왜곡하고 사회에서 소외시키는 전략을 사용하고, 자기에게 위협이 되는 사람들을 충성스럽지 못하다는 이유로 해고하는 것이 그 증거다. 우리 아버지들은 자기가 가진 자원으로 할 수 있는 한 최선을 다했고, 아버지와 우리의 독특한 관계는 우리가 부족하다고 느끼는 부분을 보완하는 데 도움이 된다. 언쟁을 벌이는 순간도 있지만, 어쩌면 그 때문에 더더욱 나는 우리 관계가 더 가까워지도록 계속 자신의 역할을 다하는 아버지가 있는 것이 다행이라고 생각한다. 과거에 갇혀 내 역할이 무엇인지 모르고 혼란스러워할 때 심리 치료를 통해 통찰을 얻은 것도 감사한 일이다. 우리 대통령이 자신을 치유할 방법을 찾지 못하고, 방어적이거나 공격적이지 않은 태도로 자기 의견에 동의하지 않는 사람들과 협력하는 법을 배우지 못한 것은 참으로 불행한 일이다. 나는 익사할지도 모른다는 두려움 속에서 거친 물살을 헤엄치려고 필사적으로 애쓰는 어린 도널드 트럼프가 가엾다. 내가 가장 우려하는 부분은 미국인이 하나로 단결해 익사를 피할 수 있을 만큼 오랫동안 몸을 세워서 헤엄칠 수 있을까 하는 것이다.

6장

트럼프와
미국의 집단정신

토머스 싱어

이 글은 이전에 발표한 다음 논문을 다듬은 것이다. "Trump and the American Selfie," *A Clear and Present Danger: Narcissism in the Era of Donald Trump*, coedited by Steven Buser and Leonard Cruz, and from the article, "If Donald Trump Had a Selfie Stick, We'd All Be in the Picture" (billmoyers.com/story/donald-trump-selfie-americas-worst-side/).

토머스 싱어 Thomas Singer

샌프란시스코에서 개인 병원을 운영하는 정신과 의사이자 융 학파 정신분석가다.
개인 병원을 운영하는 것 외에도 사회보장 공청회와 정신장애 상고上訴 팀에서 활동했다.
《정치적 견해 The Vision Thing》,《고대 그리스와 현대 정신 Ancient Greece and Modern Psyche》을
통해 신화와 정치와 정신의 관계를 연구하는 데 관심을 쏟고 있다. 아시아에서 준비 중인
책을 비롯해《정신에 대하여 생각하기 Placing Psyche》,《라틴아메리카에 귀 기울이기 Listening
to Latin America》,《유럽의 영혼들 Europe's Many Souls》,《문화 콤플렉스 The Cultural Complex》등
문화 콤플렉스를 탐구하는 책의 편저자이기도 하다.《상징에 관한 책 The Book of Symbols》을
만든 상징이미지기록보관소 회장이다.

트럼프의 정신 건강이 대통령 직무를 수행하기에 적합한지 물어야 한다고 믿는 사람들과 뜻을 함께했지만, 나는 개인의 정신 병리病理보다는 트럼프와 미국 집단정신 사이의 접점에 더 관심이 있다. 트럼프는 몇 가지 방식으로 우리의 집단 주의력 결핍 장애, 우리의 소시오패시, 우리의 나르시시즘을 거울처럼 비추고 심지어 증폭시킨다. 따라서 유명 인사를 진단하는 것보다 우리 자신의 병리를 인식하는 것이 더 중요하다.

근래에 트럼프만큼 미국인의 정신을 매료시킨 유명 인사는 없었다. 트럼프의 매력(그가 가진 부와 권력, 유명인의 지위, 앞뒤 재지 않고 생각나는 대로 내뱉는 자신만만한 태도)이 많은 미국인의 집단정신에 강하게 반향을 일으키는가 하면, 또 많은 미국인이 트럼프의 그런 특징을 역겨워한다는 사실에는 의심의 여지가 없다. 트럼프가 점점 더 저속하고 약자를 괴롭히고 충동적이고 자화자찬하는 행동과 발언을 하면 할수록 어떤 사람들은 그를 더욱 숭배하고, 또 어떤 사람들은 그가 미국을 중대한 위험에 빠뜨린다며 맹렬히 비난한다. 나는 트럼프가 촉진하고 상징하는 극심한 집단 장애를 엄밀히 조사하기 위해 정신과 의사이자 융Jung 학파 정신분석가로서 그동안 쌓은 경험을 활용할 것이다.

트럼프의 매력에 관한 심리학 이론

심리학자나 정신과 의사가 아니더라도 트럼프에게 나르시시즘 문제가 있다는 건 금방 알 수 있다. 테드 크루즈는 인디애나 주 예비 선거가 있는 2016년 5월 3일에 트럼프는 "병적인 거짓말쟁이에다 도덕관념이라고는 눈곱만큼도 없고, 이 나라에서 전례를 찾을 수 없을 정도로 심각한 나르시시스트이고, 상습적인 바람둥이"라고 선언했다.[51]

나는 지난 10년 동안 집필한 논문과 책에서 트럼피즘을 이해하는 데 도움이 될 문화 콤플렉스 이론의 작동 모델을 개발했다. 이제 나는 **집단**의 정신에 관해 이야기하려 한다. 집단정신을 보유한 개인으로서 우리 각자의 내면에 무엇이 살고 있는지, 우리의 공통된 집단정신 안에서 우리 사이에 무엇이 살고 있는지 살펴볼 것이다. 집단정신은 좀 더 개인적인 심리 투쟁과는 다른 주제와 갈등을 다룬다.

51 Wright, Kopan, and Winchester, 2016.

도널드 트럼프라는 위험한 사례

나는 트럼프가 인식하는 미국을 받아들이고 그가 자신들을 이해하고 대변한다고 느끼는 미국 시민들의 집단정신과 트럼프의 나르시시즘 사이에 직접적인 관계가 있다고 가정한다.

이것은 정치 분석이 아니다. 정치과정에 엄청나게 이바지하고 연료를 공급하는 **집단정신**에 관한 심리 분석이다. 이 분석은 우리가 집단 자아라고 생각하는 집단의 핵심 정체성에 대한 위협이 고조되는 시기에 활성화되는 문화 정신 또는 집단정신 수준에는 어떤 심리적 에너지 또는 심리 구조가 있다는 개념에 기초한다. 가장 중요한 심리적 에너지 또는 구조 셋은 (1) 그림자, (2) 집단 자아의 원형적 방어, (3) 집단 자아 자체다. 이런 에너지 또는 구조는 특정 맥락에서 특정 내용으로 살아 있는 사회적·정치적·경제적·인구통계적·종교적 주제를 중심으로 형태를 갖춘다. 맥락과 내용은 전혀 다르지만, 영국의 브렉시트 위기나 팔레스타인과 이스라엘의 분쟁처럼 다양한 집단이 상상이나 현실 속의 위험한 적에게 맞서 자위적이고 적극적인 공격을 실행함으로써 위협받거나 상처받은 자기들의 자아가 더는 상처 입지 않도록 보호하는 행동에 이런 유형의 분석을 적용할 수 있다.

트럼프가 엄청난 매력 또는 지독한 역겨움을 유발하는 거부할 수 없는 자석 같은 역할을 한다는 건 뭘 의미할까? 미국 나르시시즘 문화의 최종 산물이 트럼프인 걸까? 아무 생각 없이 끊임없는 자극과 오락에 탐닉하는 소비 지상주의 사회에서 현재 우리가 숭배하는 신 또는 신들의 전형이 바로 트럼프이기 때문에 우리에게 트럼프 같은 대통령이 생긴 걸까? 문화비평가 크리스토퍼 헤지스Christopher Hedges가 《미국의 굴욕》에서 이것을 어떻게 표현했는지 들어보자.

> 이미지에 기초한 문화는 이야기, 사진, 유사 드라마로 소통한다. 성 추문, 허리케인, 요절, 열차 전복 같은 사건이 컴퓨터 화면과 텔레비전에서 잘 다루는 소재다. 국제 외교나 노사 협상, 복잡한 경제 원조 같은 것들은 흥미진진한 개인 이야기나 자극적인 이미지를 제공하지 못한다. (…) 현실은 복잡하다. 현실은 따분하다. 우리는 현실의 혼란을 처리할 능력도 의지도 없다. (…) 우리는 끊임없이 반복되는 언어의 감옥에 갇히고 말았다. 우리는 **테러와의 전쟁**, **낙태 반대**, **변화** 같은 단어들과 구절들을 먹고 살며 그 비좁은 테두리 안에서 복잡한 사고, 다의성, 자기비판은 모두 사라진다.[52]

현실과 환상을 구분하지 못하는 우리의 집단 무능에 덧붙여, 우리 문화는 유명인 숭배와 절망적으로 얽혀 있다. 헤지스는 우리가 유명인에게 열광하는 문화의 비참한 결과를 외면하게 놔주지 않는다. 유명인에 대한 열광은 환상과 현실의 간극을 메우는 동시에 둘 사이의 불화를 부채질한다.

---

52 Hedges, 2009.

도널드 트럼프라는 위험한 사례

유명인 문화는 우리를 도덕적 진공상태에 빠뜨린다. 외모, 효용성, **성공하는** 능력 외에는 모든 것이 무가치하다. 유명인 문화에서 가장 큰 성취는 부, 성적 정복, 명성이다. 어떻게 손에 넣는지는 중요하지 않다. (…) 자기를 숭배함에 있어 우리는 무엇을 바라든 그것을 손에 넣을 권리가 있다. 돈을 벌고 행복해지고 유명해지기 위해서라면 무엇이든 할 수 있다. 심지어 친구와 주변 사람을 업신여기고 파멸시켜도 된다. 일단 명성과 부를 손에 넣으면 그 부와 명성이 우리의 정당성이요, 도덕성이 된다.[53]

미국 국민의 상당수는 미국 안에서 좁아지는 자신들의 입지, 그리고 세계 무대에서 좁아지는 미국의 입지를 강화하고픈 절실한 욕구를 느끼는데, 트럼프의 나르시시즘과 정치적 올바름에 대한 그의 공격은 확실히 이런 욕구에 딱 들어맞는 듯하다. 트럼프의 나르시시즘은 그를 지지하는 사람들의 나르시시즘 욕구와 상처를 완벽하게 보상하는 거울로 볼 수 있다. 바꿔 말하면 둘의 장단이 아주 잘 '맞는다'.

나는 이 일반 공식을 염두에 두고, 트럼프의 대통령직이 매우 복잡하게 얽혀 있는 세 가지 미국 집단정신을 어떻게 투영하는지 분석하려 한다. (1) 미국 집단 자아에 생긴 상처, (2) 이미 상처 입었지

---

53 Hedges, 2009.

만 공통된 집단 자아가 더는 상처 입지 않도록 보호하고픈 집단에서 동원한 방어책, (3) 상처 치료에 대한 약속 또는 희망.

1. 미국 집단 자아에 생긴 상처

미국 집단 자아 중심부에 상처가 생겼다. 많은 사람, 특히 미국의 번영을 함께 누리지 못하는 자들과 비교적 부유하지만 미국의 정부 체제와 생활 방식이 치명적인 위험에 처해 있다는 사실을 예민하게 인식하는 이들이 이 상처를 절감하고 있다. 다음은 내가 이전 논문에서 제시한 집단 자아 또는 집단정신에 관한 기본 정의다.

집단정신은 사람들을 하나로 묶는 신성한 핵심 신념 또는 정체감이다. (…) 구성원들이 소속감, 공유된 기본 신념, 상실과 계시에 대한 중요한 역사적 경험, 깊은 열망, 이상理想으로 알고 있는 것이다. (…) 다음과 같은 질문을 통해 집단정신의 본질을 파고들 수 있다.
이 집단이 가장 신성하게 여기는 것은 무엇인가?
집단 구성원을 하나로 묶는 것은 무엇인가?[54]

---

54 Singer, 2006b.

도널드 트럼프라는 위험한 사례

좌파, 우파, 중도를 막론하고 많은 미국인이 미국 역사에서 지금 시기가 이전 시기보다 덜 안전하다고 느낀다. 진보 좌파와 보수 우파, 그리고 모든 정부 부처의 현 지도자들에게 소외감과 분노를 느끼는 모든 사람이 미국의 안녕에 대한 불안을 절감하고 있다. 사람들은 이 나라를 파멸시키는 최대의 적이 현 지도자들이라고 생각한다. 그는 공화당의 트럼프일 수도 있고 민주당의 힐러리 클린턴일 수도 있다. 우파의 눈에는 테러리즘(무슬림), 이민자(멕시코인), 세계경제(중국과 국제무역협정), 진보주의자의 위협이 미국을 벼랑 끝으로 몰고 가는 것처럼 보인다. 그러나 좌파가 보기에 미국의 집단 자아가 느끼는 행복감과 안전감을 위협하는 것은 부와 소득 분배의 불균형이 심해진 결과다. 인종이나 피부색, 민족, 성 정체성, 또는 성별이 다른 사회 약자를 학대한 결과이고, 전 세계 다른 나라와의 권력 관계에서 비롯된 결과이며, 환경을 파괴한 결과다.

나는 이런 위협들이 내가 **멸종 불안**이라고 부르는, 훨씬 더 심각하지만 잘 의식하지 못하는 위협에 의해 사방에서 증폭된다고 본다. 멸종 불안은 개인 정신과 집단정신 양쪽에 존재하고, 미국 사회에서 백인이 우위를 빼앗길지 모른다는 공포, 세계에서 미국의 위상이 추락할지도 모른다는 공포, 궁극적으로는 환경 파괴와 이 세상 자체에 대한 공포에 기반을 두고 있다. 멸종 불안을 개인의 죽음 불안과 맞먹는 문화 정신으로 생각할 수 있다. 예를 들어 우파가 기후 변화를 부정하는 이유를 멸종에 대한 두려움에 맞서 자신을 방어하는 행동으로 볼 수도 있다. 트럼프는 이런 태도에 보조를 맞추어 기후변화가 일어나고 있다는 사실을 부정하고 유명한 기후변화 부정론자를 환경보호국장에 임명해 멸종 불안을 없애겠다고 말했다. 개인 차원에서든 집단 차원에서든, 부정은 정신이 심리적 고통으로부터 자신을 보호하기 위해 사용하는 가장 원시적인 방어다.

칼럼니스트 조지프 엡스타인Joseph Epstein은 트럼프에게 매력을 느끼는 사람들의 집단 자아 또는 정신에 생긴 상처를 다음과 같이 설명한다.

> 온갖 수단을 동원해 사업에서 크게 성공한 것을 제외하면 대통령이 될 자격이 전혀 없어 보이는 트럼프가 사람들에게 놀라운 지지를 받는 이유에는 겉으로 드러나지 않은 무언가가 있지 않을까 싶었다. 몇 주 전, 트럼프 유세 집회에 참석한 한 여성에게 기자가 트럼프를 지지하는 이유를 묻는 것을 한 네트워크 뉴스 쇼에서 보고 그 단서를 얻었다. 아주 점잖아 보이는 중산층 여성은 주저하지 않고 대답했다. "나는 내 나라를 제자리로 되돌려놓고 싶어요." (…)
>
> 나는 이 여성이 인종차별주의자라고 생각하지 않는다. 이민자와 동성애자와 다른 소수자들이 탄압당하기를 간절히 바란다고도 생각하지 않는다. 미국이 이룬 사회 변화를 전부 뒤집고 과거로 돌아가기를 고대한다고도 생각하지 않는다. 그녀가 원하는 것은 그녀 말대로 조국을 되돌려놓는 것이다. (…) 그녀는 내리막길을 걷는 미국을 더는 지켜볼 수 없었다. 자족

과 만족을 가져오는 대신 끊임없는 항의와 시위, 분노와 심란함을 부추기는 진보적 사상에 미국이 지배당하는 모습을 더는 지켜볼 수 없었다. 이런 진보적 사상을 믿지 않고, 진보주의자들이 결국 이 나라를 분열시키고 있다고 생각하는 미국인들이 느끼는 좌절감은 실로 엄청나다. 이제 그들은 거의 절망 상태에 빠져 트럼프라는 저급한 남자를 믿고 의지할 준비가 되어 있다.[55]

미국의 자아 또는 집단정신은 300년이 넘는 진보와 성공, 성취, 충분한 자원, 창의력의 역사 위에 세워졌다. 거의 무한대에 가까운 기회와 행운도 함께했다. 우리는 우리의 엄청난 잠재력을 사랑하고 믿는다. 우리는 우리의 자유와 독립을, 높이와 속도, 젊음과 새로움과 기술을 향한 우리의 숭배를, 우리의 낙관론과 영원한 결백을 믿고 사랑한다. 우리는 남북전쟁, 제1차 세계대전, 대공황, 제2차 세계대전, 베트남전쟁, 9.11 테러, 이라크전쟁, 2008년 금융시장 붕괴, 그리고 그 밖의 큰 위기(지금 우리에게 닥친 위기까지도)를 포함해 몹시 힘들었던 역사적 시련을 통해 거듭 증명해온 미국 정신의 탁월한 회복력을 만끽했다. 감사하게도 한 국가로서 우리는 위기가 닥쳤을 때 상실과 실패, 패배의 위협을 초월할 수 있는 복을 받았다. 이것은 우리가 우리 자신에 대해 긍정적 시각을 갖게 해주었고, 이런 긍정적

---

55 Epstein, 2016.

자아상은 오랫동안 우리 안에 아주 견고하게 뿌리내렸다. 물론, 이 자아상은 과장되기 쉽고 오만함과 거만함으로 변질되기 쉽다. 그래서 우리는 미국 예외주의를 믿었고, 국내외에서 다른 사람들에게 중대한 상처를 입히고도 모른 척 눈감았다. 매우 불확실한 미래를 헤쳐 나갈 능력이 우리에게 있는지 심각한 자기 회의에 빠지기 시작한 미국 집단정신에 트럼프의 허풍과 오만, 거만은 보상적 해독제를 상징할 가능성이 크다. "나는 내 나라를 제자리로 되돌려 놓고 싶다"라는 말에 완벽하게 표현된 향수성 열망 말이다.

2. 집단 자아의 원형적 방어

───────────

우리 사회에서 상당수 사람이 미국 시민으로서 자신들이 태어날 때부터 상속받았다고 믿는 자연적 생득권natural birthright과 단절되었다고 느낀다. 비록 이런 표현은 사용하지 않더라도, 그들은 집단 자아 차원에서 상처 입고 위협당하고 있으며, 개인적으로도 똑같은 고통을 받고 있다고 느낀다. 집단의 나르시시즘에 상처를 입은 셈이다. 나는 트럼프가 어떤 식으로든 이 상처를 직감했고, 지금은 집단 회복의 매개체를 자처함으로써 이 상처를 이용하고 있다고 본다. 또한 더 큰 상처를 입힐 사람들(테러범이나 이민자, 워싱턴 정가 내부자나 공화당 기득권 세력, 오바마나 힐러리 클린턴이나 코미, 그리고 트럼프를 방해하는 모든 사람)에게 맞서 미국을 지키는 방어자를 자처하면서 집단의 나르시시즘에 생긴 상처를 이용하고 있다고 본다.

정치적 올바름의 그림자를 끌어안은 트럼프

2016년 대선 기간에 트럼프는 정치 분야에서 특별한 천재성을 발휘했다. 정치적 올바름을 공격하는 것으로 선거운동을 시작한 것이다. 트럼프는 사람을 자기 마음대로 조종하는 교묘한 능력을 선거 유세장에서 최대한 활용했다. "저놈들 여기서 치워!"라는 명령이 처음 등장한 게 그때였다. 당시 트럼프는 자신을 지지하는 충직한 사람들에게 시위대를 내쫓으라고 강력히 촉구했다. "저놈들 여기서 치워!"라는 말은 멕시코인과 무슬림, 그리고 미국식 생활 방식을 위협하는 위험한 존재로 묘사되는 사람들을 없애버리겠다는 맹세처럼 보이기도 한다.

트럼프는 전략 면에서 상황 판단이 빨랐다. 트럼프는 **정치적 올바름**이 집단정신의 문화적 무의식에 축적돼온 강력한 그림자 에너지를 방출시키는 자극어이자 표적이 될 수 있다는 걸 알아챘다. 그는 억눌린 울분과 인종차별주의, 증오라는 거대한 파도를 타고 미국의 대통령이 되었다. 콤플렉스를 작동시키는 자극어의 개념은 융의 초창기 언어 연상 실험으로 거슬러 올라간다. 특정 언어는 모친 콤플렉스나 부친 콤플렉스같이 개인적인 콤플렉스로 응어리진 격렬한 감정을 폭발시킨다. 능숙한 정치인은 집단 언어 연상 과정을 통해 문화 콤플렉스나 집단 콤플렉스를 자극할 줄 알고, 그렇게 해서 자신의 정치 생명을 이어간다.

트럼프는 자신의 가장 끔찍한 모습을 보여줄 때가 가장 좋을 때다. 정치적으로 옳지 못한 발언과 행동을 서슴지 않겠다는 트럼프의 의지를 "진실 말하기"의 신호로 받아들이는 사람이 많았다. 대안 우파의 '대안적 사실'과 '가짜 뉴스' 사이에서 가장 위험한 싸움이 벌어지는 와중에 '딥 스테이트deep state'[56]를 혐오하는 사람들의 문화 콤플렉스 속에 깊이 묻혀 있던 피해망상과 적개심이 쏟아져 나왔다. 집단 감정은 진실이되, 유일하게 문제가 있는 진실이다. 문화 콤플렉스에 사로잡힌 집단은 기억하고 싶은 것만 기억하고, 역사적 기억이 있다 하더라도 자기들의 기존 견해를 확인해주는 역사적·현대적 **사실**만 선택해서 기억한다. 여론조사가 말해주듯이 트럼프 지지층은 그가 무얼 하든, 거짓말을 얼마나 많이 하든 상관없이 변함없이 그를 지지한다는 것이 그 증거다.

러스트벨트의 백인 중산층이나 웨스트버지니아의 광부들처럼 전에는 미국 사회에서 자기들의 입지가 확실했다고 믿는 집단이 지금은 사회적으로든 경제적으로든 추락해서 주변부로 밀려나고 있다는 걸 깨달으면, 이런 그림자 에너지는 언제든 착취당할 수 있다. 이런 집단이 최근에 미국에 들어온 이민자들을 자기들한테서 아메리칸드림을 훔쳐가는 도둑으로 생각하는 건 아주 쉬운 일이다.

조지 오웰은 소설 《1984》에서 트럼프같이 권위적인 지도자에

---

56 민주주의 제도 밖에서 영향력을 행사하는 그림자 정권이나 비선 실세를 의미하는 말로 오바마가 트럼프 타워를 도청했다는 음모론을 제기하는 쪽에서 오바마를 지지하는 비평가나 연방 관료, 정보기관을 지칭하는 데 사용했다. ―옮긴이

게 누구보다 쉽게 열광하는 사람들이 착취당하는 모습을 다음과 같이 상상했다.

> 어떤 점에서 당﷽의 세계관에 가장 잘 설득당하는 부류는 그것을 이해하지 못하는 사람들이었다. 그들은 당이 자기들에게 요구하는 것이 얼마나 엄청난 일인지 모르고, 지금 일어나고 있는 사회 사건에 충분히 관심을 쏟아야 한다는 것을 모르기 때문에 가장 악랄한 현실 침해도 그대로 받아들인다. (…) 그들은 그저 모든 것을 집어삼킨다.

트럼프는 미국의 정신 안에 있는 어둡고 원초적인 감정의 구덩이를 우리 모두가 볼 수 있게 그 덮개를 벗겨버렸다. 수는 증가하는데 사회에서 잊힌 채로 자포자기에 빠진 백인 최하층 계급은 미래는 지금보다 밝고 긍정적일 것이라고 믿을 근거가 없다. 그리고 이들 안에 있던 격렬한 분노와 증오, 시기, 두려움이 표면화되었다. 트럼프는 민족 차이, 인종 차이, 성별 차이, 종교 차이 등 배려해야 마땅하다고 생각하는 모든 것에 대해 많은 미국인이 마음속에 품고 있는 부정적 감정들을 이용했다. 그들 입장에선 차마 입으로 내뱉지 못하던 억울함과 분노를 대신 표출해주는 정치인이 나타난 셈이니 **얼마나 안심이 되겠는가.** 트럼프는 지금 우리 모두가 소수일지라도 우리와 다른 다양한 소수집단을 혐오하는 우리의 더러운 비밀을 이용했다. 트럼프는 이 깊은 상처를 건드리는 공식을 이용해 전국을 다니며 더 좋은 '거래'를 할 수 있다는 희망찬 주문을 걸었다. 일단 콤플렉스가 이야기를 대신하거나 이야기가 콤플렉스의 핵심을 표현해주면, 사실 관계는 아무 상관이 없어진다. 그리고 이것은 필연적으로 《1984》의 끔찍한 시나리오로 이어진다.

> 평화부는 전쟁을, 진리부는 거짓말을, 애정부는 고문을, 풍부부는 굶주림을 담당한다. 이러한 모순은 우연이 아니요, 일반적인 의미의 위선에서 나온 것도 아니다. 신중한 이중 사고의 결과다. (…) 인간 평등을 영원히 외면하려면, 이른바 상층계급이 자신의 지위를 영구히 보존하려면, 제정신을 차리지 못하도록 정신을 통제해야 한다.

트럼프의 각료 임명은 저런 일이 지금 미국에서 벌어지고 있음을 강력히 시사한다. 새로 임명된 각 부처 각료들의 임무는 자기 부서의 존재 이유를 뒤집거나 조직을 해체하는 것이다.

그림자의 위태로운 결합과 집단 자아의 원형적 방어, 그리고 집단 자아

미국의 정신 안에 그림자를 풀어놓는 트럼프의 행동을 더 위험하게 만드는 것은 이 에너지가 내가 집단정신의 원형적 방어라고 부르는 것과 연결되거나 심지어 똑같다는 점이다.

집단정신의 이 부분이 활성화되면, 가장 원시적인 심리적 힘이 그 집단과 집단정신 또는 **자아**를 방어할 목적으로 활기를 띤다. 자아를 강조하는 이유는 이 자아가 공격받는 집단의 페르소나 또는 자아 정체감만을 가리키는 것이 아니라, 그 집단의 정신적 고향 또는 신으로 여기는 집단정신 깊숙한 곳에 있는 어떤 것을 가리킨다는 점을 확실히 하고 싶기 때문이다. 씨족이나 국가의 부족 정신은 대개 잠자고 있거나 이면에서 숨 죽이고 있지만, 위협을 느낄 때 자신을 보호하기 위해 아주 흉 포하고 비인간적인 방어 수단을 동원한다. 이렇게 강력하고 구 태의연한 방어 수단을 동원하도록 부추기는 것은 그 집단이 어 떻게 생각하고 느끼고 반응하고 행동할 것인지를 지시하는 다 소 단순하고 정형화된 사상/신념과 원초적인 집단 감정이다.[57]

집단정신을 보호하기 위해 동원된 이런 원형적 방어 수단은 외국인 이민자의 법적 지위, 이란 또는 북한 같은 나라의 핵무기 개발 위협, 테러 단체의 지령을 받은 자살 폭탄 테러범, 강대국의 대규모 군사 원정을 두고 분열되는 세계 각국의 국론만큼이나 다양한 형태로 표출된다. 이런 원형적 방어 수단은 자신들이 가장 신성하게 여기는 가치가 위험에 처했음을 인식하는 다양한 집단이 서로 충돌할 때 활기를 띤다. 즉 성 소수자 커뮤니티, 흑인, 히스패닉, 백인 남성, 여성, 미국 기독교 우파, 전 세계 유대인, 중동 전역의 무슬림 동포

---

57 Singer, 2006b.

단 등등. 그들의 존재 또는 집단 **자아** 차원에서 위협을 느끼는 집단의 목록을 열거하자면 끝이 없다.[58] 그림자(온갖 집단을 향한 그의 공격)와 **자아** 요인(트럼프 자신과 그가 대변하는 척하는 사람들의 과장되고 부풀려진 자아감)이 섞이는 상황에서 트럼프의 나르시시즘이 매우 위험한 이유는 그의 나르시시즘이 집단정신의 혐오스럽고 공격적이고 폭력적인 요소들과 **자아**의 위태로운 결합에 영향을 미치기 때문이다.

트럼프가 보여주는 본보기는 자아를 위해서 어두운 생각과 감정, 행동이 날뛰도록 허용한다. 트럼프와 히틀러를 비교하면 이 근원적 집단 역학을 이해하기 쉬울 것이다. 히틀러는 독일 집단 **자아**의 구태의연한 이미지를 일깨워 현대사에서 가장 어두운 힘을 결집했다. 그 **자아**상은 아리아 인종의 우월성에 초점이 맞춰져 있었다. 처음에는 돌격대, 그다음에는 게슈타포와 친위대, 그리고 아주 효율적인 관료 체제를 포함한 제3제국의 여러 단체를 내세웠다. 트럼프는 자아의 미명에 숨어서 행동을 부추기면서 집단의 그림자를 가지고 노는 것 같다. 히틀러가 독일을 이끌었던 방향과 똑같은 방향으로 트럼프가 미국을 이끄는 건 상상도 하기 어려운 일이지만(내가 이런 말을 한 걸 후회하며 살지 않기를 바란다!), 집단 역학은 참으로 무시무시하다. 융 학파의 관점에서 보면, 집단정신의 어두운 방어 수단과 집단 자아가 긴밀하게 연합할 때 폭력, 폭정, 절대주의가 등장할 위험이 크다. 권위적인 지도자와 권위주의에 호응하는 시민들이 있으면

---

58 Singer, 2006b.

특히 더 위험하다.

3. 상처 입은 미국의 자아 치료하기

————

집단정신 안에서 서로 얽혀 있는 세 개의 힘 중 마지막 세 번째 요소는 집단 자아 차원에서 상처를 치료해주겠다는 트럼프의 암묵적 약속이다. 트럼프의 나르시시즘이 가장 뚜렷하게 모습을 드러내고 가장 위험한 지점이 바로 여기다. 이 무의식의 방정식은 다음과 같이 설명할 수 있다. "나는 미국이 다시금 열망하는 위대함이다. 내가 얼마나 위대한지 확인함으로써, 당신은 상처 입은 아메리칸드림을 다시 불붙이고, 당신과 미국을 다시 위대하게 만들 수 있다." 더 직설적으로 말하자면 이런 얘기다. "나는 아메리칸드림을 이뤘다. 내가 바로 아메리칸드림이다. 나는 이 나라가 열망하는 자아의 화신이다." 물론 이것은 엄청난 과장이다. 자신과 미국의 자아를 동일시하는 것이 트럼프가 하는 선동적인 호소의 근원이다. 트럼프는 아메리칸드림이라는 성공의 발판을 잃어버린 사람들에게 자기를 믿으라고 부추긴다. 가능성을 성공으로 바꾼 본인을 거울삼으면 당신들도 가능성을 성공으로 바꿀 수 있다며 말이다. 트럼프는《거래의 기술》에서 자기에게 사람을 끄는 매력이 있다고 말한다.

나는 사람들의 환상을 자극한다. 자신이 위대하다고 생각하지 않는 사람도 남이 그렇다고 부추기면 괜히 우쭐해지기 마련이다. 약간 과장한다고 해서 손해날 건 아무것도 없다. 사람들은 가장 크고 위대하고 특별한 대상을 신뢰하는데, 나는 그런 속성을 진실한 과장이라고 부른다.[59]

트럼프는 이른바 뛰어난 사업 감각과 협상 능력으로 자신의 지위 향상을 위해 일을 성사시킬 줄 아는 강인하고 성공한 사람이라는 이미지를 키워나갔다. 자선단체에 기부도 후하게 하고 실로 엄청난 일자리를 창출하고 있다며 허위 주장을 펼치지만, 실제로 다른 사람들의 지위 향상을 위해 힘쓴 경우는 거의 없다. 트럼프는 말한다. "당신들도 나처럼 될 수 있어요. 공격적으로 일하고, 성공하고, 중요하고, 힘 있는 사람" 말이죠. 이것은 행복과 안전을 누릴 가능성이 급속히 사라지는 것을 본 미국인의 상처 입은 나르시시즘과 트럼프의 나르시시즘이 손을 잡은 것이다. 트럼프는 물질주의에 젖은 강력한 형태의 아메리칸드림을 찬양하고, 성격적 강점을 살려 돈과 권력을 손에 넣은 거물을 찬미한다. 트럼프는 거리낌 없이 자기 생각을 말하고, 자신의 과장된 목표가 곧 미국의 목표라고 여기며 그것을 끊임없이 추구한다.

트럼프를 역겨워하는 국내외의 모든 사람은 그가 지닌 나르시시즘의 부정적 측면이 나르시시즘 문화의 모든 부정적 측면을 상징

---

59 Fisher and Hobson, 2016; Trump with Schwartz, 1987.

하는 거울이라고 느낀다. 많은 사람에게 트럼프는 미국의 모든 나쁜 면, 즉 자기 홍보에 열을 올리는 브랜드, 자만심이 넘쳐 약자를 괴롭히는 불량배, 타인의 욕구에 대한 뻔뻔한 둔감함, 소비지상주의와 탐욕에 대한 집착, 우리 미국인들이 당연히 받게 될 몫이라고 믿게 된 행운에 대한 특권 의식까지, 이 모두를 구현하는 화신이 되었다. 이것들은 미국과 미국 헌법의 토대가 된 '최고의 자아' 또는 '정신'을 배반하는 미국 문화 콤플렉스의 핵심 특징이다. 트럼프의 나르시시즘은 미국, 심지어 우리 개인의 나르시시즘을 비추는 완벽한 거울이다.

궁극적으로, 나는 트럼프 현상이 트럼프에 관한 이야기라기보다는 우리, 즉 미국이라는 국가의 국민인 우리에 관한 이야기라고 생각한다. 방 안에 있는 코끼리는 "우리 미국 국민"으로 밝혀진다. 리얼리티 텔레비전 쇼, 소셜 미디어, 컴퓨터와 휴대 전화 기술, 그리고 현실을 환상으로 바꾸고 자아를 나르시시즘으로 바꾸는 무한한 능력 때문에 오늘날 우리의 정치와 삶이 엄청나게 혼란스러워졌다는 사실을 생각하면 얼마나 끔찍한가.

미국의 정신을 더듬는 행위와 정신 감염

트럼프가 대통령직에 오르자 기후, 소수자, 이민자, 여성의 권리, 헌법 수호, 그리고 중국·러시아·시리아·이란·북한과의 관계,

심지어 동맹국과의 관계에서 파괴적인 결과가 수없이 많이 발생할 위험이 생겼다. 하지만 트럼프의 대통령직을 생각할 때 가장 불안한 부분 중 하나는 그가 백악관뿐 아니라 우리 모두의 정신 안에 들어와 산다는 점이다. 우리는 우리의 정신 안에서 뒹굴뒹굴 굴러다니는 트럼프와 함께 살아야 할 것이다. 충동적으로 남 괴롭히기를 일삼는 그의 변덕에 휘둘리면서 말이다. 트럼프는 누구든 자신의 성미를 건드리면 무식하고 가시 돋친 말로 닦아세운다. 대통령이 우리 각자의 내면에 들어와 사는 방식이 아주 개인적이고 친밀하게 느껴질 수 있다. 트럼프와 자신을 동일시하는 사람들, 자기들이 두려워하고 질투하고 경멸하는 '엘리트들'을 약 올리고 괴롭히는 트럼프의 방식을 좋아하는 사람들은 트럼프가 '괴롭히는 사람'으로서 우리 안에 산다는 사실을 기쁘게 생각할지 모른다. 트럼프는 여성, 전문가, 미디어, 지식인 계층, 소수자(이외에도 수없이 많지만 그중 일부만 언급하자면)를 비롯한 자기 적들을 잔인하게 가지고 노는 데 능하다.

가장 두려운 것은 미국의 정신을 침략하고 더듬는 트럼프의 원숙한 솜씨다. 클린턴 부부가 미국의 정신 안에 오래 사는 것에 많은 사람이 싫증을 냈다. 이제 곧 트럼프는 눈치 없이 너무 오래 묵는 식객처럼 우리의 집단정신 세계에 들어와 살면서 악취를 풍기는 클린턴 부부의 능력을 무색하게 만들 것이다. 게다가 우리 중 많은 사람은 애초에 트럼프를 우리의 정신 세계에 초대한 적이 없다. 2016년 대선 과정에서 겪은 국가적 수치 중 트럼프에게 성희롱당한 이야기를 하러 나온 여성의 이미지가 내게 가장 크게 남은 것도 아마 그 이

유 때문일 것이다.[60]

몇 년 전, 그녀는 비행기를 탔다가 일등석으로 좌석 업그레이드를 받았고 '도널드' 옆에 앉게 되었다. 트럼프는 곧장 글자 그대로 가슴과 아래쪽을 포함하여 그녀의 몸 곳곳을 더듬었다. 그녀는 그 공격의 신체적 특징을 마치 문어의 촉수에 얽어 매인 것 같았다고 묘사했다. 그녀는 간신히 몸을 빼고 이코노미석으로 자리를 옮겼다.

이제는 트럼프라는 정신의 촉수가 문어처럼 우리의 정신 곳곳을 더듬는 것 같은 느낌이 든다. 우리의 정신에 침입한 그 촉수는 우리를 수년 간 꽉 조여서 꼼짝 못하게 하겠다고 위협한다. 트럼프가 쓰는 말투대로 천박하게 말하면, 트럼프는 미국인들의 '거시기'를 움켜 쥐었다.

엄청나게 충격적이고 예상치 못한 쓰나미와 같았던 트럼프의 당선과 롤러코스터를 탄 듯한 취임 초기의 혼란이 지나고 서서히 마음을 추스르게 되자, 많은 사람이 참신하고 창의적인 방식으로 트럼프의 어두운 의제에 저항할 새로운 에너지와 헌신을 되찾고 있다. 나는 위험에 직면한 미국의 가장 소중한 가치를 되찾고자 행동주의 과정에서 우리가 '진보'라는 이름의 독선적이고 오만한 자기애적 이상의 거품에 싸여 우리 자신을 보호하려는 경향을 물리칠 수 있기를 바란다.

---

60 Legaspi, 2016.

7장

누가
트럼프가 되는가

폭정, 나르시시즘의 성공 사례

엘리자베스 미카

엘리자베스 미카 Elizabeth Mika

시카고 노던일리노이 영재교육정보센터 심리 치료사. 폴란드 포즈난에 있는
아담미키에비치대학교에서 임상심리학 학위를 받았다. 영재 아동 및 성인에 대한 평가와
상담을 전문으로 한다. 미카가 전문가로서 관심을 기울이는 분야는 창의력, 정신 건강,
학습 능력 차이와 학습 방식, 다양한 예외성, 정서 발달 및 도덕 발달이다.

폭정은 다리가 셋 달린 짐승이다. 이 짐승은 폭력적으로 정권을 탈취해 세상을 정복하기보다는 아주 꾸준히 그리고 아주 서서히 우리가 사는 세상을 잠식한다. 그래서 언제나 알아채기가 쉽지 않다. 이들의 존재를 알아챘을 때는 이미 너무 늦어서 어떤 조치도 취하지 못하는 경우가 많다. 폭정의 필수 요소는 셋이다. 다시 말해 폭정이라는 짐승은 휘청거리는 세 개의 다리로 자기 몸을 지탱한다. 첫째는 폭군이요, 둘째는 폭군을 지지하는 국민이요, 셋째는 이 둘이 결탁하기에 적합한 토양을 제공하는 사회 전체다. 정치학자들은 이것을 '유독성 삼각형'이라고 부른다.[61]

이 셋을 하나로 묶는 힘은 나르시시즘이다. 역설적이기도 하고 아니기도 한데, 나르시시즘은 이 짐승에게 생명을 불어넣고 서서히 좀먹다가 때가 되면 몰락시킨다. 이 짐승을 이토록 강력하고 파괴적

----

61 Hughes, 2017.

인 존재로 만드는 나르시시즘의 힘과 영향력은 우리 눈에 잘 보이지 않는다. 전조가 분명한데도 어떤 식으로든 우리 개인과 집단의 지각력을 계속 교묘히 피해가기 때문이다. 나르시시즘은 폭정이 우리 집 문간에 모습을 드러낼 때까지 폭정의 행군 소리를 우리가 알아채지 못하게 한다. 수개월 전부터 수마일 밖에서도 들을 수 있는 소리인데다, 똑같은 과정이 역사 속에서 수없이 되풀이되었는데도 말이다.

우리는 폭군이 어떤 사람이고 고대부터 어떻게 폭정이 이루어졌는지 알고 있다. 폭정이 인류에 끼친 영향을 보여주는 비참한 증거들이 이 지식을 뒷받침한다. 그 증거는 갈수록 늘어만 간다. 그러나 우리는 "절대 잊지 말자"고 스스로 다짐하고 서로 약속해놓고도 한 번의 예외 없이 늘 파괴적이었던 폭정의 결과를 기억하지 못하거나 알지 못하는 것 같다. 우리의 망각은 부분적으로는 잘못된 교육[62] 탓이고, 부분적으로 부정否定에서 비롯된 것이다. 여기서 우리는 폭정이 몰고올 자멸을 피하려면, 오늘날 우리가 심리적으로나 사회적으로나 정치적으로나 경제적으로 어떤 일을 해야 하는지 단서를 얻을 수 있다.

그러니 지금부터는 폭정의 구성 요소와 그들의 상호작용을 살펴보자.

---

62 Giroux, 2014.

폭군

폭군들은 그 형태와 규모가 다양하다. 작가들은 저마다의 관점에 따라 폭군들의 유사점 또는 차이점을 강조한다.[63] 이 글에서는 이런 분류를 깊이 파고들지는 않을 것이다. 대신에 폭군의 가장 핵심적인 공통점을 단순화해서 설명하려 한다.

독재자dictator와 **폭군**tyrant은 서로 바꾸어 쓸 수 있는 용어지만, 모든 독재자가 폭군은 아니다. 독재자가 부패하면 폭군이 된다. 처음에는 겉보기에 자애로운 독재자로 출발할 수도 있지만, 통치 기간이 길어지면 폭군으로 변하고 시간이 지날수록 가차 없이 파괴적인 폭군이 된다. 이는 우리가 역사 속에서 여러 번 보아온 일이다.

모든 폭군에게는 공통적으로 매우 중요한 특징이 몇 가지 있다. 대개 그들에겐 성격상 특정 결함이 있다. 그들은 자기애성 사이코패시, 다시 말해 악성 나르시시즘에 빠져 있다. 이 결함은 아예 양심이 없거나 양심에 심각한 문제가 있는 상태와, 탐욕스러운 권력욕과 양심 부족을 감추는 과찬으로 나타난다. 이것은 폭군과 추종자들이 서로에게 끌리는 핵심 이유이자, 폭군의 '카리스마'로 보이는 것의 본질이다. 〈21세기의 지속적인 갈등과 전쟁 속 반사회적 인격장애와 병적인 나르시시즘Antisocial Personality Disorder and Pathological Narcissism in Prolonged Conflicts and Wars of the 21st Century〉(2015)이라는 독창적인 논문에서

---

63 Newell, 2016.

프레더릭 버클Frederick Burkle은 나르시시즘이 사이코패스 성격 구조의 병리적 특징을 증가시키고 심화시킨다고 말한다. 그는 사이코패스가 특히 위험한 이유는 바로 그래서지, 아주 원초적인 목표를 이루기 위해 사람을 자기 뜻대로 조종하는 능력이나 자기가 이상적인 인간인 척하는 가면 때문이 아니라고 말한다. 이제 〈참을 수 없는 나르시시스트라는 존재의 가벼움The Unbearable Lightness of Being a Narcissist〉[64]에서 다룬 자기애성 사이코패시의 주요 특징, 양심 손상, 그리고 그 파괴적 결과를 살펴보겠다.

충동적이고 자극을 추구하고 공감할 줄 모르거나 죄책감을 느낄 줄 모르는 자기애성 사이코패스는 타인을 욕구 충족 대상이자 소원 성취 대상으로 취급한다. 이 때문에 그는 대인 관계에서나 일반적인 행동을 할 때 양심의 가책 없이 타인을 이용하고 학대하기 쉽다. 자기애성 사이코패스는 양심이 부족해서 고귀한 인간의 가치를 깨닫지 못하고 인간의 가치를 완전히 무시하거나 자신의 목적을 이루는 수단쯤으로만 취급한다.

그런데 권력과 돈과 찬사를 좇는 데는 이런 위험한 성격 결함이 도움이 된다. 그에게는 공감과 양심에서 유래한 거리낌과 가책이 없는 탓에 마음 내키는 대로 쉽게 거짓말하고 속이고 조종하고 파괴하고 죽인다. 또한 자기에게 그럴 만한 힘이 있을 때는 다른 사람들에게 그 일을 시킨다.

---

64 Mika and Burkle, 2016.

자기애성 사이코패시를 암시하는 특징들은 어릴 때부터 나타난다. 폭군들의 일대기[65]는 허영심, 자극 추구 성향, 충동성의 조기 발현에 주목한다. 여기에는 보통 자제력 부족, 공격성, 냉담함, 조종 능력, 강한 경쟁심, 양심 및 공감 부족과 함께 주변 사람을 지배하려는 욕망이 동반된다. 플라톤은 어린 시절부터 이와 같은 증상을 드러내는 미래 폭군의 '맹렬한' 성격에 관해 언급했다.

　　보편적이지는 않지만 폭군의 일대기에서 흔히 볼 수 있는 또 다른 특징은 아동 학대 이력이다. 그러나 이 점에 관해서는 설명이 다양하다. 예를 들어 밀러[66] 같은 사람은 히틀러가 의붓아버지에게 심한 학대를 당했다는 일부의 주장을 강조하는 반면, 또 다른 사람들[67]은 히틀러의 유년 시절이 별 탈 없이 순조로웠다고 말한다. 일대기는 불완전할 수 있고 의도했든 안 했든 어느 한쪽으로 치우칠 수도 있다. 따라서 일대기가 항상 사실을 증명하는 것은 아니다. 일대기 자료에 명백한 학대나 방임의 증거가 없는 경우에도, 나르시시스트 가정에서 양육된 것이 미래의 폭군을 낳을 가능성은 결코 배제할 수 없다. 나르시시스트인 아이가 나르시시스트인 부모에게 받은 상처는 아이의 자기애를 손상[68] 시키고, 인생 형성에 결정적 영향을 미친

65　Fromm, 1973; Miller, 1990; Newell, 2016.

66　Miller, 1990.

67　Frommm, 1973; Newell, 2016.

68　나르시시즘이 강한 사람들이 자신의 자존심 또는 자존감에 대한 위협으로 인식하는 상처를 '자기애 손상narcissistic injury'이라고 한다. ―옮긴이

다. 그 결과 아이는 그 상처를 '수리'하기 위해 물불을 가리지 않고 가학성도 불사하고 권력과 찬사를 얻는 일에 매진하는 삶을 살게 된다. 그리고 무자비하고 때로는 가학적인 방식으로 권력과 과도한 칭찬을 추구함으로써 이 상처를 '교정하는' 길로 자녀를 내몬다.

이 성격 결함의 정확한 원인은 추측에 의존할 수밖에 없지만, 짐작되는 원인들은 임상 증상을 설명할 흥미로운 가능성을 내놓는다. 예를 들어 아동기 초기에 자기애에 상처를 입으면 대상 항상성 object constancy[69] 발달에 문제가 생길 수 있다. 그러면 사실을 확실하게 파악하거나 고수하지 못하고, 그 결과 진실을 묵살하고 다른 인간의 가치를 무시하게 된다. 인간의 가치를 존중하고 이해하는 일은 양심의 큰 부분을 차지한다. 자기애성 사이코패스는 특정 결과를 이루려는 목적에서든, 거창하고 결백한 자아상을 지지해줄 '대안적 사실'로 이루어진 세계를 지어내려는 목적에서든 거짓말을 일삼는 성향이 있는데, 이런 성향은 대상 항상성이 손상된 결과일 수 있다.

처음부터 그렇게 타고났든, 나르시시즘이 강하고 권위적인 부모 밑에서 자란 결과든 공감 부족은 양심 발달을 제한하고, 아동의 사회 정서 발달뿐 아니라 인지능력에도 영향을 미친다. 그러면 그는 버클의 말대로 '영리한데 똑똑하지 않은' 인물이 된다. 심리학자 카

---

69 아동의 대상 관계의 질적 발달 과정을 설명하고자 하인츠 하르트만Heinz Hartman이 도입한 개념으로, 애정 대상의 이미지가 '욕구 상태와는 독립적으로' 안정적이고 영구적으로 정신 안에 자리 잡게 되는 것을 말한다. 이러한 항상성이 발달하기 전에는 대상은 그저 '욕구를 충족시켜주는 대상'에 지나지 않는다. —옮긴이

도널드 트럼프라는 위험한 사례

지미에시 다브로프스키Kazimierz Dąbrowski[70]는 지능과 특정 인지 기능은 거의 정상인데 정서 발달이 방해를 받고 있다고 해서 이것을 '한쪽으로 치우친 발달'이라고 부른다. 평생에 걸쳐 성장이 가능한 유일한 영역이 바로 정서이므로 정서 발달 능력은 매우 중요하다. 정서 발달은 우리의 양심에 넓이와 깊이를 더해주고, 배움과 의미 있는 변화를 향해 나아가도록 우리를 자극한다. 병적 측면의 전형적 특성인 발달 정지가 선천적인 것이든 후천적인 것이든, 아니면 본성과 양육이 함께 만든 결과든, 발달 정지는 권력과 섹스, 과도한 칭찬을 좇는 원초적 욕구에 지배당하는 지능과 함께 편협하고 융통성 없는 성격 구조를 낳는다.

다음은 다브로프스키[71]의 설명이다.

사이코패스는 정서적으로 융통성이 없고 편협하다. 그에게는 당찬 포부와 상당한 재능이 있지만, 그가 가진 야망과 재능은 편협하고 원초적 욕구의 지배를 받는다. 그는 내적 갈등을 겪지 않는 대신 외적 갈등을 일으킨다. 그는 공감하지 못한다. 그래서 타인을 지배하려 애쓰고, 지배권을 얻기 전에는 타인의 지배에 복종한다. 그는 대개 타인의 문제를 못 보고 못 들은 척한다. 타인의 발전과 발전상의 어려움에 전혀 관심을 기

---

70 Dąbrowski, 1996.

71 1986, trans. E. Mika.

울이지 않는다. 그는 가차 없이 자신의 목표를 실현한다. 사이코패스는 **소아1차성 자기 인식**primary integration 수준에 머물러 있고 정서 발달 지체를 겪고 있다.

우리는 사이코패스를 '작은' 사이코패스와 '큰' 사이코패스로 구분할 수 있다. '큰' 사이코패스는 세계에서 가장 악명 높은 범죄자들, 그리고 자신의 목적을 위해서라면 망설이지 않고 타인을 희생시키는 공격적인 폭군들과 독재자들(예를 들어 네로, 히틀러) 가운데서 찾을 수 있다. '큰' 사이코패스에게 개인과 사회집단은 도덕적 가치가 전혀 없다. 그에게는 정의의 원칙이 존재하지 않는다. 집단 학살이나 강제수용소는 그에게 도덕의 문제가 아니라 목적을 위한 수단일 뿐이다.

'작은' 사이코패스는 큰 사이코패스의 축소형이다. 일반적으로 그들은 적절한 상황에서 큰 사이코패스에게 복종한다. '작은' 사이코패스는 자신의 이익을 실현하고 욕망을 채우고 사회를 아수라장으로 만들 기회를 엿본다. 사이코패스는 법은 어기라고 있는 것이고 자기에게는 법이 적용되지 않는다고 생각한다. 그는 자신의 자리와 돈과 부를 얻어내기 위해 어떤 상황이든 이용한다. 타인에게 생길 결과에 신경 쓰지 않고, 어떤 윤리 규범도 고려하지 않는다. 사이코패스는 정서적으로 자신과 타인을 비교하는 법을 알지 못하고, 다른 사람을 정서적으로 이해하지 못하고, 공감의 태도가 없다.

이에 대해 2015년 버클은 '작은' 사이코패스와 '큰' 사이코패스(일명 폭군)는 주로 나르시시즘 수준에서 차이가 난다고 말했다. 하지만 사회에서 인정하는 능력, 즉 공격적인 충동과 행위를 조절하거나 감추는 능력이 있는지, 그리고 인생에 기회와 행운이 따랐는지에서도 차이가 난다. 자제력이 충분히 발달하지 못했거나 인생에서 유리한 기회를 얻지 못한 자기애성 사이코패스는 대량 학살자가 될 수도 있다. 그러면 그는 권력과 지배력을 손에 넣으려는 거창한 꿈을 실현하기도 전에 자기가 지은 죄로 감옥에 갇힐 것이다.

　　폭군이 된 자기애성 사이코패스에게는 자신의 거창한 생각을 대규모로 실현할 수 있을 만큼 오랫동안 자신을 지지하도록 다른 사람을 설득하는 데 필요한 조종 능력과 자제력, 지능이 있다. 또한 그들에게는 카리스마로 보이는 기술이 있는데, 그중 가장 자주 쓰이는 기술은 다른 사람이 자신을 따르도록 고무하는 대중 연설이다. 그러나 대개 이 '카리스마'는 그 순간 자기가 어떤 모략을 꾸미든 거기에 동조하게 하려고 사람들에게 단순히 그들이 듣고 싶은 말을 해주는 (즉 거짓말하는) 능력에 불과하다. 그들의 좋은 입심은 양심 없음에서 비롯된 이런 유형의 병적 측면을 이해하지 못하는 보통 사람들을 쉽게 속여 넘긴다.

　　폭군들은 일단 권좌에 오르면 비정상적인 이상을 가장해 자신의 가학성을 완전히 분출한다. 그들이 사람들에게 팔고 다니는 그 이상은 사실 자신의 원초적 욕구를 감추는 속임수에 불과하다. 그들은 사회에서 비난받는 일반 범죄자가 되는 대신 자신과 지지자들이 늘 마음속으로 정당화하는 잔혹 행위로 수천 또는 수백만 명을 압제하고 살해하는 압제자이자 살인자가 된다. 캄보디아의 폴 포트Pol Pot가 [킬링필드로 알려진 대학살을 자행한 후] 한 치의 망설임 없이 다음과 같이 말한 것도 바로 이 때문이다. "날 보십시오, 내가 야만인입니까? 내 양심은 깨끗합니다."[72] 수백만 동포의 죽음에 직접적인 책임이 있는 자의 입에서 나온 말이다.

폭군은 다른 폭군을 알아보고, 그들의 실패에는 눈을 감고 그들의 성공에서만 영감을 얻는다. 폭군들은 권력을 휘두르는 사람을 시기하고 경멸하는 만큼 권력을 인정하고 존중한다. 살아 있든 역사 속에 묻혔든, 강대하고 무자비한 폭군일수록 장차 폭군이 되려는 자들에게 더 큰 영감을 준다. 도덕과 법을 무시하는 태도와 난폭하게 권력을 좇는 공격성은 예비 폭군에게 무엇이 가능한지를 보여줌으로써 행동의 본보기가 된다.

1939년 폴란드를 침략하기 직전에 히틀러는 "폴란드인의 피가 흐르고 폴란드어를 쓰는 모든 남자와 여자와 아이들을" "인정사정 보지 말고 무참히" 몰살하라고 명령한 뒤, 본보기가 되는 한 인물을 칭찬했다. "칭기즈칸은 수백만 명의 여성과 아이들을 저세상으로 보냈다. 의도적으로, 그리고 아주 기쁜 마음으로 그리했다. 역사는 그를 위대한 건국자로 여긴다." 그런 다음 히틀러는 폴란드에 있는 부하들에게 "다른 사람들보다 더 열심히, 더 빠르고 더 잔인하게, 아무

---

72 Mydans, 1997.

것도 남기지 말라"고 촉구했고, 그들은 열심히 명령을 수행했다.[73]

미래의 폭군들은 자신이 좋아해서 본보기로 삼은 폭군들만큼 위대해지기를, 될 수 있으면 그들보다 더 위대해지기를 꿈꾼다. 그리고 만약 자신의 롤모델이 현존하는 인물이면, 폭군으로 성장 중인 사람은 기성 폭군에게 알랑거리면서도 뒤에서는 그의 죽음을 모의하고 세계 폭군 순위에서 그보다 우위에 서려 할 것이다. 그러나 이 꿈을 이루려면 먼저 자기 나라에서 최고 높은 권좌에 올라야 한다.

그럼 이제 폭정이라는 짐승의 두 번째 다리를 살펴볼 차례다.

폭군의 지지자들

━━━━━━━

폭군이 인기와 권력을 얻는 과정은 대개 시간의 관점에서 바라보는 외부 관찰자와 역사가들을 완전히 당황하게 만든다. 참여자들과 관찰자들 양쪽 모두의 눈에 주재료인 나르시시즘이 잘 보이지 않기 때문이다.

폭군의 나르시시즘은 추종자들을 끌어당기는 핵심 요인이다. 추종자들은 폭군에게 자신의 소망과 꿈을 투영한다. 폭군이 자아감을 더 부풀리고 추종자들에게 더 거창한 약속을 할수록 추종자들은 그에게 더 큰 매력을 느끼고 그를 더 열렬히 지지한다. 플라톤이《국

━━━━

73 Gellately, 2007.

가》에서 말한 대로 "사람들은 늘 누군가를 자기들의 대변자로 내세워 그 사람을 키워서 강대하게 만드는 습성이 있다."

동일시 과정을 통해서 추종자들은 폭군의 전능과 영광을 흡수하고, 자기들도 그만큼 강하다고 상상한다. 자기들도 인생이라는 게임의 승자라고 상상하는 것이다. 이런 동일시는 추종자들의 나르시시즘에 생긴 상처를 치유하지만, 이성과 양심의 기능을 정지시키는 경향도 있다. 그리하여 그들은 부도덕한 행동과 범죄행위에 관여하게 되는데, 폭군과의 동일시가 그들에게 어떤 짓을 해도 처벌받지 않을 것이라는 면책감을 안겨주기 때문이다. 나르시시즘에 빠진 추종자들의 지지가 없다면, 폭군은 그저 그런 무명 인사로 남을 것이다. 추종자들은 자기들이 오랫동안 키워왔던 영광의 꿈이 폭군에게 반영되고 옹호받는 것을 본다.

폭군이 되어가는 사람과 그에게 권력을 쥐여주며 정치 권력의 자리에 오르도록 돕는 추종자들 사이의 거창한 희망과 기대의 상호작용은 나르시시즘의 결탁을 보여주는 예다. 서로 호환이 가능한 나르시시즘 욕구가 맞물린 것이다. 사람들은 그에게서 오랫동안 기다려온 구원자이자 부친 대리[74]의 모습을 본다. 이는 그들이 순종과 숭배를 요구하는 전능한 부모의 권위적 양육에서 나르시시즘과 연관된 학대를 받았음을 암시한다. 추종자들의 절대적인 존경과 신뢰 속에서 그는 나르시시즘 보급선, 즉 그의 위대함을 비추는 수천 개의

---

74 아버지가 없을 때 아버지 대신 애착의 대상이 되는 남성. ─옮긴이

거울을 얻는다.

폭군과 그의 지지자들 사이의 나르시시즘 결탁을 묘사하면서 프롬[75]은 복종의 요소와 독재자와의 동일시를 강조했다.

나르시시즘이 매우 강한 집단은 자기 집단과 동일시할 수 있는 지도자를 열망한다. 따라서 이 지도자는 자기들의 나르시시즘을 그에게 투영한 집단에게 존경을 받는다. 강한 지도자에게 복종하는 행위를 통해 개인의 나르시시즘은 지도자에게 옮겨간다. 깊이 들여다보면 복종 행위는 결국 공생 행위요, 동일시 행위다. 지도자가 위대할수록 추종자도 그만큼 위대해진다. 나르시시즘이 특히 강한 성격은 이 기능을 수행하기에 가장 적합하다. 자신의 위대함을 확신하고 조금도 의심하지 않는 지도자의 나르시시즘은 그에게 복종하는 자들의 나르시시즘을 끌어당긴다. 객관적인 판단력 부족, 조그만 좌절에도 격한 분노를 드러내는 성향, 전능한 이미지를 계속 유지하려는 욕구 때문에 결국 파멸에 이르는 실수를 하기 전까지, 반은 제정신이 아닌 지도자가 가장 성공한 지도자인 경우가 많다. 그러나 나르시시즘에 빠진 대중의 요구를 충족시킬 재능 있는 반미치광이는 가까운 곳에 널려 있다.

---

75 Erich Fromm, 1980.

제럴드 포스트Jerrold Post는 독일 나치당이 만든 청소년 조직 '히틀러 유겐트'에 관해 논의할 때 이 동일시가 갖는 권위적 양육의 측면을 강조했다.

히틀러는 증오와 편견을 부추기는 웅변을 서슴지 않았는데, 히틀러 지지에 앞장섰던 '히틀러 유겐트'는 그 메시지에서 위안과 영감을 얻었다. 히틀러는 용기를 북돋는 강인한 아버지상을 제시했다. 그것은 이 청소년 조직에 소속된 아이들이 자기 가정에서는 보지 못했던 아버지의 모습이었다. 아이들은 자기 가족에게는 반항하면서 권위적인 히틀러의 지도력에는 무턱대고 복종했다. 중요한 점은 히틀러가 전쟁의 악령들을 풀어놓자 [제1차 세계대전] 패배가 안겨준 피동적 굴욕이 구원 행위라는 능동적 경험으로 바뀌고 있었다는 것이다.

높아진 기대, 억울함, 그리고 이 기대를 채워주지 못하는 특정 대상 또는 사회 일반에 복수하고픈 열망이 나르시시즘과 섞이자 사회학자 마이클 키멀Michael Kimmel이 말한 '분개한 특권 의식'이 생겼다. 키멀은 21세기를 살아가는 백인 미국인을 콕 집어서 이야기한 것이지만, 태곳적부터 전 세계에서 이런 분개한 특권 의식은 '조직'형 테러범들과 '고독한 늑대'형 테러범들뿐 아니라 폭군과 그들의 지지자들에게 동력을 공급해왔다.

폭군은 지지자들에게 그럴듯한(딱 봐도 비현실적이고 망상에 가까운) 약속을 많이 하지만, 대개는 그런 약속을 지킬 의지나 능력이 없다. 폭군은 평소 자기보다 '약한' 인간을 대하듯 지지자들을 업신여기고, 군림과 찬사를 위한 책략에 필요한 소품으로만 사용한다.

폭군과 지지자들 사이의 나르시시즘 결탁은 후자의 보복 욕구에 좌우되기도 한다. 폭군은 항상 심리적 회복 기능을 수행하도록 선택받기 때문이다. 다시 말해 추종자들은 자신이 당한 굴욕(나르시시즘에 입은 상처)을 갚아주고 자기에게 굴욕을 안겨준 자들을 벌하게 하려고 폭군을 선택한다.

그러나 이 상처는 지지자 개개인의 해묵은 과거까지 종종 거슬러 올라가는 데다가 대개 실제 상처가 아닌 경우가 많다. 그래서 원수를 갚을 목적으로 처벌 대상을 선택할 때 사실에 기초하지 않는다. 그보다는 폭군과 지지자들 사이의 나르시시즘 결탁에서 떼려야 뗄 수 없는 부분인 희생양 만들기 과정에 기초해 처벌 대상을 선택한다.

그들은 나르시시즘에 생긴 상처를 보상받고자 타자를 보복 대상으로 지목해서 희생양으로 삼는다. 이 타자는 나르시시즘에 빠진 지지자 개개인의 정신 세계에서 분리되고 평가절하당하고 억압된 부분을 상징한다. 다시 말해 이 타자에게 자기 자신의 모습을 투영하는 것이다. 이런 투영은 '사소한 차이의 나르시시즘'[76]을 통해 공유되고 증대된다. 사소한 차이의 나르시시즘이 작동하면 우리는 타자를 향한 부정적 투영을 확고히 하고 멸시와 공격을 정당화하고자

---

76 Freud, 1991.

우리와 타자 사이의 사소한 차이를 확대하는 데 집중한다.

　폭군과 그의 추종자들은 자기들과 다를뿐더러 자기들보다 힘이 없는 사회 구성원을 부정적 투영과 공격을 담을 그릇으로 선택한다. 폭군은 자신의 권력을 공고히 하기 위해서뿐 아니라 자신을 공격하지 못하게 막고, 자신의 나르시시즘을 보호하고 어린 시절 나르시시즘에 입은 상처를 치료하기 위해 공격을 부채질한다. 나르시시즘에 빠져 자녀를 학대하는 부모와 같은 폭군은 희생양 만들기와 권위주의(명령과 복종을 기반으로 돌아가는 사회)로 복귀해 자신을 보호한다. 폭군은 아버지이자 보호자 역할을 자처하고, 지지자들이 실제로 입었거나 입었다고 여기는 상처와는 아무 상관이 없는 타자를 자신과 지지자들의 공격 표적으로 삼는다.

　폭군의 나르시시즘은 지지자들이 입은 상처의 수준을 간접적으로 보여준다. 나르시시즘에 생긴 상처가 크면 클수록 그 상처를 치료하기 위해 더 거창한 지도자가 필요하다. 폭군이 제시한 의제를 공유하지 않고 나르시시스트도 아닌 사람들에게는 자신을 거창하게 포장하는 폭군의 과대 성향이 기괴해보인다. 하지만 추종자들에게 그는 그동안 부정당하고 좌절되었으나 그의 통치 아래서 마침내 꽃피울 자신들의 위대함을 대변한다. 제1차 세계대전에서 완패하는 바람에 고통과 굴욕과 궁핍으로 고생하던 많은 독일인에게는 '천년제국이 세계로 뻗어나가길 바라는' 히틀러의 기괴한 꿈이 터무니없거나 위험해보이지 않았다. 사면초가에 몰린 스탈린 추종자들 눈에는 노동계급이 세계를 장악하고 독재정치를 펴는 모습을 꿈꾸던 스탈린식 공산주의가 전혀 이상하거나 위험해보이지 않았던 것처럼 말이다. 본디 나르시시즘은 자기 모습을 보지 못한다.

나르시시스트가 평가절하된 자신의 일부를 타자에게 투영하는 데서 시작된 희생양 만들기는 자연스럽게 타자를 비인간화하는 것으로 이어진다. 이런 비인간화는 타자에게 저지른 온갖 잔학 행위를 정당화한다. 나르시시스트 집단에 이런 태도가 쉽게 퍼져나가는 것을 보면 무섭다. 또한 이런 태도는 '자기애성 분노'를 드러낸다. 나르시시즘에 상처를 입었을 때 생기는 격렬한 분노는 나르시시스트의 내면과 외부 세계에서 약하고 탐탁지 않은 모든 것을 정신적으로, 신체적으로 제거하는 힘이 된다.

영광을 향한 꿈과 더불어 자기애성 분노는 폭군과 지지자들 사이의 유대를 강화해 현실이 둘의 유대에 영향을 끼치지 못하게 한다. 또한 자기애성 분노는 폭군의 지배를 쉽게 해준다. 추종자들이 자기애성 분노로 들끓으면 비인간화한 타자들을 멸시하도록 그들을 물들이고, 타자들을 공격하도록 선동하느라 열심히 노력할 필요가 없기 때문이다. 실제로 타자에 대한 공격 허용은 피와 복수에 굶주린 추종자들이 폭군에게 느끼는 매력의 큰 부분을 차지한다.

폭군과 추종자들의 투영은 언제나 그들 자신의 병적 측면을 많이 드러낸다. 히틀러의 선전장관 요제프 괴벨스Joseph Goebbels는 나치가 점령한 폴란드에 사는 유대인들에 관한 사적인 메모에서 유대인들은 "이제 더는 인간이 아니고", "냉철한 지성을 갖춘 맹수들"이라고 썼다.[77] 사실 뒤의 표현은 분명 희생자들보다는 괴벨스와 나치에게 더 적합한 표현이다. 강조할 점은 저 말이 괴벨스가 희생자들을 게토라는 비인간적인 생활환경에 포로로 잡아둔 상태에서 관찰한 결과라는 점이다.

일단 타자들을 비인간화하고 그들에게 우리를 살해할 동기가 있다고 몰아가면, 자기방어 차원에서 그들에게 저지르는 어떤 폭력 행위도 쉽게 합리화할 수 있다. 그래서 '맹수들'을 한꺼번에 가차 없이 제거하는 것이 나치의 주요 목표가 된 것이다. 나치는 유대인, 폴란드인, 집시, 그리고 '아리아인을 제외한 나머지 인종'이 자기들의 존립을 위협한다고 믿었다. 거짓 신념에서 비롯된 이 두려움은 그것이 진짜인지 가짜인지와 상관없이 현대 세계에서 이제껏 보지 못했던 규모의 대량 학살을 정당화하는 충분한 근거로 사용되었다.

폭군의 지지자들과 폭군과 특히 가장 가깝게 지내는 추종자들은 폭군의 성격 결함을 공유하는 경향이 있다는 점에 주목해야 한다. 폭군 주변에서 아첨을 일삼는 추종자들은 폭군의 병적 측면을 확대하기도 하지만 숨기기도 한다. 이 폭군 대리인들은 대개 폭군의 성난 무의식을 대체하는 자아의 역할을 한다. 그리고 그들에게는 대중이 이해하고 받아들일 만한 방식으로 파괴적인 계획을 도입하고 실행할 책임이 있다.

시간이 지날수록 폭군 대리인의 역할이 더 중요해지는데, 최

---

77 Gellately, 2007.

고 높은 권좌에 오른 자기애성 사이코패스에게는 이런 일이 불가피하게 일어난다. 폭군의 편집증과 과대 성향, 충동성이 커질수록 측근과 가족과 대리인은 자신의 자리와 목숨을 걱정하고, 일반 대중에게 그가 끝까지 '정상적'인 인물로 보이게 하려고 허둥댄다. 충성심을 찾아보기 어려운 폭군과 달리 폭군을 향한 그들의 충성심은 맹렬하고 영원히 계속되기도 한다.

폭군을 부르는 사회

———

폭정이 예고 없이 불쑥 세상에 튀어나오지 않듯, 폭군은 진공 상태에서 등장하지 않는다. 폭정이 한 사회를 장악하려면 수년에 걸쳐 특별한 환경이 조성된다. 여기에는 예외 없이 경제적·사회적 불평등이 포함된다. 불평등이 갈수록 심해지고 견딜 수 없을 정도로 가혹한데, 그 상황에서 혜택을 보는 엘리트들이 잠시라도 이런 불평등을 무시하면 폭정의 때가 무르익은 것이다. 불평등이 심해지면 공포와 도덕적 혼란과 무질서가 생겨나고, 사회규범이 붕괴하고, 주민 대부분이 인류애를 비롯한 고귀한 가치에 점점 더 무관심해진다. 명목상 민주주의의 형식을 취하든 다른 형태의 정치조직에 기반을 두고 있든, 폭군이 등장하기 직전의 사회는 자기애성 이상 징후를 뚜렷이 드러낸다. 사회 구성원들은 그 사회의 자아상을 포함해 자신들의 거창한 부분과 평가절하된 부분을 분리하고 타자에게 투영한 자신들의 그림자를 부정한다.

나르시시스트들과 마찬가지로, 억압적이고 비인간화한 나르시시즘이 강한 체제는 거창하고 결백한 나/우리와 가치가 낮고 열등한 타자들 사이에 생긴 '내적이고, 보이지 않고, 입 밖에 내지 않는' 차이에 근거해 자기네 사회가 더 우월하다는 망상을 키워나간다. 나르시시스트가 자신에 관한 거창한 믿음을 담는 그릇이 폭군이듯, 타자는 나르시시스트의 억제된 악덕 행위를 분출하는 배출구가 된다.

나르시시즘에 빠진 사회의 또 다른 특징은 사회 내부에서 무자비한 경쟁과 시기와 공격이 갈수록 심해질 뿐 아니라 이런 것들을 바깥에 있는 다른 국가를 향해 쏟아붓게 한다는 점이다. 내부 붕괴를 예방하고자 희생양 만들기 기제를 활용해 자기애성 분노를 외부 대상에 쏟아붓게 하는 것이다. 이런 취약성이 있는 사회는 제1차 세계대전에서 패하고 베르사유조약을 맺은 독일이 그랬던 것처럼 패전, 국제 제재, 불공정하다고 여기는 조약 체결과 같은 굴욕을 당할 때 나르시시즘에 상처를 입고 휘청거린다.

[트로이의 멸망을 예고했던] 카산드라의 경고를 듣고도 무시하는 소수를 제외하면, 이 사회의 구성원들은 이런 과정 중 어느 것도 공개적으로 인정하지 않고 심지어 알아채지도 못한다. 나르시시스트들이 죄책감을 느끼지 않으며 자신의 비행을 책임지지 않고 자신의 삶을 바로잡기 위해 진정으로 노력하지 않는 것처럼, 나르시시즘에 빠진 사회 역시 자멸적인 맹목blindness을 고집한다. 최하층 계급에서 혼란과 불화가 생겨나는 동안, 나르시시즘이 만든 거품 속에

편히 자리 잡은 엘리트들은 동료 시민의 고통과 이것이 예고하는 나라의 운명을 깨닫지 못한다.

역사학자 프리츠 스턴Fritz Stern은 이렇게 말했다. "독일 온건파와 독일 엘리트들은 히틀러를 과소평가했다. 그들은 대다수 사람이 히틀러의 광기에 굴복하지 않으리라고 추정했다. 사람들이 히틀러의 증오와 거짓을 진지하게 받아들일 것으로 생각하지 않았다." 히틀러를 허풍이 심하긴 해도 해로울 건 없는 어릿광대로 여기는 사람이 많았다. 그러나 성직자와 지식인, 부자를 비롯해 독일이 앞으로 얻게 될 영광을 이야기하는 히틀러의 원대한 비전에 완전히 넋을 잃고 그가 제시하는 의제를 열렬히 지지하는 사람도 많았다.

나르시시즘에 빠진 엘리트들은 폭정이 사회를 잠식하는 것을 깨닫지 못한다. 파산자와 교육받지 못한 자만 폭군을 지지할 것이라는 생각은 나르시시즘이 만든 편리한 신화에 불과하다. 그런 취약성을 결정하는 것은 경제적 지위나 학력 수준이 아니라, 그 사람의 나르시시즘이고 나르시시즘은 사회경제적 계층에도 영향을 끼친다. 도러시 톰프슨Dorothy Thompson은 1941년에 발표한 〈누가 나치가 되는가?Who Goes Nazi?〉라는 글에서 이것을 훌륭하게 설명한다. 톰프슨은 유복한 사람의 성격 속에서 폭군의 이념과 운동에 속아 넘어가게 하는 좌절된 과대 성향, 억울함, 증오를 찾아낸다. 또한 톰프슨은 사람들을 잡아끄는 나치즘의 유독성 매력에 자연스럽게 저항하는 사람들을 관찰하다가 그들의 겸손과 깊이에 주목한다.

스턴은 철학자이자 노벨상을 받은 물리학자 카를 프리드리히 폰 바이츠제커Carl Friedrich von Weizsäcker에게 받은 편지를 인용하며 이렇게 말한다. "그[바이츠제커]는 나치의 이념을 절대 믿지 않았지만, 나치 운동에 끌리기는 했었다. 그에게 나치 운동은 '성령의 강림' 같았다. 돌아보니, 그는 국가사회주의가 국가사회주의자들조차 이해하지 못했던 한 과정의 일부라고 생각했다. 그가 옳았을 수도 있다. 나치는 자기들이, 환멸적인 현실 세계를 향한 분노가 광기라는 황홀한 도피 속에서 구원을 발견하는, 역사 과정의 일부였다는 걸 깨닫지 못했다."

나치 자신들이 이해하지 못했던 그 과정이 바로 나르시시즘의 결탁이다. 과대망상과 격렬한 분노의 바이러스에 그들의 정신이 대규모로 감염된 것이다. 이것은 거의 파악되지 않는다. 심지어 시간이 흐른 뒤에 보아도 잘 이해되지 않는다. 우리의 맹목이 그것을 인정하지 못하게 하기 때문이다. 그리하여 이것은 금기가 없어진 세상에서 우리의 나르시시즘을 마지막 금기로 만든다. 우리의 부정과 사회적 건망증은 우리의 몰이해를 더 견고히 해서 이 역사가 다시 반복될 수밖에 없게 만든다.

역사적 사실과 심리적 사실의 왜곡도 우리가 망각한 것 중 일부다. 시간상으로나 거리상으로 가장 최근의 폭정이 불러온 대혼란에서 저만치 떨어져 있는 우리는 폭군을 '바로 알아볼 수 있는 사악한 존재'로, 폭정을 '우리에게는 절대 일어나지 않을 이국적인 것'으로 생각하는 경향이 있다. 그러나 역사와 경험이 보여주듯이 권력에 굶주린 자기애성 사이코패스는 일반인과 달라 보이지 않는다. 그리

도널드 트럼프라는 위험한 사례

고 만약 그들이 우리 눈에 띈다면, 그것은 대개 사회가 그들을 괜찮게 생각하기 때문이다. 즉 우리 사회가 그들의 결의, 카리스마, 단호함, 다른 사람을 고무하는 능력을 인정하기 때문이다.

집단 학살을 향한 갈망이 마음 깊은 곳에서 이미 들끓고 있을지라도 그런 일을 자행하는 폭정을 발판 삼아 정권을 장악하는 폭군은 없다. 그들은 모두 법과 질서를 회복하고, 국민을 위해 경제 상황을 개선하고, 국가의 영광을 되찾겠다고 약속한다.

이런 공허한 약속(폭군에게는 약속을 지키려는 열망도 거의 없고 능력도 부족하므로)은 언제나 타자를 희생양으로 삼는 행위와 강하게 결부된다. 희생양 만들기는 자기애성 분노를 바깥으로 돌리고 사회 결속을 강화하는 필수 요소이기 때문이다. 그러나 폭군은 자국민들 사이에도 불화와 분열의 씨를 뿌린다. 어쩔 수 없다. 사람들끼리 서로 치고받고 싸우면 억제할 수 없는 그의 가학적 욕구가 충족되고, 사람들을 지배하고 통제하기도 훨씬 쉬워지기 때문이다.

무질서로 이미 약해져 있으나 그것을 깨닫지도 못하고 폭군의 정권 장악을 막기 위해 손을 쓸 능력도 의지도 없는 사회에서 폭군은 모습을 드러낸다. 일단 권력을 잡으면, 폭군과 아첨을 일삼는 그의 도당들은 자신들의 병적 측면을 사회 전체에 반영하고자 규범과 제도, 법률을 해체하고 바꾸면서 무질서를 심화하고 확대한다.

앤드루 워바체프스키Andrew Łobaczewski는 패소크라시pathocracy[78]의

---

78 병을 뜻하는 'patho'와 정치체제를 뜻하는 '-cracy'를 조합한 신조어. ―옮긴이

형성 및 진행 과정을 상세히 논한다. 패소크라시는 성격상 결함이 있는 개인들, 주로 사이코패스와 나르시시스트에 의해 운영되는 정치체제와 그 밖의 시스템을 가리킨다. 그는 패소크라시가 패럴로지즘paralogism[79]을 도입해서 사회를 바꿔놓는 방식, 현실과 진실을 왜곡하는 방식을 설명하고, 나아가 도덕적 가치를 왜곡하는 방식인 패러모럴리즘paramoralism을 설명한다. 폭정 아래서 미디어는 점점 더 중앙집권화되고 통제되어 새빨간 거짓말을 전파하는 통로가 되고, 패럴로지즘과 패러모럴리즘은 부정과 혼동을 동반하는 이 거짓말을 반복적으로 퍼뜨리는 것을 포함한 다양한 선전 수단을 통해 대규모로 방출된다. 주술적 사고와 이성에 대한 멸시로 강화된 이런 왜곡은 위가 아래고 검은색이 흰색인 권위주의 정권에서 자란 사람들에게 이미 익숙한 '부조리한 비현실'을 창조하기에 이른다. 권위주의 정권에서는 누군가 사실로 알고 있는 것이 위에서 공식 승인한 진실과 전혀 관련이 없을 수도 있다.

이렇듯 폭군의 병적 측면은 정치부터 문화, 사회 관행, 과학과 기술에 이르기까지 한 사회의 모든 기능에 영향을 미친다. 무엇을 보고 말하고 연구할지, 무엇을 무시하고 침묵할지는 폭군의 변덕에 달렸다. 그리고 곧 그 사회와 사회 이념은 권력과 아첨을 향한 그의 병적인 욕구를 채우는 방식으로 구성된다. 사회 이념은 점진적 과정을 거쳐 실행되고, 집요한 반대자들에게 폭력을 사용함으로써 더욱

---

79 잘못된 추리를 가리키는 용어로 '오류추리'라고도 한다. —옮긴이

도널드 트럼프라는 위험한 사례

강화된다.

언론, 출판, 집회의 자유가 사라지고 폭군의 파괴적 '개혁'이 이뤄지면서, 난잡한 이념과 양립할 수 없는 인간의 이상, 즉 '새 사람New Man'의 정신ethos이 대중에게 강요된다.

이 새 사람은 폭군의 왜곡된 시각을 실제로 증명하고, 사람들 위에 군림하고 그들에게 아첨을 듣고 싶은 그의 병적인 욕구를 충족시키는 비인간화한 인간의 캐리커처다. 새 사람은 대의와 지도자에게 전적으로 헌신하고(폭정 아래서 대의는 지도자와 하나이자 같은 것이고 폭군의 나르시시즘을 궁극적으로 표현한 것이다), 삶을 통해 이런 헌신을 입증하고자 정해진 방식으로 행동한다. 영웅 숭배와 극도의 충성은 새 사람이 실천해야 할 행동의 일부다. 새 사람의 행동은 새로운 법과 규범으로 강화되기도 하지만, 사상적으로 부적절한 동료 시민의 행동을 몰래 감시하고 고발함으로써 권위주의 통치에 열렬히 협력하는 개인들에 의해 강화되기도 한다.

병든 권위자가 확립한 비인간적 규칙에 복종하는 우리 인간의 성향은 아무리 높게 어림해도 지나치지 않다. 실험 자료는 물론이고 역사 속에서나 현시대에 이를 입증하는 증거가 많이 있다.[80] 권위자의 동의 표시는 우리에게 아무 책임이 없음을 선언하고, 인간의 양심이 당황스러울 정도로 유연성이 뛰어나다는 사실을 증명이라도 하듯이 그 어떤 양심의 가책도 쉽게 기각할 수 있다. 그 동의 표시가

---

80 Milgram, 1974.

얼마나 사소한 것인지, 심지어 동의 표시를 한 게 사실인지는 중요하지 않다.

이른바 정상인이라는 사람들이 양심을 이리 손쉽게 정지시키면 사이코패스와 기능적으로 별반 다를 것이 없다. 인간의 삶에 관한 이 불온한 사실은 폭군이 통치 체제를 확립할 때 중요시하는 것이다. 폭군은 자기 추종자들에게 충성을 기대할 수 있고, 사회 다수에게 충성을 요구할 수 있다는 사실을 알고 있다. 폭군의 지시를 따를 생각이 없거나 적극적으로 반대하는 자들은 제거당하고 만다.

물론, 새 사람의 생각은 폭군의 변혁에 더 도움이 되도록 바뀌어야 한다. 따라서 정신이 정상인지 비정상인지를 평가하는 기준도 재정립하고, 다른 사회과학 분야와 마찬가지로 심리학과 정신의학도 정권에 도움이 되는 방향으로 이용한다. 통계 표준과 정신 건강 관점에서 정상으로 간주하던 것도 병리가 되고, 다층적·다차원적 발달 능력으로 정의하던 정신 건강도 병리가 된다.

폭군의 이념은 늘 우리 생각보다 손쉽게 퍼져나간다. 우리는 나르시시즘에 눈이 멀어서 이런 일이 바로 이곳에서 일어날 수 있고, 역사 속 다른 인간들처럼 우리 역시 폭군의 이념에 쉽게 넘어갈 수 있다는 사실을 믿지 못한다.

폭정은 공산주의가 그랬던 것처럼 자신의 이념을 아주 합리적이고 이성적인 것으로 위장할지 모르지만, 사실은 나르시시즘에서 비롯된 그릇된 믿음과 주술적 사고의 비합리성을 먹고 산다. 그런 점에서 폭군의 이념은 자기애성 사이코패스인 그의 성격과 매우 흡사하다. 유아처럼 자기를 최우선으로 생각하고, 현실에서 도피하길 좋아하고, 과대망상과 편집증적 믿음으로 가득 차 있어서 객관적 사실에 따라 자신의 신념을 수정하려 하지 않는다.

이런 병적 인자들은 결국 폭군의 통치를 무너뜨린다. 타고날 때부터 지독히 비이성적이고, 양심에서 유래한 내면의 제동장치가 전혀 없고, 외부 세력의 견제를 받지 않는 특성은 폭군과 그의 정권이 실패할 수밖에 없는 중요한 이유다.[81] 점점 자라는 악성종양(부패, 공격성, 압제)은 반대를 유발하고 결국 폭정을 무너뜨리겠지만, 강탈과 폭력을 일삼는 통치로 많은 사람이 고통을 겪은 뒤에나 그렇게 될 것이다.

폭정의 비참한 후유증을 겪은 뒤에 사회 관행을 개편하면 인간의 보편적 가치(평등, 정의, 진실, 연민)의 중요성을 마음 깊이 인정하게 된다. 그러나 이런 가치들을 한결같은 관행으로 실천하기 위해 주의를 기울이지 않으면, 우리의 나르시시즘이 사회에 영향을 끼치기 시작하고 이는 사회 무질서로 이어져서 다시 폭정에 빠지기 쉬워진다. 자멸할 위험이 커지고 있다는 점을 고려할 때, 우리가 고개를 돌려 폭군을 우러르고 그에게 관심을 보일수록 이 위험은 커진다.

---

81 Glad, 2002.

불평등이 나르시시즘을 부추긴다

나르시시즘은 우리의 사고에 생긴 오류인 동시에 성격 문제다. 자신이 '위'에 있다는 생각은 나르시시스트가 세상을 대하는 일반적인 태도이자 폭군과 그의 추종자들의 오류다. 이 오류는 이른바 문명사회라는 많은 인간 사회의 관심을 끄는 듯하고, 공식적으로는 평등을 외치지만 불평등이 심해지는 사회에서 이 오류는 특히 더 뚜렷하다. 나르시시즘은 불평등을 낳고, 불평등은 나르시시즘을 부추긴다. 그로 인한 고통과 절망은 보복 열망과 더불어 폭정이 출현하는 데 필수 조건이다.

버클의 말대로, 우리는 세계 곳곳에서 폭군형 지도자들이 재기하는 모습을 보고 있다. 심지어 가장 고통스럽게 과거의 폭정에서 교훈을 얻었을 것 같은 나라에서도 그런 일이 벌어지고 있다. 이것은 우리가 집단의 그림자를 무시하지 말아야 할 절박한 필요성을 보여주는 표지標識다.

인간이 번영하고 번성하려면, 개인과 집단의 나르시시즘을 초월하고 해체해야 함을, 그것이 우리에게 주어진 긴박하고 필요한 일임을 이해해야 한다.

도널드 트럼프라는 위험한 사례

8장

운명을 좌우하는
결정의 외로움

사회적 맥락과
심리적 취약성

에드윈 피셔

에드윈 B. 피셔 Edwin B. Fisher

임상심리학자이자, 노스캐롤라이나대학교 채플힐의 길링스 세계공공보건대학원 건강 행동학과
교수다. 행동의학회장을 역임했고, 《행동의학의 원리와 개념: 포괄적 안내서Principles and Concepts
of Behavioral Medicine: A Global Handbook》의 편저자다. 건강과 건강관리, 천식, 암, 당뇨병, 금연,
체중 관리 분야에서 지역사회의 지원뿐 아니라 공동 지원 활동에 참여하고, 우울증과 조현병을
비롯한 정신 병리의 개념들과 정신 질환과 신체 질환의 관계에 대한 글을 써왔다.

1962년 10월 16일 화요일 아침 9시, 국가 안보 특별 보좌관이 간담이 서늘한 뉴스를 들고 대통령의 주거 공간인 백악관 중앙 관저로 들어섰다. "대통령님, 현재 러시아인들이 쿠바에 공격용 미사일을 설치했다는 구체적인 사진 증거가 나왔습니다."[82] 이어진 13일 간의 쿠바 미사일 위기[83] 동안 세계는 무시무시한 위협에 직면해 있었다. 오늘날 살아있는 미국인 중에는 그 사건의 경험을 잘 기억하고 있을 만큼 나이든 사람이 다섯 명 중 한 명 꼴도 안 되지만, 당시 종말이 닥칠 수도 있다는 위기감은 아주 절절했다. 11학년이었던 나는 카파소 선생님의 역사 수업을 들으며 우리 모두가 하루 이틀 후면 더 이상 이 세상에 존재하지 않을지도 모른다는 생각을 했다. 정찰위성이 찍은 사진을 보면 소련이 미국 동부 해안 주요 도시들에 도

---

82 Neustadt and Allison, 1971.

83 이 명칭은 미국 중심 세계관을 반영한다는 온당한 비판을 받아왔지만 의사전달의 편의를 위해 그냥 사용했다.

달 가능한 미사일을 쿠바에 설치하고 있고 몇 주 또는 며칠 안에 그 일이 마무리될 것임을 알 수 있었다. 이 글을 쓰고 있는 현재는 북한이 미국 서부해안 도시들에 도달할 만한 실전 핵무장 로켓을 몇 년 안에 소유하게 되는 것이 우리가 직면한 가장 큰 위협이라고 많은 사람이 말하고 있다. 지금 우리가 1962년과 같은 입장에 처해있다고 상상해보라. "우리 군사 전문가들은 이 미사일들이 일주일 안에 가동될 수 있다는 의견을 내놓았다."[84]

케네디 대통령은 이 위협에 맞서, 데이비드 핼버스탬David Halberstam이 케네디 내각과 보좌관들을 지칭한 표현대로 "가장 뛰어나고 가장 똑똑한 사람들"을 소집했다.[85] 여기에는 국무 장관과 국방 장관, 유엔 대사, 그 밖의 정책 고문들, 합동참모본부, 그리고 대통령이 대단히 신뢰하던 동생 로버트 케네디 법무 장관이 포함되었다. 그러나 가장 뛰어나고 가장 똑똑한 이 사람들의 조언에는 딱 한 가지 문제가 있었다. 그것은 그들의 조언이 일치하지 않았다는 점이다. 사실상 첨예하게 대립했다. 결국 결정을 내리는 것은 오롯이 케네디 대통령의 몫으로 남았다. 조지 W. 부시 대통령의 말대로 케네디 대통령은 "결정하는 사람"이었다.

세상에서 가장 막강한 권력을 지닌 사람도 운명이 걸린 결정을

---

84 1962년 10월의 역사를 다룬 내용은 상당 부분 로버트 케네디가 1971년에 쓴 회고록《13일-쿠바 미사일 위기 회고록》을 참고했다. 따로 밝힌 것을 제외하고 모든 인용문은 그 책에서 가져온 것이다.

85 Halberstam, 1972.

내릴 때는 고립되고 외로울 수 있다는 것은, 다음의 전형적인 질문들의 중요성을 극적으로 표현해준다. 개인은 어떻게 자신의 세계를 형성하며, 그 세계는 그 사람을 어떻게 형성하는가? 예컨대 한 연구에 따르면 사회 관계는 그 부재가 흡연만큼 치명적인 영향을 미칠 정도로 근본적인 가치를 지닌다.[86] 그러면 케네디 대통령에게 조언했던 다양한 사람들 역시 그의 관점과 선택에 분명히 영향을 미쳤을 것이다. 또 한편으로 케네디 대통령 역시 그 조언자들의 다양한 관점들을 형성했다.

이 장에서 검토하는 주요 주제는 두 가지다. 첫째, 1962년에 케네디 대통령의 내면과 주변에서 명백히 드러났던 것과 같은, 사회적 맥락과 개인적 특징 간의 상호작용이다. 그 위기의 13일 동안 대통령을 중심으로 펼쳐진 전략과 개인적 특징, 사회 환경을 살펴보면 현재 우리가 트럼프 대통령을 평가할 때 던져야 할 중요한 질문이 무엇인지 알게 된다. 둘째 주제는 개인과 맥락의 상호작용에서 나오는 행동 패턴에 강조점을 둔다. 우리에게 어떤 지도자가 운명적이고 외로운 결정을 내릴 능력이 있다는 믿음을 심어주는 것은 그 상호작용의 결과로 나오는 행동 패턴 자체이지, 그 결과를 낳은 인간관계의 원인 또는 개인적 원인에 관한 추측이 아니다.

---

86 Holt-Lunstad, Smith, and Layton, 2010; House, Landis, and Umberson, 1988.

1962년의 위기

_____

합동참모본부 사람들 다수는 반드시 공습과 침입을 해야 한다고 느꼈다. 2017년 현재 상황에서 나오는 주장이라고 해도 그럴듯하게 들릴 그들의 주장은, 소련 미사일이 우리가 속한 지구의 서쪽 반구半球에 들어오는 것은 허용할 수 없는 일이며, 분명한 선을 그어야 하고, 명확하고 단호하게 행동해야만 한다는 것이었다. 다른 사람들은 공격적으로 반응할 이유가 별로 없다고 주장했다. 온건한 반응을 강력하게 주장한 이들 중 한 명인 맥나마라 국방 장관은, 핵탄두는 쿠바에서 발사되든 다른 어느 곳에서 발사되든 수많은 사람을 죽이는 것은 똑같다는 점을 지적했다. 어떤 이들은 소련과 외교적으로 문제를 풀어나가야 한다고 권고했다. 이 전략은 케네디 대통령이 미사일을 설치하는 장면을 담은 위성사진을 이미 본 후에 소련 외무부 장관이 대통령에게 미사일의 존재를 부인하는 명백한 거짓말을 함으로써 복잡하게 꼬였다.

결국 케네디 대통령은 강경한 대응을 선택했지만, 그 대응에는 쿠바에 대한 직접 공격은 포함되지 않았다. 그는 군수품을 실은 선박이 쿠바 주변 해역에 진입하지 못하게 하는 해상 격리 조치를 내렸다. 쿠바를 향해 오고 있던 소련의 배들은 뱃머리를 돌리지 않았다. 그들이 격리 지역으로 들어섰다면 어떤 일이 일어났을까? 소련에서 두 가지 수기 메시지가 도착했다. 하나는 명백히 크렘린 강경파들의 태도를 반영하고 있었다. 니키타 세르게예비치 흐루쇼프Nikita

Sergeevich Khrushchyov 주석이 직접 쓴 것으로 보이는 또 하나는 훨씬 유화적이었다. 케네디 대통령은 호전적 메시지는 무시하고 유화적 메시지에 반응했다. 이는 현명한 협상을 보여주는 중요한 본보기이다. 최후의 순간에 거의 임박했던 10월 24일 수요일 오전 10시 25분, 현장에서 메시지 하나가 도착했다. "대통령님, 러시아 배들 일부가 해상에서 멈춰섰거나 (…) 소련 쪽으로 돌아가고 있음을 암시하는 예비 보고서가 들어왔습니다." 그제야 전 세계가 숨을 돌렸다.

케네디 대통령의 전략

동생 로버트가 그 13일에 대해 들려주는 이야기에서 특히 눈에 띄는 점은 케네디 대통령이 확고하게 적들의, 그러니까 흐루쇼프 주석과 소련 지도자들의 입장을 고려하기로 했다는 점이다. 모스크바에서는 군국주의 세력이 막강하다는 것을 잘 아는 케네디 대통령은 "우리는 그가 낭떠러지로 몰려 경솔한 행동을 하게 밀어붙여서는 안 된다 (…) 나는 탈출할 구멍이 없는 구석으로 그를 몰아넣고 싶지 않다"고 말했다. 이전에 주고받았던 메시지에서 그는 흐루쇼프가 전쟁을 원하지 않으며 핵전쟁은 지구를 멸망시킬 것이라는 데 생각이 같다는 것을 알았다. 긴장이 최고조에 달했을 때 흐루쇼프가 케네디에게 보낸 다음의 메시지는, 두 사람의 관계에 놀라울 정도로 개인적인 측면이 있었음을 보여준다.

나는 두 번의 전쟁에 참전했는데, 전쟁이란 도시와 마을을 샅샅이 훑으며 모든 곳에 죽음과 파괴를 심어놓은 다음에야 끝이 납니다. (…) 무기가 가져오는 것은 재앙뿐이죠. (…) 그 재앙은 인간의 에너지를 강제로 빼앗을 뿐 아니라 나아가 인류 자체를 파괴하는 결과밖에 불러오지 않습니다. 사람들이 현명하게 생각하지 않는다면 결국에는 눈먼 두더지들처럼 서로 충돌하게 될 것이고, 그때부터는 서로를 전멸시키는 일이 시작될 겁니다. (…)

대통령님, 우리도 당신들도 당신들이 묶어놓은 전쟁의 매듭에서 밧줄의 양쪽 끝을 당겨서는 안 됩니다. 우리가 서로 그 밧줄을 당긴다면 매듭은 점점 더 단단히 묶일 뿐입니다. 그러면 언젠가는 그 매듭을 묶었던 사람조차 아무리 애써도 풀 수 없을 만큼 매듭이 단단해지는 순간이 옵니다. (…) 그러니 그 매듭을 더 단단히 묶겠다는 의도가 없다면, 그리하여 세계를 핵전쟁의 저주에 몰아넣을 의도가 없다면, 양쪽 밧줄을 붙잡은 힘을 풀고, 그 매듭을 풀 수 있는 조치를 취합시다. 우리는 그럴 준비가 되어 있습니다.

타인의 관점을 이해하려는 케네디 대통령의 태도는 세계적인 적수들 뿐 아니라 자신의 보좌관들에게도 적용되었다. 로버트 케네디의 회고록에 따르면 10월 28일에 러시아인들이 쿠바에서 미사일을 철수하기로 동의한 뒤 "한 고위 군사 고문이 어쨌든 월요일에 공격을 하자고 제안했고, 또 한 사람은 어떤 식으로든 우리가 배신당한 것이라고 느꼈다"고 한다. 그의 글은 이렇게 이어진다. "대통령은 제한된 군사 영역 너머를 볼 줄 모르는 무능함에 답답함을 느꼈다. 나중에 그 일에 관해 나와 이야기를 나눌 때, 그는 그들이 싸우고 전쟁을 치르도록 훈련받은 사람들이라는 것을, 그것이 그들의 삶이라는 것을 기억해야 한다고 말했다."

케네디 대통령은 동맹국과의 관계도 잘 가꾸어나갔다. 동맹국 없이 소련과 대치하는 상황은 미국을 매우 취약한 상태로 빠뜨릴 것임을 아주 잘 알고 있었던 것이다. 그는 미주기구Organization of American States와 협력해 미국의 입장에 대한 만장일치 지지를 이끌어내는 데 성공했다. 유럽 동맹국과의 관계도 잘 닦아서, 프랑스의 단호한 민족주의 지도자이자 제2차 세계대전의 전쟁 영웅인 샤를 드골 대통령으로부터 "나였어도 그렇게 똑같이 했을 겁니다"라는 강력한 지지 발언을 들었다.

동맹국과의 관계를 구축할 때 케네디 대통령은 자신과 미국이 신뢰를 얻는 것이 대단히 중요하다는 사실을 잘 알고 있었다. 그는 위기 내내 현장 상황과 미국의 반응에 관해 과장하지도 축소하지도 않고 솔직하게 의사소통하는 하는 신중함을 발휘했다.

마지막으로 케네디 대통령은 빈틈없는 협상가였다. 협상 과정에서 흐루쇼프 주석은 미국도 터키에서 주피터 로켓을 철수하라고 요구했다. 이는 참으로 답답한 노릇이었다. 케네디 대통령 역시 그 로켓은 노후해 전략적 가치가 별로 없다는 것을 알고 있었고 쿠바 미사일 위기가 닥치기 얼마 전에 이미 그 로켓을 철거하라고 지시했던 상황이었기 때문이다. 그러니 그는 분명 소련의 그 요구를 기꺼이 들어주고 싶었지만, 공개적으로 쿠바 로켓 철수와 동시에 그렇게 할 수는 없었다. 그래서 케네디는 몇 달 뒤에 철수하겠다고 약속했는데, 흐루쇼프가 그렇게 보장 없는 약속까지 받아들일 만큼 흐루쇼프와 충분히 탄탄한 신뢰 관계를 닦아놓은 것은 우리 모두에게 참으로 다행스러운 일이었다.

케네디가 이 협상에서 취한 태도는 상당 부분 그가 1960년에 서평도 쓴 바 있는 영국 군사 분석가 바실 리델 하트Basil Liddell Hart의 《제지냐 방어냐Deterrent or Defense》에서 배운 것이었다. 이는 그의 넓은 독서 범위를 보여주는 예다. "가능하면 강력한 태도를 유지하라. 어찌 되었든 침착함을 유지하라. 무한한 인내심을 가져라. 적을 결코 구석으로 몰지 말고 언제나 그가 체면을 지킬 수 있도록 도와라. 스스로 적의 입장이 되어 그의 시각에서 모든 것을 보도록 하라. 독선은 악마처럼 피해라. 독선만큼 자신의 눈을 멀게 하는 것은 없다." 정신과 조직, 행정, 지도력과 관련된 케네디의 습관들은 1962년에 대재앙을 피해야 하는 그 엄청난 책임에 아주 적합했다.

케네디는 당파의 대결을 초월한 시기의 이점을 잘 살려, 유엔 주재 미국대사를 지낸 존 맥클로이John McCloy와 트루먼 대통령 시절 국무 장관을 지냈으며 외교 문제에서는 대단히 독선적인 딘 애치슨Dean Acheson과 같은 공화당 인사를 포함해 광범위한 인사에게 조언을 구했다. 그가 임명한 국무 장관 맥나마라도 공화당원 출신이며 포드

자동차의 최고 경영자였던 인물이었다. 또 더글러스 딜런Douglas Dillon
은 재무부 장관이었지만, 케네디 대통령은 그의 현명함을 무척 존경
해 그에게도 조언을 구했다. 딜런은 아이젠하워 대통령 내각에서 국
무 차관을 지내기도 했다. 맥클로이와 애치슨, 국무 장관 딘 러스크
Dean Rusk 같은 대단히 존경받는 '노련한 인물들' 외에도, 훨씬 더 젊
은 사람도 포함시켰다. 과거에 공화당원이었던 맥조지 번디McGeorge
Bundy는 41세의 젊은 나이에 이미 하버드의 학부장이 되었던 인물로
1961년에는 국가 안보 특별 보좌관이 되었다. 물론 동생인 로버트
케네디는 가장 가깝고 가장 신뢰하며 언제나 속내를 털어놓는 상대
였지만, 케네디 대통령은 자기 동생을 넘어 매우 폭넓고 다양한 조
언자 무리를 꾸려나갔다.

그는 결코 서너 명만으로 이루어진 폐쇄적인 내부 조직을 만들
지 않았다. 케네디 대통령은 서로 다른 의견을 취합하는 일뿐 아니
라 서로 다른 의견을 양성하는 데도 신중한 노력을 기울였다. 이를
테면 자신이 자리에 있으면 의견을 자기 쪽으로 향하게 하거나 자유
로운 대화를 억누를 수도 있다는 생각에 자기 없이 보좌관들끼리 만
나게 하기도 했다.

케네디 대통령이 한 행동은 흔히 '위대한 인물'이기에 가능했
던 일이라고, 개인의 탁월하고 존경할 만한 특징 때문이라고 여겨진
다. 쿠바 미사일 위기 때 케네디 대통령이 보인 행동에는 그의 지혜
와 탁월한 능력이 반영되기도 했지만, 그를 둘러싸고 있던 사회 관
계도 반영되었다. 그가 직접 그러한 관계를 구축하고 관리했다는 점

도 개인적인 것과 사회적인 것의 변증법적 관계가 얼마나 중요한지를 암시하지, 둘 중 어느 하나의 가치를 떨어뜨리지는 않는다.

사회 관계망과 지지

사회 관계가 미치는 영향을 밝혀낸 연구는 많다. 그중 가장 도발적인 연구 결과는 배우자나 부모, 가족, 직장 동료, 집단이나 조직과의 사회적 연결이 '감기'로부터도 보호해준다는 것이다.[87] 그러나 이 연구에서 가장 중요한 발견은 사회 관계가 **수적으로 많은 것**뿐 아니라 관계의 종류가 **다양한 것**도 콧물이 흐르는 등의 증상을 예방해준다는 점이다. 친구가 적은 것보다 많은 것이 예방 효과가 있는 것이 아니라, 가족이나 친구 등과의 관계 유형이 다양할수록 감기 바이러스에 노출된 뒤에 증상이 덜 나타나는 결과를 가져왔다는 것이다. 이와 유사한 좀 더 최근의 한 연구에서는 사회 관계의 **다양성**이 노인들의 사망도 예측한 것으로 나타났다.[88]

그러면 사회 관계의 다양성은 왜 중요한 것일까? 여러 해 전 인류학자 어빙 고프먼Erving Goffman이 감옥이나 정신병원 같은 '수용 시설'을 연구하면서 얻은 결론이 그 질문에 대한 한 가지 답이 될 수

---

87 Cohen et al., 1997.

88 Steptoe et al., 2013.

있다. 고프먼은 그런 시설에서 지내는 재소자나 환자에게는 사회적 역할이 하나밖에 없다는 사실에 주목했다. 정신병원에 입원한 환자는 모든 사람이(전문의와 병원 직원, 가족, 예전에 알고 지내던 사람들, 심지어 다른 환자까지) 정신 질환이 있는 환자로만 볼 뿐 배우자나 자녀나 친구나 직장 동료로 보지 않는다.[89] 한 가지 역할에만 갇혀 있는 것은 일상의 스트레스 요인을 완충할 수단을 제한한다. 우리는 한 부문에서 받는 스트레스를 주로 다른 사람에게 불평하거나 충고를 얻거나 위안을 구하면서 풀기 때문이다. 배우자에게 직장 동료에 대한 불만을 털어놓고, 배우자나 자녀나 배우자의 가족에 대한 불만은 직장 동료나 가까운 친구에게 털어놓는다. 그러나 입원한 조현병 환자에게는 그런 일이 불가능하다. 모두가 그 사람을 조현병 환자로만 보기 때문에 가족이나 친구나 병원 직원이나 의사들에게 또는 그들에 관해 하는 모든 불평은 조현병의 표현으로만 받아들여지고 그럼으로써 무의미한 것으로 치부된다. 그 사람은 탈출할 수 없는 단 한 가지 역할에 격리되는 것이다.

최근에 나온 대통령 수석 보좌관의 직무에 관한 책[90]을 보면 가장 막강한 권력을 지닌 대통령이라는 역할까지 포함해, 한 가지 역할에 갇히지 않는 것이 얼마나 중요한 일인지 잘 알 수 있다. 계속 반복되어 나오는 주제 하나는, 수석 보좌관이 대통령에게 어떤 일은

---

89 Goffman, 1961.

90 Whipple, 2017.

해서는 안 되는지 말해줄 수 있는 사람이라는 사실이 매우 중요하다는 것이다. 카터 대통령이 처음에 수석 보좌관을 두지 않기로 결정했다가 나중에 효과적인 관리 능력이 없는 사람을 임명한 것이 카터 행정부의 여러 문제를 일으킨 주요 원인으로 꼽힌다. 트럼프 대통령의 경우를 봐도 자신의 수석 보좌관을 신뢰하지 못하는 것이 임기 초기에 계획을 실행하는 데서 나타난 문제들의 핵심 원인으로 종종 지적된다.

고프먼의 발견을 미국 대통령에게 적용하는 것은 역설적이다. 고프먼의 개념들은 자신의 여러 역할뿐 아니라 독립과 자유까지 빼앗긴 사람들이 겪는 어려움을 관찰하고 이해하려는 과정에서 발전된 것이기 때문이다. 그러나 그가 관찰한 내용은 특권으로 둘러싸인 단 하나의 사회적 역할에 고립된 사람에게도 적용할 수 있다. 트럼프 대통령에 관해 우려되는 점 하나는 명백히 그가 항상 '그 도널드'이기를 선택한다는 점이다. 예를 들어 그가 자신이 소유한 마러라고 리조트를 제2의 백악관으로 만든 것을 생각해보자. 그는 그곳을 대통령 역할에서 다소라도 벗어나 호젓한 시간을 보낼 장소로 남겨두는 것이 아니라, 취임 이후 첫 몇 달 간 매주 그곳에 갔고, 중국의 시진핑 주석 같은 공식 방문자들을 데려간 것을 포함해 "일을 집으로 가져가기도" 했다.

사회 관계에서 또 한 가지 중요한 점은 다양한 관점이다. 사회학자이자 커뮤니케이션 이론가인 에버렛 로저스Everett Rogers는 집단이 혁신을 이뤄내는 과정을 검토하면서, 좋은 아이디어를 신속하고 효과적으로 실행에 옮기는 데 조밀하게 짜인 응집력 있는 관계망이 매우 중요하다는 점에 주목했다.[91] 그런데 애초에 그 좋은 아이디어는 어디서 오는 것일까? 관찰 결과 좋은 아이디어의 원천 중 하나는 '느슨한 관계'인 것으로 드러났다. 긴밀하게 짜인 그룹의 한 구성원이 다른 마을에 사는 누군가와 관계가 있거나 변호사인 처남이 있을 수도 있고, 정기적으로 '대도시'에 오고 가야 하는 직업을 갖고 있을 수도 있다. 이런 느슨한 관계는 매우 긴밀한 것도 아니고 일상 활동에서 특별히 중요하지도 않지만 그럼에도 혁신에 노출될 기회를 제공한다.

새로운 아이디어와 그 아이디어를 실행할 응집력 있는 관계망의 조합이 혁신을 위한 아이디어와 그 실행을 가능하게 한다. 여러 역할의 다양성과 사회 관계망에서 느슨한 관계들을 확보한 것이 케네디 대통령이 쿠바 미사일 위기를 헤쳐나가는 사회적 배경에서 주효했던 것으로 보인다. 인간관계가 다양했던 것은 명백하다. 케네디 대통령의 인맥에서 한 가지 중요한 특징은 동생과의 관계를 잘 유지한 것인데, 이를 통해 그는 보좌관들에 대한 불만도 동생에게 말할 수 있었을 것이고, 또한 자신에게 권고되는 조언을 보는 외부 시야도 확보할 수 있었다. 그는 또한 폭넓게 독서하고 독서에서 얻은 것으로 자신의 사유도 넓혀갔다. 특히 유럽의 지도자들이 어떤 오산으로 제1차 세계대전으로 빠져들었는지를 소상히 밝힌 바바라 터크먼

---

91 Rogers and Kincaid, 1981.

Barbara Tuchman의《8월의 총성》은 케네디의 머릿속에 큰 부분을 차지하고 있었다. 케네디 대통령은 폭넓은 독서와 지적 호기심, 광범위한 시각을 바라보는 열린 태도로써 다양한 관점들과 '느슨한 관계'를 유지했다.

트럼프 대통령의 사회 관계에 관해서는 〈뉴욕타임스〉가 2017년 4월의 한 기사에서 "그의 가족과, 부동산 및 미디어, 재정, 정치에 관한 백악관 외부 조언자들로 이루어진 한 무리"의 존재를 지적했고 "그는 적어도 한 주에 한 번은 그들 각자와 상의한다"고 말했다.[92] 이들은 9명의 백만장자 또는 억만장자(토머스 배럭Thomas Barrack, 칼 아이칸 Carl Icahn, 로버트 크라프트Robert Kraft, 리처드 레프락Richard LeFrak, 루퍼트 머독 Rupert Murdoch, 데이비드 펄머터David Perlmutter, 스티븐 로스Steven Roth, 필 러핀 Phil Ruffin, 스티브 슈워츠먼Steve Schwarzman)를 포함해, 보수 텔레비전 케이블 뉴스 호스트 숀 해니티Sean Hannity, 보수 정치 전략가 코리 루언다우스키Corey Lewandowski와 로저 스톤Roger Stone, 공화당 정치가 크리스 크리스티Chris Christie, 뉴트 깅그리치Newt Gingrich, 폴 라이언Paul Ryan, 재정 전문 변호사 셰리 딜런Sheri Dillon, 그리고 트럼프 대통령의 아들들과 아내로 이루어진다. 그 기사는 트럼프 대통령이 "다양한 범위의 사람들과 함께 아이디어들을 시험해볼 필요가 있다"고 말했지만, 그가 솔직히 속내를 터놓는 대화 상대들은 "대부분 백인 남성에다 나이가 많은 사람들"이며 "개인적으로 성공한 사람과 그에게 충성하는 사

---

92 Haberman and Thrush, 2017.

람이라는 두 가지 결정적인 기준에" 따라 선택된다.

트럼프 대통령의 인간관계 범위에 대한 좀 더 비판적인 성격 규정은 에반 오스노스Evan Osnos가 〈뉴요커〉에 쓴 최근 기사에서 찾아볼 수 있다. "그[트럼프]는 최근 한 조언자가 나에게 '트럼프 요새'라고 묘사해준 폐쇄된 세계에 살고 있다. 백악관과 마러라고를 좀처럼 벗어나지 않으면서, 친구들과 보좌관들의 보고를 듣고 자신을 다루는 텔레비전 보도의 성찬을 즐기며 자신의 운을 잰다."

오스노스는 자유주의자 싱크 탱크인 니스커넨센터Niskanen Center 회장 제리 테일러Jerry Taylor의 말을 인용하여 "그는 제3세계 국가의 대통령처럼 통치하며, 내세울 것은 전문적 능력이 아니라 트럼프가 그들을 신뢰한다는 사실뿐인 무능한 충신들과 그의 가족이 권력을 쥐고 있다"고 묘사했다.

저명한 헌법학자 로런스 트라이브Laurence Tribe가 말했듯이 "그는 오직 충신들만 원한다."[93] 오스노스는 다음과 같이 지적했다.

트럼프가 자신의 대통령직을 위협하는 것들을 얼마나 온전히 이해하고 있는지는 분명하지 않다. 이전의 공화당 정부와 달리 트럼프 요새에는 대통령의 결정을 점검할 만한 원로 공화당원이 한 명도 없다. "그의 주변에는 그 어떤 사안에 대해서도 어떤 이유에서도 그의 충동을 제어할 수 있는 사람이 하나

---

93 Laurence Tribe, 2017.

도 없다." 베테랑 공화당 자문위원 스티브 슈밋Steve Schmidt의
말이다.

오스노스는 깊이 우려하며 다음과 같이 덧붙인다.[94]

달갑지 않은 정보로부터 자신을 차단하는 트럼프의 습성은 그
에게 닥치는 도전들이 쌓여갈수록 점점 더 심해진다. 뉴스맥
스 미디어의 경영자이자 트럼프의 오랜 친구인 크리스토퍼 러
디Christopher Ruddy는 (…) 트럼프의 주변 인물들이 그가 화를
낼 만한 뉴스는 아예 전하지 않으려 한다는 점을 알아차렸다.
(…) 러디는 이렇게 말을 이었다. "나는 이미 많은 사람이 그에
게 나쁜 소식을 전하고 싶어 하지 않는다는 것을 감지했다. 이
미 여러 사람이 나에게 다가와 이렇게 말했다. '이 이야기는
그분이 꼭 들으셔야 합니다. 그분께 전해주실 수 있나요?'"

정신 병리

트럼프 대통령을 직접 접하거나 검진해 상세한 내용을 알아내
지 않은 상태에서 확고한 결론을 내리는 것은 불가능한 일로 여겨지

---

94 Osnos, 2017.

지만, 나르시시즘, 사이코패스 성향의 일탈, 주의력 결핍 과잉 행동 장애 등의 범주가 그와 관련해 종종 제기되었다. 최종 결론을 내리는 것이 불가능함에도 이 중 어느 것이 대통령에게 가장 적합한지에 관한 논의는 매우 활발하게 진행되어왔다. 그러나 단 하나의 가장 적합한 진단이 있을 것이라는 가정은 우리가 정신 병리 일반을 바라보는 관점의 중요한 한 가지 흐름과 상충한다. 실제로 한 가지 진단에 해당하는 항목의 50퍼센트가 다른 진단 항목에도 해당한다.[95] 그러므로 대통령의 정신 상태에 대한 여러 추측성 진단 가운데 하나로 합의할 수 없는 것은, 몇 가지 진단이 동시에 관련되어있을 수 있다는 사실을 반영하는지도 모른다. 중요한 것은 구체적 진단이 아니라, 정신 상태를 염려하게 하고 정책 결정과 국민 복지에 영향을 미치는 그 행동 패턴을 이해하는 일이다.

　　여러 범주가 중첩되는 문제뿐 아니라, 미국정신의학회의《정신장애 진단 및 통계 편람》제5판(이하 DSM-5)[96]의 진단 범주 자체에 결함이 있다는 인식도 점점 확대되고 있다. 주요 우울 장애 major depressive disorder로 진단하려면 (a) 불쾌감dysphoria이나 쾌감 상실 anhedonia(쾌감을 느끼는 능력의 저하) (b) 불면증, 피로, 집중력 저하/결정을 내리지 못하는 것 등의 7가지 증상 중 4가지, 그리고 (c) 이 증상들이 하루의 대부분에 적어도 2주 동안 매일 나타나는 조건을 만

---

95 Kessler et al., 2011.

96 American Psychiatric Association, 2013.

족시켜야 한다.[97] 이는 곧 불쾌감이 있고 1~4가지 증상이 있는 사람과, 쾌감 상실과 4~7가지 증상이 있는 사람은 공통점이 한 가지 뿐이라 해도 똑같은 장애 기준을 만족시킨다는 의미다. 이와 유사한 문제는, 나타날 수 있는 증상 또는 특징의 긴 목록 중에서 조건을 만족시키기에 충분한 수의 증상 또는 특징이 있는지 없는지로 결정되는, 다른 진단 범주에도 해당한다.

최근 미국국립정신건강연구소가 장려하는 정신 병리 분류 방법은 DSM-5의 넓은 범주보다는 더욱 분명히 구별되는 정신 기능 범주, 예컨대 위협에 대한 심각한 우려나 공포, 잠재적 위협이나 불안, 지속적인 위협(외상 후 스트레스장애의 경우와 같은), 상실감, 작업 기억, 인지 통제, 소속감 또는 애착, 사회적 의사소통, 자신에 대한 이해 또는 인식, 타인에 대한 이해 또는 인식, 흥분, 바이오리듬 등에서 각 개인이 지닌 강점이나 결손에 초점을 맞춘다.[98] 이 접근법의 주제는 개별 기능 또는 여러 기능의 조합이 비정상적인 행동 패턴을 설명할 수 있다는 것이다. 트럼프 대통령의 경우, 위협에 대한 심각한 우려, 인지 통제, 소속감 또는 애착, 사회적 의사소통, 자신과 타인 모두에 대한 이해 또는 인식, 흥분, 바이오리듬이 모두 그의 행동에 관해 제기된 여러 우려와 관련이 있을 수 있다. 그런 관점에서 보면 중요한 것은 어떤 정신적 기능의 조합이 주요한 문제인지가 아니

---

97 Ritschel et al., 2013.

98 Kozak and Cuthbert, 2016.

라, 그 기능들이 서로 어떻게 상호작용해 트럼프 대통령의 경우처럼 심각한 사회적 영향을 함축한 고질적인 문제 행동 패턴을 만들어내는지다. 그러므로 "그것이 기본적으로 자신에 대한 인식인지 타인에 대한 인식인지" 식별하지 못하는 것은 별로 중요한 문제가 아니다. 오히려 그러한 기능 결손들이 합쳐져서 경보를 울려야 할 정도로 우려스러운 행동 패턴을 만들어내는 것을 알아차리는 것이 더 중요하다.

대통령의 정신 건강을 우려하게 만드는 구체적인 행동 패턴에 초점을 맞추어도 여전히 사라지지 않는 질문이 하나 남는다. 어느 특정한 성격이 비정상인지, 병적인지, 정신 건강에 문제가 생겼음을 암시하는 것인지 우리가 어떻게 판단하느냐의 문제다. 정신 병리학과 이상 심리학 분야는 오랫동안 이 문제로 고심해왔다. 기이한 버릇이나 독특한 성격 스타일은 언제 임상적인 우려 대상이 되고, 당사자에게 본인이 문제가 있음을 깨닫게 해주어야 할 근거가 되는 것이며, 심지어 권리 상실 또는 강제 입원의 조건을 만족시키게 되는 것일까? 병적인 것으로 식별할 때의 기준으로는 다음과 같은 것이 자주 제시된다. 변화에 맞선 저항 또는 정상적인 사회 압력에 맞선 저항, 거의 자동적인 반복성, 결과에 대한 무시 또는 결과에 따라 행동을 조정하지 못함, 자신 또는 타인에게 해를 입힘, 관계나 직업 또는 핵심적 이해관계에 끼치는 부정적 영향, 판단과 지각에서 정상적 변형을 넘어서는 빈번하고 파괴적인 현실의 왜곡. 이러한 정신 병리의 식별 기준은 권한을 행사하는 대통령의 적합성을 판단하는 데도 적용될 수 있다.

예를 들어 힐러리 클린턴이 일반 유권자 투표에서 이긴 일과 취임식 군중의 규모에 관해 그가 늘어놓은 주장이나 선거운동 기간에 오바마 대통령이 자신과 동료들을 도청했다는 그의 주장처럼, 잘못되었음이 확실하게 입증되었음에도 끈질기게 계속하는 행동 패턴들은 매우 충격적이다. 또한 그는 FBI 국장 코미를 해고한 일에 있어 서로 모순될 뿐 아니라 자신을 기소 대상으로 만들 만한 논평을 내놓는 자신의 행동이 얼마나 해로운지도 이해하지 못하는 것 같다. 게다가 선거 유세에서 끌려 나가는 시위자를 향해 "묵사발이 되도록 두들겨 패놓으라"고 선동하거나 트위터에서 녹음된 대화가 있을 수도 있다며 코미를 협박하는 것처럼 자신의 공격적인 행동을 부인하거나 무시하는 것으로 보인다. 주목할 점은, 그런 행동 패턴의 부정적인 성격이 트럼프 자신을 형사상 고발이나 탄핵을 당할 위험에 빠트리는데도 계속 그런 패턴을 고수한다는 것이다.

그런 행동이 문제라고 판단하는 또 하나의 접근법은 형사법에서 정신이상에 의한 무죄 판결을 내리는 기준에 있다. 대부분의 사법 관할구역에서는 자기 행동에 범죄성이 있음을 인지하지 못하거나 법이 정한 바에 어긋나지 않게 행동하지 못하는 것을 무죄의 기준으로 삼는다. 그것이 조현병으로 인한 것인지, 우울증이나 인격장애나 다른 진단으로 인한 것인지는 중요하지 않다. 결정적인 것은 법을 준수하지 못하고 법이 자신의 행동에 어떻게 적용되는지 이해하지 못하는 무능력이다. 트럼프 대통령과 관련해 사람들이 관찰하고 널리 언급해왔던 많은 사례를 보면 그는 자신의 행동이 미국 헌법을 비롯한 적용 법률들에 어긋난다는 사실을 인지하지 못하는 것 같다. 사법부 판결을 폄하하는 논평을 내놓고, 자신이 피고인인 사건을 담당한 재판관에게 인신공격을 퍼붓고, FBI 국장 재직 시절 코미와 대화를 나눌 때 코미에게 자신의 수사에 관해 질문했음을 암시하는 말들을 아무렇지 않게 하는 것으로 판단할 때, 트럼프는 자신의 행동이 법률과 헌법, 대통령 직무 수행과 관련한 중요한 판례들에 어떻게 어긋나는지 전혀 모르는 게 분명해보인다.

'정신이상에 의한 무죄' 판결은 법률적 결정이고 무죄를 인정하는 것이지 정신 병리를 인정하는 것은 아니다. 정신 병리 가능성에 대한 전문가 의견은 무죄 인정과 관련해서는 의미가 있을지 몰라도 결정적으로 정신 병리를 증명하는 요인은 아니다. 이 점이 시사하는 바는 직무 적합성에 대한 판단은 의학적, 정신의학적, 심리학적 문제가 아니라 법적·정치적 판단으로 고려해야 한다는 것이다. 예일컨퍼런스에서 길리건이 언급했듯이 "문제는 [트럼프 대통령이] 정신 질환이 있는지 아닌지가 아니다. 문제는 그가 위험한지 아닌지이다."[99] 정신 건강에 관한 연구와 임상 지식은 위험성을 판단하는 데는 도움이 될 수는 있지만, 그 자체로 정신 질환 여부를 결정하는 것은 아니다. 링컨은 심각한 우울증을 앓았던 것이 분명해보이지만 그 때문에 그의 직무 수행 능력이 저하되었다고 말할 사람은 없을

---

99 Milligan, 2017, Osnos 2017, 그리고 이 책에 실린 길리건의 글 '문제는 정신 질환이 아니라 위험성이다'

것이다. 그러나 정신 건강 전문가들과 정신 병리학 전문가들이 관찰하고 내놓은 의견을 보면 트럼프 대통령의 행동에는 진짜 문제가 있다는 생각이 든다. 그럼에도 질문은 여전히 남는다. 그것이 정말 중요한 문제인가?

이 마지막 질문에 대한 대답을 최근 보수 정치 스펙트럼에 속하는 강력한 목소리들이 내놓고 있다. 조지 월George Will은 2017년 5월 3일 〈워싱턴포스트〉에 쓴 〈트럼프에게는 위험한 장애가 있다〉는 제목의 글에서 다음과 같이 말했다.

> 트럼프 대통령이 [명쾌하게 생각하고 말하는 것] 둘 다를 할 수 없다는 사실을 놓고 미국인들이 명쾌하게 생각하고 말하는 것이 시급한 일이 되었다. 그는 단순히 그렇게 하지 않으려는 것이 아니라 그렇게 할 능력이 없는 것처럼 보인다. 그것은 단지 지적 나태함의 결과가 아니라 아는 것이 없고 훈련되지 않은 정신이 하늘을 찌르는 자신감과 결합된 결과다. (…)
> 미국이 현재에 이른 경로에 대해 전혀 관심이 없는 데다 한없이 아둔한 그의 뒤죽박죽된 정신은 사실을 가장한 가짜 기사들에 쉽게 혹해 속절없이 이리저리 휩쓸려 다닌다.
> 미국인들은 어마어마한 군사력을, 삼권분립주의에 입각한 견제와 균형의 제도로도 여간해서는 제어할 수 없는 대통령의 재량권을 바로 그런 정신을 지닌 자의 손아귀에 쥐어준 것이다.

찰스 크라우트해머Charles Krauthammer는 그로부터 이틀 뒤인 2017년 5월 5일에 역시 〈워싱턴포스트〉에 쓴 글에서 트럼프 대통령의 직무 수행 적합성의 심리적 측면에 관해 자신의 의견을 분명히 밝혔다.

그리고 이는 백악관에서 매일같이 뿜어내는 광기와 자가당착과 완전한 괴상함을 부정하려는 것이 아니다. (…)
시끄럽고 허풍스럽다. 협잡꾼이다. 그 가림막 뒤에는 아무 것도 없다. 그의 백악관을 특징짓는 제도적 혼란과 끊임없이 뒤바뀌는 그의 정신을 관장하는 심리적 혼란밖에는.

이어서 크라우트해머는 자기가 보기에 큰 실책인, 한국인들에게 미사일 방어 체제 비용을 지불하게 만들겠다고 위협하고 무역협정을 재협상하겠다고 위협한 일에 관해 이야기한다.

그리고 그 실책은 트럼프에 대해 남아 있던 공포를 더욱 악화 시킨다. 특히 그것이 누가 강요한 것이 아닌 자발적으로 한 실 수이기에 더욱 그렇다. 외적 원인으로 위기가 초래되면 어떤 일이 일어날까? 그럴 때는 숨을 수도 없고, 완충할 쿠션도 가 드레일도 없다. 무엇이든 세계가 우리를 향해 집어던지는 것 에 맞서 한 사람의 지혜와 지력에 의지해야 한다. 이 대통령 임기가 하루하루 지나며 사람들이 그 비정상성에 얼마나 무감 각해졌든, 그런 순간에는 모든 것이 원점으로 돌아간다.

새벽 3시에 빨간 전화[100]가 울리면 어떤 일이 일어날까?

사회, 개인 그리고 대통령

———

우리 문화는 사회적인 것과 개인적인 것을 대립 관계로 설정하는 경향이 있다. '자수성가한 사람'의 전통을 따라서 그러는지, 아니면 밋 롬니Mitt Romney 주지사의 '일자리 창출'을 내세운 선거운동을 염두에 둔 것인지, 트럼프 대통령은 본인의 사업적 성취들이 모두 그 스스로 이뤄낸 것은 아니라는 말을 들으면 발끈한다. 《아이를 기르는 데는 온 마을이 필요하다It Takes a Village》이라는 힐러리 클린턴의 책 제목에 얼마나 많은 조롱이 쏟아졌는지 생각해보고, 그 제목을 낸시 레이건Nancy Reagan의 "그냥 '아니'라고 말해"[101]라는 훈계와 비교해보라. 그러나 지난 몇 십 년 간 사회과학과 행동과학 분야의 주요한 흐름은 개인의 발달과 행동을 문화와 공동체, 가족, 이웃의 맥락과 통합하는 방향으로 나아가고 있다.[102] 수많은 예 중 하나를 들면, 패스트푸드점만 있고 슈퍼마켓은 없는 동네에 살면, 슈퍼마켓만 있

———

100 미국과 러시아를 연결하는 비밀 핫라인을 가리키는 말로, 실제로는 전화가 아니라 암호화된 메시지를 전송하는 컴퓨터 시스템이다. —옮긴이

101 1980년대 마약과의 전쟁 캠페인의 일환으로, 청소년들에게 마약의 유혹을 단호히 거부하라는 의미의 슬로건. —옮긴이

102 e.g., Fisher, 2008.

는 동네에 사는 것보다 비만이 될 확률이 훨씬 높다. 교육이나 인종, 수입 같은 다른 중요한 요인을 통제한 뒤에도 말이다.[103] 이와 유사하게, 다른 특징을 통제한 조건에서, 지역사회의 폭력은 천식이 있는 사람들의 수와 그들이 천식 때문에 문제를 겪는 빈도와 연관되는 것으로 나타났다.[104] 이렇게 사회와 공동체의 맥락은 우리의 행동과 건강에 실질적인 영향을 미친다. 그러나 이 관점에서 가장 중요한 것은 영향이 상호적임을 인식하는 것이다. 공동체가 가족에게 영향을 미칠 수 있는 것처럼 가족 역시 공동체에 영향을 미칠 수 있고 개인은 가족과 공동체 모두에 영향을 미칠 수 있다.

개인과 맥락의 상호작용은 트럼프 대통령을 두고 자주 제기되는 나르시시즘, 그리고 개인적 모욕에 대한 과민성에서도 찾아볼 수 있다. 이 둘의 공통된 효과는 사회 관계를 훼손하는 것이다. 모욕은 공격적 반응을 유발하고 그것은 다시 다른 사람들을 쫓아버리기 때문이다. 쿠바 미사일 위기 때 케네디 대통령이 조언자들을 구성한 방식과 트럼프 방식과의 차이는, 사회적으로 잘 연결된 사람과 사회적으로 고립된 사람의 차이가 아니다. 트럼프 대통령에게도 분명히 많은 친구와 사회적 인맥이 있다. 가장 큰 차이는 그의 개인적 성격이 그가 받는 조언의 성격과 다양성을 제한할 수 있다는 점일 것이다. 로버트 케네디의 회고록에 따르면, 케네디 대통령은 어떤 사람

---

103 Morland, Diez Roux, and Wing, 2006.

104 Wright et al., 2004; Sternthal et al., 2010.

들이 회의에서 배제된 다른 의견을 갖고 있다는 것을 알게 되면 종종 "다른 선택지들도 포함하도록 회의의 범위를 더 넓혔다. (…) 케네디 대통령은 사람들이 의문을 제기하고, 판단력을 신뢰할 수 있는 사람들이 비판을 하고, 지위나 시각과 무관하게 지적인 관점을 제시하기를 원했다."

명백하게 심해 보이는 트럼프 대통령의 나르시시즘이 점점 많은 사람의 주목을 끌고 있다. 여러 회의와 인터뷰에서 자신의 선거인단 선거 승리 규모를 집착적으로 과장하는 주장과, 힐러리 클린턴이 유권자 투표에서 300만 표 이상 승리한 것은 투표 사기 때문이라는 주장, 취임식에 모인 군중 규모에 대한 주장은 놀랍기 그지없었다. 나르시시즘에서 핵심적인 것은 자기언급적 방어다. 러시아 외교부 장관 라브로프와 러시아 대사 키슬략에게 극비 정보를 누설한 것에 대해 강한 비난이 일자, 그에 대한 반응으로 처음 올린 트윗에 그는 이렇게 썼다. "대통령으로서 나는 (…) 관련된 사실들을 (…) 공유하고 싶었고, (…) 나에게는 그렇게 할 절대적인 권리가 있다." 이 트윗에서 주목할 것은 '대통령으로서' 자신의 역할과 자신의 '절대적 권리'를 가장 중요하게 여긴다는 점이다. 권력에 대한 주목 역시 이와 밀접하게 관련된다. 정치 논평가이자 저널리스트인 유진 로빈슨 Eugene Robinson은 러시아인들에게 일급 정보를 누설하고, 터키의 민주주의적 절차를 망가뜨린 논란 많은 선거에서 승리한 터키의 에르도안 대통령에게 누구보다 먼저 축하하고, 사법절차를 무시하고 수천 명을 살해하여 널리 비난받고 있는 필리핀의 두테르테 대통령을 칭찬하고 백악관에 초대까지 한 것에 관해 논평한 글에서 그 점을 잘 요약했다. "그는 권력과 미덕을 하나로 본다."[105]

　개인적인 것과 사회적인 것의 상호작용에 따라 처음에는 나르시시스트 지도자 자신에 대한 자기애적 염려와 권력에 대한 집착이 그의 사회 관계망의 형태를 만들고 그 관계망에 초대받는 사람들을 제한할 수 있다. 그 후에는 모욕에 대한 민감성과 그에 대한 분노 반응으로 그 관계망은 더욱 훼손될 수 있다. 남은 사람들은 그 개인에 대해 무엇이든 받아주는 경향이 있고 다른 이득을 위해 계속 남아서 버틴다. 어느 쪽이든 그런 사람들이 하는 충고나 조언은 계속 남아 버티려는 동기에 따라 이루어질 가능성이 크다. 또한 남은 사람들은 잘못 뱉은 말 때문에 거리가 더 벌어지거나 기대하는 이득이 축소되지 않도록 해야 하므로 언행에서 제약도 많아질 것이다. 이런 역학 관계가 특히 심란한 점은 자체 증식하는 경향이다. 그 개인이 자신에게 아부하고 충돌을 피하는 사람만을 더 많이 선택할수록, 대들고 비판하는 사람이 더 많이 떨어날수록, 그의 관계망은 더욱 협소해지고 더욱 균질화해 그 개인에 대한 아부가 더 심해지다가 결국에는 좁다란 벼랑이 되어버린다. 술에 절어 있었고 벽에 걸린 초상화들에게 주절주절 혼잣말을 하고 재직 기간 말기에는 밤마다 키신저와 함께 기도를 했다고 전해지는 닉슨 대통령이 떠오른다.

　모욕과 착취적 대우에도 불구하고 가장 충성스럽게 남은 자들

---

105 Eugene Robinson, 2017.

로 관계망이 축소되는 것은 대통령과 국내외 동맹 세력과의 관계에도 적용된다. 여러 논평가가 지적했듯이 2017년 5월 초 공화당 하원 의원들이 2018년에 있을 재선에서 자신들이 매우 불리해지는 것까지 감수해가며 새로운 건강 보험 법안에 찬성표를 던진 것은 트럼프 대통령이 취임한 후 첫 100일에 즈음하여 한 가지 성과를 올렸다고 주장할 기회가 되었을 것이다. 또한 대통령의 말에 대한 국제적 신뢰의 중요성을 놓고도 많은 사람이 글을 썼다. 특히 코미 FBI 국장의 해고와 관련해 대통령 본인과 보좌관들의 설명이 서로 어긋났고, 러시아 외교부 장관과 주미 러시아 대사에게 기밀 정보를 누설한 뒤로, 사람들은 트럼프 대통령이 큰 위기가 닥쳤을 때 동맹국들을 하나로 규합할 능력이 있을지 의문을 제기해왔다. 동맹국이 그가 확언하는 약속이나 사건에 대한 그의 해석을 신뢰하지 못한다면 협력을 이끌어낼 수 없을 테니 말이다. 로버트 케네디는 1967년에 쓴 글에서 이미 그런 우려를 표현했다.

전 세계에서 존경받는 것이 얼마나 중요한 일이며, 동맹과 우방을 갖는 것은 얼마나 필수적인 일인가. 5년이 지난 지금, 나는 의회에 팽배한 고립주의 기운을 감지하고, 온 나라에 퍼진 우리가 다른 나라에 너무 깊게 개입하고 있다는 생각, 우리가 베트남에서 큰 지지를 받지 못하고 있는 현실에 대한 분함과 우리의 원조 프로그램들이 소용없고 동맹 관계도 위태롭다는 인상을 감지하고 있다. 1962년 10월의 그날들을 돌아보는 것이 좋을 것이다.

이어서 케네디는 미주기구와 나토 동맹국들, 그리고 혹시 러시아 항공기들이 쿠바로 무기를 운반한다면 격리 해역을 우회하느라 통과할 수도 있는 아프리카의 중요한 나라들(기니와 세네갈)로부터 지지를 얻은 것이 얼마나 중요한지도 자세히 설명한다. 이 모든 나라의 신뢰와 지지가 "우리의 위치를 국제법을 위반하는 무법자에서 (…) 동맹과 화합하여 행동하는 국가로 바꾸어주었다."

나르시시즘은 맹목적 충성과 아부만을 원하는 사람의 관계망을 점점 축소시키는 핵심 원인일 뿐 아니라, 인정과 칭찬에 대한 집착까지 불러온다. 트럼프 대통령이 선거 득표수와 취임식 군중 규모에 대한 집착하는 모습은 위기의 13일이 끝나가던 무렵 케네디 대통령이 취한 태도와 극명하게 대조된다.

> 위기가 마무리되고 난 뒤, 그는 그때까지 일어난 일에 대해 자신이나 행정부의 공을 인정받고자 하는 어떤 발언도 하지 않았다. 또한 국가 안보 회의 집행 위원회와 정부 구성원 전원에게 어떤 식으로도 승리를 주장하는 발언이나 인터뷰를 일체 삼가라고 지시했다. 그는 자기 국가에게도 인류에게도 이로운 쪽으로 올바른 판단을 내린 흐루쇼프를 존경했다. 그것이 승리라면 그것은 특정 정부나 인사들의 승리가 아니라 다음 세대를 위한 승리였다.

로버트 케네디가 《13일》을 마무리한 말은 이 장을 마무리하는 말로도 적합하다. "제1차 세계대전이 일어났을 때 독일의 전임 총리 폰 뷜로von Bülow 공작이 총리에게 물었다. '이 모든 일이 어떻게 일어난 거요?' 그러자 '아아, 우리가 그걸 안다면 얼마나 좋겠습니까?'라는 대답이 돌아왔다." 매우 섬세한 역학과 미묘한 판단들이 세계를 안전한 곳으로 유지할 수도 있고 파괴의 심연으로 빠뜨릴 수도 있다. 현재 우리를 이끌고 있는 것은 본인에게 큰 결함이 있을 뿐 아니라 심각하게 모자란 보좌관들의 뒷받침을 받고 있는 사람이다. 1962년에 케네디가 받은 폭넓고, 케네디가 좋아했던 단어 그대로 '활력' 넘치는 조언들은 현재 트럼프 대통령이 주변 인물들에게 듣고 있다고 전해지는 조언과 극명하게 대조된다. 그런 만큼 트럼프 대통령의 개인적 특징들은 그가 조언자들의 네트워크를 더욱더 좁혀가면서 점점 의지할 사람이 남지 않는 상황을 자초하리라는 전망으로 우리를 불안에 빠뜨린다. 충동적이고 무분별하며 자기애적이고 경솔하며 명백히 의도적인 거짓말과 위협과 허세는 미국에 해를 끼칠 뿐 아니라, 대통령 본인도 더욱 고립시킬 것이다. 트럼프 대통령이 대재앙을 초래할 수도 있는 결정을 내리는 외로운 처지에 놓일지도 모른다는 것이 지금 우리가 마땅히 두려워해야 할 가장 시급하고 막대한 공포다.

얼마나 불확실한 일인가

케네디 대통령과 트럼프 대통령 사이에는 지금까지 살펴본 대조적 측면뿐 아니라 배경과 개인적 특징에서 몇 가지 유사한 점도 있기 때문에 두 사람은 마치 자연 실험[106]처럼 보인다. 두 사람의 부친은 모두 사업에서 대단히 큰 성공을 거두었고, 합법과 불법의 경계를 넘나들며 일했다. 둘 다 특권층으로 태어났고, 둘 다 '최고의 학교'에 다녔다. 둘 다 명백한 '난봉꾼'이었지만, 또한 자기 가족들은 대단히 아꼈다. 행동상의 여러 차이점과 함께 이런 비슷한 점도 있었다는 사실은 우리가 이 모든 문제를 이해하는 것이 얼마나 불확실한 일인지를 시사한다. 그러나 바로 이 불확실성은 우리에게 문제시되는 실제 행동에 초점을 맞추는 것이 현명한 일임을 되새겨준다. 심리학과 의학 분야에서 나온 지혜는 우리가 그 문제들과 그 문제의 사회적·개인적 원인들, 그리고 일어나는 일들에 따라 변하거나 완화될 가능성을 더 잘 이해하도록 명확히 밝혀줄 수 있지만, 결국 그 문제들에 대해 판단을 내리는 것은 우리 모두의 몫이다.

감사의 말

이 글에 도움이 되는 논평을 해주신 레베카 러틀러지 피셔Rebecka Rutledge Fisher, 루스 살바지오Ruth Salvaggio, 캐스린 스콜Kathryn Skol, 바바라 바네코Barbara Vanecko와 리처드 바네코Richard Vanecko, 그리고 밴디 리에게 감사하는 마음을 전합니다.

---

106 인위적으로 개입하지 않았는데도 자연스럽게 실험 설계와 유사한 상황이 발생한 경우를 말한다. —옮긴이

9장

그는 세계를
손에 쥐고 있고
방아쇠에 손가락을
얹고 있다

수정 헌법 제25조 해법

나네트 카트렐
디 모스바처

나네트 가트렐 Nanette Gartrell

하버드대학교 의학대학원과 캘리포니아대학교 샌프란시스코캠퍼스에서 학생들을 가르친
정신의학자이자 연구가, 저술가이다. 47년간 주로 성 소수자 부모를 둔 가족에 초점을
맞춘 과학 연구를 진행해왔다. 1980년대와 1990년대에는 의사들의 성적性的 비행에 대한
획기적인 조사를 주도했고, 그 결과 전문가의 윤리 강령을 정비하게 하고 경계 위반boundary
violations*을 불법화하는 결과를 이끌어냈다. 나네트 가트렐의 논문들은 스미스대학교
소피아스미스컬렉션에 보관되어 있다.

디 모스바처 Dee Mosbacher

정신의학자이자 아카데미상 후보에 올랐던 다큐멘터리 영화감독이며, 캘리포니아대학교
샌프란시스코캠퍼스에서 학생들을 가르쳤다. 공공 부문에서 활동하는 정신의학자로서,
증세가 심각한 정신 질환자들을 전문적으로 치료했다. 샌머테이오카운티의 정신 건강
의료 담당관을 지냈고, 샌프란시스코의 진보 재단에서 정신과 의사로 활동했다. <다이앤
(디) 모스바처와 여성의 비전 논문들The Diane (Dee) Mosbacher and Woman Vision Papers>이
스미스대학교 소피아스미스컬렉션에 보관되어 있다. 모스바처가 만든 영화들도
스미소니언박물관에 소장되어 있다.

* 예컨대 의사와 환자의 성관계처럼 의사와 환자 사이의 경계를 무너뜨리는 것 또는 관계를
  역전시키는 것. ─옮긴이

1994년에 카터 대통령은 우리가 핵무기에 대한 전권을 맡길 사람이 그 책무를 수행할 수 있는 정신적·신체적 능력을 갖추고 있는지 확인할 방법이 전혀 없다는 사실에 개탄했다.[107] 미국 역사에는 심각한 정신적·의학적 질환을 앓았던 대통령들이 있었지만 그런 사실은 대부분 일반 대중에게는 알려지지 않았다. 1776년부터 1974년까지 역대 대통령들을 검토한 결과 37명의 대통령 중 49퍼센트가 정신과 질환을 암시하는 기준에 부합했다.[108] 예컨대 프랭클린 피어스 Franklin Pierce 대통령과 링컨 대통령은 우울증 증상이 있었고,[109] 닉슨과 존슨 대통령은 편집증을,[110] 레이건 대통령은 치매를 앓았다.[111] 윌슨

107 Carter, 1994.

108 Davidson, Connor, and Swartz, 2006.

109 Davidson, Connor, and Swartz, 2006.

110 Glaister, 2008; Goodwin, 1988.

111 Berisha et al., 2015.

대통령은 심한 뇌졸중으로 인지 기능이 심하게 손상되었다.[112] 핵 발사 명령을 전달하는 임무를 맡는 군 인력들은 그 임무를 맡을 심리적·재정적·의학적 적합성을 판단하기 위해 엄격하게 정신 건강을 비롯한 건강검진을 받아야 하지만,[113] 군 통수권자 당사자에 대해서는 그런 요건이 없다.

2016년 미국 대통령 선거기간 동안, 트럼프가 사실과 허구를 구분하지 못하거나 구분하지 않으려 하고[114] 법치를 악의적으로 무시하며[115] 자신의 관점과 다른 관점들을 용인하지 못하고[116] 비판에는 격한 분노로 반응하며[117] 충동을 조절하지 못하고[118] 모든 사람을 싸잡아 비난하는 행동[119] 등으로 볼 때 핵무기 명령권이 있는 직책에 기질적으로 부적합하다는 것이 갈수록 분명해졌다. 트럼프가 대통령 당선인이 되었을 때 우리는 정신의학자로서 그의 정신적 안정성과 직무 적합성을 심각하게 우려했다. 트럼프의 개인 주치의인 위장병 전문의 해럴드 본스타인Harold Bornstein 박사는 "지금까지 대통령으

112 Weinstein, 1981.

113 Osnos, 2017; Colon-Francia and Fortner, 2014.

114 Barbaro, 2016.

115 Kendall, 2016.

116 DelReal and Gearan, 2016.

117 Sebastian, 2016.

118 "Transcript", 2016.

119 Reilly, 2016.

도널드 트럼프라는 위험한 사례

로 당선된 사람 중 가장 건강한 사람일 것"이라고 주장했지만,[120] 트럼프가 심리검사 또는 신경 정신의학적 검진을 받았다는 증거는 전혀 없다. 사실 이전의 어떤 대통령도 취임 전에 그런 검사를 받았다는 증거는 없다.

2016년 11월 10일, 우리는 정신의학자 동료이자 친구인 주디스 허먼 박사에게서 온 전화를 받았다. 허먼 박사도 우리처럼 트럼프의 과대망상적이고 호전적이며 예측할 수 없는 행동을 크게 우려했다. 허먼 박사는 우리가 보고 느낀 바를 정리해 오바마 대통령에게 직접 편지를 보내 대통령 당선자에 대한 치우침 없는 정신의학적 평가를 실시하도록 권고하자고 제안했다. 우리는 국가 안보가 걸린 문제인 만큼 그런 평가를 해야 할 근거가 충분하다는 데 동의했다. 허먼 박사가 편지의 초안을 작성하겠다고 했다. 우리는 각자 그 편지에 지지 서명을 하는 일에 동참할 만한 동료들에게 연락하는 일을 맡았다.

우리 세 사람은 1980년대 초부터 협력해온 사이다. 하버드대학교 의학대학원 교수로서 허먼 박사는 가트렐 박사와 함께 성적 학대를 일삼는 의사들을 대상으로 전국적 연구를 실시했고, 미국정신의학회의 정신 건강 프로젝트들도 함께 해왔다. 우리는 서로 신뢰할 만한 유능함과 윤리성을 갖추고 있다고 확신했다.

11월 말, 트럼프의 "널리 보도된 정신적 불안정성을 보여주는

---

120 Schecter, Francescani, and Connor, 2016.

증상들(과대성, 충동성, 모욕과 비판에 대한 지나친 민감성, 명백히 환상과 현실을 구별하지 못하는 것 등)때문에 우리는 그가 대통령직이라는 막대한 책무를 수행하기에 적합한지 의문을 갖게 되었다"는 의견을 전하는 편지를 오바마 대통령에게 보냈다.[121] 우리는 대통령 당선인이 "치우침 없는 검사자들에게 전체적인 의학적·신경 정신의학적 평가"를 받아야 한다고 강력하게 권고했다.

그러나 우리는 백악관으로부터 아무런 대답을 듣지 못했다. 12월 16일, 한 기자가 가트렐과 모스바처에게 연락해 트럼프의 정신의학적 상태에 관해 기꺼이 논평해줄 정신 건강 전문가가 없는지 물었다. 우리 세 사람은 우리의 제안을 공적 담론의 주제로 삼기 위해, 오바마 대통령에게 보낸 편지를 공개하기로 결정했다. 그 기자는 우리에게 편지를 배포하도록 허락해달라고 했고, 곧 〈허핑턴포스트〉에 편지가 실려[122] 급속도로 퍼져나갔다.[123] 그 소식을 전하는 기사들에는 트럼프의 비정상적 행동이 세계 질서에 큰 위험 요인이 될 것이라는 예감이 반영되어 있었다.[124] 우리는 더 자세하게 논평해달라는 요구를 모두 거절했다. 트럼프를 직접 진찰한 적이 없는데도 대부분의 기자가 우리에게 구체적인 정신 질환 진단명을 말해 달라고 했기 때문이다.

---

121 Greene, 2016.

122 Greene, 2016.

123 Pasha-Robinson, 2016.

124 Pasha-Robinson, 2016; "Grave Concerns", 2016.

페미니즘 활동가 글로리아 스타이넘Gloria Steinem은 우리 편지를 실은 〈허핑턴포스트〉 기사를 자신의 페이스북 페이지에 올리고, 허먼에게 연락해 정부에서 우리의 제안을 실행에 옮길 수 있을 만한 사람이 누구인지 찾기 위해 상의했다. 작가 로빈 모건Robin Morgan은 합참의장인 조지프 던퍼드Joseph Dunford 장군에게 편지를 전달하자고 제안하며, 닉슨 행정부의 마지막 시기에 있었던 일련의 사건들을 우리에게 상기시켜주었다. 닉슨 대통령이 심하게 과음을 하고 전쟁을 일으키겠다는 위협을 일삼았기 때문에,[125] 제임스 슐레진저James Schlesinger 당시 국방 장관이 핵무기를 배치하라는 백악관의 명령이 떨어져도 슐레진저 자신이나 국무 장관인 키신저의 승인 없이는 실행하지 말라고 군에 지시했다는 것이다.[126] 모건은 곧 트럼프가 핵무기 접근권을 얻게 되니 던퍼드 합참의장과 합동참모본부에게 이러한 역사를 알려야 한다고 생각했다. 가트렐과 모스바처는 동료들에게 연락을 취해 던퍼드 의장의 공식 이메일 주소를 알아냈다. 1월 3일, 우리는 '국가의 안전이 걸린 위급한 문제'라는 제목으로 던퍼드 의장에게 메일을 보냈다.

일주일 뒤 가트렐은 정부 정보부에서 일하는 한 여성을 만나, 그 정보기관에서 일하는 다른 전문가들에게 우리의 제안을 전달해줄 수 있는지 물었다. 그 여성은 트럼프의 불안정한 정신에 대해 우

---

125 Davidson, Connor, and Swartz 2006.
126 McFadden, 2014.

리와 같은 견해를 갖고 있는 중요한 인사들에게 편지를 전해주기로 했다.

취임일이 가까워졌을 때, 가트렐과 모스바처, 허먼 박사와 스타이넘, 모건은 각자가 개인적으로 알거나 연락을 취할 수 있는 의원들에게도 편지를 보내기로 결정했다. 또 우리는 기회가 있을 때마다 우리의 제안을 알리기로 의견을 모았다. 모스바처는 하원 소수당 원내 총무인 낸시 펠로시Nancy Pelosi에게 연락해 우리의 편지를 전했다. 스타이넘은 척 슈머Chuck Schumer 상원 의원에게 편지를 전달했고, 모스바처는 엘리자베스 워런Elizabeth Warren 상원 의원과 이 일에 관해 상의했다. 스타이넘은 워싱턴에서 열린 여성 행진에서 연설하면서 우리의 제안을 인용했다.[127] 모건은 여성 미디어 센터 생방송 라디오 프로그램에서 우리 편지를 낭독하고,[128] 자신의 블로그에도 발췌문을 올렸다.[129]

취임 후 트럼프의 충동적이고 호전적이며 경솔하고 무책임한 행동은 더욱더 분명해졌다.

- 그는 사실이 자신의 환상과 어긋날 때면 분노를 터뜨렸다.[130] 취임식 다음 날, 그는 내셔널몰 국립공원에서 "100만,

---

127 "Voices of the Women's March", 2017.

128 Morgan, 2017a.

129 Morgan, 2017b.

130 Wagner, 2017.

150만 명"이 취임 연설을 들었다는 자신의 주장을 반박한 언론을 강하게 비난했다. [131]

• 언론을 향한 적대적 태도는 거의 편집증에 가깝다. [132] 텔레비전에서 자신과 러시아의 관계가 언급되면 텔레비전에 대고 고함을 지르고, [133] 평소 언론을 "인민의 적"이라고 부른다." [134]

• 민간인 30명과 해군 특수 부대원 1명의 목숨을 앗아간 예멘 공습처럼 실패한 작전에 대해서는 자신이 승인한 작전인데도 자기 잘못이라는 비난을 받아들이지 않는다. [135]

• 예멘 공습을 통해 중요한 첩보를 획득했다고 주장하거나, [136] 오바마 대통령이 트럼프 타워를 도청했다고 비난하는[137] 등 쉽게 반박되는 근거도 없는 거짓 주장을 한다.

• 그는 정부의 다른 부문을 존중하지 않는다. 무슬림이 대다수인 7개국 국민의 입국을 금지하는 행정명령을 내린 뒤, 연방법원이 집행정지 결정을 내리자 그 결정의 정당성을 실추시키려 애썼고, 비하적 언어를 사용해 사법부의 명예를 깎아내렸

---

131 Zaru, 2017.

132 Page, 2017.

133 Pasha-Robinson, 2017.

134 Siddiqui, 2017.

135 Schmitt and Sanger, 2017; Ware, 2017.

136 McFadden et al., 2017.

137 Stefansky, 2017.

다(예컨대 제임스 로바트James Robart 법관을 "이른바 법관이라는 작자"라고 칭했다).[138]

- 그는 다른 나라의 독재적 지도자들을 칭송한다. 트럼프는 푸틴과 김정은, 두테르테 같은 폭군들을 칭찬하고,[139] 시시와 에르도안을 백악관에 초청했다.[140]

- 그는 2016년 대통령 선거에 러시아가 개입한 것에 관심이 쏠리지 않게 하려고 애쓴다. 러시아 첩보 당국과 트럼프 선거 캠프의 공모를 수사하던 FBI 국장을 해고한 뒤, 러시아 고위 외교관들을 만나 극비 첩보를 누설했다.[141]

- 대통령 권력의 한계가 어디까지인지 관심이 없고, 대통령으로서 해야 할 의무에 대해서도 이해하지 못한다. "미국 정부의 가장 중요한 세 가지 기능이 무엇입니까?"라는 단순한 질문의 답도 알지 못했다.[142]

- 그는 걸핏하면 군사행동이 임박했다는 식의 말로 북한을 자극한다. 트럼프는 "무적함대"가 "힘을 보여주기" 위해 북한으로 가고 있다고 주장해, 김정은의 방어적 반응을 촉발했다. 김정은의 국영 뉴스는 트럼프의 엄포를 "우리 지역의 긴장을 악

---

138 Forster and Dearden, 2017.

139 New York Times Editorial Board, 2017; Pengelly, 2017.

140 Nakamura, 2017; DeYoung, 2017.

141 Miller and Jaffe, 2017.

142 Brown, 2016.

화시키기 위한 무모한 공세"라고 표현했다.[143]

트럼프의 적대적이고 충동적이며 선동적이고 미심쩍고 비정상적인 이 모든 행동은 미국의 국가 안전을 심각하게 위협한다.

미국 수정 헌법 제25조는 대통령의 무능력과 승계에 대한 것이다.[144] 그중 4절을 적용해 현직 대통령이 직무 수행에 적합한지 여부를 평가한 적은 아직 한 번도 없다. 우리는 즉시 이 조항의 적용 범위 내에서 독립적이고 치우침 없는 검증단을 꾸려 트럼프의 대통령 직무 수행 적합성을 평가하라고 의회에 촉구하는 바이다. 그리고 앞으로도 모든 대통령과 부통령 후보가 총 유권자 투표 이전에 이 전문 검증단의 평가를 받고, 현직 대통령과 부통령도 해마다 평가받는 법률을 제정할 것을 의회에 강력하게 요구한다. 또한 검증단 구성원들에게 대통령과 부통령의 모든 건강진단서와 정신 건강진단서를 받고, 그들이 필요하다고 판단하면 추가 검사도 요구할 수 있는 권한을 부여할 것을 권고한다.

우리 제안의 구체적인 내용은 다음과 같다.

• 미국 수정 헌법 제25조 4절에 의거해, 의회는 트럼프의 대통령직 직무 수행 능력을 평가할 정신 건강 전문가들과 의료

143 Sampathkumar, 2017.
144 Cornell University Law School, 2017.

전문가들로 구성된 독립적이고 초당적인 검증단을 즉각 구성한다.

- 검증단은 신경 정신의학자 3인(임상의 1인, 학자 1인, 군의관 1인)과 임상심리학자 1인, 신경학자 1인, 내과 전문의 2인으로 구성한다.

- 검증단 구성원은 초당적 비정부 기구인 전미의학아카데미 National Academy of Medicine가 임명하게 한다.[145]

- 각 전문가의 임기는 6년으로 하되, 순번에 따라 1년에 1명씩 퇴임하고 새 구성원을 충원하는 조항을 둔다.[146]

- 의회는 검증단이 해마다 대통령과 부통령에 대해 포괄적인 정신 건강검진과 의료 검진을 실시할 수 있도록 권한을 부여하는 법률을 제정한다. 이 법률은 검증단이 미래의 모든 대통령과 부통령 후보도 검진하도록 규정해야 한다. 또한 대통령 또는 부통령의 정신 건강 또는 신체 건강에 급격한 변화가 나타날 경우에도 긴급 검진을 실시할 수 있는 권한을 검증단에 부여한다.

- 검증단은 대통령 또는 부통령의 정신 또는 신체 건강 상태

---

145 Abrams, 1999.

146 Abrams, 1999.
  여기에서 제안한 내용은, 회원 6명으로 처음 구성할 때 추첨을 통해 각자 1~6년의 임기를 정해 1년 뒤 1년 임기인 사람이 퇴임하고 새 멤버를 영입하고, 이렇게 순환하면서 해마다 기존 구성원 5명과 신입 구성원 1명이 활동하는 방식이다.
  ─옮긴이

가 직무를 수행할 수 없게 만든다고 판단할 경우를 제외하고 평가 내용에 대해서 엄격히 기밀을 유지한다.

의회는 즉시 행동해야 한다. 심각한 정신적 불안정성의 징후를 보이는 대통령의 손 안에 핵무기가 있다. 이는 국가 안전이 걸린 위급한 문제다. 우리는 우리가 선출한 공직자들에게, 트럼프에 대한 독립적이고 초당적인 신경 정신의학적 검진을 요구해온 수천 명의 정신 건강전문가들의 경고에 귀 기울일 것을 요구한다. 우리가 지금 알고 있는 세상은 새벽 3시의 핵 트윗과 함께 더 이상 존재하지 않을 수도 있다.

감사의 말
이 장를 준비하는 데 도움을 준 에스더 D. 로스블럼Esther D. Rothblum 박사, 매들린 칸Madelyn Kahn 박사, 허먼 박사, 모건, 스타이넘, 메리 아이크바워Mary Eichbauer 박사, 가트렐, 마니 홀Marny Hall 박사, 캐스린 리Kathryn Lee 박사, 그리고 패트리샤 스파이어Patricia Speier 박사에게 감사의 말을 전합니다.

노엄 촘스키 Noam Chomsky

1955년부터 교수로 일해온 매사추세츠공과대학의 명예교수이다. 언어학과 철학, 지성사, 당대의 사안, 국제 문제, 미국의 외교정책 등 폭넓은 주제에 관해 글을 쓰고 강연해왔으며 다수의 상과 명예 학위를 받았다. 비교적 최근 저서로는《촘스키 지의 향연》,《촘스키 세상의 권력을 말하다 1, 2, 3》,《촘스키, 9-11》,《촘스키, 은밀한 그러나 잔혹한-서양이 저지른 기나긴 테러의 역사》,《촘스키, 인간이란 어떤 존재인가?》,《왜 우리만: 언어와 진화》,《누가 세상을 지배하는가?》,《아메리칸드림을 위한 진혼곡》등이 있다.

직종의 경계를 뛰어넘어

_____

노엄 촘스키, 밴디 리

전문 지식은 전문가의 의견에 무게를 실어주기도 하지만 한계를 짓기도 한다. 한 분야를 잘 아는 데서 오는 이점이 다른 관점의 필요성을 보지 못하게 눈을 가릴 수도 있는 것이다. 그렇기 때문에 전문가들은 자신의 의견을 공개적으로 표명하는 것뿐 아니라 경계를 넘어 서로 다양한 분야 간에 의견을 나누기도 해야 한다. 그래서 나는 언어학자이자 철학자이며 역사학자인 노엄 촘스키 박사에게 연락을 취했다. 그를 선택한 이유는 이렇다. 그는 이 책에서 이야기하는 심각한 위험성에 대해 우리와 비슷한 결론에 도달했는데, 그 결론에 도달한 방법은 우리와 달랐고 바로 그 점이 우리의 견해를 더욱 확고하게 뒷받침해준다고 생각한다. 또한 촘스키 박사는 공화당뿐 아니라 민주당도 비판해왔다. 항상 사회문제에 깊이 참여해왔을 뿐만 아니라, 인지 과학자로서도 지난 수십 년에 걸쳐 지속적으로 눈에 띄게 기여해왔고, 그러면서도 학자이자 교사로서의 본분을 무엇보다 중요하게 지켜왔다. 그래서 우리는 그를 27명의 정신 건강 전문가에 포함시키지는 않지만, 우리가 앞으로 함께 대화를 나눠가야 할 또 다른 분야의 전문가로서 존중한다. 촘스키 박사는 그러한 초대에 응답하는 것으로 이전에 한 몇 가지 인터뷰를 발췌 정리해 이 책의 맺음말로 갈음할 글을 엮어주겠다고 제안했다.

—밴디 리

트럼프를 지지하는 세력이 부상한 이유가 무엇인지는 꽤 명백하고, 그 점에 관해서는 어느 정도 합의도 구성되어 있다. 간단히 경제 통계 수치만 보아도 트럼프 지지 세력의 대부분이 신자유주의 시기 동안 뒷전으로 밀려나고 방치된 백인 노동자들로 구성되어 있음을 알 수 있다. 그들은 경기 침체 또는 경기 하락의 시대를 살아왔고, 실질임금은 1960년대와 비슷한 수준에 머물러 있었다. 제대로 작동하는 민주주의도 후퇴해왔고, 그들의 손으로 직접 뽑은 공직자들이 그들의 이해와 관심사를 좀처럼 반영하지 않았다는 증거도 압도적으로 쌓여 있다. 제도권, 특히 의회를 향한 경멸은 폭증했다. 그러는 와중에도 당연히 부는 계속 창출되어왔다. 그것이 극소수의 손으로 들어갔을 뿐이다. 대부분이 상위 1퍼센트에게 돌아갔고, 그들은 그렇게 어마어마한 규모의 부를 독차지하고 있다.

현재 인류는 두 가지 거대한 위험에 직면해 있다. 인류가 그럭저럭 괜찮게 살아남을지 여부를 결단해야만 하는 상황에 있는 것이

도널드 트럼프라는 위험한 사례

다. 하나는 상당히 심각하게 점점 커져가는 핵전쟁의 위험이고, 다른 하나는 환경적 재앙이다. 트럼프는 닉슨의 유물인 환경보호국을 사실상 제거하기를 원하고 규제도 낮추기를 원하며 가능한 한 빠른 속도로 벼랑 끝을 향해 달려가려 한다. 군국주의에 관해서는, 이미 재량 지출의 절반을 넘는 군비 예산으로 극도로 위험해질 수 있는 대립들을 초래하고도 군비 예산을 더욱 높이기를 원한다.[1]

〈원자력 과학자 회보The Bulletin of Atomic Scientists〉는 정기적으로 과학자들과 정치 평론가들, 그 밖의 진지하게 고민하는 사람들을 모아 현재 세계가 처한 상황을 추정해보는 일을 한다. 그들이 던지는 질문은 이렇다. '우리는 인류 멸종에 얼마나 가까이 다가와 있는가?' 그리고 그들은 '운명의 날 시계Doomsday Clock'를 갖고 있다. 그 시계가 자정을 치면 우리는 끝이다. 인류뿐 아니라 다른 많은 종의 종말이기도 하다. 해마다 이런 질문을 던진다. 분침이 자정에서 얼마나 떨어져 있는가?

운명의 날 시계는 핵 시대 원년인 1947년에 처음 도입되었는데, 당시 분침은 자정 7분 전에 맞춰져 있었다. 그 후로 분침은 오르락내리락했다. 자정에 가장 가까이 갔던 때는 1953년이다. 그해에는 미국과 러시아 두 나라 모두 수소폭탄을 터뜨렸고, 그것은 인류의 생존을 극도로 심각하게 위협했다. 대륙 간 탄도미사일도 개발되고 있었다. 이 일련의 상황들이 인류의 안전을 최초로 심각하게 위협했

---

1 Newman, 2016.

었다. 그때는 자정 2분 전이었다. 그리고 이후 분침은 자정에서 멀어졌다 가까워졌다 하기를 반복했다.

2014년에 분석가들은 그때까지 무시해왔던 사실을 처음으로 계산에 넣었다. 그것은 핵 시대가 시작된 시점이 새로운 지질연대인 이른바 '인류세Anthropocene'의 시작과 일치한다는 사실이다. 인간의 행동이 지구 환경 전반에 극단적인 영향을 미치는 시대라는 이 개념과 그 시대의 시작 시점을 놓고 논쟁이 있어왔다. 그러다가 세계지질학기구World Geological Organization가 인류세와 핵 시대의 시작점이 거의 일치한다는 결론을 내렸다. 그러므로 지금 우리는 인류의 생존 가능성뿐 아니라 이미 심각하게 위협받고 있는 대부분의 생물의 생존 가능성을 큰 위험에 빠뜨리는 두 가지 시대에 동시에 처해 있는 것이다. 몇 년 전 〈원자력 과학자 회보〉는 그런 점을 고려해 분침을 자정 3분 전으로 옮겼고, 2016년까지 그 시간은 그대로 유지됐다.

트럼프가 취임한 지 일주일 지났을 때 분침은 다시 자정 2분 30초 전으로 옮겨졌다. 1953년 이후로 자정에 가장 가까이 다가간 것이다. 즉, 다시금 인류의 멸종 가능성을 완전히 배재할 수 없어졌음을 의미한다. 나는 이 상황이 오직 공화당만의 책임이라고 말하고 싶지는 않지만(명백히 그것은 사실도 아니다), 그들이 인류를 파괴하는 일을 대놓고 옹호하고 그 일에 앞장서 온 것은 분명하다. 이것이 대단히 충격적인 발언이라는 데는 나도 동의하지만,[2] 그 뒤에는 그것을

---

2 Goodman and Gonzalez, 2017.

도널드 트럼프라는 위험한 사례

몰고가는 극단적인 역학이 분명히 존재하고, 그렇게 몰고간 책임은 우리 모두에게 있다.

조만간 사실상 시골 인구의 상당 부분을 차지하는 백인 노동자 유권자들이, 트럼프가 한 약속들이 모두 모래 위에 세운 것임을 깨닫게 될 날이 올 것이다. 그 약속들엔 아무 실체가 없다.

그러면 그런 다음에 어떤 일이 일어날지가 중요해진다. 트럼프 행정부는 인기를 유지하기 위해 지지를 모을 수단을 찾아내야 할 것이고, 기본적으로 파괴의 쇳덩이를 휘두르고 있다고 요약할 수 있는 그들의 정책들로부터 다른 무언가로 논쟁을 돌리려 할 것이다. 아마도 무언가를 희생양으로 삼으며 이렇게 말할 것이다. "미안해, 저 나쁜 놈들이 방해해서 당신들 일자리를 돌려줄 수가 없네." 그리고 전형적인 희생양 만들기는 이민자, 테러범, 무슬림, 엘리트주의자, 그리고 누구든 가장 취약한 사람을 대상으로 진행된다. 그런 일이 일어난다면 정말 추악한 양상을 띨 것이다.

나는 테러리스트의 행동이라고 연출되거나 주장될 모종의 사건이 벌어질 가능성을 완전히 배제해서는 안 된다고 생각한다. 만약 그런 일이 벌어진다면 미국은 순식간에 바뀌어버릴 수도 있다.[3]

미국에서는 매우 협소한 범위의 부유한 기업과 부유한 개인과 권력층의 손아귀에 압도적인 힘이 집중되어 있고 이는 갈수록 더 심

---

3 Frel, 2017.

해진다. 그리고 어디에나 그들에게 동조하고 부분적으로 그들과 함께 움직이는 이들이 존재한다.

'누가 세상을 지배하는가'라는 질문에는 또 하나의 차원이 있다. 대중은 엄청난 힘을 가질 수 있고 때로는 실제로 그런 힘을 발휘한다. 데이비드 흄David Hum이 쓴 최초의 근대 정치철학 에세이인 《통치의 제1원리에 관하여On the First Principles of Government》를 보아도 알 수 있다. 흄은, 힘은 통치를 받는 사람들에게 있다고 말한다. 통치받는 사람들이 자신이 그런 힘을 행사할 수 있음을 깨닫기만 한다면 그들은 그 힘을 가질 수 있다. 때로 그들은 정말로 그런 힘을 행사한다.[4]

> 취임식 다음 날 열린 여성 행진을 필두로 우리가 목격해온 여러 움직임이야말로, 전멸에 저항하고 건강과 생존을 더듬어 찾아가려는 인류에 내재한 그 힘이 구현된 것인지도 모른다. 대중에게 실상을 알리고 대중을 참여시키기 위해 지칠 줄 모르고 노력해온 촘스키 박사처럼, 우리도 정신 건강 전문가이자 치유자로서 어느 정파에 소속되었든 상관없이 인류의 생존을 지키는 방향으로 나아가는 모든 행동을 반기고 도와야 할 것이다.
>
> ― 밴디 리

---

4 Newman, 2016.

예일컨퍼런스 녹취록 링크

https://us.macmillan.com/static/duty-to-warn-conference-transcript.pdf

참고문헌

프롤로그

American Medical Association. 2001. *AMA Code of Medical Ethics: AMA Principles of Medical Ethics*. www.ama-assn.org/sites/default/files/media-browser/principles-of-medical-ethics.pdf.

American Psychiatric Association. 2006. *Position Statement on Psychiatric Participation in Interrogation of Detainees*. www.psychiatry.org/File%20Library/About-APA/Organization-Documents-Policies/Policies/Position-2014-Interrogation-Detainees-Psychiatric-Participation.pdf.

_____. 2013. *Principles of Medical Ethics with Annotations Especially Applicable to Psychiatry*. www.psychiatry.org/psychiatrists/practice/ethics.

_____. 2017. "APA Remains Committed to Supporting Goldwater Rule." www.psychiatry.org/news-room/apa-blogs/apa-blog/2017/03/apa-remains-committed-to-supporting-goldwater-rule.

Collins, Gail. 2017. "Trump Stays Buggy." *New York Times*, March 17. www.nytimes.com/2017/03/17/opinion/trump-stays-buggy.html.

Dowd, Maureen. 2017. "Mad Trump, Happy W." *New York Times*, March 4. www.nytimes.com/2017/03/04/opinion/sunday/mad-trump-happy-w.html

Frances, Allen. 2017. "An Eminent Psychiatrist Demurs on Trump's Mental State." *New York Times*, February 14. www.nytimes.com/2017/02/14/opinion/an-eminent-psychiatrist-demurs-on-trumps-mental-state.html

Hoffman, David H., Danielle J. Carter, Cara R. Viglucci Lopez, Heather L. Benzmiller, Ava X. Guo, S. Yasir Latifi, and Daniel C. Craig. 2015. *Report to the Special Committee of the*

Board of Directors of the American Psychological Association: Independent Review Relating to APA Ethics Guidelines, National Security Interrogations, and Torture(revised). Chicago: Sidley Austin LLP. www.apa.org/independent-review/APA-FINAL-Report-7.2.15.pdf

Lewis, Neil A. 2005. "Guantanamo Tour Focuses on Medical Ethics." *New York Times*, Nov. 13. www.nytimes.com/2005/11/13/us/guantanamo-tour-focuses-on-medical-ethics.html

Medvedev, Zhores, and Roy Medvedev. 1971. *A Question of Madness: Repression by Psychiatry in the Soviet Union*. New York: Vintage.

Risen, James. 2014. *Pay Any Price: Greed, Power, and Endless War*. New York: Houghton Mifflin.

Rubin, Jennifer. 2017. "Will Comey's Request Push Trump over the Edge?" *Washington Post*, March 6. www.washingtonpost.com/blogs/right-turn/wp/2017/03/06/will-comeys-request-push-trump-over-the-edge/?utmterm=.65aa62ca0657.

Snyder, Timothy. 2017. *On Tyranny: Twenty Lessons from the Twentieth Century*. New York: Crown/Archetype. 티머시 스나이더, 조행복 역, 《폭정》, 열린책들, 2017.

Will, George F. 2017. "Trump Has a Dangerous Disability." *Washington Post*, May 3. www.washingtonpost.com/opinions/trump-has-a-dangerous-disability/2017/05/03/56ca6118-2f6b-11e7-9534-00e4656c22aastory.html?utmterm=.90f21a74dc93.

World Medical Association. 2006. *Declaration of Geneva*. www.wma.net/policies-post/wma-declaration-of-geneva/.

서문

American Psychiatric Association. 2017. "APA Remains Committed to Supporting Goldwater Rule." www.psychiatry.org/news-room/apa-blogs/apa-blog/2017/03/apa-remains-committed-to-supporting-goldwater-rule.

Bulman, May. 2017. "Donald Trump Has 'Dangerous Mental Illness,' Say Psychiatry Experts at Yale Conference." *Independent*, April 21. www.independent.co.uk/news/world/americas/donald-trump-dangerous-mental-illness-yale-psychiatrist-conference-us-president-unfit-james-gartner-a7694316.html.

DeVega, Chauncey. 2017. "Psychiatrist Bandy Lee: 'We Have an Obligation to Speak About Donald Trump's Mental Health Issues . . . Our Survival as a Species May Be at Stake.'" *Salon*, May 25. www.salon.com/2017/05/25/psychiatrist-bandy-lee-we-have-an-obligation-to-speak-about-donald-trumps-mental-health-issues-our-survival-as-a-species-may-be-at-stake/.

Dodes, Lance, and Joseph Schachter. 2017. "Mental Health Professionals Warn About Trump." *New York Times*, February 13. www.nytimes.com/2017/02/13/opinion/mental-health-professionals-warn-about-trump.html

Fisher, Edwin B. 2017. "Trump's Tweets Attacking Obama." *New York Times*, March 6. www.nytimes.com/2017/03/06/opinion/trumps-tweets-attacking-obama.html

Greene, Richard. 2016. "Is Donald Trump Mentally Ill? 3 Professors of Psychiatry Ask President Obama to Conduct 'A Full Medical and Neuropsychiatric Evaluation.'" *Huffington Post*, December 17. www.huffingtonpost.com/richard-greene/is-donald-trump-mentally_b_13693174.html

Herman, Judith L., and Robert Jay Lifton. 2017. "'Protect Us from This Dangerous President,' 2 Psychiatrists Say." *New York Times*, March 8. www.nytimes.com/2017/03/08/opinion/protect-us-from-this-dangerous-president-2-psychiatrists-say.html

Milligan, Susan. 2017. "An Ethical Dilemma: Donald Trump's Presidency Has Some in the Mental Health Community Re-Evaluating Their Role." U.S. *News and World Report*, April 21. www.usnews.com/news/the-report/articles/2017-04-21/mental-health-professionals-debate-ethics-in-the-age-of-trump.

1부

1장   억제되지 않은 극단적 현재 쾌락주의

Associated Press. 2017. "President Trump's Claim That Obama Wiretapped Him Basically Died This Week." *Time*, March 24. http://amp.timeinc.net/time/4713187/donald-trump-obama-wiretap-fact-check/?source=dam.

Kruse, Michael, and Noah Weiland. 2016. "Donald Trump's Greatest Self Contradictions." *Politico Magazine*, May 5. www.politico.com/magazine/story/2016/05/donald-trump-2016-contradictions-213869.

"Mental Health Experts Say Donald Trump Is Unfit to Serve." 2017. *The Last Word with Lawrence O'Donnell*. MSNBC, February 21. www.msnbc.com/the-last-word/watch/mental-health-experts-say-trump-is-unfit-to-serve-882688067737

Psychology Today Editorial Staff. 2017. "Shrinks Battle Over Diagnosing Donald Trump," January 31. www.psychologytoday.com/blog/brainstorm/201701/shrinks-battle-over-diagnosing-donald-trump.

Schwartzman, Paul, and Michael E. Miller. 2016. "Confident. Incorrigible. Bully: Little Donny Was a Lot Like Candidate Donald Trump." *Washington Post*, June 22. www.washingtonpost.com/lifestyle/style/young-donald-trump-military-school/2016/06/22/f0b3b164-317c-11e6-8758-d58e76e11b12_story.html?utm_term=.2f6faf277d74

Stetka, Bret. 2017. "As Presidents Live Longer, Doctors Debate Whether to Test for Dementia." NPR, February 17. www.npr.org/sections/health-shots/2017/02/17/514583390/as-our-leaders-live-longer-calls-for-presidential-dementia-testing-grow-louder.

Sword, Rosemary, and Philip Zimbardo. 2016a. "Bullies." *Psychology Today.com*, January 24. www.psychologytoday.com/blog/the-time-cure/201601/bullies.

———. 2016b. "The Narcissistic Personality: A Guide to Spotting Narcissists." *Psychology Today. com*, March 29. www.psychologytoday.com/blog/the-time-cure/201603/the-narcissistic-personality.

Winch, Guy. 2016. "Study: Half of All Presidents Suffered from Mental Illness." *Psychology Today.com*, February 2. www.psychologytoday.com/blog/the-squeaky-wheel/201602/study-half-all-presidents-suffered-mental-illness.

Zimbardo, Philip, and John Boyd. 2009. *The Time Paradox*. New York: Atria. 필립 짐바르도 외, 오정아 역, 《나는 왜 시간에 쫓기는가》, 프런티어, 2016.

Zimbardo, Philip, Richard Sword, and Rosemary Sword. 2012. *The Time Cure*. San Francisco, CA: Wiley.

2장 병적인 나르시시즘과 정치

Ackerman, R. A., E. A. Witt, M. B. Donnellan, K. H. Trzesniewski, R. W. Robins, and D. A. Kashy. 2011. "What Does the Narcissistic Personality Inventory Really Measure?" *Assessment* 18 (1): 67-87.

Alicke, Mark D., and Constantine Sedikides. 2011. *Handbook of Self-Enhancement and Self-Protection*. New York: Guilford Press.

Baumeister, Roy F., and Kathleen D. Vohs. 2001. "Narcissism as Addiction to Esteem." *Psychological Inquiry* 12 (4): 206-10.

Brown, Jonathon D. 2010. "Across the (Not So) Great Divide: Cultural Similarities in Self-Evaluative Processes." *Social and Personality Psychology Compass* 4 (5): 318-30.

———. 2012. "Understanding the Better Than Average Effect: Motives (Still) Matter." *Personality and Social Psychology Bulletin* 38 (2): 209-19.

Deluga, Ronald J. 1997. "Relationship Among American Presidential Charismatic Leadership, Narcissism, and Rated Performance." *The Leadership Quarterly* 8 (1): 49-65.

Drew, Elizabeth. 2007. *Richard M. Nixon: The American Presidents Series: The 37th President, 1969-1974*. New York: Macmillan.

Farrell, John A. 2017. *Richard Nixon: The Life*. New York: Doubleday.

Grijalva, E., D. A. Newman, L. Tay, M. B. Donnellan, P. D. Harms, R. W. Robins, and T. Yan. 2014. "Gender Differences in Narcissism: A Meta-Analytic Review." *Psychological Bulletin* 141 (2): 261-310.

Grijalva, Emily, and Daniel A. Newman. 2014. "Narcissism and Counter-productive Work

Behavior (CWB): Meta-Analysis and Consideration of Collectivist Culture, Big Five Personality, and Narcissism's Facet Structure." *Applied Psychology* 64 (1): 93-126.

Grijalva, Emily, Peter D. Harms, Daniel A. Newman, Blaine H. Gaddis, and R. Chris Fraley. 2014. "Narcissism and Leadership: A Meta-Analytic Review of Linear and Nonlinear Relationships." *Personnel Psychology* 68 (1): 1-47.

Hill, Patrick L., and Daniel K. Lapsley. 2011. "Adaptive and Maladaptive Narcissism in Adolescent Development."(2011): 89-105.

Hill, Robert W., and Gregory P. Yousey. 1998. "Adaptive and Maladaptive Narcissism Among University Faculty, Clergy, Politicians, and Librarians." *Current Psychology* 17 (2-3): 163-69.

Isaacson, Walter. 2011. *Steve Jobs*. New York: Simon and Schuster. 월터 아이작슨, 안진환 역, 《스티브 잡스》, 민음사, 2015.

Jakobwitz, Sharon, and Vincent Egan. 2006. "The Dark Triad and Normal Personality Traits." *Personality and Individual Differences* 40 (2): 331-39.

Lapsley, D. K., and M. C. Aalsma. 2006. "An Empirical Typology of Narcissism and Mental Health in Late Adolescence." *Journal of Adolescence* 29 (1): 53-71.

Malkin, Craig. 2015. *Rethinking Narcissism: The Bad-and Surprising Good-about Feeling Special.* New York: HarperCollins. 크레이그 맬킨, 이은진 역, 《나르시시즘 다시 생각하기》, 푸른숲, 2017.

Malkin, Craig, and Stuart Quirk. 2016. "Evidence for the Reliablity and Construct Validity of the Narcissism Spectrum Scale." *Research in progress.*

Pailing, Andrea, Julian Boon, and Vincent Egan. 2014. "Personality, the Dark Triad and Violence." *Personality and Individual Differences* 67: 81-86.

Penney, Lisa M., and Paul E. Spector. 2002. "Narcissism and Counterproductive Work Behavior: Do Bigger Egos Mean Bigger Problems?" *International Journal of Selection and Assessment* 10 (1-2): 126-34.

Raskin, Robert N., and Calvin S. Hall. 1979. "A Narcissistic Personality Inventory." *Psychological Reports* 45 (2): 590.

Reidy, Dennis E., Amos Zeichner, Joshua D. Foster, and Marc A. Martinez. 2008. "Effects of Narcissistic Entitlement and Exploitativeness on Human Physical Aggression." *Personality and Individual Differences* 44 (4): 865-75.

Ronningstam, Elsa. 1998. *Disorders of Narcissism: Diagnostic, Clinical, and Empirical Implications.* 1st ed., Washington, DC: American Psychiatric Press.

Sosik, John J., Jae Uk Chun, and Weichun Zhu. 2014. "Hang On to Your Ego: The Moderating Role of Leader Narcissism on Relationships Between Leader Charisma and Follower Psychological Empowerment and Moral Identity." *Journal of Business Ethics* 120 (1): 65-80.

Spain, Seth M., Peter Harms, and James M. LeBreton. 2014. "The Dark Side of Personality at

Work." *Journal of Organizational Behavior* 35 (S1): S41-S60.

Summers, Anthony, and Robbyn Swan. 2000. *The Arrogance of Power: The Secret World of Richard Nixon*. New York: Viking.

Taylor, Shelley E., Jennifer S. Lerner, David K. Sherman, Rebecca M. Sage, and Nina K. McDowell. 2003. "Portrait of the Self-Enhancer: Well Adjusted and Well Liked or Maladjusted and Friendless?" *Journal of Personality and Social Psychology* 84 (1): 165.

Watts, Ashley L., Scott O. Lilienfeld, Sarah Francis Smith, Joshua D. Miller, W. Keith Campbell, Irwin D. Waldman, Steven J. Rubenzer, and Thomas J. Faschingbauer. 2013. "The Double-Edged Sword of Grandiose Narcissism." *Psychological Science* 24 (12): 2379-89. doi: 10.1177/0956797613491970

Wink, Paul. 1992. "Three Types of Narcissism in Women from College to Mid-Life." *Journal of Personality* 60 (1): 7-30.

Woodworth, Michael, and Stephen Porter. 2002. "In Cold Blood: Characteristics of Criminal Homicides as a Function of Psychopathy." *Journal of Abnormal Psychology* 111 (3): 436.

Young Mark S., and Drew Pinsky. 2006. "Narcissism and Celebrity." *Journal of Research in Personality* 40 (5): 463-71.

5장 소시오패시

Aragno, Anna. 2014. "The Roots of Evil: A Psychoanalytic Inquiry." *Psychoanalytic Review* 101 (2): 249-88.

Malancharuvil, Joseph M. 2012. "Empathy Deficit in Antisocial Personality Disorder: A Psychodynamic Formulation." *American Journal of Psychoanalysis* 72 (3): 242-50.

Watt, Douglas. 2007. "Toward a Neuroscience of Empathy: Integrating Affective and Cognitive Perspectives." *Neuropsychoanalysis* 9 (2): 119-40.

6장 악하거나, 미쳤거나, 둘 다 거나

Bleuler, Eugen. 1924. *Textbook of Psychiatry*. New York: Macmillan, p. 485.

Brooks, David. 2016. "Trump's Enablers Will Finally Have to Take a Stand." *New York Times*, August 5.

Cheney, Kyle, et al. 2016. "Donald Trump's Week of Misrepresentations, Exaggerations, and Half-Truths." *Politico*, September 25.

Fromm, Erich. 1964. *The Heart of Man*. New York: American Mental Health Foundation, p. 63. 에리히 프롬, 황문수 역, 《인간의 마음》, 문예출판사, 2002.

Gartner, John. 2005. *The Hypomanic Edge: The Link Between (a Little) Craziness and (a Lot of) Success in America*. New York: Simon and Schuster. 존 가트너, 조자현 역, 《조증》, 살림Biz, 2008.

_____. 2008. *In Search of Bill Clinton: A Psychological Biography*. New York: St. Martin's Press.

_____. 2015. "Donald Trump and Bill Clinton Have the Same Secret Weapon." *The New Republic*, August 25.

_____. 2016. "What Is Trump's Psychological Problem?" *Huffington Post*, June 9.

Gass, Nick. 2016. "New York AG: Trump U 'Really a Fraud from Beginning to End.'" *Politico*, September 25.

Goode, Erica. 2003. "The World; Stalin to Saddam: So Much for the Madman Theory." *New York Times*, May 4.

Haberman, Maggie. 2016. "Even as He Rises, Donald Trump Entertains Conspiracy Theories." *New York Times*, February 29.

Holan, Angie, and Linda Qui. 2015. "2015 Lie of the Year: The Campaign Misstatements of Donald Trump." *PolitiFact*, December 21.

Kernberg, O. 1970. "Factors in the Psychoanalytic Treatment of Narcissistic Personalities." *Journal of the American Psychoanalytic Association* 18: 51-85.

Kraepelin, Emil. 1908. *Lectures on Clinical Psychiatry*. Bristol, UK: Thoemmes, pp. 129-30.

_____. 1921. *Manic Depressive Insanity and Paranoia*. Edinburgh: Livingstone, pp. 125-31.

Kretschmer, Ernst. 1925. *Physique and Character*. New York: Harcourt and Brace, pp. 127-2.

Kruse, Michael. 2016. "1988: The Year Donald Lost His Mind." *Politico*, March 11.

Lange, Jeva. 2016. "Donald Trump Turned His Back on His Closest Friend When He Heard He Had AIDS." *The Week*, April 8.

Pollock, G. H. 1978. "Process and Affect." *International Journal of Psychoanalysis* 59: 255-6.

Reisner, Steven. 2017. "Stop Saying Donald Trump Is Mentally Ill." *Slate*, March 15.

Scott, Eugene. 2015. "Trump Believes in God, but Hasn't Sought Forgiveness." *CNN.com*, July 8.

Tansey, Michael. 2017a. "Part VIII. Delusional Disorder." *Huffington Post*, February 24.

-- 2017b. "Part X. Trump and the Codes: Why 'Crazy Like a Fox' vs. 'Crazy Like a Crazy' Really Matters." *Huffington Post*, March 19.

Tashman, Brian. 2016. "58 Conspiracy Theories (and Counting): The Definitive Trump Conspiracy Guide." *Right Wing Watch*, May 27.

Trump, Donald. 1987. *The Art of the Deal*. New York: Random House. 도널드 트럼프 외, 이재호 역, 《거래의 기술》. 살림, 2016.

Washington Post Editorial Board. 2016. "Donald Trump's Campaign of Conspiracy Theories." *Washington Post*, February 19.

7장 '여우처럼 미친 척하는 것'과 '진짜 완전히 미친 것'의 차이가 정말로 중요한 이유

Chang, Laurence; Kornbluh, Peter, eds. (1998). "Introduction."The Cuban Missile Crisis, 1962: A National Security Archive. http://nsarchive.gwu.edu/nsa/cuba_mis_cri/declass. htm

CNN.com video. 2017. January 21. www.youtube.com/watch?v=4v-Ot25u7Hc.

Keneally, Meghan. 2016. "5 Controversial Dictators and Leaders Donald Trump Has Praised."ABCNews.com, July 6.

Maddow, Rachel. 2016. *The Rachel Maddow Show*. MSNBC, October 27.

Sagan, Scott. 2012. The National Security Archive, George Washington University, Washington, DC, March 1.

Sarlin, Benjy. 2016. NBC News, October 7.

Stephanopoulos, George. 2016. *This Week with George Stephanopoulos*. ABC News, July 31.

Wright, David. 2015. Union of Concerned Scientists. November 9, https://blog.ucsusa.org/ david-wright/nuclear-false-alarm-950

8장 인지장애, 치매, 그리고 미국 대통령

Corn, David. 2011. "How Close Did Lesley Stahl Come to Reporting Reagan Had Alzheimer's While in Office? Very Close."*Mother Jones*, January 20. www.motherjones. com/politics/2011/01/reagan-alzheimers-family-feud-lesley-stahl.

Rediff.com. n.d. "Dual Presidency Theory."Rediff.com. http://pages.rediff.com/dual-presidency-theory/731558.

Lerer, Lisa. 2016. "Hillary Clinton Brings Back Talk of Dual Presidency."*Boston Globe*, May 17. www.bostonglobe.com/news/nation/2016/05/16/hillary-clinton-brings-back-talk-dual-presidency/PHde6zkoaUOnD3bFWV7PgM/story.html.

Levin, Michael C. 2016. "Memory Loss."*Merck Manual Professional Version* (online). www. merckmanuals.com/professional/neurologic-disorders/symptoms-of-neurologic-disorders/memory-loss.

Ramer, Jessica. 2013. "How Does Aging Affect Reaction Time?"LiveStrong.com. www. livestrong.com/article/442800-how-does-aging-affect-reaction-time/.

Smith, Jeff. 2017. "David Orentlicher, Two Presidents Are Better Than One: The Case for a Bipartisan Executive Branch."*European Journal of American Studies* [online], Reviews 2015-4, document 10. http://ejas.revues.org/11162.

Boston University CTE Center. 2017. "What Is CTE?"Boston University CTE Center. http:// www.bu.edu/cte/about/frequently-asked-questions/

9. 추정상의 무능력자 도널드 트럼프

U.S. Senate. 2013. *The Constitution of the United States of America, Analysis and Interpretation.* 112th Congress, 2nd Session, Senate Document No. 112-9.

2부

3장　문제는 정신 질환이 아니라 위험성이다

Burns, Sarah. 2016. "Why Trump Doubled Down on the Central Park Five." *New York Times,* October 17.

"Donald Trump's Lewd Comments About Women."2016. Transcript and video. *New York Times,* October. 8.

Fisher, Max. 2016. "Donald Trump, Perhaps Unwittingly, Exposes Paradox of Nuclear Arms." *New York Times,* August 3.

Gilligan, James. 2001. *Preventing Violence: An Agenda for the Coming Century.* London and New York: Thames and Hudson.

_____. 2011. *Why Some Politicians Are More Dangerous Than Others.* Cambridge, UK: Polity Press. 제임스 길리건, 이희재 역, 《위험한 정치인》, 교양인, 2015.

Haberman, Maggie. 2016. "Donald Trump Again Alters Course on Torture." *New York Times,* March 15.

Heilpern, Will. 2017. "Trump Campaign: 11 Outrageous Quotes."CNN.com, January 19. www.cnn.com/2015/12/31/politics/gallery/donald-trump-campaign-quotes/index.html

Lee, Bandy X., Bruce E. Wexler, and James Gilligan. 2014. "Political Correlates of Violent Death Rates in the U.S., 1900-2010: Longitudinal and Cross-Sectional Analyses." *Aggression and Violent Behavior* 19: 721-28.

New York Times Editorial Board. 2016. "The Trump Campaign Gives License to Violence." *New York Times,* March 15. www.nytimes.com/2016/03/15/opinion/the-trump-campaign-gives-license-to-violence.html.

Weber, Max. 1917. "Science as a Vocation."In *From Max Weber,* tr. and ed. byH. H. Gerth and C. Wright Mills. Repr. New York: Free Press, 1946. 막스 베버, 전성우 역, 《직업으로서의 학문》, 나남출판, 2017.

American Association of University Professors (AAUP). 2016. "The Atmosphere on Campus in the Wake of the Elections."AAUP .org, November 22. www.aaup.org/news/atmosphere-campus-wake-elections#.WP-oOMa1tPb.

American Psychiatric Association. 2013. D*iagnostic and Statistical Manual of Mental Disorders*. 5th ed. Arlington, VA: American Psychiatric Association, pp. 659-660, 669.

Blistein, Jon. 2016. "Donald Trump Hints at Hillary Clinton Assassination."*Rolling Stone*, August 9. www.rollingstone.com/politics/news/donald-trump-hints-at-hillary-clinton-assassination-w433591.

Brinlee, Morgan. 2017. "27 Real Things Trump Has Actually Said Since Becoming President."Bustle, February 13. www.bustle.com/p/27-real-things-trump-has-actually-said-since-becoming-president-37189/amp.

Broad, William J., and David E. Sanger. 2016. "Debate Over Trump's Fitness Raises Issue of Checks on Nuclear Power."*New York Times*, August 04. www.nytimes.com/2016/08/05/science/donald-trump-nuclear-codes.html.

Cohen, Claire. 2016. "Donald Trump Sexism Tracker: Every Offensive Comment in One Place."*The Telegraph*, June 4. www.telegraph.co.uk/women/politics/donald-trump-sexism-tracker-every-offensive-comment-in-one-place/.

Crandall, Chris S., and Mark H. White II. 2016. "Donald Trump and the Social Psychology of Prejudice."*Undark*, November 17. https://undark.org/article/trump-social-psychology-prejudice-unleashed/.

Davidson, J. R., K. M. Connor, and M. Swartz. 2006. "Mental Illness in U.S. Presidents Between 1776 and 1974: A Review of Biographical Sources."*The Journal of Nervous and Mental Disease*, January 194 (1): 47.51. http://journals.lww.com/jonmd/Abstract/2006/01000/MentalIllnessInU_S_Presidents_Between_1776_and.9.aspx.

Diamond, Jeremy, and Stephen Collinson. 2016. "Trump: Gun Advocates Could Deal with Clinton."CNN, August 10. www.cnn.com/2016/08/09 /politics/donald-trump-hillary-clinton-second-amendment/.

"Donald Trump Nearly Casually Remarks About Incest with Daughter Ivanka."2006. *The View*. Season 9. Episode 119. March 6. www.youtube.com/watch?v=DP7yf8-Lk80.

Elledge, John. 2017. "Here Are 23 Terrifying Things That President Trump Has Done in the Last Seven Days."January 26. www.newstatesman.com/world/2017/01/here-are-23-terrifying-things-president-trump-has-done-last-seven-days?amp.

Fahrenthold, David A. 2016. "Trump Recorded Having Extremely Lewd Conversation About Women in 2005."*Washington Post*, October 8. www.washingtonpost.com/politics/trump-recorded-having-extremely-lewd-conversation-about-women-in-2005/2016/10/07/3b9ce776-8cb4-11e6-bf8a-3d26847eeed4_story.html?utm_ term=.8e1252766ffe.

Feyerick, Diane. 2016. "Donald Trump's Uncomfortable Comments About His Daughter Ivanka."CNNuTube, October 12. Accessed April 9, 2017. https://youtu.be/GcnBuE3ExWo.

Finnegan, Michael. "'It's Going to Be a Big, Fat, Beautiful Wall!': Trump's Words Make His California Climb an Even Steeper Trek."*Los Angeles Times*, June 3, 2016. Accessed April 11, 2017. www.latimes.com/politics/la-na-pol-trump-california-campaign-20160602-snap-story.html.

Friedman, Megan, Michael Sebastian, and Emma Dibdin."11 of the Craziest Things President Trump Said at His Latest Rollercoaster of a Press Conference."*Cosmopolitan*, February 16, 2017. www.cosmopolitan.com/politics/amp8943522/trump-press-conference-crazy-moments/.

Gamboa, Suzanne. "Donald Trump Announces Presidential Bid by Trashing Mexico, Mexicans."NBCNews.com. NBCUniversal News Group, June 16, 2015. Accessed April 11, 2017. www.nbcnews.com/news/latino /donald-trump-announces-presidential-bid-trashing-mexico-mexicans-n376521.

Gonzalez-Rojas, Jessica. "Trump's First 100 Days: A Blueprint to Hurt People of Color."*Rewire*, April 24, 2017. Accessed April 27, 2017. https://rewire.news/article/2017/04/24/trumps-first-100-days-blueprint-hurt-people-color/.

Graham, David A. "Which Republicans Oppose Donald Trump? A Cheat Sheet."*The Atlantic*, November 06, 2016. Accessed April 7, 2017. www.theatlantic.com/politics/archive/2016/11/where-republicans-stand-on-donald-trump-a-cheat-sheet/481449/.

Grinberg, Emanuella. "What a Trump Presidency Could Mean for LGBT Americans."CNN, November 11, 2016. Accessed April 11, 2017. https://amp.cnn.com/cnn/2016/11/11/politics/trump-victory-lgbt-concerns/index.html.

Guha, Auditi. "Campuses Wrestle with Wave of Hate-Based Incidents Since Election."*Rewire*, April 24, 2017. Accessed April 27, 2017. https://rewire.news/article/2017/04/24/campuses-wrestle-wave-hate-based-incidents-since-election/.

Hart, S.D., D. N. Cox, and R. D. Hare. *Manual for the Psychopathy Checklist: Screening Version (PCL:SV)*. 1995. Toronto, ON: Multi-Health Systems.

Kaczynski, Andrew. "Donald Trump to Howard Stern: It's Okay to Call My Daughter a 'Piece of Ass.'"CNN, October 9, 2016. Accessed April 9, 2017. www.cnn.com/2016/10/08/politics/trump-on-howard-stern/.

King, Shaun. "Donald Trump Is a Pervert."*New York Daily News*, June 22, 2016. www.nydailynews.com/news/politics/king-donald-trump-pervert-article-1.2683705.

LaMotte, Sandee. "Is the 'Trump Effect'Damaging Our Psyches?"CNN, October 14, 2016. Accessed April 7, 2017. www.cnn.com/2016/10/14/health/trump-effect-damaging-american-psyche/.

"A Letter from G.O.P. National Security Officials Opposing Donald Trump." 2006. *New York Times*, August 8. www.nytimes.com/interactive/2016/08/08/us/politics/national-security-letter-trump.html.

Monahan, J. The MacArthur Violence Risk Assessment: Executive Summary. 2001. Accessed April 6, 2017. www.macarthur.virginia.edu/risk.html.

Murkowski, Lisa. "Full Statements on Donald Trump from Alaska Sens. Lisa Murkowski and Dan Sullivan." *Alaska Dispatch News*, December 12, 2016. Accessed April 7, 2017. www.adn.com/politics/2016/10/08/full-statements-from-sens-lisa-murkowski-and-dan-sullivan-on-donald-trump/.

Pressman, Jeremy, and Erica Chenowith. "Crowd Estimates, 1.21.2017." Google, January 26, 2017. Accessed April 11, 2017. University of Connecticut and University of Denver. https://docs.google.com/spreadsheets/d/1xa0iLqYKz8x9Yc_rfhtmSOJQ2EGgeUVjvV4A8LsIaxY/htmlview?sle=true.

Rosenbaum, Ron. "How Cold War Maj. Harold Hering Asked a Forbidden Question That Cost Him His Career." *Slate Magazine*, February 28, 2011. Accessed April 11, 2017. www.slate.com/articles/life/the_spectator/2011/02/an_unsung_hero_of_the_nuclear_age.html.

Solotaroff, Paul. "Trump Seriously: On the Trail with the GOP's Tough Guy." *Rolling Stone*, September 9, 2015. Accessed April 9, 2017. www.rollingstone.com/politics/news/trump-seriously-20150909.

5장 건강, 위험, 그리고 공동체를 보호할 의무

American Psychiatric Association. 2013. *Diagnostic and Statistical Manual of Mental Disorders*. 5th ed. Arlington, VA: American Psychiatric Association.

Covitz, Howard. 2016. *Oedipal Paradigms in Collision: A Centennial Emendation of a Piece of Freudian Canon (1897-1997)*. 1988. Repr. New York: Object Relations Institute Press.

Freud, Sigmund, Walter John Herbert Sprott, and James Strachey. 1933. N*ew Introductory Lectures on Psycho-Analysis*. Vol. 22. New York: Norton. 지그문트 프로이트, 김숙진 역, 《새로운 정신분석 강의》, 문예출판사, 2006년

Freud, Sigmund. 1955. *The Standard Edition of the Complete Psychological Works of Sigmund Freud*, vol. 24. London: Hogarth.

3부

1장 트라우마, 시간, 신뢰, 그리고 트럼프

Chun, Wendy. 2016. *Updating to Remain the Same: Habitual New Media*. Cambridge, MA: MIT Press.

Crockett, Emily, and Libby Nelson. 2017. "Sexual Assault Allegations Against Donald Trump: 15 Women Say He Groped, Kissed, or Assaulted Them."Vox. www.vox. com/2016/10/12/13265206/trump-accusations-sexual-assault.

Davis, Jade E. 2014. "The Catholic Schoolgirl and the Wet Nurse: On the Ecology of Oppression, Trauma and Crisis."*Decolonization: Indigeneity, Education, and Society* 3 (1): 143-158.

Gold, Jenny. 2017. "'Post-Election Stress Disorder'Strikes on Both Sides."CNN, February 20. www.cnn.com/2017/02/20/health/post-election-stress-partner/index.html.

Persily, Nathaniel. 2017. "Can Democracy Survive the Internet?"*Journal of Democracy* 28 (2): 63.76.

Pierre, Joe. 2016. "Understanding Post-Trump Stress Disorder"*Psychology Today*, November 10. www.psychologytoday.com/blog/psych-unseen/201611/understanding-post-trump-stress-disorder.

Remnick, David. 2017. "The Presidency and the Press."*The New Yorker* weekly e-mail newsletter, May 14.

Stosny, Steven. 2017. "He Once Called It 'Election Stress Disorder.'Now the Therapist Says We're Suffering from This."*Washington Post*, February 6. www.washingtonpost.com/ news/inspired-life/wp/2017/02/06/suffering-from-headline-stress-disorder-since-trumps-win-youre-definitely-not-alone/.

Van der Kolk, Bessel A. 2014. *The Body Keeps the Score*. New York: Penguin Books. 베셀 반 데어 콜크, 제효영 역,《몸은 기억한다》, 을유문화사, 2016.

Whitebook, Joel. 2017. "Trump's Method, Our Madness."*New York Times*, March 20. www. nytimes.com/2017/03/20/opinion/trumps-method-our-madness.html.

2장 트럼프 불안 장애

American Psychiatric Association. 2013. *Diagnostic and Statistical Manual of Mental Disorders*. 5th ed. Arlington, VA: American Psychiatric Association.

American Psychological Association. 2017. "Many Americans Stressed About Future of Our Nation, New APA Stress in American Survey Reveals."APA.org, February 15. www.apa. org/news/press/releases/2017/02/stressed-nation.aspx.

Clarridge, Christine. 2017. "Mental Health Therapists See Uptick in Patients Struggling with Postelection Anxiety."March 29. www.chicagotribune .com/lifestyles/health/ct-mental-health-postelection-anxiety-20170329-story.html.

Gibson, Caitlin. 2017. "What We Talk About When We Talk About Donald Trump'and 'Gaslighting.'"January 27. www.washingtonpost.com/lifestyle/style/what-we-talk-about-when-we-talk-about-donald-trump-and-gaslighting/2017/01/27/b02e6de4-e330-11e6-ba11-63c4b4fb5a63_story.html.

Glinton, Sonari. 2016. "Survey Says Americans Are Getting Stressed by the Elections."October 15. www.npr.org/sections/the two-way/2016/10/15 /498033747/survey-says-Americans-are-getting-stressed-by-the-elections.

National Institute of Mental Health. "Any Anxiety Disorder Among Adults."www.nimh.nih.gov/health/statistics/prevalence/any-anxiety-disorder-among-adults.shtml.

Norton, Aaron. 2016. "The Political Beliefs of Mental Health Counselors."*In Thought* (blog), May 9. www.aaronlmhc.blogspot.com/2016/05/political-beliefs-of-mental-health-counselors.html.

Sheehy, Gail. 2016. "America's Therapists Are Worried About Trump's Effect on Your Mental Health."October 16. www.politico.com/magazine/story/2016/10/donald-trump-2016-therapists-214333.

Silver, Nate. 2016. "Election Update: Clinton Gains, and the Polls Magically Converge."November 7. https://fivethirtyeight.com/features/election-update-clinton-gains-and-the-polls-magically-converge/.

Stern, Robin. 2007. *The Gaslight Effect*. New York: Morgan Road Books. 로빈 스턴, 신준영 역, 《가스등 이펙트》, 랜덤하우스코리아, 2008.

3장 학대하는 대통령과 우리의 관계

American Psychiatric Association. 2013. *Diagnostic and Statistical Manual of Mental Disorders*. 5th ed. Arlington, VA: American Psychiatric Association.

Anda, Robert F., Vincent J. Felitti, J. Douglas Bremner, John D. Walker, Charles Whitfield, Bruce D. Perry, Shanta R. Dube, and Wayne H. Giles. 2006. "The Enduring Effects of Abuse and Related Adverse Experiences in Childhood." *European Archives of Psychiatry and Clinical Neuroscience* 256: 174-186. doi: 10.1007/s00406-005-0624-4.

Bancroft, Lundy. 2002. *Why Does He Do That? Inside the Minds of Angry and Controlling Men*. New York: Berkley Books. 런디 밴크로프트, 정미우 역, 《그 남자는 도대체 왜 그럴까?》, 소울메이트, 2013.

Caplan, P. J. 1995. *They Say You're Crazy: How the World's Most Powerful Psychiatrists Decide Who's Normal*. Boston: Da Capo Press.

Deacon, Brett, and Dean McKay. 2015. *The Behavior Therapist, Special Issue: The Biomedical Model of Psychological Problems* 38: 7.

"DSM-5: A Fatal Diagnosis?" 2013. [Editorial.] *British Medical Journal* 346, f3256.

Johnson, Jenna. 2016. "Donald Trump: They Say I Could 'Shoot Somebody' and Still Have Support." *Washington Post.* www.washingtonpost.com/news/post-politics/wp/2016/01/23/donald-trump-i-could-shoot-somebody-and-still-have-support/?utm_term=.31d27df01dc5.

Kinderman, Peter. 2014. *A Prescription for Psychiatry: Why We Need a Whole New Approach to Mental Health and Wellbeing.* London: Palgrave Macmillan.

Lenzer, Jeanne. 2017. "Do Doctors Have a 'Duty to Warn' If They Believe a Leader Is Dangerously Mentally Ill?" *The BMJ* 356 (March 9): j1087. https://doi.org/10.1136/bmj.j1087.

Martin, Grace B., and Russell D. Clark. 1982. "Distress Crying in Neonates: Species and Peer Specificity." *Developmental Psychology* 18: 3-9. doi:10.1037/0012-1649.18.1.3.

Meyer, Jane. 2016. "Donald Trump's Ghostwriter Tells All." *The New Yorker*, July 25. www.newyorker.com/magazine/2016/07/25/donald-trumps-ghostwriter-tells-all.

Millbank, Dana. 2017. "Personal Irresponsibility: A Concise History of Trump's Buck-Passing." *New York Times*, April 5. www.nytimes.com.

Miller, Gregory A. 2010. "Mistreating Psychology in the Decades of the Brain." *Perspectives on Psychological Science* 5: 716. doi: 10.1177/1745691610388774.

Pasquali, Renato. 2006. "The Biological Balance Between Psychological Well-Being and Distress: A Clinician's Point of View." *Psychotherapy and Psychosomatics* 75 (2): 69-71.

Schiff, Adam. 2017. "Rep. Schiff Delivers Democratic Weekly Address on Need for an Independent Commission." March 25. www.youtube.com/watch?v=IsB5n_qVdvE.

West, Harper. 2016. *Self-Acceptance Psychology.* Rochester Hills, MI.: WingPath Media.

Whitaker, Robert, and Lisa Cosgrove. 2015. *Psychiatry Under the Influence: Institutional Corruption, Social Injury, and Prescriptions for Reform.* New York: Palgrave Macmillan.

5장 트럼프의 아버지 문제

Dean, Michelle. 2016. "Making the Man: To Understand Trump, Look at His Relationship with his Dad." *The Guardian*, March 26. www.theguardian .com/us-news/2016/mar/26/donald-trump-fred-trump-father-relationship-business-real-estate-art-of-deal.

Horowitz, Jason. 2016. "Fred Trump Taught His Son the Essentials of Show-Boating Self-Promotion." *New York Times*, August 12. www.nytimes.com/2016/08/13/us/politics/fred-donald-trump-father.html?_r=0.

Epstein, Joseph. 2016. "Why Trumpkins Want Their Country Back." *Wall Street Journal*, June 10. www.wsj.com/articles/why-trumpkins-want-their-country-back-1465596987.

Fisher, Marc, and Will Hobson. 2016. "Donald Trump Masqueraded as Publicist to Brag About Himself." *Washington Post*, May 13. www.washingtonpost.com/politics/donald-trump-alter-ego-barron/2016/05/12/02ac99ec-16fe-11e6-aa55-670cabef46e0_story.html?hpid=hp_rhp-top-table-main_no-name%3Ahomepage%2Fstory.

Hedges, Chris. 2009. *Empire of Illusion: The End of Literacy and the Triumph of Spectacle*. New York: Nation Books. 크리스 헤지스, 김한역 역,《미국의 굴욕》, 아름드리미디어, 2011.

Legaspi, Althea. 2016. "Woman Says Trump Groped Her on Plane: 'It Was an Assault.'" *Rolling Stone*, October 13. www.rollingstone.com/politics/news/woman-says-she-was-groped-by-trump-on-plane-it-was-an-assault-w444700.

MacWilliams, Matthew. 2016. "The One Weird Trait That Predicts Whether You're a Trump Supporter." *Politico*, January 17. www.politico.com /magazine/story/2016/01/donald-trump-2016-authoritarian-213533.

Orwell, George. 1949. *1984*. Repr. New York: Houghton Mifflin Harcourt, 1983. 조지 오웰, 김기혁 역,《1984》, 문학동네, 2009.

Singer, Thomas. 2006a. "The Cultural Complex: A Statement of the Theory and Its Application." *Psychotherapy and Politics International* 4 (3): 197.212. doi: 10.1002/ppi.110.

_____. 2006b. "Unconscious Forces Shaping International Conflicts: Archetypal Defenses of the Group Spirit from Revolutionary America to Confrontation in the Middle East." *The San Francisco Jung Institute Library Journal* 25 (4): 6-28.

Trump, Donald, with Tony Schwartz. 1987. *The Art of the Deal*. New York: Random House. 도널드 트럼프 외, 이재호 역,《거래의 기술》, 살림, 2016.

Wright, David, Tal Kopan, and Julia Winchester. 2016. "Cruz Unloads with Epic Takedown of 'Pathological Liar,' 'Narcissist' Donald Trump." CNN Politics, May 3. www.cnn.com/2016/05/03/politics/donald-trump-rafael-cruz-indiana/.

7장 누가 트럼프가 되는가

Burkle, Frederick M. 2015. "Antisocial Personality Disorder and Pathological Narcissism in Prolonged Conflicts and Wars of the 21st Century." *Disaster Medicine and Public Health Preparedness* 1 (October): 1.11.

Burkle, Frederick M., and Dan Hanfling. 2016. "When Being Smart Is Not Enough: Narcissism in U.S. Polity." March 2. http://hir.harvard.edu/article/?a=12701.

Dąbrowski, Kazimierz. 1986. *Trud istnienia*. Warszawa: Wiedza Powszechna.

_____. 1996. *W poszukiwaniu zdrowia psychicznego*. Warszawa: Wydawnic-two Naukowe PWN.

Dąbrowski, Kazimierz, Andrew Kawczak, and Janina Sochanska. 1973. *The Dynamics of Concepts*. London: Gryf Publications.

Freud, Sigmund. 1991. *Civilization, Society, and Religion*. Canada: Penguin Freud Library, p. 12.

Fromm, Erich. 1973. *The Anatomy of Human Destructiveness*. New York: Holt, Rinehart and Winston.

_____. 1980. *The Heart of Man*. New York, Evanston, and London: Harper and Row. 에리히 프롬, 황문수 역, 《인간의 마음》, 문예출판사, 2002.

Gellately, Robert. 2007. *Lenin, Stalin and Hitler: The Age of Social Catastrophe*. New York: Alfred A. Knopf.

Giroux, Henry A. 2014. *The Violence of Organized Forgetting: Thinking Beyond America's Disimagination Machine*. San Francisco, CA: City Lights Publishers.

Glad, Betty. 2002. "Why Tyrants Go Too Far: Malignant Narcissism and Absolute Power."*Political Psychology* 23, no. 1 (March): 1.37.

Hughes, Ian. 2017. "The Solution to Democracy's Crisis Is More Democracy."DisorderedWorld.com. https://disorderedworld.com/2017/05/04/the-solution-to-democracys-crisis-is-more-democracy/.

Kimmel, Michael. 2013. *Angry White Men: American Masculinity at the End of an Era*. New York: Nation Books.

Łobaczewski, Andrew M. 2007. *Political Ponerology: A Science on the Nature of Evil Adjusted for Political Purposes*. Grande Prairie, AB, Canada: Red Pill Press.

Mika, Elizabeth, and Frederick M. Burkle. 2016. "The Unbearable Lightness of Being a Narcissist."*Medium*, May 13. https://medium.com/@Elamika/the-unbearable-lightness-of-being-a-narcissist-251ec901dae7.

Milgram, Stanley. 1974. *Obedience to Authority: An Experimental View*. New York: Harper and Row. 스탠리 밀그램, 정태연 역, 《권위에 대한 복종》, 에코리브르, 2009.

Miller, Alice. 1990. *For Your Own Good: Hidden Cruelty in Child-Rearing and the Roots of Violence*. New York: Noonday Press.

Mydans, Seth. 1997. "In an Interview, Pol Pot Declares His Conscience Is Clear."*New York Times*, October 23. www.nytimes.com/1997/10/23/world/in-an-interview-pol-pot-declares-his-conscience-is-clear.html.

Newell, Waller R. 2016. *Tyrants: A History of Power, Injustice and Terror*. New York: Cambridge University Press. 월러 뉴웰, 우진하 역, 《폭군 이야기》, 예문아카이브, 2017.

Plato, Grube, G. M. A., and C. D. C. Reeve, eds. 1992. *Republic*. Indianapolis, IN: Hackett Pub. Co.

Post, Jerrold. 2015. *Narcissism and Politics*. New York: Cambridge University Press.

Stern, Fritz. 2005. "Reflection: Lessons from German History." *Foreign Affairs* (May-June). www.foreignaffairs.com/articles/europe/2005-05-01/reflection-lessons-german-history.

Thompson, Dorothy. 1941. "Who Goes Nazi?" *Harper's Magazine*, August. https://harpers.org/archive/1941/08/who-goes-nazi/.

8장 운명을 좌우하는 결정의 외로움

American Psychiatric Association. 2013. *Diagnostic and Statistical Manual of Mental Disorders*. 5th ed. Arlington, VA: American Psychiatric Association.

Cohen, S., W. J. Doyle, D. P. Skoner, B. S. Rabin, and J. M. Gwaltney. 1997. "Social Ties and Susceptibility to the Common Cold." *Journal of the American Medical Association* 277 (24): 1940-44.

Fisher, E. B. 2008. "The Importance of Context in Understanding Behavior and Promoting Health." *Annals of Behavioral Medicine* 35 (1): 3-18.

Goffman, E. 1961. *Asylums*. New York: Doubleday.

Haberman, M., and G. Thrush. 2017. "Trump Reaches Beyond West Wing for Counsel." *New York Times*, April 22.

Halberstam, D. 1972. *The Best and the Brightest*. New York: Random House.

Holt-Lunstad, J., T. B. Smith, and J. B. Layton. 2010. "Social Relationships and Mortality Risk: A Meta-Analytic Review." *PLOS Medicine* 7 (7): e1000316. doi: 10.1371/journal. pmed.1000316.

House, J. S., K. R. Landis, and D. Umberson. 1988. "Social Relationships and Health." *Science* 241: 540-44.

Kennedy, R. F. 1971. *Thirteen Days: A Memoir of the Cuban Missile Crisis*. New York: W. W. Norton. 로버트 F. 케네디, 박수민 역, 《13일-쿠바 미사일 위기 회고록》, 열린책들, 2012.

Kessler, R. C., J. Ormel, M. Petukhova, K. A. McLaughlin, J. G. Green, L. J. Russo, D. J. Stein, A. M. Zaslavsky, S. Aguilar-Gaxiola, J. Alonso, L. Andrade, C. Benjet, G. de Girolamo, R. de Graaf, K. Demyttenaere, J. Fayyad, J. M. Haro, Cy Hu, A. Karam, S. Lee, J. P. Lepine, H. Matchsinger, C. Mihaescu-Pintia, J. Posada-Villa, R. Sagar, and T. B. Ustun. 2011. "Development of Lifetime Comorbidity in the World Health Organization World Mental Health Surveys." *Archives of General Psychiatry* 68 (1): 90-100. doi: 10.1001/archgenpsychiatry.2010.180.

Kozak, M. J., and B. N. Cuthbert. 2016. "The NIMH Research Domain Criteria Initiative: Background, Issues, and Pragmatics." *Psychophysiology* 53 (3): 286-97. doi: 10.1111/ psyp.12518.

Milligan, S. 2017. "An Ethical Dilemma. Donald Trump's Presidency Has Some in the Mental

Health Community Re-evaluating Their Role." *US News & World Report*, April 21.

Morland, K., A. V. Diez Roux, and S. Wing. 2006. "Supermarkets, Other Food Stores, and Obesity: The Atherosclerosis Risk in Communities Study." *American Journal of Preventive Medicine* 30 (4): 333-39.

Neustadt, R. E., and G. T. Allison. 1971. "Afterword." In Robert F. Kennedy, *Thirteen Days: A Memoir of the Cuban Missile Crisis*. New York: W. W. Norton. 로버트 F. 케네디, 박수민 역, 《13일-쿠바 미사일 위기 회고록》, 열린책들, 2012.

Osnos, E. 2017. "Endgames: What Would It Take to Cut Short Trump's Presidency?" *The New Yorker*, May 8, pp. 34-45.

Ritschel, L. A., C. F. Gillespie, E. O. Arnarson, and W. E. Craighead. 2013. "Major Depressive Disorder." *Psychopathology: History, Diagnosis, and Empirical Foundations*. Ed. by W. E. Craighead, D. J. Miklowitz, and L. W. Craighead. Hoboken, NJ: Wiley, pp. 285-333.

Robinson, E. 2017. *Morning Joe*. MSNBC, May 16.

Rogers, E. M., and D. L. Kincaid. 1981. *Communication Networks: Toward a New Paradigm for Research*. New York: Free Press.

Steptoe, A., A. Shankar, P. Demakakos, and J. Wardle. 2013. "Social Isolation, Loneliness, and All-Cause Mortality in Older Men and Women." *Proceedings of the National Academy of Sciences USA* 110 (15): 5797-801. doi: 10.1073/pnas.1219686110.

Sternthal, M. J., H. J. Jun, F. Earls, and R. J. Wright. 2010. "Community Violence and Urban Childhood Asthma: A Multilevel Analysis." *European Respiratory Journal* 36 (6): 1400-9. doi: 10.1183/09031936.00003010.

Tribe, Laurence. 2017. *On Last Word with Lawrence O'Donnell*. MSNBC, May 11.

Whipple, Chris. 2017. *The Gatekeepers*. New York: Penguin Random House.

Wright, R. J., H. Mitchell, C. M. Visness, S. Cohen, J. Stout, R. Evans, and D. R. Gold. 2004. "Community Violence and Asthma Morbidity: The Inner-City Asthma Study." *American Journal of Public Health* 94 (4): 625-32.

9장 그는 세계를 손에 쥐고 있고 방아쇠에 손가락을 얹고 있다

Abrams, Herbert L. 1999. "Can the Twenty-Fifth Amendment Deal with a Disabled President? Preventing Future White House Cover-Ups." *Presidential Studies Quarterly* 29: 115-33.

Barbaro, Michael. 2016. "Donald Trump Clung to 'Birther' Lie for Years, and Still Isn't Apologetic." *New York Times*, September 16. www.nytimes.com/2016/09/17/us/politics/donald-trump-obama-birther.html?r=1.

Berisha, Visar, Shuai Wang, Amy LaCross, and Julie Liss. 2015. "Tracking Discourse Complexity Preceding Alzheimer's Disease Diagnosis: A Case Study Comparing the Press Conferences of Presidents Ronald Reagan and George Herbert Walker Bush." *Journal of*

Alzheimer's Disease 45: 959-63.

Brown, Lara. 2016. "Government Stumps Trump." *U.S. News & World Report*, March 31. www.usnews.com/opinion/blogs/opinion-blog/articles/2016-03-31/donald-trump-doesnt-understand-the-us-political-system-or-government.

Carter, Jimmy. 1994. "Presidential Disability and the Twenty-Fifth Amendment: A President's Perspective." *JAMA* 272: 1698.

Colón-Francia, Angelita, and Joel Fortner. 2014. "Air Force Improves Its Personnel Reliability Program." *U.S. Air Force News*, February 27. www.af.mil/News/Article-Display/Article/473435/af-improves-its-personnel-reliability-program/.

Cornell University Law School. 2017. "U.S. Constitution 25th Amendment." www.law.cornell.edu/constitution/amendmentxxv.

Davidson, Jonathan R. T., Kathryn M. Connor, and Marvin Swartz. 2006. "Mental Illness in U.S. Presidents Between 1776 and 1974: A Review of Biographical Sources." *Journal of Nervous and Mental Disease* 194: 47-51.

DelReal, Joseph A., and Anne Gearan. 2016. "Trump Stirs Outrage After He Lashes Out at the Muslim Parents of a Dead U.S. Soldier." *Washington Post*, July 30. www.washingtonpost.com/politics/backlash-for-trump-after-he-lashes-out-at-the-muslim-parents-of-a-dead-us-soldier/2016/07/30/34b0aad4-5671-11e6-88eb-7dda4e2f2aec_story.html

DeYoung, Karen. 2017. "U.S.-Turkish Relations Deeply Strained Ahead of Erdogan's Visit to White House." *Washington Post*, May 14. www.washingtonpost.com/world/national-security/us-turkish-relations-deeply-strained-ahead-of-erdogans-visit-to-white-house/2017/05/14/40797a5c-3736-11e7-b412-62beef8121f7_story.html

Forster, Katie, and Lizzie Dearden. 2017. "Donald Trump Calls Judge's Suspension of Immigration Ban 'Ridiculous'and Says It Will Be Overturned." *Independent*, February 4. www.independent.co.uk/news/world/americas/donald-trump-muslim-ban-judge-suspended-reacts-big-trouble-tweet-immigration-bob-ferguson-a7562671.html.

Glaister, Dan. 2008. "Recordings Reveal Richard Nixon's Paranoia." *Guardian*, December 3. www.theguardian.com/world/2008/dec/03/richard-nixon-tapes.

Goodwin, Richard N. 1988. "President Lyndon Johnson: The War Within." *New York Times*, August 21. www.nytimes.com/1988/08/21/magazine/president-lyndon-johnson-the-war-within.html?pagewanted=all.

"'Grave Concerns'About Trump's Mental Stability: Top U.S. Professors." 2016. *Times of India*, December 20. http://timesofindia.indiatimes.com/world/us/grave-concerns-about-trumps-mental-stability-top-us-professors/articleshow/56076603.cms.

Greene, Richard. 2016. "Is Donald Trump Mentally Ill? 3 Professors of Psychiatry Ask President Obama to Conduct 'A Full Medical and Neuropsychiatric Evaluation.'" *Huffington Post*, December 17. www.huffingtonpost.com/richard-greene/is-donald-trump-mentally_b_13693174.html

Kendall, Brent. 2016. "Trump Says Judge's Mexican Heritage Presents 'Absolute Conflict.'" *Wall Street Journal*, June 3. www.wsj.com/articles/donald-trump-keeps-up-attacks-on-judge-gonzalo-curiel-1464911442.

McFadden, Cynthia, William M. Arkin, Ken Dilanian, and Robert Windrem. 2017. "Yemen SEAL Raid Has Yielded No Significant Intelligence: Officials."NBC News, February 28. www.nbcnews.com/news/investigations/yemen-seal-raid-yielded-no-significant-intelligence-say-officials-n726451.

McFadden, Robert D. 2014. "James R. Schlesinger, Willful Aide to Three Presidents, Is Dead at 85."*New York Times*, March 27. www.nytimes.com/2014/03/28/us/politics/james-r-schlesinger-cold-war-hard-liner-dies-at-85.html.

Miller, Greg, and Greg Jaffe. 2017. "Trump Revealed Highly Classified Information to Russian Foreign Minister and Ambassador."*Washington Post*, May 15. https://www.washingtonpost.com/world/national-security/trump-revealed-highly-classified-information-to-russian-foreign-minister-and-ambassador/2017/05/15/530c172a-3960-11e7-9e48-c4f199710b69_story.html

Morgan, Robin. 2017a. "Women's Media Center Live with Robin Morgan. WMC Live #197: Farai Chideya."February 19. http://www.womensmediacenter.com/wmclive/wmc-live-197-farai-chideya-original-airdate-2-19-2017

———. 2017b. "20 Feb: The Real Story."*Robin Morgan* (blog). February 20. www.robinmorgan.net/blog/the-real-story/.

Nakamura, David. 2017. "Trump Welcomes Egypt's Sissi to White House in Reversal of U.S. Policy."*Washington Post*, April 3. www.washingtonpost.com/politics/trump-welcomes-egypts-sissi-to-white-house-in-reversal-of-us-policy/2017/04/03/36b5e312-188b-11e7--bcc2-7d1a0973e7b2-story.html?utm_term=.8edadf26503f.

New York Times Editorial Board. 2017. "Donald Trump Embraces Another Despot."*New York Times*, May 1. www.nytimes.com/2017/05/01/opinion/donald-trump-embraces-rodrigo-duterte.html?r=0.

Osnos, Evan. 2017. "How Trump Could Get Fired." *The New Yorker*, May 8. www.newyorker.com/magazine/2017/05/08/how-trump-could-get-fired.

Page, Clarence. 2017. "What's Next for Trump's War Against the Free Press?" *Chicago Tribune*, February 21. www.chicagotribune.com/news/opinion/page/ct-trump-media-war-fake-news-perspec-0222-20170221-column.html.

Pasha-Robinson, Lucy. 2016. "Harvard Professor Says There Are 'Grave Concerns'About Donald Trump's Mental Stability."*Independent*, December18. www.independent.co.uk/news/world/americas/us-elections/harvard-professors-us-president-barack-obama-grave-concern-donald-trump-mental-stability-a7482586.html.

———. 2017. "Donald Trump 'Has Been Screaming at the Television About Russia Links Investigation,'Says White House Adviser."*Independent*, May 10. www.independent.co.uk/

news/world/americas/donald-trump-russia-links-scream-television-james-comey-fired-fbi-director-investigation-white-house-a7727516.html.

Pengelly, Martin. 2017. "North Korea: Trump Keeps Options Open Against 'Smart Cookie' Kim Jong-un." *Guardian*, April 30. www.theguardian.com/us-news/2017/apr/30/trump-vague-possible-us-strike-north-korea-chess-game.

Reilly, Katie. 2016. "Here Are All the Times Donald Trump Insulted Mexico." *Time*, August 31. time.com/4473972/donald-trump-mexico-meeting-insult/.

Sampathkumar, Mythili. 2017. "'Armada' Trump Claimed Was Deployed to North Korea Actually Heading to Australia." *Independent*, April 19. www.independent.co.uk/news/world/americas/us-politics/donald-trump-north-korea-aircraft-carrier-sailing-opposite-direction-warning-a7689961.html.

Schecter, Anna R., Chris Francescani, and Tracy Connor. 2016. "Trump Doctor Who Wrote Whole Health Letter in Just 5 Minutes as Limo Waited." NBC News, August 26. www.nbcnews.com/news/us-news/trump-doctor-wrote-health-letter-just-5-minutes-limo-waited-n638526.

Schmitt, Eric, and David E. Sanger. 2017. "Raid in Yemen: Risky from the Start and Costly in the End." *New York Times*, February 1. www.nytimes.com/2017/02/01/world/middleeast/donald-trump-yemen-commando-raid-questions.html.

Sebastian, Michael. 2016. "Here's How Presidents and Candidates Who Aren't Donald Trump Respond to Protesters." *Esquire*, March 15. www.esquire.com/news-politics/news/a43020/heres-how-presidents-and-candidates-who-arent-donald-trump-respond-to-protesters/.

Siddiqui, Sabrina. 2017. "Trump Press Ban: BBC, CNN and Guardian Denied Access to Briefing." *Guardian*, February 25. www.theguardian.com/us-news/2017/feb/24/media-blocked-white-house-briefing-sean-spicer

Stefansky, Emma. 2017. "Trump Refuses to Apologize, Drags Germany into Absurd Wiretapping Lie." *Vanity Fair*, March 18. Accessed May 11, 2017. www.vanityfair.com/news/2017/03/trump-refuses-to-apologize-drags-germany-into-wiretapping-lie.

"Transcript: Donald Trump's Taped Comments About Women." 2016. *New York Times*, October 8. www.nytimes.com/2016/10/08/us/donald-trump-tape-transcript.html?r=0.

"Voices of the Women's March: Angela Davis, Gloria Steinem, Madonna, Alicia Keys, Janet Mock, and More." 2017. *Democracy Now*, January 23. www.democracynow.org/2017/1/23/voices_of_the_womens_march_angela

Wagner, Alex. 2017. "Trump vs. the Very Fake News Media." *The Atlantic*, February 17. www.theatlantic.com/politics/archive/2017/02/trump-vs-the-very-fake-news-media/516561/.

Ware, Doug G. 2017. "Trump Deflects Blame for Yemen Raid That Killed U.S. Navy SEAL." UPI, February 28. www.upi.com/TopNews/US/2017/02/28/Trump-deflects-blame-for-Yemen-raid-that-killed-US-Navy-SEAL/3241488319168/.

Weinstein, Edwin A. 1981. *Woodrow Wilson: A Medical and Psychological Biography*. Princeton,

NJ: Princeton University Press.

Zaru, Deena. 2017. "It Took FOIA for Park Service to Release Photos of Obama, Trump Inauguration Crowd Sizes."CNN Politics, March 7. www.cnn.com/2017/03/07/politics/national-park-service-inauguration-crowd-size-photos/.

에필로그

Frel, Jan. 2017. "Noam Chomsky: If Trump Falters with Supporters, Don't Put 'Aside the Possibility'of a 'Staged or Alleged Terrorist Attack.'"Alternet, March 27. www.alternet.org/right-wing/noam-chomsky-it-fair-worry-about-trump-staging-false-flag-terrorist-attack.

Goodman, Amy, and Juan Gonzalez. 2017. "Full Interview: Noam Chomsky on Trump's First 75 Days & Much More."Democracy Now, April 4. https://www.democracynow.org/2017/4/4/full_interview_noam_chomsky_on_democracy

Newman, Cathy. 2016. "Noam Chomsky Full Length Interview: Who Rules the World Now?"Channel 4 News, May 14. www.youtube.com/watch?v=P2lsEVlqts0&list=PLuXactkt8wQg9av3WtuxhZaAcTi4lF1M.

옮긴이 정지인

영어와 독일어로 된 책을 우리말로 옮기는 일을 한다. 옮긴 책으로 《혐오사회》, 《트라우마는 어떻게 유전되는
가》, 《여성의 우정에 관하여》, 《무신론자의 시대》, 《무엇이 삶을 예술로 만드는가》, 《사물의 언어》, 《르네상스
의 마지막 날들》, 《멀어도 얼어도 비틀거리고》, 《군인은 축음기를 어떻게 수리하는가》, 《죽기 전에 꼭 봐야 할
영화 100》 등이 있다.

옮긴이 이은진

전북대학교 정치외교학과를 졸업하고 경희대학교 평화복지대학원에서 국제 및 공공정책학을 전공했다. 미국
워싱턴에 있는 비정부기구 APPA(Action for Peace by Prayer and Aid) 인턴으로 일하며, 워싱턴 시정부 아
시아태평양 담당관실에서 번역 업무를 담당했다. 옮긴 책으로 《슈퍼 브랜드의 불편한 진실》, 《위 제너레이션》,
《섹스, 폭탄 그리고 햄버거》, 《나는 결심하지만 뇌는 비웃는다》, 《아이아스 딜레마》, 《반기문과의 대화》, 《핀란
드의 끝없는 도전》, 《나는 에이지즘에 반대한다》, 《나르시시즘 다시 생각하기》 외 다수가 있다.

도널드 트럼프라는 위험한 사례

첫판 1쇄 펴낸날 2018년 2월 28일

엮은이 밴디 리
옮긴이 정지인 이은진
발행인 김혜경
편집인 김수진
책임편집 이은정 김수연
편집기획 김교석 이다희 조한나 최미혜
디자인 박정민 민희라
경영지원국 안정숙
마케팅 문창운 노현규
회계 임옥희 양여진 김주연

펴낸곳 (주)도서출판 푸른숲
출판등록 2003년 12월 17일 제 406-2003-0000032호
주소 경기도 파주시 회동길 57-9, 우편번호 10881
전화 031)955-1400(마케팅부), 031)955-1410(편집부)
팩스 031)955-1406(마케팅부), 031)955-1424(편집부)
홈페이지 www.prunsoop.co.kr
페이스북 www.facebook.com/simsimpress   인스타그램 @simsimbooks

ⓒ푸른숲, 2018
ISBN 979-11-5675-736-8 03340

심심은 (주)푸른숲의 인문·심리 브랜드입니다.

* 잘못된 책은 구입하신 서점에서 바꾸어 드립니다.
* 본서의 반품 기한은 2023년 2월 28일까지 입니다.

이 도서의 국립중앙도서관 출판시도서목록(CIP)은 e-CIP 홈페이지(http://www.nl.go.kr/ecip)와
국가자료공동목록시스템(http://www.nl.go.kr/kolisnet)에서 이용하실 수 있습니다. (CIP 2018005474)